속자치통감2

이 도서의 국립중앙도서관 출판시도서목록(CIP)은 서지정보유통지원시스템 홈페이지
(http://seoji.nl.go.kr)와 국가자료공동목록시스템(http://www.nl.go.kr/kolisnet)
에서 이용하실 수 있습니다.(CIP제어번호: CIP2017033575)

속자치통감2(권006~권010)

2018년 2월 1일 초판 1쇄 찍음
2018년 2월 8일 초판 1쇄 펴냄

지은이　필원
옮긴이　권중달
펴낸이　정철재
만든이　권희선 문미라 정은정
디자인　황지영

펴낸곳　도서출판 삼화
등　록　제320-2006-50호
주　소　서울 관악구 남현1길 10, 2층
전　화　02)874-8830
팩　스　02)888-8899
홈페이지 www.samhwabook.com

도서출판 삼화, 2018, Printed in Seoul Korea

ISBN 979-11-5826-332-4 (94910)
　　　979-11-5826-330-0 (세트)

책값은 표지 뒤쪽에 있습니다.
잘못 만들어진 책은 구입하신 서점에서 바꿔 드립니다.

속자치통감2

권006~권010

도서
출판 삼화

들어가면서

《속자치통감》의 역주작업에 붙여

    사마광의 《자치통감》 294권을 우리말로 역주하여 완간한 지 벌써 6~7년이 흘렀습니다. 《자치통감》을 출간하면서부터 독자들 가운데 《속자치통감》도 이어서 번역해 달라는 요구가 있었습니다. 그러나 그 분량이 220권으로 《자치통감》의 3분의 2가 넘는 방대한 분량이어서 엄두를 내기가 어려웠습니다.

    그동안 《자치통감》을 독자들이 쉽게 이해할 수 있도록 '자치통감행 간읽기' 시리즈를 출간하였고, 최근에는 《자치통감평설》을 집필하고 있었으므로 《속자치통감》의 역주에 손을 대지 못하였습니다.

    그러나 생각해 보면 《속자치통감》은 18세기 중국 고증학(考證學)의 결정체라고 말할 수 있으며, 송 · 요 · 금 · 원 네 왕조 시대를 다루고 있으며 우리나라로는 고려시대에 해당하는 시기입니다. 당시 동아시아에서는 전통적인 한족(漢族) 왕조인 북송(北宋)과 남송(南宋)이 있었지만, 이에 대하여 동아시아 북방족인 거란의 요(遼), 여진의 금(金), 몽골의 원(元) 왕조가 전통적인 중원으로 넘어가거나 중원을 지배하는 역사가 펼쳐지고 있었습니다.

자칫 동아시아는 한족(漢族)이 주류가 되어 역사를 전개시킨다는 오해를 단번에 풀 수 있는 시대입니다. 즉 동아시아 세계를 한족을 넘어 아시아적 시각으로 보아야 하는 시기였던 것입니다. 우리 역사에서는 고려 왕조가 이 시대에 병존하였으니, 고려가 동아시아의 급변하는 국제정세 속에서 어떻게 생존을 위하여 지혜를 모았는지를 볼 수 있는 아주 적절한 시기라고 해야 할 것입니다. 그리고 이것은 오늘날 우리에게도 어쩌면 타산지석이 될 수 있을 듯하였습니다.

　여기까지 생각해 보면 이 책이 청대 고증학의 결과물이어서 불편부당한 역사기록이라고 할 수 있고 따라서 동아시아 역사학의 최고 결정체라고 할만합니다. 한·당대에는 훈고학(訓詁學), 송·명시대에는 심성학(心性學)이 학문의 주류였던 것에 비하여 청대의 고증학은 실재적 진실이 무엇인지를 추구하는 학문경향이었습니다.

　더구나 이 책이 만주족 왕조인 청대에 편찬된 동아시아 학문의 최고 수준이며, 객관적 역사 기록의 백미임을 생각한다면 이 속에 기록된 역사사실 속에서 역사를 과장하거나 축소하려는 이념이 지배하는 역사서가 아닌 적나라한 실제 그대로의 동아시아 역사의 소용돌이를 볼 수 있습니다.

이 책을 통하여 우리나라에 청대 고증학의 결과물을 소개하게 되고, 이 책이 편찬되던 시기에 아직도 심성학에 머물러 있던 조선시대의 학문경향과 비교도 될 것입니다. 물론 혼자의 힘으로 이 작업을 추진하는 것이 어렵고 힘들다는 것을 잘 알지만 그래도 필요하기 때문에 용기를 내지 않을 수가 없었습니다.

강호 제현의 성원과 편달을 바랍니다.

대방재(待訪齋)에서
권중달 적음

목차

들어가면서 ··· 4

연표 ··· 10

권006
송기 6 : 부용국을 자처하는 남당

파직되는 번진 절도사들 ································· 14

요와 북한의 갈등 ·· 25

남한 정벌에 나서는 송 ·································· 38

송의 부용국을 자처한 남당 ····························· 50

손수 만든 노리개를 헌상한 포로 유창 ················· 67

권007
송기 7 : 송에 정복된 강남국

강남국으로 국호를 바꾼 남당 ························· 82

강남국 이종선에게 관직을 준 송 태조 ················· 93

내치에 힘쓰는 송 태조 ································· 104

과거선발에 직접 관여한 송 태조 ···················· 117

실각하는 조보 ··· 130

강남국에서 반우와 장계의 반목 ····················· 138

강남국 정벌을 준비한 송 태조 ······················ 148

권008
송기 8 : 통일 작업과 조광윤의 죽음

강남국 정벌에 나선 송 태조 ························· 158

송의 남하와 강남국의 대응 ························· 170

강남국 정벌에 작전지시하는 조광윤 ················· 185

강남국의 항복과 오월국 대책 ······················· 200

낙양 천도를 희망한 조광윤과 그의 죽음 ············ 219

권009
송기 9 : 십국 통일의 시도

내치를 정비하는 송 태종 ··························· 238

북한 문제와 송·요의 신경전 ······················· 247

북한 공격을 준비하는 송 ··························· 260

남당지역에 은전을 베푸는 송 태종 ················· 275

북한 친정에 나서는 송 태종 ······················· 288

권010
송기 10 : 송의 기초를 닦은 태종

북한 정벌의 완성 ···································· 304

송·요군의 대결 ···································· 318

실패한 월남 정벌 ···································· 341

대요 정벌전을 중지하고 물러난 송 태종 ·················· 355

조보의 재등장 ···································· 374

❖ 황제계보도 ···································· 384

부록

《속자치통감》 권006 원문 ························ 388

《속자치통감》 권007 원문 ························ 413

《속자치통감》 권008 원문 ························ 442

《속자치통감》 권009 원문 ························ 469

《속자치통감》 권010 원문 ························ 497

《속자치통감》권006~권010 연표

송 기년	요 기년	서 기	중 요 사 건
태조 개보 2년	경종 보령 원년	969년	■ 요의 목종이 근시에게 피살되고 경종 야율현이 뒤를 잇다. ■ 송 태조가 북한정벌에 나섰다가 요의 군사에게 패배하였다. ■ 송이 왕언초 등을 절도사에서 파직하다.
3년	2년	970년	■ 송이 반미를 파견하여 남한을 쳐서 소주를 함락시키다.
4년	3년	971년	■ 송의 반미가 광주에서 이기자 남한주 유창이 항복하고 남한이 멸망하다. ■ 남당의 후주가 동생 이종선을 송에 파견하여 국호를 깎아내려 강남국으로 하겠다고 하다.
6년	5년	973년	■ 후주의 공제가 죽다. ■ 송에서 개보통례를 시행하다. ■ 송에서 조보가 재상에서 파직되다.
7년	6년	974년	■ 송이 조빈을 파견하여 강남을 치다.
8년	7년	975년	■ 송이 조빈을 파견하여 강남의 군사를 대파하고 후주를 포로로 잡고 남당이 멸망하다.
9년	8년	976년	■ 조빈이 강남의 후주를 포로로 하여 북쪽으로 돌아오다. ■ 오월의 주군 전숙이 송에 조현하다. ■ 송 태조가 죽고 동생 조광의가 황제에 오르다. ■ 12월에 송의 연호를 태평흥국 원년으로 하다.

송 기년	요 기년	서 기	중 요 사 건
태종 태평 흥국 2년	9년	977년	■ 송에서 처음으로 각주고를 시행하다.
3년	10년	978년	■ 오월의 전숙이 송에 땅을 헌납하고 귀부하다. ■ 공자 44세손 공의를 문선왕에 책봉하다.
4년	건형 원년	979년	■ 송 태종이 북한을 직접 정벌하여 유계원이 항복하고 북한이 멸망하다. ■ 송 태종이 거란을 치다가 고량하에서 패배하다. ■ 송 태조의 아들 조덕소가 자살하다.
5년	2년	980년	■ 송의 장수 양업이 안문관에서 요를 패배시키다. ■ 겨울에 요의 군사가 송에 들어와서 와교관에서 송군을 대파하다. ■ 송 태종이 직접 요의 군사를 막자 요의 군사가 회군하다.
6년	3년	981년	■ 송에서 설거정이 죽다. 조보가 다시 사도겸시중이 되다. ■ 여진이 송에 사신을 보내어 조공하다.

〔일러두기〕

· 이 책은 대만 세계서국에서 간행된 필원의《속자치통감》의 표점본을 저본으로 하여 송시대부터 원시대 말까지의 전권(220권)을 완역한 것이다.

· 사건의 번호는 대만 세계서국본《신교속자치통감》을 준용하였다.

· 번역의 기본 원칙은 원전이 갖고 있는 통감필법의 정신을 최대한 살린다는 의미에서 직역하되 의미가 불분명한 경우는 역자의 역주로 설명하였다.

· 역자가 내용과 분량을 감안하여 문단을 나누고 각 문단마다 제목을 달았다.

· 필요한 한자어는 괄호 속에 병기하였다.

· 인명·지명·관직명 등 고유명사는 외래어 표기법을 따르지 않고 한글 발음대로 표기하였다. 인명 가운데 원문에 성이 기록돼 있지 않은 것도 이해를 돕기 위해 성을 추가하였다. 지명은 괄호 속에 현재의 지명을 넣었고, 주(州)·군(郡)·현(縣) 등 행정단위가 생략되었지만 필요한 경우 이를 추가하였다. 관직명은 길고 그 업무가 생소하고 길게 느껴질 경우 관직명 자체를 우리말로 풀어주고 원 관직명은 각주로 설명을 보충하였다.

· 간지로 된 날짜는 괄호 속에 숫자로 표시하였다.

· 필요한 부분에 지도를 넣어서 이해를 돕고자 하였다.

· 본문의 '帝'는 '황제'로, '上'은 '황상'으로 번역하였다.

· 책이름이나 출전은《 》, 편명은〈 〉로 하였다.

· 본문에서 전후관계를 알아야 할 사건이나 내용··용어·고사 등 설명이 필요한 경우 각주로 설명을 보충하였다.

· 독자들의 이해를 돕기 위해 각주의 설명이 다소 중복 되게 하였다.

· 주어가 생략된 경우는 해당 연도의 기준을 삼은 황제가 주어이다.

· 고려와 관계된 사건은《고려사》와 대조하여 그 동이(同異)를 각주로 밝혔다.

· 한글로 번역하여 말뜻이 분명하지 않을 경우〔 〕안에 한자를 넣었다.

권006

송기6

부용국을 자처하는 남당

파직되는 번진 절도사들

태조 개보 2년(기사, 969년)[1]

1   가을, 7월 병인일(21일)에 천웅(天雄, 河北省 大名縣)절도사 부언경(符彦卿, 898~975)을 봉상(鳳翔, 陝西省 西部)절도사로 삼았다. 부언경은 대명(大名, 북경)에서 진수한 것이 10여 년이었는데[2] 임무를 아교(牙校)인 유사우(劉思遇)에게 위임하였다. 유사우는 탐욕스럽고 간교하여 군부(軍府, 천웅군부)가 오래도록 잘 다스려지지 않자 이에 비로소 관리를 선택하여 그를 대신하게 하자고 논의했던 것이다.

2   무진일(23일)에 조서를 내렸다.
"지금부터 천지에 제사를 드릴 때에는 태뢰(太牢)[3]로 하고 나머지

---

1 요의 목종 응력 19년이다. 그러나 뒤를 이은 경종이 바로 기원을 고쳤으므로 경종(景宗) 보령(保寧) 원년이기도 하다.

2 후주의 태조가 즉위한 후에 부언경은 회양왕이 되었는데, 유수를 주살한 다음에 그의 경성 집을 부언경에게 하사하였다. 그 후 부언경은 대명윤(大名尹), 천웅절도사가 되었다가 위왕(衛王)에 책봉되었다.

마땅히 소를 써야 할 경우에는 대신 양과 돼지로 하라."

3   영무(靈武, 寧夏 吳忠市 境內)절도사 풍계업(馮繼業, 922~977)이
형을 죽이고 아버지를 대신하여 군진(軍鎭)를 관장하였는데, 자못 교
만하고 방자하니 융인(戎人)들이 붙지 않았다. 또 사졸들을 어루만지
면서 은혜를 적게 베풀어서 부하들이 대부분 두 마음을 품자 풍계업은
그들이 변란을 일으킬까 염려하여 온 가족을 들어서 안으로 옮기게 해
달라고 청하였다. 8월 경진일(5일)에 풍계업을 정난(靜難, 陝西 邠縣)절
도사로 삼았다.

4   체주(棣州, 山東 惠民縣)방어사 하계균(何繼筠, 921~971)을 영건
무(領建武, 영무; 江西省 南城縣)절도사로 삼고 판(判)체주로 하였다.

5   기해일(24일)에 호부(戶部)원외랑·지제고(知制誥)인 왕우(王祐)
를 권지대명부(權知大名府)로 하였다. 인사를 하는 날 황제가 그에게
말하였다.
    "대명(大名)은 경의 고향이니 옛 사람들이 이른바 주금(晝錦)[4]한 곳

---

3 고대 제사를 드릴 때는 희생물을 사용하는데, 살아 있는 소를 희생물로 쓰는
   것이 최고의 규격이며 천자가 하늘에 제사를 드릴 때 사용한다. 소를 기르는
   곳이 대뢰(大牢, 큰 우리)여서 소를 희생물로 제사를 지낼 때에 대뢰라고 한
   것이다.

4 낮에 비단 옷을 입는다는 말로, 항우가 고향으로 돌아갈 때 '출세하고서 고향
   에 가지 않는다는 것은 마치 비단 옷을 입고 밤길을 걷는 것과 같아서 아무도
   알아주지 않는다.'라고 한 말이 유명하다. 여기서는 왕우에게 고향에서 높은
   벼슬을 하게 되었으니, 이는 비단 옷을 입고 낮에 다니는 것과 같다는 뜻이다.

이요."

6 서경(西京, 낙양)유수인 향공(向拱, 912~986)이 오로지 마시고 노는 것에 힘써서 정부(政府)가 잘 다스리지 않으니, 여러 도적들이 대낮에 저자에서 사람을 죽였다. 황제가 이 소식을 듣고 화가 나서 경자일(25일)에 향공을 옮겨서 안원(安遠, 湖北 安陸)절도사로 삼았다.

7 9월 정미일(3일)에 좌무위(左武衛)대장군 장사(長社, 河南 長葛市)사람 초계훈(焦繼勳, 901~978)을 지서경(知西京)유수로 하고 그에게 유시하여 말하였다.
"다시는 향공을 본 받지 마시오."
초계훈이 일을 보고 한 달이 좀 넘자 도하(都下)가 깨끗해지고 엄숙해졌다.

8 조정에서 논의하여 풍계업(馮繼業)을 대신하게 할 사람을 선택하였다. 당시에 고공랑중인 단사공(段思恭, 920~992)을 사주(泗州, 사주는 江蘇省 宿遷市)지주(知州)로 하자 황제는 단사공(段思恭, 920~992)은 항상 미주(眉州, 四川 成都平原 西南)에서 공로를 세운 일이 있기에 마침내 불러서 궁궐로 오게 하여 영주(靈州, 寧夏 吳忠市 境內)지주로 임명하여 먼저 그에게 조서를 내렸다.
"풍계업이 '영주는 번인(蕃人, 土人)인 장수가 이를 주관할 곳이 아니며 융인(戎人)이 복종하지 않으면, 비록 위(衛)·곽(霍)⁵ 같은 명장이라

---

5 한(漢)나라 때의 명장인 위청(衛靑)과 곽광(霍光)을 말한다.

고 하여도 반드시 축출되는 일을 만나게 될 것이라.'라고 하였소. 그 뜻은 내가 아니면 다른 사람은 다스릴 수 없다는 것이었소. 그대는 이를 다스릴 수 있겠소?"

단사공이 말하였다.

"삼가 조서를 받들겠습니다."

황제는 그를 장하게 여겨서 또 말하였다.

"당(唐)의 이정(李靖, 571~649)·곽자의(郭子儀, 698~781)는 모두 유생(儒生) 출신이지만 큰 공로를 세웠는데, 어찌 나의 조정에만 홀로 사람이 없겠는가?"

두텁게 그에게 하사하고 이어서 가는 길에 여러 융인들이 있는 곳을 지나게 하고 별도로 금백(金帛)을 싸가지고 그들에게 남겨 주었다. 단사공이 이미 일을 맡아 보고나서는 풍계업이 실수한 것을 고치고 마음을 다하여 어루만져 주니 이족(夷族)부락은 편안하고 조용해졌으며 두루 이로운 것과 병폐가 되는 것을 물어서 조목조목 상주한 바가 대부분 이민(吏民)들의 마음을 아주 얻었다.

9   경신일(16일)에 합주농사진(合州濃泗〔洄〕鎭)[6]을 광안군(廣安軍,

---

6 합주농사진은 합주농회진으로 되어 있는 판본도 있다. 자료에 의하면 '개보 2년(969)에 송 태조는 서천(西川)전운사인 유인수(劉仁燧)의 요청을 받아들여서 어필(御筆)로 거강현(渠江縣)의 경계 지역의 수병산(秀屏山) 아래에 있는 농회진(濃洄鎭)을 점찍어서 군(軍)을 설치하고 '토지를 넓히고 편안하게 모은다'는 뜻을 가져다가 광안군(廣安軍)이라고 이름 짓고 신주로(梓州路)에 예속시켰다. 그리고 거주(渠州)의 거강(渠江)·합주(合州)의 신명(新明)·과주(果州)의 악지(岳池) 세 현(縣)을 관장하게 하고 거강현을 광안군의 부곽(附郭)으로 하였다.'라고 되어 있다. 그러므로 농회진이 옳은 것으로 보인다.

四川省 廣安市)으로 하였다.

10   요(遼)의 탁주(涿州, 河北省 保定市)자사 허주경(許周瓊)이 와서
항복하였는데, 우우림(右羽林)장군으로 삼고 이어서 영(領)탁주자사로
하였다.

11   이달에 처음으로 백성들 가운데 전토를 전매(典賣, 법적 판매)하는
사람은 돈을 주고 인계(印契)[7]하게 하였다.

12   겨울, 10월 정해일(13일)에 조서를 내렸다.
   "옛날 서한(西漢)시대에는 이민(吏民) 가운데 경술(經術)에 밝은 자
를 찾으면서 회계를 하는 사람과 더불어 하도록 하였는데, 현(縣)에서
는 차례대로 먹을 것을 이어 주었으니, 대개 현명한 사람을 우대하는
도리였다. 국가는 해마다 공부(貢部)를 열어서 뛰어난 인재를 널리 찾
는데 사방에 있는 인사들은 멀다고 이르지 아니할 사람이 없어야하나
오는 도중에 길이 멀어 막히고 노자와 쓸 것이 혹 모자라니 짐은 아주
걱정한다. 지금 서천(西川)[8]·산남(山南)[9]·형호(荊湖, 호북) 등의 길에

---

7 관부(官府)에서 도장을 찍어 인가한 전택을 매매하기로 계약한 근거를 말한
   다.

8 서천이 행정구획이 된 것은 당대 이후로 원래의 검남절도사를 나누어 검남동
   천과 검남서천절도사로 하고 이를 줄여서 동천과 서천으로 불렀다. 그 이전에
   서천이란 익주를 가리키거나 혹은 익주의 서부를 가리켰는데 당·송시대에는
   대체로 사천성의 중서부를 말한다.

9 북송시기 태종(太宗) 때에 경서남로(京西南路)와 이주로(利州路), 기주로(夔州

나서는 거인들은 왕래하는 데 증권(證券)을 공급하라."

13   신묘일(17일)에 조서를 내려서 귀(歸, 湖北省 秭歸縣)·협주(峽州, 湖北省 宜昌市 西北)는 나란히 경사에 곧바로 예속시켰다.

14   상(相, 河南省 安陽市 南郊)·조(趙, 河北 趙縣)·심(深, 河北平原 中部) 3주(州)의 정부(丁夫)로 태원성 아래에서 죽은 사람이 334명인데 조서를 내려서 그 집안에 3년간 요역을 면제하게 하였다.

15   무술일(24일)에 요(遼)의 우천우위(右千牛衛)장군인 왕갑(王甲)이 풍주(豐州, 呼和浩特 東 白塔鎮)를 가지고 와서 항복하니 바로 그 아들 왕정미(王廷美)를 풍주아문(豐州衙門, 衙內)지휘사로 삼는다고 명령하였다.

16   기해일(25일)에 황제는 번신들에게 후원에서 연회를 베풀었는데, 술에 취하자 조용히 그들에게 말하였다.

　"경(卿) 등은 모두 국가의 오래된 옛날 분들이고 오래도록 힘든 번진(藩鎮)의 일을 맡아 오면서 제왕의 업무를 수고롭게 맡아 왔는데, 〔이는〕 짐이 현명한 사람을 우대하려는 뜻이 아니오."

　전 봉상(鳳翔)절도사 겸중서령인 왕언초(王彦超, 914~986)는 황제가 가리키는 것을 깨우치고 바로 앞으로 나아가서 상주하였다.

　"신은 본래 아무런 공훈과 공로가 없는데 오래도록 영광스러운 은총

─────────
　路)를 합하여 산남도라고 하였다.

을 무릅썼습니다. 지금 이미 쇠약하고 썩어 해골(骸骨)¹⁰이 되었으니 언덕배기에 있는 정원으로 돌아가는 것이 신이 원하는 것입니다."

전 안원(安遠)절도사 겸중서령인 무행덕(武行德, 908~979)과 전 호국(護國)절도사 곽종의(郭從義, 909~971), 전 정국(定國)절도사인 백중찬(白重贊, 909~970), 전 보대(保大)절도사 양정장(楊廷璋, 912~971)이 다투듯 스스로 공격하여 싸웠던 경력과 겪은 어려움을 진술하니 황제가 말하였다.

"그것은 모두 다른 시대[송 건국 이전의 시대]의 일이었으니 어찌 논술할 만 하겠는가?"

경자일(26일)에 무행덕을 태자태부로 삼고, 곽종의를 좌금오위상장군으로 삼으며, 왕언초를 우금오위상장군으로 하였으며, 백중찬을 좌천우위상장군으로 하고, 양정장을 우천우위상장군으로 삼았다. 당시에 절도사로 연회에 참석한 사람들은 모두 번진(藩鎭)에서 파직되어 관직을 바꾸었다.

17   태자태부 왕부(王溥, 922~982)가 태자태사로 승진하였다.

18   애초에 정덕유(鄭德裕)·왕각(王玨)·장여(張玙)가 함께 군사를 관장하여 서천(西川)에 주둔하였는데, 정덕유는 자못 스스로 오로지하고 방자하여 병마도감 장연통(張延通, ? ~969)을 장여의 무리라고 하여 그를 싫어하였다.

---

10 높은 관직에 있는 사람이 그 관직에서 사임하고자 할 때에 '해골하기를 빈다.'라고 한다. 여기에서는 사직하겠다는 의미를 갖고 있다.

궁궐로 돌아오게 되자 정덕유는 무고(誣告)하여 장연통이 말로 간섭하며 지척(指斥)[11]한 것과 불법적인 일을 한 것을 상주하면서 마침내 장여가 당(黨)을 만들었다고 지적하였다.

계묘일(29일)에 황제는 후전(後殿)에 나아가서 불러서 물으니 장연통이 항의하며 대답하고 다시 불손하게 굴자 그날로 기시하였고, 장여·왕각은 나란히 곤장을 맞고 유배되었다.

19   요(遼)의 석리(錫里)·유로(裕嚕) 등 16개 종족[12]이 와서 귀부하였는데 차등을 두어 관직을 주었다.

20   이달에 요주(遼主)가 뇨담(裹潭)에 행차하였다.[13]

---

11 지척이란 보통 비평(批評)·지책(指責)·척책(斥責)·책비(責備)라는 뜻이지만, 여기서는 황제인 조광윤의 말을 비판하였다는 뜻을 내포하고 있다.

12 소수종족이다. 석리(錫里)는 원래 사리(舍利)라고 표기하였고, 유로(裕嚕)는 우로(于魯)라고 표기하였는데, 청대에 《속자치통감》을 편찬하면서 그 표기를 바꾸었다.

13 요대에는 독특한 인문현상을 가지고 있었는데 이것이 바로 날발(捺鉢)제도이다. 요 왕조는 비록 상경(上京, 臨潢府, 赤峰市 巴臨左旗 林東鎭)을 도성으로 하고 있지만, 요의 황제는 대부분 상경에 있지 아니하고 계절에 따라서 날발로 옮겨 다니고 있다. 마치 행재소나 행영(行營)과 비슷하다. 요의 황제는 이 날발에서 군정(軍政)대사와 외국 사신의 접견 외에 어렵과 사냥을 즐긴다. 이 날발은 수초(水草)를 좇아서 따뜻하고 시원한 수변(水邊)에 두고 있는데, 토하(土河)와 황수(潢水)에서 큰 산을 따라가서 천천히 사막과 초지를 건너서 항상 크고 작은 저류호(瀦溜湖)에 머문다. 《요사》에서는 이 호박(湖泊)을 락(濼)이라고 부르며, 혹은 호(湖) 또는 담(潭)이라고도 부르는데, 뇨담은 바로 리(离)이고 동(冬)날발로 가장 가까운 호(湖)이다.

21   11월 초하루 갑진일에 요주(遼主)가 시책례(柴冊禮)[14]를 행하고 목엽산(木葉山, 內蒙古의 西拉木倫河와 老哈河가 合流하는 곳)에서 제사를 지내고 학곡(鶴谷)에 주필(駐蹕)하였다.

22   을사일(2일)에 요(遼)의 북원추밀사인 소사온(蕭思溫, ? ~970)을 위왕(魏王)에 책봉하고 북원대왕 야율오진(耶律烏眞, 屋質, 915~973)에게 유열(裕悅, 于越)[15]을 덧붙여 주었다.

23   경신일(17일)에 회골(回鶻)·우전(于闐)이 모두 사신을 파견해 와서 방물(方物)을 공납(貢納)하였다. 회골사자는 영주(靈州)에서부터 길을 나서서 저자에서 교역을 하자 지주(知州)인 단사공(段思恭)이 관리를 파견하여 강사(礓砂)[16]를 사들였는데 관리와 사자(使者)가 값을 가지고 화를 내고 다투자 단사공은 관리를 석방하고 묻지를 아니하고 사자를 묶어 가두고 며칠이 지나서야 비로소 그를 풀어 주었다.
    사자가 돌아가서 그 나라에서 하소연하니 회골의 칸(汗)이 편지를 싸들고 영주에 가게 하여 묶어 가둔 이유를 묻자 단사공은 스스로 이

---

14 요나라의 의례로, 나무를 쌓아 단을 만들고 황제가 군신들이 올리는 옥책을 받고, 그 후에 나무에 불을 붙여 하늘에 제사를 지내는 데 이를 시책례라고 한다.

15 요 왕조의 관직명으로 돌궐-위글어의 üge~öge('관인·지자·존경하는·현명한'의 뜻)에서 나온 것으로 지위는 백관의 위에 있는데, 군주가 공로가 많은 신하에게 주는 최고의 관직으로 요대 210년간 단지 10명만 이 관직을 받았다.

16 광물의 이름이다. 통상 근대 화산활동 지역에서 보이는데, 화산이 분출하면서 염소화한 암모늄 기체가 응고되어 만들어진 것이다. 공업과 농업, 의약적으로 광범위하게 사용되는 물건이다.

치에서 꿀리는 것을 알고 감히 보고하지 못하였다. 이로부터 몇 년 동안 회골에서는 다시 들어와서 공헌하지 않았다. 〔지도참고〕

❖ 십국 통일 후 북송과 회골 등 동아시아의 각국 형세도

요와 북한의 갈등

24   무진일(25일)에 중서사인 이방(李昉, 925~996)·병부원외랑·지제
고 노다손(盧多遜, 934~985)에게 조서를 내려서 나누어 학사원에서 당
직을 서게 하였다. 학사원에서 당직을 서는 것은 이방과 노다손에서부
터 시작하였다.

이보다 먼저 당리(堂吏)[17]가 일 때문에 한림(翰林)에 가면 당(堂) 아
래에서 절을 하고 학사(學士)들은 대략 자리를 떠나면서 수고롭게 읍
하였고 일을 끝나고 바로 물러갔으니 일찍이 더불어 앉아 있지 아니하
였다. 이방이 오기 이전의 한림원에서는 여전히 그러하였으나 이때에
이르러 일을 말하는 사람이 있으면 드디어 당상에서 절을 하고 다시
안팎의 일을 펼쳐 설명하였고 다시는 과거의 예의가 없어졌으니 이방
은 놀랐다.

같은 반열에 있는 사람에게 물으니 말하기를 '이와 같은 것이 이어

---

17 정사당(政事堂) 관리를 말한다. 당·송시절에 중서성에서 일을 처리하던 관리
    로 원래는 중앙 각 기구에서 뽑혀 보임되었다. 송 태조 조광윤은 그들이 중서
    성의 업무를 멋대로 하여 그 폐단이 많이 발생하자 사인(士人) 가운데서 선
    발하도록 고쳤으며, 송 태종 때에 경조관(京朝官)으로 충임하였다.

져 온 지 몇 년인데 그 연고를 질문하는 일이 없다.'고 하였다. 예부상서 양소검(楊昭儉, 902~977)은 기자(譏訾, 헐뜯음)를 좋아하였는데 이 때문에 내놓고 이방이 당리를 만났다고 말하고 항상 그들의 자자(剌字, 명함)를 얻었다고 말하였다.

25   이달에 남당(南唐)의 주군이 청룡산(靑龍山, 湖北省 十堰市)에서 교렵(校獵)[18]을 하고 돌아와 대리시에 이르러서 친히 죄수들을 조사하였는데 대부분 원유(原宥, 관대한 처리)하였다.
   중서시랑 한희재(韓熙載, 902~970)가 탄핵하는 주문을 올렸다.
   "옥사에 관한 일을 대부분 유사에서 말미암은 것이니 영어(囹圄)하는 가운데에서는 거가(車駕, 황제)가 마땅히 이르러야 할 곳이 아닙니다. 청컨대 유사는 내탕전 300만을 벌금으로 내어 군저(軍儲)에 충당하게 하십시오."

26   12월 을유일(12일)에 방주(房州, 湖北省 방현)방어사인 왕언승(王彦昇, 917~974)을 원주(原州, 寧夏 固原市)방어사로 삼았다. 왕언승은 격검(擊劍, 칼 쓰기)을 잘 하였는데, 군중에서 지목하여 왕검아(王劍兒)라고 하였다.
   성품이 잔인하여 원주에서 무릇 5년 동안 있으면서 융인(戎人) 가운데 한법(漢法, 중원지역의 법)을 범하는 사람이 있으면 왕언승은 형벌을 주지 아니하고 요속(僚屬)들을 불러 술 마시고 연회를 베풀면서 범법한 융인을 앞에다 불러 놓고 손으로 그 귀를 잡아 뽑아서 이를 씹으면

---

18 울타리를 쳐 놓고 짐승이 도망하지 않게 하고 사냥을 하는 것이다.

서 치주(巵酒, 잔치 술)를 내리니 융인은 피를 흘려 온 몸을 뒤 덮인 채 다리를 덜덜 떨면서 감히 움직이지를 못하였다. 앞뒤로 그 귀를 먹은 것이 수백이나 되었으니, 융인들이 두려워하여 감히 요새를 범접하지 아니하였다.

27　무술일(25일)에 신문열(辛文悅, 당말 송초 인물)을 지방주사(知房州事)로 하였다. 황제는 애초에 신문열을 좇아서 공부하였는데, 즉위하게 되자 불러서 만나보고 태자중윤(太子中允)을 제수하고 판태부시(判太府寺)로 하였다. 주정왕(周鄭王)[19]이 그때에 방주에 있었는데, 황제는 신문열을 어른스럽다고 생각하였으니 그러므로 이러한 명령을 내린 것이다.

28　정덕유(丁德裕)가 '서천(西川)전운사·예부랑중인 이현(李鉉)이 일찍이 술에 취하여 지척(指斥)[20]하였다.'고 주문을 올리니, 황제는 역참(驛站)을 통하여 이현을 오라고 불러서 어사에게 내려 보내어 그를 국문하게 하였다.

　이를 통하여 정덕유가 촉(蜀)에 있을 때에 여러 차례 사건을 가지고 청구하였지만, 대부분 거절하였는데 모두 그러할 상황이었다.

---

19 후주의 마지막 황제인 공제 시종훈(柴宗訓, 953~973)을 말한다. 조광윤이 진교의 변을 일으킨 후에 시종훈은 정왕으로 강등 되어 방주(호북성 방현)으로 보내어 거주하게 하였다.

20 지척(指斥)은 평범하게 말하면 손가락으로 가리키며 배척했다는 말이지만, 이 경우에서는 지척승여(指斥乘輿)의 준말로 보아야 한다. 즉, 황제를 가리키며 비판하였다는 뜻으로 쓰인 것이다.

황제는 정덕유가 무망(誣妄)하였음을 깨달았으며 이현이 술로 실수를 하였다는 것만으로 중지하였다. 기해일(26일)에 이현을 책임 지워 좌찬성(左贊成)대부로 삼았다.

29   우찬성대부인 왕소문(王昭文)[21]은 대영창(大盈倉)을 감독하면서 그 아들이 창리(倉吏)와 간사한 짓을 하자 여주(汝州, 하남)로 배속시켰다.

30   봉상(鳳翔)절도사 부언경(符彦卿, 898~975)이 병들어 수레에 실려 서경(西京, 낙양)왔는데, 병이 중하다고 말씀을 올리자 조서를 내려서 낙양에서 의사에게 갈 것을 허락하였다. 휴가는 100일을 채웠는데, 봉록은 옛날과 같아서 어사의 규탄(糾彈)을 받았지만, 황제는 부언경이 예부터 인척이어서 그를 석방하고, 다만 그의 절도사직만 파직시켰다.

31   요(遼)에서는 한광사(韓匡嗣, 918~983)를 상경(上京, 內蒙古 赤峰市 巴林左旗 林東鎮)유수로 삼았는데, 번저(藩邸)에 있을 때의 옛 은혜를 이용한 것이다. 얼마 안 되어 연왕(燕王)에 책봉하였다. 한광사는 그 아들 한덕양(韓德讓, 耶律隆運, 941~1011)으로 하여금 입시하게 하였는데 요주(遼主)는 삼가며 동두공봉관(東頭供奉官)을 덧붙여 주어 추밀원통사(樞密院通事)에 보임하였다.

---

21 《송사》에서는 왕소(王昭)라고만 하였고, 《속자치통감장편》에서는 왕소문이라고 하였다.

개보 3년(경오, 970년)[22]

1 봄, 정월 정미일(5일)에 요주(遼主)가 황하(潢河)[23]에 갔다. 〔지도참고〕

2 계축일(11일)에 해주(海州) 동해감(東海監, 贛榆縣)을 철폐하고 다시 현(縣)으로 삼았다.

3 신유일(19일)에 조서를 내렸다.

"제주(諸州)의 관리는 백성들 가운데 효제(孝悌)가 들어나 소문이 났거나 덕행(德行)이 순수하고 무성한 자를 자세히 살펴서 5천 호마다 한 사람을 천거하는 것을 허락한다. 혹 기이한 재주와 특이한 행실을 하는 자가 있으면 이 수에 제한 받지 않는다. 천거하여 사실이라면 상을 줄 것이며 조서와 같지 않은 자에게는 이를 죄주라."

4 진녕군(鎭寧軍)[24]절도사 장령탁(張令鐸, 911~970)이 군직에서 파

---

22 요(遼) 경종 보령(保寧) 2년이다.

23 서요하로 요하의 지류인데 요령성 북부와 내몽고 동남부에 위치한다. 그 주류의 주요한 것은 서랍목륜하(西拉木倫河), 교래하(敎來河), 로합하(老哈河) 등이 있고 로합하는 요하의 발원지이며 서요하(西遼河)는 동북으로 흘러 적봉(赤峰), 통요(通遼), 과이심사지(科爾沁沙地)를 거친 후에 몽·길·요(蒙·吉·遼) 3성의 경계가 있는 곳 부근에서 동요하와 합쳐서 요하가 된다.

24 《송사(宋史)》권86 〈지리지(地理志)〉 39권, 地理二 河北路河東路 조에 '開德府上潭淵郡 鎭寧軍節度'라고 되어 있으므로 전주(潭州)지역을 말한다.

❖ 요하의 수계와 여러 문화 유적지

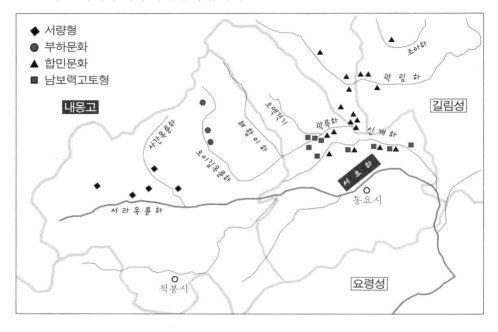

직되자 황제는 황제의 동생인 조광미(趙光美, 947~984)로 하여금 장령탁의 딸을 부인으로 삼게 하였다. 장령탁이 진(鎭)에서부터 와서 조현하였는데 병이 들자 황제가 친히 그에게 문안하고 하사하여 내려 준 것이 아주 후하였다. 기사일(27일)에 장령탁이 죽으니 시중을 증직하였다.

장령탁의 성품은 어질고 동정심을 갖고 있어서 일찍이 다른 사람에게 말하였다.

"내가 종군한지 30여 년 동안 크고 작은 40여 차례의 전투를 하였는데, 대부분 굳은 성을 무너트리고 적을 함락시켰지만 그러나 이겨 승리한 후에 아직 일찍이 망령되게 한 사람도 죽이지 아니하였다."

그가 죽기에 이르자 사람들은 대부분 이를 애석하게 생각하였다.

5   요(遼)의 한지범(韓知範)이 태원(太原)에서부터 돌아와서 '진양(晉陽, 북한)에는 가로막히는 것이 많은데도[25] 유계원(劉繼元, ? ~ 992)[26]이 보좌하는 일이 없다.'고 말하였다. 남원(南院)추밀사인 고훈(高勳)도 역시 요주(遼主)에게 말하였다.

"우리와 진양은 부자(父子)의 나라이어서, 해마다 일찍이 사자를 파견하여 와서 조근(朝覲)하였는데, 대신이 아니고 그의 자제여서 선제(先帝)께서는 한번은 화가 나셔서 그 자제를 전부 구금하였으니, 아주

---

25 요에서 북한에 내린 정령(政令)이 중간에 막혀서 제대로 시행되지 않는다는 뜻이다.
26 유계원은 본래의 성은 하(何)씨이지만 오대시기에 북한(北漢)의 세조 유민의 외손으로 예종 유균의 양자가 되어 북한의 황제가 된 사람이며, 송의 공격을 받았을 때에 요의 원조를 받았다.

말씀이 아닙니다."

　요주는 마침내 북한의 사자(使者) 16명을 전부 찾아내어 후하게 예를 베풀어 그들을 돌아가게 하고 마침내 유계문(劉繼文)에게 명령하여 보의(保義)절도사로 삼고 이필(李弼)을 추밀원사로 하여 유계원을 보좌하게 하였다.

　유계문 등은 오랫동안 요(遼)에 머물러 있어서 다시 그 명령을 받고 돌아가서 국정(國政)을 잡았는데, 좌우에 있는 사람들이 모두 그를 헐뜯으니 북한의 주군은 마침내 유계문을 내어보내 대주(代州, 山西省 忻州市 代縣)자사로 삼고 이필을 헌주(憲州, 山西省 類煩縣)자사로 삼았다.

　요주가 이 소식을 듣고 조서를 내려서 북한의 주군을 책망하며 말하였다.

　"짐은 너의 나라가 연달아 두 명의 주군을 잃었고, 한 귀퉁이에 치우쳐 있기에 다시 편안하게 될 것을 기대하여 반드시 함께 다스리는 것이 필요하다고 생각하였다.

　유계문은 너의 훌륭한 동생이고,[27] 이필은 너의 옛 신하이니 한 사람은 동기(同氣)로서의 가까운 사람이고, 다른 한 사람은 기년(耆年)이 된 옛 사람인데 드디어 가서 나란히 명령을 받고 순수한 정성을 바치게 하였으니 단결하여 편안하며, 환영하고 좋아하기를 본존하기를 바라노라.

　그러나 자리가 아직 따뜻해질 겨를도 없이 몸은 이미 버림을 받았으

---

27 《십국춘추》에는 유계문이 북한주 유계원의 사촌 형으로 되어 있는데, 요에서는 잘못 알고 있었던 듯하다.

니 장차 순종하겠다고 한 마음은 나에게 무엇이란 말인가?"

북한의 주군은 편지를 받고서 두려워하여 사과하였지만 그러나 유계문은 끝내 불러 돌아오게 하지 않았다.

6   2월 초하루 임신일에 만주(萬州, 重慶市 東北部)의 양산현(梁山縣)을 군(軍)[28]으로 삼았다.

7   기묘일(8일)에 웅주(雄州, 河北省 雄縣)자사인 후인구(侯仁矩, 914~969)가 죽었다. 황제는 특히 중사(中使)를 파견하여 호상하게 하고, 관부에서 장사비용을 공급하였다.

후인구의 아들 후연광(侯延廣, 946~996)도 역시 용기와 지략을 갖고 있어서 후인구가 웅주에 있는 동안 만음연(万飲宴)[29]을 하는데, 요(遼)의 수천 기병이 성으로 들어오니 거주하는 백성들이 놀라서 어지러워지자 후연광은 가까이 믿는 몇몇 기병을 이끌고 달려 나가서 부장(部

---

28 양산군(梁山軍)은 북송 개보 3년(970년)에 만주 석지둔전무(萬州 石氏屯田務)를 가지고 군(軍)을 설치하였는데 기주로(夔州路)에 속하였다. 북송 왕조는 당대의 번진할거를 교훈으로 삼아 1급행정구획을 '로(路)'로 하였고, 2급행정구는 부(府), 주(州) 군(軍), 감(監)으로 하였는데, 지도 3년에 처음으로 15로를 확정하였다.

29 오늘날 만(万)자는 만(萬)의 간자체로 보는데, 이것이 일반적이기는 하지만 모두 그러하지는 않다. 굴만리(屈萬里), 구석규(裘錫圭) 등은 만(万)의 본래 뜻에 대해 무악(舞樂)에 관한 일에 종사하는 사람을 만인(万人)이라고 하였다. '乎万無'는 만인(万人)에게 춤을 추라고 명령한 것이니, 만(万)자는 춤추는 것과 관련이 있는 곳에 사용하였다. 고서에 쓰인 만무(萬舞)는 무용의 이름이었다. 여기서 만음연(万飲宴)은 춤추고 술을 마시는 연회를 의미하며 아마도 혼례식 같은 큰 연회를 말하는 것으로 보인다.

長) 한 사람을 사살하고 목을 벤 것이 몇 급이었으며, 그 나머지 무리를 모두 붙잡았다. 후인구는 기뻐하여 그 등을 어루만지며 말하였다.

"우리 집안을 일으킬 사람은 반드시 너일 것이다."

이 일이 보고되자 조서를 내려서 금포(錦袍)와 은대(銀帶)를 하사하였다.

8 　북한의 주군은 예부시랑 이운(李惲)을 사공·동평장사로 삼고 홍려경(鴻臚卿) 유계옹(劉繼顒, ? ~973)을 태사 겸중서령으로 삼아서 영성덕군(領成德軍)절도를 하게 하고, 삼사사인 고중희(高仲曦)를 추밀사로 삼고 엄인(奄人, 환관) 위덕귀(衛德貴)를 대내도점검(大內都點檢)으로 하고 폐인(嬖人)³⁰인 범초(范超, ? ~979)를 시위친군(侍衛親軍)도우후로 삼았다.

범초와 위덕귀가 실제로 기무(機務)를 나누어 맡으니 이운은 자리만 갖췄을 뿐이었다. 이운은 양무(陽武, 河南 新鄉市) 사람으로 술을 좋아하고 바둑을 탐닉하며 정사를 걱정하지 않았다. 북한의 주군은 내총(內寵)을 많이 두었는데, 유계옹이 자주 잠이(簪珥, 비녀와 귀고리)를 헌납하자 북한의 주군이 그를 널리 중용한 것이다.

9 　3월 초하루 임인일에 조서를 내렸다.

"예부(禮部)의 공원(貢院)에서 진사·제과(諸科)를 열람하여서³¹

---

30 폐인(嬖人)은 폐신(嬖臣)과 같은 말로 황제에게 총애를 받으며 신분이 비교적 낮은 측실을 말하는데 《춘추좌전》에는 폐인은 반드시 배반한다는 말이 있다.

31 송대에 고시제도에는 해시(解試)와 성시(省試), 그리고 전시(殿試)가 있었는

15번 이상 참가하여 이미 종장(終場)을 거친 사람을 들어서 이름을 보고하라."

갑진일(3일)에 사마포(司馬浦) 등 63명을 찾아냈다. 경술일(9일)에 15번 뽑히었는데, 아직 종장을 거치지 않은 사람 43명을 얻었는데, 나란히 출신(出身)[32]을 하사하였다.

10   충무군(忠武軍, 치소는 許州)절도사 송악(宋偓, 926~989)이 거느리는 곳에서 저점(邸店, 점포)을 샀는데, 황제가 이를 듣고서 기뻐하지 아

데, 해시란 고시를 시행하는 해에 가장(家狀)을 들고 살고 있는 주부(州府)에 가서 응시하겠다고 신청을 하는 것이며, 이때에 3명이 제출한 가장이 정확한 것인지를 담보하면 공거의 시험에 참가할 자격에 부합한지를 심사하는 것이다. 여기서 도죄(徒罪) 이상의 죄를 범하였거나, 신분이 서리이거나 부모상을 마친지 3개월이 지나지 않은 사람과 폐질(廢疾)을 앓고 있는 사람이면 해시에 참가할 수 없다. 해시에서는 일정한 숫자[解額]를 뽑는데, 대체적으로 100명당 한 사람 꼴이다. 해시에 합격자는 주부에서 해장(解狀)을 발급하면 경사에 도착하여 신청을 하는데, 5명 내지 10명 정도의 담보할 사람이 필요하며, 예부 공원의 심사를 거쳐서 합격하면 예부에서 거행하는 성시(省試)에 참가한다. 성시는 예부시라고도 부르는데, 황제가 임명한 사람이 이 고시를 주관하며, 그 합격하는 숫자는 매번 진사와 제과가 각기 300명 내외였다. 남송 때에는 성시의 종장(終場)에서 14명에 한 명 꼴이었고, 후에는 17명당 한 명 꼴로 뽑았다. 전시는 성시에 합격한 사람을 다시 시험하는 것으로 황제가 친히 궁정에서 주관하기 때문에 어시(御試), 정시(廷試)라고도 하는데 송대 최고·최후의 시험이다. 전시에 합격자는 급제라고 하며 이름을 불러 차례를 매기는데, 불합격자는 탈락한다.

32 과거를 보던 시대에 시험에 합격하여 선발된 사람을 규정하는 신분이나 자격이다. 당대에는 시험 본 사람 가운데 예부시험에 합격한 사람을 출신이라고 칭하였고 송대에는 전시에 합격한 사람을 급제출신이라고 하였다. 《송사》에는 이 경우에 본과출신이라고 하였다.

니하였으며 무신일(7일)에 옮겨서 정난(靜難, 치소는 邠州)절도사로 삼았다.

11   기유일(8일)에 충정(忠正)절도사 왕심기(王審琦)를 충무절도사로 삼았다.

왕심기가 수춘(壽春, 安徽省 淮南市)에서 진수한 것이 무릇 8년이었는데 해마다 조세를 부과하고는 들어오는 것을 헤아려서 썼으니 아직 일찍이 주구(誅求)하는 일이 없어서 백성들은 자못 이를 편안하게 생각하였다.

거느리는 읍령(邑令)이 죄를 지으면 그 녹사·사(錄事·史)의 업무를 정지시켰는데, 막료들이 읍령에게 보고하고 먼저 부(府)에 자문하지 아니하자 이를 조사하자고 요청하였는데, 왕심기가 말하였다.

"오대(五代) 이래로 제후들이 강하고 횡포하여 영재(令宰)들이 현의 업무를 전적으로 처리할 수 없었다. 지금은 천하가 잘 다스려지고 평화로운데, 내가 번유(藩維)의 직책을 지키면서, 거느리는 내재(內宰, 관료)들이 능히 힐리(黠吏, 교활한 하급관리)를 쫓아 낼 수 있다면 진실로 상은 줄 수 있을 것이지만, 어찌 그들을 조사하는 일이 있겠는가?"

12   신해일(10일)에 처사인 산조(酸棗, 河南 延津) 사람 왕소소(王昭素, 904~982)를 국자박사로 삼았는데 치사(致仕, 벼슬을 그만 둠)하였다.[33]

왕소소는 젊어서 돈독하게 공부하였고, 지행(志行)을 갖고 있어서 황제가 그 이름을 듣고 불러서 편전에서 접견하였다. 그때 나이가 이미

---

33 왕소소를 천거한 사람이 누구인가에는 이목이란 설이 있지만 분명하지 않다.

70여 세였는데, 황제가 물었다.

"어찌해서 벼슬하지 않는가?"

왕소소는 사과하며 능력이 없다고 하였다. 건괘(乾卦)를 강론하게 하였더니 '구오비룡재천(九五飛龍在天)'[34]에 이르자 얼굴을 가다듬고 말하였다.

"이 효(爻)는 바로 폐하의 오늘날 일에 해당합니다."

증거를 끌어 와서는 이어서 미언대의(微言大義)[35]의 뜻을 넌지시 간언하였다. 황제는 아주 기뻐하며 치세(治世)와 양신(養身)[36]의 술책을 물으니 왕소소가 말하였다.

"치세는 백성을 아끼는 것만한 것이 없으며, 양신은 욕심을 적게 가지는 것만한 것이 없습니다."

황제는 그가 말한 것을 아껴서 병풍 사이에 써 두고, 한 달이 넘게 남겨 두었는데, 자주 돌아가게 해달라고 요구하니 그러므로 이러한 명령을 한 것이다. 나이 89세에 집에서 죽었다.

---

34 《주역》의 건괘에 나오는 말이다. 구오(九五)란 건괘의 여섯 개의 양효(陽爻) 가운데 밑에서 위로 다섯 번째로 있는 양효를 말하는 것으로 구(九)는 양효를 말하는 것이고, 오(五)는 밑에서 다섯 번째라는 의미이다. 이 구오(九五)를 설명하는 것이 '나는 용은 하늘에 있다.'라는 것으로 최고의 경지에 이른 것을 말한다.

35 원문은 미지(微旨)로 되어 있는데 이는 미언대의의 뜻이란 말의 준말이다. 미언대의란 표현하는 말은 아주 작게 하지만 그 속에 포함된 뜻을 크다는 말로 《춘추》를 가리킬 때 사용하는 말이다.

36 치세란 세상을 다스리는 것이며 양신은 개인적으로 건강한 몸을 만들고 유지하는 것을 말한다.

┌─────────────────────────────────────┐
│   남한 정벌에 나서는 송   │
└─────────────────────────────────────┘

13 여름 4월 초하루 신미일에 일식이 있었다.

14 을해일(5일)에 내객성사(內客省使)인 정덕유(丁德裕)를 권지로
주(權知潞州)로 삼았는데, 이때에 소의(昭義)절도사 이계훈(李繼勳,
916~977)을 옮겨서 천웅(天雄)절도사로 삼은 연고였다.

15 기묘일(9일)에 삼사(三司)에 조서를 내렸다.
  "제로(諸路)의 양세는 과물(科物)로 고쳐서 받는데,[37] 땅에서 의당
나는 것이 아니면 억지로 배당시키지 말라."

16 이달에 요주(遼主)가 동경(東京)[38]에 갔는데, 양국(讓國)황제[39]와

───────────

37 세는 하세와 추세 두 번 받기 때문에 양세라고 한 것이며, 그 세를 다른 물건
  으로 고쳐서 받도록 한 것을 말한다.
38 요의 동경은 요양부(遼陽府)인데, 요의 오경(五京) 가운데 하나이며, 지금의
  요령(遼寧) 요양이다. 요 태조가 발해(渤海)를 멸망시킨 뒤에 요양에 동평군
  (東平郡)을 두었으며 천현 3년(928년)에 요의 태종이 요의 동평을 남경(南京)

세종(世宗)의 사당에서 전(奠)을 올렸다.

17 애초에 소사온(蕭思溫)이 공주를 모시고 살면서[40] 군목임아(群牧
林牙)[41]가 되었는데, 군중에서 악착(齷齪)하며 변폭(邊幅)을 수리하니

으로 하고 부명(府名)을 요양으로 하였다가 회동 원년(938년)에 동경(東京)으
로 고쳤다.

39 이름은 야율배(耶律倍, 899 혹 900~937)로 거란 질랄부(迭剌部) 사람으로 거
란 이름은 도욕(圖欲, 혹 突欲, 托雲)으로 대거란국(大契丹国, 후의 大遼国)의
개국 황제 야율아보기(耶律阿保機)와 황후 술율평(述律平)의 장자이다. 요의
태종 야율덕광과 추존된 장숙 황제 야율이호(耶律李胡)의 큰형이며 요 세종
야율완(耶律阮)의 아버지이다. 동단국(東丹國) 국왕으로 재위(926~930)하였
는데 생전에는 대거란국 황태자였지만 황제에 즉위하지는 못하였고 그 아들
세종에 의하여 황제로 추존되었고, 그 후 요 왕조에서는 목종(穆宗) 야율경
(耶律璟)을 제외하고는 모두 그의 자손이다.

40 소사온(蕭思溫, ?~970)은 거란 국구부(國舅部) 사람으로 요 태종의 딸 연국
(燕國)공주의 부마(駙馬)였으며 재상인 소적로(蕭敵魯)의 조카로 서사(書史)
에 능통하였다. 그의 장녀 소호연(蕭胡輦)은 목종의 동생 태평왕(太平王)에게
시집갔고, 차녀는 경종의 동생 조왕(趙王)에게 시집을 갔으며, 경종이 자리를
이어받은 뒤에 소사온이 추대한 공로를 가지고 그 셋째 딸 소작(蕭綽)은 귀비
로 선발되었고, 그 뒤에 황후가 되었다. 이 기사는 요의 것이므로 소사온 앞
에 '요'를 넣어야 했다.

41 임아(林牙)는 요(遼)의 관직명으로 북면행군관(北面行軍官)에는 행추밀원
이 있으며 추밀원에서 파출(派出)한 기구이다. 요의 북면관에는 북면도림아
(北面都林牙)·북면림아승지(北面林牙承旨)·북면림아(北面林牙)·좌림아(左林
牙)·우림아(右林牙) 등이 있어서 문한(文翰)을 관장하는 관직이다. 《요사(遼
史)》〈백관지(百官志)〉에는 거란의 북추밀원(北樞密院)에는 북원림아(北院林
牙)를 두고 거란의 남추밀원(南樞密院)에는 남원림아(南院林牙)를 두었는데
군목(群牧) 부문에는 군목도림아(群牧都林牙)를 두었고, 동시에 총전군목부
적사(總典群牧簿籍使)를 두었다. 군목이란 백성을 다스리는 관장으로 제후

보좌하는 관료들은 모두 그에게는 장수의 자질이 없다는 것을 알았다. 후에 장군이 되어서 과연 공로를 세운 것이 없었고, 목종을 섬기었는데 광보(匡輔)한 것이 없자 사론(士論)이 그와 더불어 하지 않았다.

이에 이르러 후의 친척으로서 총애를 받고 드러난 요직에 있다가 곧 상서령을 덧붙여 주니 여러 훈척(勳戚)들이 모두 불평하였다. 5월에 요주(遼主)를 좇아서 여산에 사냥을 나갔는데, 을묘일(15일)에 도적[42]이 소사온을 반도령(盤道嶺, 承德市 興隆縣 附近)에서 죽였다.

18   6월에 요주(遼主)가 상경(上京)[43]으로 돌아갔다.

19   변수(汴水)가 영릉현(寧陵縣)에서 터지자 정부(丁夫)를 징발하여 이를 틀어막았으며 또 변구(汴口)를 틀어막아 물의 형세를 죽였다.

20   가을 7월 임인일(3일)에 조서를 내렸다.
"백성들이 수재와 한재로 상해를 입은 것을 호소하는데, 여름에는 4월을 넘을 수 없고, 가을에는 7월을 넘을 수 없다."

21   임자일(13일)에 조서를 내렸다.

나 지방장관을 가리킨다.

42 물건을 훔치는 사람을 말하는 것이 아니고, 물건을 훔치거나 사람을 죽였으나 그 범인이 누구인지를 모를 때에 이를 도적이라고 쓰고 있다.

43 요의 상경은 현재 내몽고 적봉시 파림좌기 임동진(内蒙古 赤峰市 巴林左旗 林東鎮)의 남쪽으로 요 태조 야율아보기가 건설하여 황도로 삼았는데, 천현 원년(938년)에 상경으로 고쳤으며 오경 가운데 첫 번째이다.

"관리의 수가 쓸데없이 많으면 치세를 만들기가 어려우며, 봉록이 보잘 것 없이 야박하여 청렴하기를 책임지게 할 수 없다. 그 쓸데없는 인원에게 주니 많은 비용이 드는데, 관리를 줄이고 봉록을 더 보태 주는 것만 같지 못하다.

서천(西川) 관내의 주현관(州縣官)은 마땅히 인구수를 가지고 비율을 만들어 그 인원을 차감(差減)하여 옛 봉급에 매월 5천씩을 증액해 주라. 천하의 주현관도 의당 서주(西州, 西川)의 예(例)에 의거하여 그 인원을 줄이라."

22   요(遼)에서는 야율현적(耶律賢適, 928~980)을 북원추밀사로 삼았다. 야율현적은 일찍이 요주(遼主, 경종)를 번저(藩邸)에서 모셨었는데, 목종(穆宗, 재위; 951~969)이 포학하자 요주가 한광사(韓匡嗣, 918~983)·니리(尼哩, 女里, ? ~978)와 더불어 노닐면서 말하다가 목종을 나무라는 말에 미치자, 야율현적은 일찌감치 의당 멀리하고 관계를 끊어야 한다고 하였다.

이로 말미암아 목종의 시기(猜忌)를 면할 수 있었는데 야율현적의 힘이었다. 요주가 처음으로 서자 대부분 제왕 가운데 혹 바라지 않아야 할 것을 싹틔우는 사람이 있을까 의심하고 몰래 야율현적을 심복으로 삼았으니, 그러한 연고로 이러한 명령을 내린 것이다.

23   병인일(27일)에 남당의 중서시랑 한희재(韓熙載, 902~970)가 죽었다.

애초에 남당주는 한희재가 충성을 다하고 곧은 말을 하여서 채용하여 재상으로 삼고자 하였지만, 그러나 한희재는 마음 내키는 대로 행동하고 예의를 저버리면서 기첩(妓妾)과 방종하고 방자하게 행동하니 남당주는 이것으로 곤란하게 생각하였다.

조금 있다가 탄핵을 만나서 우서자로 좌천되어 남도(南都)[44] 분사(分司)로 갔다. 한희재는 여러 기생들을 다 물리치고 단 한 대의 수레로 길에 나섰으며 또한 표문을 올려서 애달프게 봐 주기를 요구하니 남당주는 기뻐하여 그를 머물게 하고 조금 있다가 그 지위를 회복시키었다.

이미 그렇게 되고서 여러 기생들이 조금씩 다시 돌아오니 남당주가 말하였다.

"나도 역시 어찌할 수 없다."

죽기에 이르자 남당주가 탄식하며 말하였다.

"내가 끝내 한희재를 재상으로 할 수가 없었구나!"

마침내 손수 써서 한희재를 평장사로 증직하였다. 한희재의 집에는 남은 재산이 없어서 관곽(棺槨)과 의금(衣衾, 옷과 이불)은 모두 남당주가 그에게 하사하였다.

24   8월 경인일(21일)에 습주(隰州, 山西省 隰縣)자사 이겸부(李謙溥, 915~976)를 제주(濟州, 河南省 濮陽市)단련사[45]로 삼았다.

이겸부가 습주에 10년 동안 있었는데, 적들이 감히 그 경계를 침범

---

44 남당 시절에는 남창(南昌)이 남도였다. 남당의 원종 교태 원년(958년)에 홍주(洪州)를 올려서 남창부로 하고 남도를 건설하였다.

45 당대에는 도단련사(都團練使)와 주단련사(州團練使)가 있었는데, 모두 지방에 있는 자위군을 책임지는 관직이었으며 절도사보다는 직급이 낮았다. 송대에 와서 단련사(團練使)는 무직의 겸함(兼銜)으로 자사보다는 높고 방어사보다는 낮았으며 기록(寄祿)의 직급이어서 임지로 부임할 필요가 없었다.

하지 못하였다. 초청하여 받아들인 장수 유진(劉進)이라는 사람이 용기와 힘에서 보통 사람을 뛰어 넘자 이겸부는 그를 위무한 것이 아주 두터웠는데, 항상 변경으로 왕래하며 적은 수로 많은 사람을 쳤다.

북한(北漢) 사람들은 이를 걱정하여 납환서를 만들어 유진을 이간하였는데, 진주(晉州)절도사 조찬(趙贊, 932~977)이 이것을 얻어서 보고하자 황제가 유진을 묶어서 대궐 아래로 보내라고 명령하였다. 이겸부가 불러서 그 일을 힐난하니 유진이 뜰에 엎드려서 죽여주기를 청하였는데, 이겸부가 말하였다.

"나는 나의 종친 40명을 들어서 너를 보증하겠다."

바로 말씀을 올렸다.

"유진은 북한 사람들의 미워함을 받았으니 이것이 바로 반간(反間)입니다."

상주문이 올라가자 황제는 깨닫고서 급히 그를 풀어주고 금군도교(禁軍都校)의 융장(戎帳)[46]과 복장을 갖추어 하사하였다.

25   황제가 일찍이 유사에게 명령하여 명주(洺州, 河北省 永年縣 東南) 방어사 곽진(郭進, 922~979)을 위하여 집을 수리하게 하였는데, 무릇 정당(庭堂)에 모두 기와를 사용하였다.

유사가 말하였다.

"오직 친왕·공주만이 비로소 이러한 것을 사용할 수 있습니다."

황제가 화가 나서 말하였다.

"곽진은 서산(西山)에서 요새를 장악하고 10년을 넘게 있으면서 나

---

46 금군도교는 금군교위 가운데 제일 높은 직급이며, 융장은 군용장막을 말한다.

로 하여금 북쪽을 돌아보는 걱정을 없게 하였는데, 내가 곽진을 보는 것이 어찌 딸보다 적겠는가! 빨리 가서 공역을 감독하고 망령된 말을 하지 말라!"

황제가 장수를 특별히 아끼는 것이 이와 같았으니 그러므로 그들이 죽을힘을 다할 수 있었다.

26 남당주(南唐主)가 다시 편지를 써서 남한주(南漢主) 유창(劉鋹, 942~980)에게 중국에 귀순하라고 깨우쳐 주고 급사중 공신의(龔愼儀)를 파견하여 사자로 가게 하였다. 유창이 편지를 받고 크게 화를 내고 드디어 공신의를 가두고 역을 통하여 남당주에게 답장을 써서 보냈는데 아주 불손하였다. 남당주는 그 편지를 올려 보내자 황제는 비로소 그를 칠 것을 마음으로 결정하였다.

9월 초하루 기사일에 담주(潭州, 湖南省 경계)방어사 반미(潘美, 925~991)를 하주(賀州, 廣西 東北部)도행영병마도부서로 삼고 낭주(朗州, 湖南省 常德市)단련사 업(鄴, 河北省 邯鄲市 臨漳縣) 사람인 윤숭가(尹崇珂, 927~968)를 그 부사로 삼았으며, 도주(道州, 湖南 道縣)자사 왕계훈(王繼勳, ?~977)을 행영마군(行營馬軍)도감으로 삼고 이어서 사자를 파견하여 여러 주의 병사를 징발하여 하주성 아래로 가게 하였다.

27 소사온이 죽자 요주(遼主)는 황후 때문에 도적을 잡는 일을 아주 급히 서둘렀는데, 신축일(3일)에 국구(國舅)[47]인 소합제(蕭哈濟)와 소합리(蕭哈里, 海只)가 소사온을 죽이기로 모의하였다는 상황을 찾아내

---

47 전통 왕조에서 태후 혹은 황후의 형제, 즉 황제의 외삼촌이나 처삼촌을 말한다.

서 모두 복주(伏誅)하고 그의 동생인 소신도(蕭神靚)를 황룡주(黃龍州, 吉林省 四平市)로 유배 보냈고, 곧 역시 그를 주살하였다.

28　갑진일(6일)에 조서를 내렸다.

"서경(西京)·봉상(鳳翔)·웅(雄)·요(耀) 등 주(州)에 있는 주(周)의 문왕(文王)·성왕(成王)·강왕(康王)의 세 왕, 그리고 진(秦)의 시황제, 한(漢)의 고조(高祖)·문제(文帝)·경제(景帝)·무제(武帝)·원제(元帝)·성제(成帝)·애제(哀帝)의 일곱 황제, 후위(後魏)의 효문제(孝文帝), 후주(後周)의 태조, 당(唐)의 고조·태종·중종·숙종·대종(代宗)·덕(德)·순(順)·문(文)·무(武)·선(宣)·의(懿)·희(僖)·소(昭)의 여러 황제의 무릇 27개 능에서 일찍이 까발려진 것은 유사에게 명령하여 법복(法服)과 상복(常服)을 각 한 벌씩을 준비하고 관을 갖추고 거듭 장사지내는데, 그것이 있는 곳의 장리(長吏)가 제사를 드리라."

29　반미(潘美) 등이 부주(富州, 광서)에서 승리하였다.

이보다 먼저 남한(南漢)의 오래 된 장수들이 대부분 참소(讒訴)를 받아서 죽고 종실은 베어져서 죽어서 거의 다 없어졌는데, 군사를 관장하는 사람은 오직 환관 몇몇뿐이어서 성벽·호황(壕隍, 해자)은 모두 수식하여 궁궐이나 연못으로 하고, 누함(樓艦)·기갑(器甲)은 썩어졌지만 수리하지 않았다.

군사가 백하(白霞, 廣西 鍾山縣)에 다다르게 되자 하주(賀州)자사인 진수충(陳守忠)이 사자를 파견하여 급한 것을 알렸더니 안팎이 놀라고 두려워하고 남한의 주군은 공징추(龔澄樞, 환관, ? ~971)를 파견하여 역마(驛馬)를 달려 하주에 가서 위로의 말을 선포하였다.

이때에 사졸들은 오래도록 변방에 있어서 대부분이 가난하고 궁핍하였는데, 공징추가 도착했다는 소식을 듣고 반드시 상을 줄 것이라고 여겼지만 공징추는 텅 빈 조서를 내어서 어루만지고 타이르니 무리들은 모두 흩어졌다. 송나라 군사들의 선봉이 방림(芳林)에 도착하자 공징추는 두려워서 가벼운 배를 타고 숨어서 돌아갔다. 계축일(15일)에 하주(賀州, 廣西東北部, 桂·湘·粤 3省의 경계 지역)를 포위하였다.

남한의 주군은 대신들을 불러서 논의 하였는데, 모두 반숭철(潘崇徹)에게 군사를 거느리고 이를 막게 해달라고 청하였다. 반숭철은 병권을 빼앗긴 다음[48]부터 항상 불만하였는데, 이에 성난 눈을 가지고 말하였다. 남한의 주군은 화가 나서 말하였다.

"어찌 반드시 반숭철이어야 하며, 오언유(伍彦柔)에게는 다만 방략이 없다는 말인가?"

드디어 오언유로 하여금 군사를 거느리고 와서 돕게 하였다.

무오일(20일)에 송나라의 군사들은 오언유가 도착한다는 소식을 듣고 20리를 물러나서 기습병을 몰래 남향의 언덕에 숨겨두었다. 오언유가 남향에 정박하여 이른 새벽에 탄궁(彈弓, 활의 일종)을 끼고 언덕에

---

48 반숭철은 남한의 대신으로 남한 고조 유엄(劉龑)의 시대에 관직에 나아갔으며 병서를 읽기 좋아하였고, 남한을 위하여 침주(郴州)를 빼앗았다. 그 뒤에 중종이 대장 오부은(吳懷恩)에게 계림(桂州)을 빼앗도록 명령하였는데, 그곳을 빼앗은 다음에 반숭철에게 오부은을 대신하여 주둔하라고 하였다. 후주(後主)인 유창(劉鋹)이 즉위하자 반숭철을 승급시켜서 서북면도통으로 하였다가 1년 뒤에 유창은 반숭철에게 의심을 품고 설숭예(薛崇譽)를 파견하여 조사하게 하였다. 설숭예가 광주로 돌아와서 매일 8백 명의 영인(伶人)을 동원하여 비단 옷을 입고 옥적을 불며 밤새도록 술을 마시면서 군정을 살피지 않는다고 보고하자 유창은 크게 화가 나서 반숭철의 병권을 빼앗았다.

올라서 호상(胡床)에 의지하여 지휘를 하는데, 복병이 갑자기 일어나자 오언유의 무리들은 크게 혼란하였고 죽은 사람이 열에 일고여덟이었다. 오언유를 붙잡아 참수하고 그 머리를 효수(梟首)하여 성 안에 보였지만 성 안에 있는 사람들은 오히려 굳게 지키고 내려오지 않았다.

수군(隨軍)전운사인 왕명(王明)이 반미에게 말하였다.

"원병이 곧 도착할 것이니 마땅히 급히 공격해야 합니다."

여러 장수들은 자못 미적거리자 왕명은 마침내 거느리고 있는 호송(護送)하는 치중을 끄는 졸병 100여 명과 정부(丁夫) 수천 명을 인솔하고, 삼태기와 가래를 모두 내어 그곳의 구덩이를 파면서 곧바로 성문에 이르게 되니 성 안에 있는 사람들이 크게 두려워하여 문을 열고 받아드리자 드디어 하주에서 승리하였다.

반미 등은 겉으로 순서대로 광주(廣州)로 흘러 내려가겠다고 말하자 남한의 주군은 걱정스럽고 급박하였으나 계책으로 나갈 곳이 없었고, 마침내 반숭철에게 내태사(內太師)·마보군도통을 덧붙여 주고 무리 3만을 거느리고 하강(賀江, 廣西 賀州를 거쳐 흐르는 강)에 주둔하게 하였다. 마침 송의 군사가 지름길로 소주(昭州, 廣西 平樂縣 古城)로 달려가니 반숭철은 다만 무리를 끌어안고 스스로 보호할 뿐이었다.

겨울 10월 신묘일(23일)에 반미 등이 남한의 개건채(開建寨, 廣西 平樂縣 東南)를 격파하고 수천 명을 죽였으며 그 장수인 근휘(靳暉)를 붙잡았다. 소주자사인 전행조(田行稠)는 성을 버리고 숨어버렸고, 계주자사 이승규(李承珪) 역시 달아나서 돌아갔으니 드디어 소주·계주를 빼앗았다.

황제는 계양감(桂陽監)이 매해 들여오는 백은(白銀)의 수량을 보고 재상에게 말하였다.

"산과 못에서 나오는 이로운 것이 비록 많다고는 하나 자못 채취하여 납부하는 것이 쉽지 않다고 들었소."

11월 을사일(7일)에 조서를 내려서 예전 수량의 3분의 1을 줄여서 백성들이 힘들이는 것을 관대하게 하였다.

30   애초에 요(遼)에서는 6만의 기병을 모아서 정주(定州, 河北省 中部)를 공격하였는데 판사방관사(判四方館事)[49]인 전흠조(田欽祚)에게 명령하여 병사 3천을 거느리고 이를 막으라고 명령하면서 황제는 전흠조에게 말하였다.

"저들은 많고 우리는 적은데, 다만 성을 등지고 늘어서서 진을 치고서 그들을 기다리다가 적이 도착하면 바로 싸우는데, 그들을 뒤쫓지는 말라."

전흠조는 요(遼)와 만성(滿城, 河北省 保定市에 속함, 河北省 中部 太行山 동쪽 기슭에 위치)에서 싸웠는데 요의 기병이 조금 물러나자 이긴 기세를 타고 수성(遂城, 河北省 保定市 徐水縣)에 이렀다. 전흠조는 흐르는 화살을 맞고 말에서 넘어지자 기사(騎士)인 왕초(王超)가 말을 전흠조에게 주니 군대는 다시 떨쳤다. 아침부터 포시(晡時, 오후 4시)까지 죽이고 상처를 입힌 것이 아주 많았으며 밤에는 수성에 들어가서 지켰는데, 요나라 사람들이 그곳을 포위하였다.

---

49 사방관이란 관서의 명칭인데, 수 양제 때에 처음 설치하였으며, 동서남북 사방의 소수민족과 외국사신을 접대하며, 사자(使者) 네 명을 두어 각기 쌍방의 왕래와 무역에 관한 일을 관리하였다. 홍려시(鴻臚寺)에 속하였으며, 당대에는 통사사인(通事舍人)이 주관하였으며 송대에는 내제사(內諸司) 가운데 하나이다.

며칠이 되자 전흠조는 성 안에 식량이 적은 것을 헤아리고 군사를 정돈하여 남문을 열고 그 한쪽 귀퉁이에서 포위를 뚫고 나갔다. 이날 저녁에 보채(保寨, 보호 받을 수 있는 영채)에 도착하였는데, 군대 안에는 화살 하나도 잃지 않았다. 북방으로 말이 전해지기를 3천 명이 6만을 깨뜨렸다고 하였다.

계해일(25일)에 주문이 도착하니 황제가 기뻐하며 좌우에 있는 사람들에게 말하였다.

"거란이 자주 변경에 들어와서 노략질하는데 내가 20필의 비단을 가지고 거란 사람의 머리 하나를 사려고 한다면 그들의 정병은 10만 명에 불과하니 비용은 단지 견(絹) 200만이면 적은 다 없어질 것이다."

이로부터 변방의 대비를 더욱 닦았다.

31   이달에 군사들이 연주(連州, 廣東省 淸遠市 관할)에서 승리하고 남한(南漢)의 초토사 노수(盧收)가 그 무리를 인솔하여 물러나서 청원(淸遠, 광동성)을 지켰다. 남한의 주군이 이 소식을 듣고 좌우에 있는 사람들에게 말하였다.

"소(昭)·계(桂)·연(連)·하(賀)는 본래 호남(湖南)에 속하니 지금 북쪽의 군사가 이것을 빼앗으면 만족할 것이고 그들은 다시 남으로 내려오지 않을 것이다."

송의 부용국을 자처한 남당

32   12월 경오일(3일)에 한림학사 승지·호부상서인 도곡(陶穀, 903~
970)이 죽었는데, 중사(中使)[50]에게 명령하여 장례업무를 감호(監護)
하게 하고 우복야를 증직하였다.

도곡의 본래 성은 당(唐)인데 진조(晉祖)의 휘자(諱字)를 피하여 고쳤
다.[51] 문한(文翰)으로 한때에 최고였으며, 스스로 구차(久次)[52]하면서
속으로는 크게 쓰이기를 바랐다. 그러나 사람됨이 한편으로 기울어지
고, 아주 표독하여 처음에 한림승지를 하면서 힘써 두의(竇儀, 914~966)
를 배척하였으니, 두의는 이로 인하여 재상의 자리를 얻지 못하였다.

위인포(魏仁浦, 911~969)가 중서에 있게 되니 도곡은 스스로 위씨(魏
氏)에서 나왔다고 말하면서 위인포를 외삼촌으로 섬기면서[53] 매번 볼

---

50 환관인 황제의 사자이다.

51 진조란 오대 후진 고조를 말하는 것으로 그의 이름은 석경당(石敬瑭, 892~
    942)이다. 그가 태어났을 때는 후진시기였고, 그때 황제의 이름이 석경당이어
    서 비록 성(姓)인 당(唐)이라는 글자는 당(瑭)과 글자는 다르지만 발음이 같
    기 때문에 사용할 수가 없었다.

52 오랫동안 지위가 오르지 않았다.

적마다 먼지를 바라보면 번번이 갑자기 내려서 절을 하였다. 황제는 평소에 그를 박대하였기에, 재보를 골라 두면서 도곡에게는 미치지 아니하였다.

도곡이 하루는 그 무리로 하여금 업무를 이용하여 황제에게 넌지시 말하여 도곡이 사금(詞禁, 한림원)에 있으면서 힘을 들어낸 것이 실로 많다고 말하게 하자 황제가 웃으면서 말하였다.

"내가 듣건대 학사들이 제서(制書)를 초(草)하면서 모두가 앞의 사람들이 쓴 옛 것을 검토하여 조금 이를 고친다고 하니, 이 말은 이른바 호로(葫蘆)를 모양대로 그릴 뿐이라는 것[54]인데, 어찌 힘을 들어낸 것이 있겠소."

도곡은 이 때문에 한림원 벽에 시(詩)를 지어 붙였는데, 말씨가 자못 원망하는 투였으니 황제는 드디어 뜻을 결정하여 채용하지 않았다.

33   반미 등이 멀리 소주(韶州, 廣東省 韶關市 南武水의 西)까지 말을 몰아갔다. 남한의 도통 이승악(李承渥)이 군사 10여만 명을 거느리고 봉화봉(蓬華峯) 아래에 주둔하면서 코끼리를 훈련시켜서 진을 치도록 하여, 매 코끼리마다 10여 명씩을 실었는데 모두가 병장기(兵仗器)를

---

53 이 말로 볼 적에 도곡의 외가가 혹시 위(魏)씨일수도 있다고 생각되지만 그의 어머니는 유(柳)씨이므로 이 말은 어떤 근거로 한 말인지 알 수 없다.

54 호로는 조롱박을 말하는데, 중국에서는 가장 원시적인 행운의 물건으로 알려지고 있어서 사람들은 항상 문 입구에 이것을 놓아 벽사(闢邪, 사악한 기운을 물리침), 초보(超寶, 보배를 불러들임)하는데 이용한다. 그래서 누구나 다 좋아하기 때문에 이것을 그림으로 베껴 그려서 불교 연등회 같은 데 많이 이용된다. 즉 좋기는 하지만 누구나 베껴 그릴 수 있다는 의미로 사용하고 있는 것이다.

잡고 있었고, 싸우게 되면 진(陣)의 앞에 두면서, 큰 것으로 군대의 위엄을 삼았다.

반미가 군사들 가운데 있는 경노(勁弩)를 찾아서 그것을 쏘게 하자 코끼리는 달아나면서 올라 탄 사람을 흔들자 모두 떨어졌고, 도리어 이승악의 군사들을 밟으니 군대는 크게 패배하였다. 이승악은 겨우 몸만 빠져 나와 죽음을 면하였으니, 드디어 소주를 빼앗았고 그 자사인 신연악(辛延渥)과 간의대부 추문원(鄒文遠)을 사로잡았다.

신연악은 샛길로 사자를 파견하여 남한의 주군에게 영접하며 항복하기를 권고하였으며 관군기사(觀軍器使)인 이탁(李托, 환관)은 그 논의를 깊이 저지하였으나 나라 안에서는 벌벌 떨며 두려워하였다.

남한의 주군은 비로소 동쪽에 참호를 파서 막을 계획을 세우라고 하면서 여러 장수를 돌아보았는데 부릴 수 있는 사람이 없자 궁온(宮媼)[55]인 양란진(梁鸞眞)이 그의 양자인 곽숭악(郭崇岳, ?~970)을 천거하며 채용할 수 있다고 하여 마침내 초토사로 삼고 대장 식정효(植廷曉, ?~971)와 더불어 무리 6만 명을 통솔하여 마경(馬逕, 廣東省 梅州市 梅縣)에 주둔하게 하고 목책을 늘어놓고 송나라 군대를 막게 하였다. 곽숭악은 지모와 용기가 없어서 오직 날마다 귀신에게 기도를 할 뿐이었다.

34 이 해 겨울이 남당의 남도(南都, 남창)유수인 건안(建安, 福建省 建甌市) 사람 임인조(林仁肇, ?~972)가 비밀리에 표문을 올려서 말하였다.

---

55 궁궐에 사는 노파라는 말로 주로 과거에 황제나 황실의 유모 출신으로 나이가 든 사람을 말한다.

"회남(淮南)에 있는 여러 주(州)의 수병(戍兵)은 각기 1천 명에 지나지 않으니 송조(宋朝)는 전년에 촉을 멸망시켰고, 이번에는 또 영표(嶺表, 오령 밖)를 빼앗았으니, 왕복 수천 리여서 군대가 피로하고 지쳐 있습니다.

원컨대 신에게 군사 수만 명을 빌려 주신다면 수춘(壽春)에서부터 북쪽으로 건너가서 지름길로 정양(正陽, 河南省 東南部, 淮河上游 北岸)을 점거하고서 옛날을 생각하는 백성들을 이용한다면 강북의 옛날 경계 지역을 회복할 수 있습니다. 저들이 멋대로 풀어 놓아 와서 돕는다 하여도 신은 회하의 맞은 편 보루를 점거하고 그들을 막는다면 형세로는 대적할 수 없을 것입니다.

군사를 일으키는 날 청컨대 신이 군사를 일으켜서 밖에서 반란을 일으켰다고 송조(宋朝)에 들리게 한다면 일은 성공하고 국가는 그 이익을 향유할 것이며, 패하다면 신의 집안을 족주하시어서 폐하에게는 두 마음이 없다는 것을 밝히십시오.[56]"

남당의 주군은 두려워서 감히 좇지 못하였다.

애초에 의춘(宜春, 강서성) 사람 노강(盧絳, 891~975)이 추밀사 진교(陳喬, ?~975)에게 가서 책을 올렸는데 진교는 이를 기이하게 여기고 연강순검(沿江巡檢)으로 발탁하여 망명한 사람들을 불러 모으게 하고 수전(水戰)을 익히게 하면서 해문(海門, 江蘇省 南通市)에서 오월의 군사를 잡고 주함(舟艦) 수백 척을 포획하였다.

---

56 남한은 송조에 대하여 번방을 자처하고 있기 때문에 송조를 범접하는 것은 배반의 뜻이 되므로 임인조의 군사행동은 남한의 뜻과 상관없이 반란한 것이라고 하라는 뜻이다.

일찍이 남당의 주군에게 유세하여 말하였다.

"오월은 원수인데, 다른 날에 반드시 북조의 향도가 되어 기각(掎角)[57]으로 우리를 공격한 것이니 마땅히 먼저 그들을 없애야 합니다."

남당의 주군이 말하였다.

"대조(大朝, 송 왕조)의 부용국(附庸國)[58]인데, 어찌 감히 군사를 동원하겠는가?"

노강이 말하였다.

"신이 청컨대 거짓으로 선(宣, 安徽省 宣城市)·흡주(歙州, 安徽省 休寧縣)를 가지고 반란을 일으키고 폐하께서 겉으로는 토벌한다고 말씀하시고 또한 오월(吳越)에 군사를 빌려 달라고 하십시오. 군사가 이르면 막고 치면 신이 뒤를 밟아서 이를 공격하게 되면 그 나라는 반드시 망합니다."

남당의 주군은 채용할 수 없었다.

이 해에 덕열륵부(德呼勒部, 敵烈)[59]가 반란하니 요주(遼主)가 우이륵희파(右伊勒希巴, 夷离畢)[60]인 야율희달(耶律希達, 奚底)에게 명령하

---

57 사슴을 붙잡을 때, 앞에서 뿔을 붙잡고 뒤에서 다리를 붙잡다는 말로, 군대를 둘로 나누어 적을 견제하거나 양쪽에서 적을 협공하는 경우를 말한다.

58 대조란 송조를 말하는 것이며 부용국은 보호를 받는 나라로 여기서는 오월을 가리키는 것이다.

59 중국 북부에 거주하는 유목부족으로 요·금(遼·金)시기에는 몽골 동부 극로륜하(克魯倫河) 하류에서 유목하였는데 적열(迪烈), 적열득(敵烈得)으로 번역되기도 하며 8개의 부(部)가 있다.

60 이는 이리필(移离畢)로도 적는데, 돌궐어의 아이리발(eletber·ilitbir·eltäbir·iltäbir)에서 나왔으며, 원래는 돌궐의 관직명이었다가 거란어에서는 참지정사(參知政事) 혹은 형정관(刑政官)으로 쓰이다가 요 왕조가 성립된 뒤에 관직

여 이를 토벌하게 하였다.

태조 개보 4년(신미, 971년)[61]

1   봄 정월 초하루 무술일에 군사를 내었기 때문에 조하를 받지 아니하였다.

2   반미가 영(英, 廣東省 英德市)·웅(雄, 廣東省 南雄市) 두 주(州)에서 승리하자 남한의 도통 반숭철이 와서 항복하였다.[62]

3   병오일(9일)에 명령하였다.
  "여러 도(道)·주(州)·현(縣)에서는 섭관(攝官, 대리직 관리)을 바꾸어 파견할 수 없으며 무릇 궐원이 생기면 바로 상황을 갖추어 보고하되 곧바로 주수(注授)[63]하라. 전에 대리직 관리로 파견되었던 관리는 모

명이 되었다. 요는 남북 양제를 사용하였기 때문에 북면에서는 형옥을 관장하는 관직으로 쓰였으며, 좌·우이리필(左·右夷离畢), 지좌·지우이리필사(知左·知右夷离畢事) 등의 관직이 있다.

61 요의 경종 보령 3년이다.

62 《송사》에는 이 사건이 난 날을 정월 계축으로 기록하였는데, 《송원통감》에는 2월로 되어 있으며 《절편》과 《동도사략》에는 1월로 되어 있으나 날짜를 쓰지 않았다.

63 주의수관(注擬授官)이라는 말로 관직에 궐원이 생기면 적당한 사람을 미리 점찍어서 올려 보내어 두었다가 그 관직을 맡기는 것을 말한다.

두 그 직임을 파직시키고 현임관이 임시로 관장하라."

4   신해일(14일)에 통판랑주(通判閬州, 낭주는 四川省 東北部)·전중시어사인 노충(路沖)이 말하였다.

"본주에서 직역(職役)하는 호구가 형세(形勢) 있는 사람을 짊어지고 믿으면서 조(租)를 납부하면서 날짜를 어기고 있으니, 이미 별도로 통판청(通判廳)에 판부(版簿, 호적)를 세워 두었으며, 기한에 의거하여 독촉하고 있는데, 이를 반포하여 조례(條例)로 삼아 주시기를 욕망(欲望)합니다."

조서를 내렸다.

"여러 주(州)·부(府)에서는 나란히 형세를 가진 사람들의 판부를 만들어 두고 통판(通判)으로 하여금 오로지 그 조(租)를 관장하게 하라."

5   하동지역에 있는 여러 주(州)백성들로 내군(內郡)으로 이사한 사람은 사사롭게 병기의 보유를 금하였다.

6   갑인일(17일)에 요(遼)의 야율희달이 사람을 파견하여 덕열륵부(德呼勒部, 敵烈)의 포로를 바치니 요주(遼主)가 공로를 세운 장사(將士)들에게 상을 하사하도록 명령하였다.

7   경신일(23일)에 요(遼)에서는 등문원(登聞院)[64]을 설치하였다.

---

64 등문고를 관리하는 기관이다. 등문고란 커다란 북을 조당의 밖에다 걸어놓고, 백성들이 북을 쳐서 억울한 일을 직접 호소할 수 있도록 한 제도인데, 이

요주(遼主)는 목종(穆宗)이 종원(鐘院)[65]을 없애어서 궁박한 백성들의 억울함을 하소연한 곳이 없었으니 그러므로 조서를 내려서 이를 회복시킨 것이다. 이어서 종을 주조하며 사(詞, 銘文)를 새기도록 하였는데, 이를 없앴다가 설치하게 되는 뜻을 드러나게 하라고 명령하였다.

8   계해일(26일)에 요의 군사가 역주(易州, 河北省 易縣)를 침략하자 감군(監軍)인 임득의(任得義)가 싸워서 이들을 물리쳤다.

9   이달에 반미의 군사가 농두(瀧頭)에 다다랐는데, 남한의 주군은 사자를 파견하여 화친을 청하였고, 또 군사의 진전을 늦추어 달라고 요구하였다. 농두의 산수(山水)는 험악하여 반미 등은 복병이 있을까 의심하고 마침내 그 사자를 끼고 신속하게 여러 험로를 건넜다. 갑자일(27일)에 책구(柵口)에 이르렀고, 을축일(28일)에는 마경(馬逕)에 도착하여 쌍녀산(雙女山, 廣東 南海市北)에 주둔하고서 곧바로 곽숭악(郭崇岳)[66] 군영의 목책을 굽어보았다. 유기(遊騎, 유격기병)를 자주 내 보내어 도전하였으나 곽숭악이 좇지 않고 다만 성벽을 굳게 하면서 스스로

제도는 중국 역대 왕조에서 모두 실시하였다.

65 요(遼)에 설치하였던 관청의 이름이다. 요 태조 신책(神冊) 6년(921년)에 처음으로 설치하였는데, 백성들 가운데 억울한 사람이 있으면 종을 쳐서 억울함을 호소하도록 하였던 것이며, 목종 때에 이를 없앴다가 경종 야율현 보령 3년(971년)에 다시 설치하였다. 보통 다른 왕조에서는 북을 설치하였는데, 요에서는 종을 주조하여 설치하여 다른 점이 있다.

66 《광동통지(廣東通志)》 권6에는 개보 3년(970년)에 죽은 것으로 나와 있으나, 《속자치통감》에는 개보 4년(971년)까지 살아 있는 것으로 기록하고 있으며 생몰년을 알 수가 없다.

를 지킬 뿐이었다.

남한의 주군은 선박 10여 척을 가져다가 금은보배·비빈을 싣고 바다로 들어가려고 하였지만 아직 출발하지도 않았는데 환관인 악범(樂範)과 위병(衛兵) 1천여 명이 선박을 훔쳐가지고 달아났다. 두려워하여 마침내 우복야 소최(蕭漼)·중서사인 탁유휴(卓惟休)를 파견하여 군문(軍門)에 가게 하여 항복을 받아달라고 빌자 반미는 바로 압송하여 대궐로 가게 하였다.

소최 등이 돌아오지 않으니 남한의 주군은 더욱 두려워서 다시 곽숭악에게 계엄하게 하였다. 2월 초하루 정묘일에 또 그의 동생인 정왕(禎王) 유보흥(劉保興)을 파견하여 나라 안에 있는 군사를 인솔하여 와서 항거하게 하였다.

식정효(植廷曉, ?~971)가 곽숭악에게 말하였다.

"북쪽의 군대는 자리를 마는 기세를 타고 있는데, 그 칼끝은 감당할 수 없으며, 우리 군사들은 비록 많지만 그러나 모두 다치고 난 나머지 사람이어서 지금은 채찍을 몰아 앞으로 나아갈 수 없으니 역시 앉아서 그 죽음만을 받아야 겠지요."

경오일(4일)에 식정효는 마침내 선봉부대를 인솔하고 물을 점거하여 진을 치고, 곽숭악으로 하여금 뒤를 맡게 하면서 달아나고 부딪치는 것을 막았다. 이미 그리하였는데, 송의 군사들이 물을 건너니 식정효가 힘껏 싸웠으나 이기지 못하고 드디어 죽으니 곽숭악은 달아나서 그 성책(城柵)으로 돌아왔다.

반미가 왕명에게 말하였다.

"저들은 대나무를 엮어서 성책을 만들었는데, 만약에 구화(篝火)[67]로 그것을 태우면 반드시 소란스러워 질 것이며, 이를 이용하여 가운데 놓고 공격하면 이는 만 가지가 다 안전한 계책이다."

드디어 정부(丁夫)를 나누어 파견하면서 각기 두 개의 횃불을 가지게 하고 샛길로 그 성책에 가서 밤이 되자 만개의 횃불을 모두 꺼내 들었다. 마침 하늘에서는 큰 바람이 불자 연기와 티끌이 일어나니 남한의 군사는 크게 패배 하였고, 곽숭악은 어지러운 군사들 속에서 죽었고, 유보홍은 도망하여 돌아왔다.

공징추(龔澄樞, ? ~971)·이탁(李托)이 내시중인 설숭예(薛崇譽) 등과 모의하였다.

"북쪽의 군사가 와서는 우리나라의 진기한 보배를 이로워할 것인데 지금 이것을 다 태워서 성을 텅 비게 만들면 반드시 오래 머물지는 않을 것이고 마땅히 스스로 돌아갈 것이다."

마침내 멋대로 불을 놓아서 부고(府庫)·궁전을 태웠는데, 하루 저녁에 다 없어졌다.

신미일(5일)에 군사가 백전(白田)에 도착하였는데, 남한의 주군이 소복(素服)을 하고 나와서 항복하니 반미는 승제(承制)⁶⁸하여 그를 풀어 주었다. 드디어 광주(廣州)로 들어가서 종실(宗室)·관속 97명을 포로로 잡고, 남한의 주군과 더불어 모두 용덕궁(龍德宮)에 묶어두었다.

---

67 구(簾)란 서너 개의 대나무로 탑처럼 걸쳐 만든 삼각대인데 대나무 상단의 끝을 끈으로 묶고 그 아래쪽은 밖으로 벌려 놓은 것이며 중간에 물주전자 혹은 솥을 걸 수 있도록 하고 아래에 나뭇가지나 나뭇잎을 쌓아 두어 불을 붙여서 한편으로 마시고 한편으로는 불을 쬐도록 한 것이다. 그러므로 구화는 바로 야외의 군영에 삼각으로 만든 얼개에 있는 불을 말한다. 원래는 대나무로 만든 조롱을 이용한 불을 말하는 것이다.

68 황제의 명령을 제(制)라고 하는데, 전쟁 중에 전방에서는 일을 빨리 처리하기 위하여 일선 지휘관이 황제의 뜻을 받아서 일을 처리하는 것을 말한다.

유보흥은 처음에는 백성들 사이에 숨었지만 후에 마침내 그를 붙잡았다. 환관 100여 명이 옷을 잘 차려 입고 뵙기를 청하자 반미가 말하였다.

"이렇게 탁인(椓人, 환관)이 많은데 나는 조서를 받들어서 죄진 사람을 치려했으니, 바로 이러한 사람들이다."

명령을 내려서 그들을 모두 목 베었다. 반미는 노포(露布)[69]로 승리한 것을 알렸는데, 기축일(23일)에 경사에 도착하였다. 〔지도참고〕

경인일(24일)에 여러 신하들이 축하를 하니 드디어 연회를 베풀어주었다. 무릇 주(州) 60개와 현(縣) 214개, 호구 17만263호를 얻었다.

신묘일(25일)에 광남 관내에 있는 주현(州縣)에 평상적으로 용서받지 못하는 사람을 사면해주고, 위관서(僞官署)[70]는 나란히 여전히 옛날대로 하되 명목 없는 부렴(賦斂) 모두 이를 면제시켰다.

10   지제고인 노다손(盧多遜, 934~985)을 권지공거로 하니 진사 합격자 10명을 상주하였다.

11   황제는 영(令)·위(尉)가 적(賊)을 붙잡게 하면서 먼저 기한을 정해 두었더니 그중에는 이미 벌을 받은 자 혹은 끝내 뒤쫓아가서 체포할 뜻을 끊었던 사람이 있었다. 을미일(29일)에 조서를 내렸다.

---

69 공개된 편지를 말한다. 승전보를 처리할 때에 연도에 있는 사람들이 모두 알게 하려고 누구나 볼 수 있도록 쓴 편지이다.

70 송조의 입장에서는 남한은 거짓 정부로 인정할 수밖에 없기 때문에 남한의 옛날 관서를 가리키면서 모두 위(僞)를 붙여 호칭한 것이다.

"지금부터는 비록 기한을 넘겨서라도 도적을 붙잡은 사람은 유사로 하여금 장부에 갖추어 기록하여 그 처벌을 없애주는데, 다만 근무성적 [勤績]으로 차례를 매길 수 없다. 그 가운데 누차 뒤지거나 강등되어 법으로 정지되고 면직된 사람은 이 제서(制書)를 적용할 수 없다.

12 이달에 요주(遼主, 경종)는 동쪽으로 순수(巡狩)하였는데, 푸른 소·흰 말을 가지고 천지에 제사를 드렸다.

13 3월 병신일(1일)에 조서[71]를 내렸다.

"영남지역에 있는 다른 사람의 남자와 여자를 사들여 노비로 삼아 돌려서 이익으로 삼았던 사람들은 나란히 방면하며, 위정(偽政)[72]으로 백성들에게 해가 되는 것은 이를 없애라."

14 정미일(12일)에 요(遼)에서는 비룡사(飛龍使)인 니리(尼哩, 女里) 를 거란행궁도부서로 삼았다.

15 애초에 우감문위(右監門衛) 장군인 조빈(趙玭, 921~978)은 죄를 지어서 억지로 개인 집으로 돌아갔는데, 분하고 화가 나는 것을 이기지 못하여 어느 날 조보(趙普, 922~992)가 입조하는 것을 엿보다가 말 앞

---

71 면노비조(免奴婢詔)에 관한 기사를 살펴보면 《절편》에는 경자일(5일)로 되어 있으며, 위정(偽政)을 없애는 조서는 《동도사략》에 을사일(10일)로 되어 있다. 그런데 《송사》에는 이를 통틀어 병신일(1일)로 적고 있다.

72 위정이란 거짓 정부 혹은 거짓 정권이라는 말이지만 송조의 입장에서 송에 대항하였던 남한을 이르는 말이다.

❖ 송의 남한 평정도

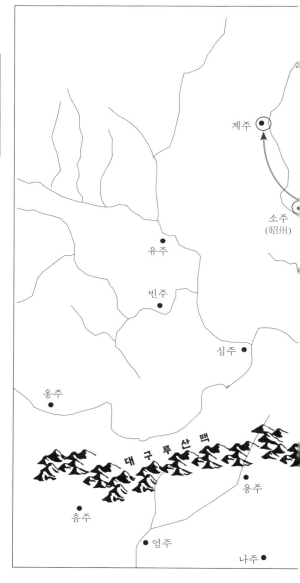 산	
——	강
⟶	송
⟶	남한

계주

소주
(昭州)

유주

빈주

심주

옹주

대구루산맥

용주

흠주

염주

나주

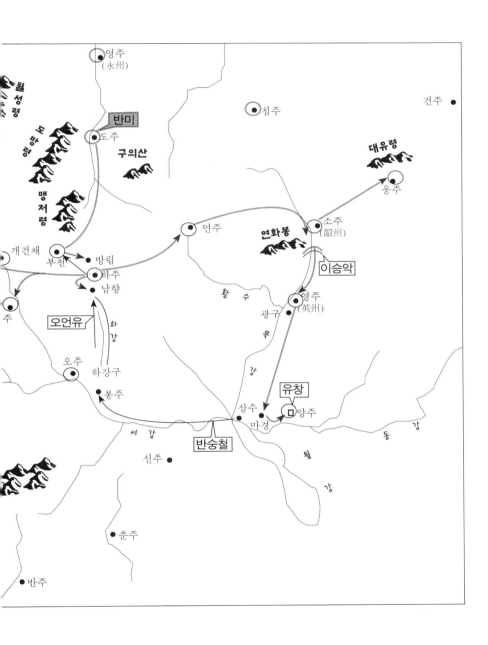

영주
(永州)

건주 •

월
성
령

첨주

반미

도주

구의산

양
명
도

대유령

옹주

맹
저
령

연주

소주
(韶州)

연화봉

개건채

이승악

부천

방림

영주
(英州)

광구

주

하주

남향

황
수

오언유

하
강

북

오주

하강구

강

유창

봉주

양주

삼수

마경

서   강

반숭철

월

신주 •

강

동   강

춘주 •

• 반주

에서 조보의 단점을 지적하였다.

황제가 이 소식을 듣고 조빈과 조보를 불러 대면하게 하고 그 일을 질의하니 조빈은 큰 소리로 조보가 나무를 판매하여 이익을 꾀하였다고 말하였다.

이보다 먼저 진(秦)·농(隴)에 있는 큰 나무는 관부에서 사사로이 판매하는 것을 금하였는데, 조보는 일찍이 가까운 관리를 파견하여 가서 집짓는 나무를 팔고, 거대한 뗏목을 엮어서 경사에 이르게 하여 집을 수리하였는데 관리가 이를 이용하여 훔쳐서 도하(都下)에서 무역을 하였으니 그런고로 조비가 말한 것이다.

황제는 화가 나서 합문(閤門)에 백관들을 모으도록 재촉하고 장차 제서를 내려서 조보를 축출하려고 하면서 조서로 태자태사인 왕부(王溥, 922~982) 등에게 물었다.

"조보는 어떤 죄로 판결할 수 있겠는가?"

왕부가 합문사(閤門使)[73]의 상주문을 붙여서 말하였다.

"조빈이 대신을 무망(誣罔)한 것입니다."

황제의 마음이 바로 풀어져서 도리어 조빈을 힐책하여 무사에게 그를 치라고 명령하였다. 어사가 전정에서 국문하였는데, 조보가 힘써 구하려고 하자 황제는 마침내 그 벌을 너그럽게 하였다. 여름 4월 초하루 병인일에 책임을 지워 여주(汝州, 河南省 中西部) 아교(牙校, 하급무관)로 삼았다.

---

73 합문사는 관직명으로 당말 오대에도 합문사가 있었는데, 승여를 공봉하고, 조회와 유행(遊幸), 그리고 대연회의 인찬(引贊)을 하며, 친왕과 재상, 백관, 번국이 조현하는 것을 맞이하고 의례를 잃은 것을 규탄하는 직무를 수행하였다.

16   임신일(7일)에 반미·윤숭가(尹崇珂, 927~968)에게 동지광주(同知廣州)로 명령하고, 담(儋, 海南省)·애(崖, 海南省 儋州市 西北)·진(振, 海南省 三亞市 崖城)·만안(萬安, 海南 萬寧市北) 등 네 주를 경주(瓊州, 海南省 海口市)에 예속시키고, 광주에 명령을 내려서 관리를 선택하여 지주(知州)의 업무를 나누게 하였다.

17   기묘일(14일)에 요주(遼主)는 목엽산(木葉山, 內蒙古 西拉木倫河와 老哈河가 合流하는 지점)에서 제사를 지내고, 재생례(再生禮)[74]를 거행하였다. 병술일(21일)에는 요주가 상경으로 돌아와서 한덕양(韓德讓, 941~1011)을 상경황성사(上京皇城使)로 삼고 창덕(彰德, 河南省 安陽市)절도사를 요수(遙授)[75]하였다. 이로부터 한덕양은 매일 알현하게 되어 높여 쓰였다.

18   무자일(23일)에 영흥군(永興軍, 陝西省 西安市)절도사·동중서문하 2품인 오정조(吳廷祚, 917~971)가 와서 조현하였다. 병이 들어서 황제가 친히 임석하여 위문하고 중사(中使)인 왕계은(王繼恩)을 파견하여 그를 감호하여 살피게 하였다. 경인일(25일)에 죽으니 시중을 증직

74 요대에는 12년마다 자기가 출생한 것을 기념하는데, 이는 간지에서 12년마다 자기가 탄생한 지(支)가 돌아오기 때문에 이때에 어머니가 양육해 준 것에 대한 감사의 예를 행한다. 요대에는 황제, 황후, 태자 혹은 귀족의 탄생을 12년마다 축하하는 예식을 거행하였다. 이것으로 요는 이때에 간지를 사용한 것으로 보인다.

75 관함을 수여하였지만 부임할 필요는 없도록 한 방법이다. 실제로 갈 수 없는 지역에 직함만 주고 그 지역을 개척하게 하는 방법으로도 이 직함이 사용된다.

하였다. 오정조는 합주(陝州, 河南省 三門峽市 陝州區) 사람이다.

19   남당(南唐)의 주군이 그의 동생인 길왕(吉王) 이종겸(李從謙)을 파견하여 와서 조공하였다.

┌───┐
│   │
│   손수 만든 노리개를 헌상한 포로 유창   │
│   │
└───┘

20　　반미가 사자를 파견하여 유창(劉鋹)과 그 종족의 무리와 관속들을 호송하여 경사에 바쳤다. 유창이 공안(公安, 湖北省 荆州市)에 이르자 저리(邸吏)[76]인 방사진(龐師進)이 배알하고, 학사(學士)인 황덕소(黃德昭)가 유창을 모시었는데, 유창이 이 때문에 방사진이 어떤 사람인가를 물었고, 황덕소가 말하였다.

"본국(本國, 남한) 사람입니다."

유창이 말하였다.

"어찌하여 여기에 있는가?"

황덕소가 말하였다.

"고황제(高皇帝, 劉龑)께서 번부(藩部)에 계시는 날 대조(大朝, 宋)에 매해 공물을 바쳤는데, 치중이 모두 형주(荆州, 湖北省)를 거쳐 가게 되자 마침내 방사진으로 하여금 여기게 저택을 두게 하였으며, 차승(車

76　남한(南漢) 소속의 공안에 있는 저택을 관리하는 관리이다. 이 지역에서 남한과 관계된 업무를 수행하였는데, 특히 남한의 관리들이 여행 중에 묵을 수 있는 장소를 두었던 것이다.

乘)을 만들어서 궤운(饋運, 식량운송)하는데 공급하였을 뿐입니다."

유창이 한탄하며 말하였다.

"내가 자리에 14년간 있는 동안에 아직 일찍이 이러한 말을 들어 보지 못하였는데, 오늘에야 비로소 조종(祖宗)의 산하(山河)와 대조(大朝, 송)의 경계 지역을 알겠구나."

이어서 오래도록 눈물을 흘리었다.

이미 도착하고 나자 옥진원(玉津園)[77]에 묵었는데, 황제는 참지정사 여여경(呂餘慶, 927~976)을 파견하여 이랬다저랬다 하면서 부고(府庫)에 불을 지른 죄를 묻자 유창은 죄를 공징추와 이탁 그리고 설숭예에게 돌렸다. 황제는 다시 사자를 파견하여 공징추 등에게 물으니 모두 머리를 굽히고 대답하지 아니하자 위(僞, 남한) 간의대부인 왕규(王珪)가 이탁에게 말하였다.

"예전에 광주(廣州)에 있으면서 기무(機務)는 나란히 너희들이 오로지 하였고, 불 또한 안에서 일어났는데, 지금에는 오히려 어떤 사람에게 미루어 버렸는가?"

드디어 침을 뱉고 그 뺨을 때리니 공징추 등이 마침내 자복하였다.

5월 초하루 을미일에 유사가 비단으로 유창과 그의 관속들을 묶어서 먼저 태묘(太廟)·태사(太社)에 바쳤다. 황제가 명덕문(明德門)에 나아가 섭(攝)[78]형부상서인 노다손을 파견하여 유창을 책망하는 조서를

---

77 옥진원은 남어원(南御苑)이라고도 하는데 주(周) 세종 때에 세운 것으로 송대에는 행궁어원(行宮御苑)으로 사용하였다.

78 관리를 임용하는 방법의 하나로 어떤 관직을 대리하게 할 때에 섭직을 준다. 송대에는 어떤 관직을 임시로 주어 특정임무를 수행하게 하려고 파견하면서 섭직을 주었다.

선포하니 유창이 대답하였다.

"신은 나이 16살에 위호(僞號)를 참칭(僭稱)[79]하였는데, 공징추 등은 모두 선인(先人)[80]의 옛날 사람들이라 모든 일에서 신은 자유로울 수가 없었습니다. 나라[남한]에 있을 때에 신은 신하였고, 공징추는 국왕이었습니다."

대답을 마치자 땅에 엎드려 죄 받기를 기다렸다. 황제는 섭대리경인 고계신(高繼申)에게 명령하여 공징추와 이탁, 설숭예를 끌어내어 천추문(千秋門) 밖에서 목을 베게 하고 유창의 죄를 풀어 주었으며 아울러 그의 동생인 유보흥과 관속들에게는 각기 관대(冠帶)와 기폐(器幣, 그릇과 돈), 안마(鞍馬)를 하사하였다. 조금 있다가 유보흥을 좌감문위(左監門衛) 솔부(率府)[81]의 솔(率)로 삼았다.

애초에 포로를 헌상하는 의례를 논의하였는데 조정의 신하들은 알 수가 없어서 마침내 이부상서로 벼슬을 그만 둔 장소(張昭)에게 사자를 파견하여 물었다. 장소는 병이 들어 누워있었는데 입으로 사자에게 불러주어 모두가 그의 해박함에 탄복하였고, 드디어 이를 채용하였다.

---

79 유창은 남한의 주군으로 송에 포로로 잡혀왔으므로 자기의 왕조인 남한이란 국호를 송의 입장에서 거짓 명칭이라고 하였고, 자기가 황제를 칭한 것도 참칭이라고 한 것이다.

80 유창의 아버지인 남한 중종(中宗) 유성(劉晟)을 말한다. 보통은 선제라고 해야 할 것이나, 송에 포로로 잡혀 온 터라 자기 아버지를 먼저 돌아가신 사람이라는 뜻의 선인으로 부른 것이다.

81 솔부는 관서의 명칭으로 진(秦)에서 시작하여 진(晉)으로 이어져 왔다. 진에는 5솔부가 있었는데, 5솔이란 좌·우·전·후·중을 말하고 그 후 고쳐져서 당대에는 10솔부를 두었고 태자의 관속이었는데, 송대에는 상설하지는 않았다.

21   정유일(3일)에 담주(潭州, 長沙市)방어사 반미를 영[82]산남동도(領
山南東道)절도사로 삼고, 낭주(朗州, 湖南省 常德市)단련사 윤숭가(尹
崇珂)를 영보신군(領保信軍)절도사로 삼았는데, 동지광주(同知廣州)는
옛날대로 하였다.

22   왕명(王明)을 비서소감으로 삼아, 영(領)소주자사·광남제주(廣南
諸州)전운사로 하였다. 많은 군사가 남쪽으로 정벌을 하면서 왕명은 지
전운사(知轉運使)였는데, 고갯길이 험하고 끊기어서 배와 수레가 통하
지 못하였지만 그러나 정부(丁夫)를 가지고 마른 양식 수만을 져 나르
게 하여 공급을 바라는 곳에 빠짐이 없게 하였다. 매번 군읍을 떨어뜨
릴 적마다 반드시 먼저 그들의 판적(版籍)을 거두고 창고를 굳게 지켜
서 자못 군대의 계획에 참여하였다. 황제는 그 공로를 가상히 여겼으
니, 그런고로 발탁하여 쓴 것이다.

23   애초에 (황제는) 군기고사(軍器庫使) 초소보(楚昭輔, 914~983)로
하여금 좌장고(左藏庫)[83]의 금백(金帛)을 비교 조사하게 하였는데, 며
칠을 걸려서 끝내고 조목조목 정리하여 대답하니 뜻에 잘 맞아서 이에
이르러 좌교위(左驍衛)대장군을 제수하고 권판삼사(權判三司)[84]로 하

---

82 관직을 임용하는 방법의 하나인데, 보통 임명을 받은 사람이 여러 개의 직책
   을 갖고 있기 때문에 직접 임지로 가지 아니하면서 그 업무를 관장하게 하는
   것이어서 겸직과 유사하다.

83 고대의 국고 가운데 하나인데 왼쪽에 있기 때문에 이러한 명칭이 붙은 것이
   다. 송초에는 제주(諸州)의 공부(貢賦)를 좌장고에 넣었으며, 남송시기에는
   좌장남고를 두었다.

였다.

24   신축일(7일)에 유창에게 숭덕전(崇德殿)⁸⁵에서 연회를 베풀어 주었다.

25   6월 신미일(7일)에 사농소경(司農少卿)인 이계방(李繼芳)에게 명령하여 남해에서 제사를 드리게 하였다. 유창이 먼저 해신(海神)을 높여서 소명제(昭明帝)라고 하고 사당을 총정궁(聰正宮)이라고 하였으며, 그 의복은 용봉(龍鳳)으로 장식하였으니, 조서를 내려서 제(帝)라는 호칭과 궁(宮)의 명칭을 삭제하고 1품의 복장으로 바꾸라고 조서를 내렸다.

26   임신일(8일)에 처음으로 광주에 시박사(市舶司)⁸⁶를 설치하였다.

27   병자일(12일)에 어사중승(御史中丞) 유온수(劉溫叟)·중서사인 이방(李昉, 925~996)에게 조서를 내려서 《개원례(開元禮)》⁸⁷를 다시 정

---

84 삼사는 재정을 담당하는 부서를 말하고 권은 임시로 업무를 맞게 하는 관리 임용법이다.

85 《고이(考異)》에는 대명전(大明殿)으로 되어 있다.

86 시박사는 당·송·원·명(唐·宋·元·明)시대에 각 항구에 해상무역을 관리하는 기구로 오늘날의 세관과 같은 기관이다.

87 《대당개원례(大唐開元禮)》라고도 하는데 당 개원 20년(732년)에 선포된 관찬 예제에 관한 저작이다. 이 책은 소숭(蕭嵩)이 당 현종의 칙령을 받들어 쓴 것으로 여기에 참여한 사람은 장열(張說), 소숭(蕭嵩), 왕중구(王仲邱), 서견(徐

하고 국조(國朝)의 연혁과 제도를 이에 부속시키게 했다.

28　정축일(13일)에 회골(回鶻)에서 사자를 파견하여 요(遼)에 조공하였다.

29　애초에, 황제가 진양(晉陽, 山西省 太原市)을 치면서 밀주(密州, 山東省 諸城)방어사 마인우(馬仁瑀, 933~982)에게 명령을 내려서 무리를 인솔하고 변경을 순시(巡視)하게 하였는데, 상곡(上谷, 河北省 張家口市)·어양(漁陽, 北京市)에 이르자 요인(遼人)들이 평소에 그의 이름을 듣고서 감히 나오지 못하였으며, 이어서 군사를 풀어서 크게 약탈하고서 돌아왔다.

그 다음 해에 도적 떼인 주필(周弼)이 연주(兗州, 山東省 濟寧市)에서 일어나자 마인우에게 조서를 내려서 엄습(掩襲)하여 치게 하였다. 마인우는 장하(帳下)의 십수 명을 거느리고 태산(泰山)에 들어가서 주필을 사로잡고 그 무리를 모두 붙잡았다.

경진일(16일)에 마인우를 옮겨서 영주(瀛洲, 河北省)방어사로 삼았다. 마인우의 조카가 술에 취해 평민을 잘못 죽여서 옥에 갇혀서 사형 판결을 받았는데, 그 백성의 집에서 과실로 다치게 한 것으로 판결해 주기를 원하자 마인우가 말하였다.

"나는 장리(長吏)[88]인데 조카가 사람을 죽였으니 이는 권세를 믿고

堅), 이예(李銳), 시경본(施敬本), 가등(賈登), 장선(張煊), 육선경(陸善經)과 홍효창(洪孝昌)으로 당대의 예제를 집대성한 것이다.

88　한 기관의 장급(長級) 관리를 말한다.

방자하게 전횡한 것이니 과실이 아니다. 어찌 감히 사사로이 가까움을 가지고 나라의 법을 어지럽히겠는가!"

드디어 법률대로 판결하였다.

30   임오일(18일)에 유창(劉鋹, 항복한 남한의 황제)을 우천우(右千牛) 대장군으로 삼되 원외(員外)[89]로 두고, 은사후(恩赦侯)로 책봉하고 봉록 외에 별도로 전(錢) 5만과 미맥(米麥)을 50곡을 하사하였다.

유창은 체질이 뚱뚱하여 눈썹과 눈이 모두 수려하였다. 성품은 아주 기교(技巧)하였고, 구변(口辯)이 좋았는데 일찍이 스스로 구슬을 가지고 안장과 고삐를 꿰어 만들고, 용(龍)놀음을 하는 형상으로 만들어 헌상하니 황제는 그 정교하고 묘함을 칭찬하고 전 150만과 그 값에 해당하는 보상을 하여 주고 이어서 좌우에게 말하였다.

"유창은 공교(工巧, 물건 만드는 기술)를 좋아하는데, 익혀서 천성이 되었으니 만약에 치국(治國)하는 것으로 옮길 수가 있었다면 어찌 멸망하는데 이르렀겠는가?"

유창이 그 나라에 있을 때에는 짐독(鴆毒)[90]을 많이 장만해 놓고 신하들을 독살하였다. 하루는 황제가 강무지(講武池)에 행차하는 것을 좇아갔는데, 따르는 관리들이 아직 모이지 않았으나 유창이 먼저 도착

---

89 원래에 지정된 정원(正員) 이외의 관원을 말한다. 후대에는 이로 인하여 비슷한 관직을 사들일 수가 있어서 부호들이 모두 원외라고 불렀다.

90 독주(毒酒)를 말하는데, 중국 고대의 독약 가운데 가장 유명한 독은 짐(鴆)이라는 독약이다. 짐(鴆)이란 전설 가운데 나오는 독조(毒鳥)로 형상을 보면 몸통은 검고 눈은 빨갛고, 몸에는 자흑색(紫黑色)의 깃털을 가졌으며 뱀을 잘 먹는다고 되어 있다.

하였다. 조서를 내려서 치주(巵酒)를 하사하였더니, 유창은 이를 의심하고 술잔을 받들고 눈물을 흘리며 말하였다.

"신은 조부의 기업을 이어받았으나 조정을 어기고 거절하여 왕사가 토벌에 나서도록 수고롭게 하였으니 죄는 당연히 주살되어야 합니다. 폐하께서 이미 신에게 죽이지 않겠다고 대우하셨으니, 원컨대 대량(大梁)에서 포의(布衣)가 되어 태평스러운 성세(盛世)를 보고 싶으니 아직은 감히 이 술을 마시지 않겠습니다."

황제가 웃으면서 말하였다.

"짐은 내 마음을 미루어 다른 사람의 뱃속에 두고 있으니 어찌 이러한 일이 있겠소?"

명령을 내려서 유창의 술을 가져오게 하여 스스로 이를 마시고 별도의 술잔으로 유창에게 하사하자 유창은 크게 부끄러워하며 머리를 조아리며 사죄하였다.

31 이달에 남주(嵐州, 山西省 岢嵐縣)에서 북한(北漢)의 군사를 고태촌(古台邨, 山西省 長治市 武鄕縣)에서 격파했다고 하였다.

32 황하가 정주(鄭州, 河南省)의 원무현(原武縣, 河南省 原陽縣)에서 터졌다. 변수(汴水)가 송주(宋州, 河南省 商丘市)의 곡숙현(穀熟縣, 安徽 和縣 西北)에서 터졌다.

33 황제가 이미 광남을 평정하고 나자 보사(報謝, 보답하는 감사)의 예를 시행하고 싶어서 가을 7월 초하루 조서를 내려서 동지를 이용하여 남교(南郊)에서 제사를 지내라고 하였다.

34   을미일(2일)에 어사중승인 유온수(劉溫叟, 909~971)가 죽었다.

유온수는 중승이 되어 12년간 지내면서 누차 직책에서 풀어 주기를 청구하였지만 황제는 그를 대신할 사람을 찾기가 어려워서 끝내 허락하지 않았다. 병이 들기에 이르자 황제는 그가 가난하다는 것을 알고 중사(中使)를 파견하여 그릇과 폐물을 하사하였다.

유온수는 성품이 중후하고 방정하며 옛 것을 좋아하고 예를 잘 지키었고, 계모를 모시면서 효도로 소문이 났다. 아버지의 이름은 유악(劉嶽)이어서 황제를 모시고 연회하는 때가 아니면 죽을 때까지 음악을 듣지 않았다.[91]

개봉윤인 조광의가 그가 깨끗하고 단단하다는 소문을 듣고 일찍이 부리(府吏)를 파견하여 전 5천을 싸가지고 그것을 남겨 주었는데, 유온수는 감히 물리치지는 못하고 청사(廳事, 官廳의 일을 보는 곳)의 서쪽에 있는 방에 쌓아두고 부리(府吏)로 하여금 봉함하여 표지를 해두게 하고는 갔다. 다음 해에 중오절(重午節)[92]에 다시 서각(黍角)·환선(紈扇)[93]을 보냈는데 파견된 관리가 바로 전에 전(錢)을 가져갔던 자였으며, 서쪽 방을 보니 봉함해서 표지를 해 두었던 것이 완연하여 돌아와서 보고하였다.

---

91 유수온의 아버지 이름인 악(嶽)과 음악의 악(樂)의 발음이 같기 때문에 자기 아버지 이름을 피휘(避諱)하여 음악을 듣지 않은 것이다.

92 단오절을 말하는데, 5월 5일이다. 원래 단(端)이란 처음이라는 뜻이고, 단오란 초오(初五)라는 말이고, 오월(五月)은 오월(午月)이어서 결국 단오날은 오(午)가 겹치기 때문에 중오(重午)라고도 하는 것이다.

93 서각(黍角)은 종자(粽子)인데, 단오절에 풀잎으로 각가지 음식을 넣어 쪄먹는 음식이고, 환선(紈扇)은 둥근 부채를 말한다.

조광의가 말하였다.

"내가 보내는 것도 오히려 받지 않는데, 하물며 다른 사람의 것에 서랴!"

마침내 실어서 부중(府中)으로 다시 가져 오게 하였다. 다른 날에 조광의가 황제를 모시고 연회를 하는데, 당세의 이름 난 절개 있는 사람을 논하면서 유온수가 돈을 사양한 일을 갖추어 말하자 황제는 감탄하며 이를 오래도록 기렸다.

유온수가 이미 죽고 나자 황제는 그 뒤를 이을 사람을 찾기가 어려워서 말하였다.

"반드시 화평하고 두텁기가 유온수와 같은 사람을 찾으면 좋을 것이다."

마침내 태자빈객인 변광범(邊光範)에게 명령하여 판어사대사를 겸하게 하였다가 반년을 지내고서야 비로소 진짜로 중승(中丞)으로 삼았다.

35 신축일(8일)[94]에 요(遼)에서는 야율현적(耶律賢適, 928~980)을 서북로(西北路)병마도부서로 삼았다. 야율현적은 충성스럽고 굳세며 아름답고 민첩하고, 정성을 미루어 다른 사람을 대우하니 비록 한가한 휴식시간에도 정치를 잊지 않았다. 그러므로 모든 관청의 여러 직책을 맡은 사람들이 감히 구차하거나 게으른 일이 없었으며 몇 년 동안 쌓

---

94 이 기사는 요(遼)에 관한 기사인데 이는 7월 8일자이고 다음에 오는 기사는 3일자이므로 편년체의 편집체례에 맞지 않는다. 《속자치통감장편》에는 이 기사가 없고, 《속자치통감》을 편찬하면서 요(遼)의 자료를 함께 정리하는 과정에서 편집상의 착오를 일으킨 것으로 보인다.

아 온 옥사를 모두 해결하였다.

36 병신일(3일)에 조서를 내렸다.

"광남(廣南)에 속한 여러 주에서 백성들에게서 받는 조(租)는 모두 성두(省斗)⁹⁵를 사용하는데, 매 1석(石)마다 별도로 2승(升)을 운반하여 작서모(雀鼠耗)로 삼으라."

이보다 먼저 유창은 사사롭게 대량(大量)을 만들어 두고 백성들에게서 무겁게 거두니 무릇 1석을 나르는데, 1석 8두(斗)였다. 전운사 왕명(王明)이 말씀을 올리니, 그러므로 이를 고치었다.

37 내시의 양자들이 대부분 재산을 가지고 다투면서 소송을 일으키니, 무오일(25일)에 조서를 내렸다.

"지금부터 나이가 만 30이 되었는데도 아버지를 봉양할 사람이 없는 사람에게는 비로소 양자를 허락하며, 이어서 그 이름을 선휘원(宣徽院)에 올리되 어기는 자는 사형죄로 처리하라."

38 건무(建武)절도사·판체주(判棣州)인 하계균(何繼筠)이 와서 조현하였는데 계해일(30일)에 경사에서 죽었다. 황제가 친히 그 영구에 임석하였으며 눈물을 흘리며 말하였다.

"하계균은 변경을 방어하는데 공로를 세웠고, 짐이 일찍이 번진(藩

---

95 송대의 전부(田賦)를 징수하는 계량적 표준은 곡물을 징수할 때에 국가에서 통일적으로 제작한 곡두(斛斗)가 있는데 이것이 성곡(省斛), 성두(省斗)이며 이를 관곡(官斛)이라고도 부른다. 이러한 곡(斛)의 용량은 5두(斗)인 것도 있고 1석(石)인 것도 있다.

鎭)을 수여하지 아니한 것은 그의 수기(數奇)를 생각하여서이다. 지금 모절(旄節)을 관장하게 된지 아직 얼마 안 되는데⁹⁶ 과연 윤몰(淪沒)하는데 이르렀으니 어찌 애달프지 아니하랴!"

바로 중사에게 명령하여 상사(喪事)를 처리하게 하였으며, 평생토록 차고 있던 칼과 갑주를 같이 장사지내도록 하였다.

하계균은 깊고 침착하며 지략을 갖고 있었는데, 사졸들과 고락을 함께하여 죽을힘을 얻게 되었고, 북방 변경에 전후로 20년간 있으면서 적의 정세를 잘 파악하여 알아서 누차 적은 수로 많은 수를 치니 요(遼)나라 사람들이 두려워하여 엎드렸으며 많은 사람들이 모습을 그려서 그에게 제사를 지냈다.

39 평진군(平晉軍, 山西 昔陽)에서 북한(北漢)의 맹원(孟園)·낙의(樂義) 두 영채(營寨)를 공격하게 하여 이를 격파하였다.

40 변수(汴水)가 송주(宋州) 송성현(宋城縣, 河南省 商丘市 睢陽區)에서 터졌다.

41 8월 갑술일(11일)에 요주(遼主)가 추산(秋山)에 갔다.

42 갑신일(21일)에 군신(群臣)들이 표문을 받들어 존호(尊號)를 '홍화성공(興化成功)'이라고 덧붙이기를 청하였으며, 두 번 이르렀으나 끝

---

96 하계균을 절도사로 삼은 것은 송 태조 개보 2년(969년) 7월 23일이며, 이 책의 앞에 실려 있으므로 하계균이 절도사로 재임한 것은 2년여이다.

내 윤허하지 않았다.

43 신묘일(28일)에 요주(遼主)가 황제의 형님인 야율후(耶律吼, 911~949)의 묘소에 제사를 지냈다. 야율후는 세종(世宗, 耶律阮)의 장자로 일찍 죽어서 묘의 호칭을 태자원(太子院)이라고 하였는데, 이때에 이르러서 추가로 책봉(冊封)하여 황태자로 하고 시호를 장성(莊聖)이라고 하였다.

44 이보다 먼저 요(遼)의 세종은 야율찰극(耶律察克, 察割, ?~951)에게 시해되었는데, 요주(遼主)는 그때에 네 살이어서 어떤 사람이 양탄자로 싸서 쌓아 놓은 장작 밑에 숨겨 두어서 죽음을 면하였다.[97] 뒤에 영흥궁(永興宮)에서 자랐는데, 보부(保傅, 보모와 스승)가 된 사람들이 모두 은덕을 베풀었다. 9월 을사일(13일)에 요주(遼主)가 부부(傅父)·보모(保母) 등에게 호구와 우양(牛羊)을 차등 있게 하사하였다. 또 잠저(潛邸, 등극 전의 저택)시절의 급사(給使)였던 사람들을 탑마부(塔瑪部)로 삼고 관리를 두어 이를 주관하게 하였다.

45 임자일(20일)에 요주(遼主)가 귀화주(歸化州, 武州, 山西省 忻州市)에 갔다. 갑인일(22일)에 남경(南京, 幽州, 北京)에 갔다. 상경(上京, 內蒙古 巴林左旗 林東鎭南)유수 한광사(韓匡嗣, 918~983)를 남경으로 옮기

---

97 현재 요의 황제는 야율현(耶律賢)인 경종(景宗)이고, 그의 아버지는 야율완(耶律阮)인 세종(世宗)이다. 요 세종이 죽은 다음에 그 4촌인 목종(穆宗) 야율경(耶律璟)이 황제였다가 그 뒤를 이어서 경종이 등극하였다.

고 바로 그의 아들 한덕양(韓德讓, 941~1011)을 대신 동경유수로 삼았
다.*

권007

송기7

송에 정복된 강남국

강남국으로 국호를 바꾼 남당

태조 개보 4년(기사, 971년)[1]

1   겨울 10월 초하루 계해일에 일식이 있었다.[2]

2   기사일(7일)에 조서를 내렸다.
  "황금을 가짜로 만든 사람은 기시(棄市)한다."

3   요(遼)는 검은 양과 흰 양을 가지고 신(神)에게 제사를 지냈다.

4   경오일(8일)에 태자선마(太子洗馬)인 왕원길(王元吉)을 기시하였
는데, 지영주(知英州, 영주는 廣東省 英德市)가 되어 1개월여 동안 많은
뇌물을 사사로이 받은 연고였다.

---

1 요의 경종 보령 3년이다.
2 《요사》에는 이날 일식이 있었다는 기록이 없고 《송사》에만 일식이 있었다는
   기록이 있다.

5　　지옹주(知邕州, 옹주는 廣西 南寧市)인 범민(范旻, 936~981)이 유창
(劉鋹, 항복한 남한의 왕)시절에 백성들의 물건을 아무 이유 없이 부과하
였던 10여 건을 상주하였는데, 신사일(19일)에 명령을 내려서 전부 이
를 없애게 하였다.

　　옹주(邕州)의 습속은 음사(淫祀)[3]를 숭상하였는데, 병든 사람은 감
히 치료하지 아니하고 다만 닭과 돼지를 많이 잡아서 음란하고 어두운
귀신에게 복을 달라고 요구하였다. 범민은 금지하라고 명령을 내리고
봉급으로 받은 돈을 내어서 약품을 사서 친히 화합하면서, 백성들이
병들면 이를 공급하였는데, 치유된 사람이 천 명을 헤아리게 되었다.

　　마침 남한(南漢)에서 임명하였던 지주(知州)인 등존충(鄧存忠)이 토
착민 2만 명의 무리를 겁박하여 주성(州城)을 공격하며 70여 일 동안
포위하고 있었는데, 범민이 여러 차례 나가서 그들과 싸우다가 화살이
가슴에 집중되었지만 오히려 힘써 빠르게 전투를 독려하자 적들은 조
금 물러났다.

　　범민의 상처가 심하여 마침내 성벽을 굳게 하고 나서 사자를 샛길로
파견하여 광주(廣州)에 구원을 요청하였으며, 전후로 15차례를 보내어
서야 비로소 도달하였다. 구원하는 병사가 이르자 포위는 풀렸지만 범
민의 병세는 아직 치유되지 않아서 조서를 내려서 견여(肩輿)로 궁궐
로 돌아오게 하였으며, 지나오는 곳에서 동원된 정부(丁夫)는 관청에
서 그 급료를 지불하였다. 범민은 범질(范質)의 아들이다.

3　적당하지 않은 제사 혹은 국가에서 제사 지내는 신에 들어 있지 않은 신에게
　제사지내는 것을 말한다.

6   갑신일(22일)에 조서를 내렸다.

"양경(兩京)⁴과 제도(諸道)에서는 10월 이후부터 강도나 절도죄를 범하면 교사(郊祀)⁵에서의 사면을 줄 수 없으니, 각지에서 장리들은 마땅히 아래 백성들에게 알리어 법을 무릅쓰는 일이 없도록 하게 하라."

이후부터는 교사를 하려고 하게 되면 반드시 이 조서를 펼쳐 밝혔다.

7   우보궐(右補闕)인 양주한(梁周翰, 929~1009)이 상소문을 올려 말씀드렸다.

"폐하께서 상제(上帝)에게 다시 교사(郊祀)를 드리시면 반드시 사유(赦宥)하는 것이 미치게 하십시오. 신은 천하는 아주 크고 그 동안 경사스러운 은택이 미치지 아니한 곳이 있으며 절문(節文, 의식을 치루는 글)에 아직은 해당되지 않은 사람도 있기 때문에 의당 미루어 이를 넓혀야 한다고 생각합니다.

바야흐로 부세의 수입이 아주 많아졌고, 그 위에 부과하는 물건을 절변(折變)한 물건⁶도 추가되며 명칭과 품종이 하나가 아니어서, 조발

---

4 보통은 장안과 낙양을 이르지만 송대에는 동경이 개봉부(開封府)였고, 서경이 하남부(河南府)였다.

5 교외에서 하늘에 제사를 드리는 것은 고대 중국 군주들의 중요한 행사였다. 1년 가운데 중요한 날을 정하여 군왕이 3공·6경 등 여러 대신들을 거느리고 예법에 의거하여 국도의 교외에 나가서 하늘에 제사를 지내면서 하늘에 감사하며, 백성들과 국가에 복이 있기를 기원하는 행사이다.

6 물건의 가치에 근거하여 같은 값의 다른 물건으로 대체하는 것을 말한다. 조부를 납부하면서 항상 납부하는 물건을 일시적으로 필요한 것으로 바꾸어 이를 거두는데 그 경중이나 값이 같도록 하는 것이 절변이다. 물품을 비교적 낮은 값에 판매하고 단기간 안에 이를 현금으로 바꾸는 것이다.

(調發)하고 운반하는 것이 무겁고 고단하지 아니한 것도 아닙니다.

또한 서촉(西蜀)·회남(淮南)·형주(荊州)·담주(潭州)·계주(桂州)·광주(廣州)의 땅은 모두 이미 왕토(王土)가 되었으니, 폐하께서 진실로 세 곳에서 얻어지는 이익을 가지고 여러 도에 조부의 수입을 덜어 주신다면 두루 은택이 고르게 되고 백성들이 힘들이는 것이 느슨해 질 것입니다."

황제가 기뻐하며 이를 받아들였다.

양주한은 일찍이 능금원(綾錦院, 비단을 짜는 곳)을 감독하였는데, 비단을 짜는 직공에게 곤장을 친 것이 지나쳐서 소송을 당한 바 되니, 황제가 아주 화가 나서 양주한을 불러서 절실하게 책망하고 또한 바로 그에게 곤장을 치려고 하니 양주한이 스스로 말하였다.

"소신(小臣)은 천하에서 재주를 가졌다는 이름을 가지고 있는데, 곤장을 받는다는 것은 우아하지 않습니다."

황제가 마침내 중지하였다.

황제는 처음에 양주한의 아버지 양언온(梁彦溫)을 군중에서 알게 되었는데, 양주한이 문사(文辭)의 재주를 가지고 있어서 채용하여 지제고(知制誥)로 삼고자 하였고, 천평(天平, 山東省 西南部)절도사 석수신(石守信, 928~984)이 들어와서 조현하자 황제가 말을 하다가 이에 이르렀다. 석수신과 양언온은 잘 지내는 사이라 그 말을 약간 드러내니, 양주한이 급히 표문을 올려서 감사하였는데 황제는 기뻐하지 아니하고서 그 명령은 드디어 잠재웠다.

8   계미일(21일)에 북한(北漢)에서 사자를 파견하여 요(遼)에 조공을 받쳤다.

9   병술일(24일)에 조서를 내렸다.

"영남의 여러 주(州)에서는 유창이 날로 번거롭게 부렴을 가혹하게 걷었으니, 나란히 이를 없앤다. 백성으로 병사가 된 사람은 그 부세를 면제해주고, 흘러 다니며 도망한 사람은 불러 유인하여 직업에 복귀하게 하라."

10   토욕혼(吐谷渾)이 요(遼)에 조공하였다.

11   11월 초하루 계사일에 남당주(南唐主, 李煜)가 그 동생 정왕(鄭王)인 이종선(李從善)을 파견하여 와서 조공하였다. 이에 처음으로 당(唐)이라는 호칭을 제거7하고 도장의 글을 고쳐서 '강남국주인(江南國主印)'이라 하고, 조서를 내리면서 이름을 불러주기를 빌자 이를 좇았다. 〔지도참고〕

이보다 먼저 강남국주는 은 5만 량을 재상인 조보에게 남겼는데, 조보가 황제에게 알리자 황제가 말하였다.

"이는 받지 않으면 안 되겠지만 그러나 편지를 써서 고맙다고 하고 그 사자에게 조금 뇌물을 주면 좋을 것이오."

조보가 머리를 조아리며 사양하자 황제가 말하였다.

"대국의 체면에 스스로 깎아내고 약하게 하여서는 안 되니 마땅히 그것을 헤아릴 수 없게 해야 하오."

---

7 원래는 국호를 남당이라고 하였다. 그런데 당(唐)이라는 국호를 쓴다는 것은 이미 망한 당(唐)을 회복한다는 의미를 담고 있는 것이므로 송조 치하에서는 용납할 수 없는 것이었으므로 국호에서 당(唐)자를 없애고, 당이라는 글자 대신에 강(江)을 사용하여 남당이 위치한 지역을 표시하게 한 것이다.

❖ 남한 정벌 후 북송과 여타 소국 강역도

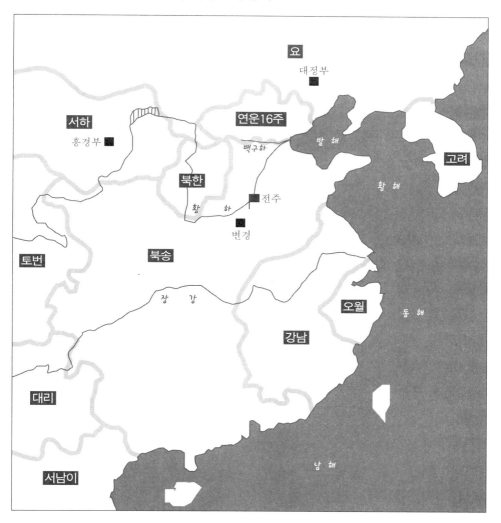

요
대정부

서하
흥경부

연운16주

발해

고려

북한

백구하

황해

전주

황 하

변경

북송

토번

장 강

오월

동 해

강남

대리

서남이

남 해

이에 이종선이 들어와서 조근하자 일반적으로 사여(賜與)하는 것 외에 비밀리에 백금을 하사하였는데, 조보에게 준 만큼이었다. 강남의 군신들이 이 소식을 듣고 모두가 놀라고 황제의 커다란 도량에 감복하였다.

다른 날에 황제가 나가게 된 기회를 이용하여 홀연히 조보의 집에 행차하였다. 당시에 오월왕인 전숙이 바야흐로 사신을 파견하여 조보에게 편지와 해물을 보내 온 것을 처마 밑에 늘어놓았는데 마침 거가가 갑자기 도착하니 조보는 빨리 나가서 영접하면서 미쳐 덮어 놓지 못하였다. 황제가 돌아보면서 무슨 물건인지를 묻자 조보가 사실대로 대답하자, 황제가 말하였다.

"해물이 반드시 좋겠지."

바로 명령을 내려서 그것을 열어보게 하였는데, 모두가 과자금[8]으로 가득 차 있었다. 조보는 황공하여 머리를 조아리며 사과하며 말하였다.

"신이 실제로는 아직 일찍이 편지를 열어보지 못하였으며 만약에 이와 같았다면 응당 상주하고 이를 물리쳤을 것입니다."

황제가 웃으면 말하였다.

"그러나 그것을 받아도 해로울 것이 없으니 저들은 국가의 일을 모두 너 같은 서생으로 말미암아서 처리한다고 말하겠지."

---

8 과자금(瓜子金)은 풀이름으로 별명으로는 진사초(辰砂草), 금쇄시(金鎖匙), 과자초(瓜子草), 패미초(掛米草), 고각과자초(高脚瓜子草), 산후초(産後草)로 불리는데 라틴 이름으로는 'Polygala japonica Houtt'이다. 원지과(遠志科)·원지속식물(遠志屬植物)로 채집하여 약재로 쓰인다. 이 식물은 원산지가 한국으로 아기풀, 영신초로 불리는데, 한방에서는 식물체 전체를 과자금(瓜子金)이라는 약재로 쓰인다. 진해, 거담 작용이 있고, 정신을 안정시키며 불면증에 효과가 있고, 해독 작용이 있어 인후염, 종기, 부스럼에도 사용한다.

12   병신일(4일)에 오월왕(吳越王) 전숙(錢俶)이 그 아들인 진해·진동(鎮海·鎮東)절도사인 전유준(錢惟濬)을 파견하여 와서 공물을 바쳤다.

13   경자일(8일)에 요(遼)가 여구하(臚朐河)[9]의 귀부한 가구를 나누어 돈목·적경·영흥(敦睦·積慶·永興) 세 궁(宮)에 나누어 예속시켰다.

14   경술일(18일)에 조서를 내렸다.

"인재를 뽑는 길은 대개 한 길만은 아니다. 근래에 여러 도(道)의 섭관은 모두 파직시켜 떠나게 하였는데, 또 민정(民政)을 다루었던 반복되는 경험을 하였거나 혹은 관리로서 능력이 두드러진 자도 함께 휩쓸려 멀리 버린 것을 생각하니 정말로 애석하다. 의당 유사로 하여금 그들의 경력과 임무를 조사하게 하여 세 차례에 걸쳐서 헛되고 실패한 일이 없는 사람은 바로 이름을 보고하는데, 거짓 관부[僞署][10]에게서 받은 사람은 이 제한 범위 안에 넣지 않는다."

15   황하가 전주(澶州, 河南 清豐縣 西南)에서 터져서 동쪽으로 흘러 운·복(鄆·濮)에서 만나서 백성들의 전지(田地)를 무너트렸다. 황제는 관리들이 때맞추어 말씀을 올리지 않은 것에 대하여 화를 내고 사자를

---

9   하천의 명칭이다. 《한서(漢書)》에는 궁로수(弓盧水) 혹은 로구(盧朐)라고 하였고 《구당서(舊唐書)》에서는 로구하(盧朐河)라고 하였으며, 《요사(遼史)》에서는 려구하(臚朐河)라고 하였으며 그 후로도 그 호칭은 바뀌었으며, 수계를 보면 액이고납하(額爾古納河)의 지류로 몽골 긍특산(肯特山) 동부에서 발원하여 호륜호(呼倫湖)로 들어간다.

10   송에 항복한 남한(南漢)을 말하는 것이다.

파견하여 조사하여 국문하게 하였다. 경술일(18일)에 통판·사봉랑중
(通判·司封郎中)인 박홍(博興, 山東省 濱州市 南部) 사람 요서(姚恕)가
걸려들어 기시되었고, 지주·좌교위(知州·左驍衛)대장군인 두심조(杜
審肇, 903~974)는 면직되어 사가로 돌아갔다.

　요서는 처음에 개봉부판관이었는데, 재상인 조보에게 알렸으나 마
침 조보가 손님들과 연회를 하는 중이어서 혼자(閽者, 문지기)가 바로
연락을 하지 않으니 요서는 화를 내고 떠났다. 조보는 빨리 사람을 시
켜서 사과하였지만 요서는 끝내 떠나고 돌아오지 아니하였으며 조보
는 이로 말미암아서 요서에게 서운해 하였다. 황제가 두심조를 위하여
좌이(佐貳, 보좌관)를 선택하게 되자 조보는 즉시 요서를 채용하도록 청
하였고, 전주에 2년 살다가 끝내 법에 걸려들어서 주살되었으며, 그 시
체를 하천에 던졌다.

16　무오일(26일)에 친히 태묘(太廟, 종묘)에 제사를 지냈는데, 처음으
로 수의(綉衣, 수 놓은 비단 옷)와 노부(鹵簿)[11]를 사용하였다.

17　기미일(27일)에 남교(南郊)에서 천지에 합제(合祭)[12]를 드리고 크
게 사면하였으며 개보(開寶) 원년(968년) 이전에 포조(逋租, 포탈된 조
세)한 것을 면제해 주었다.

11　중국 고대의 제왕이 외출할 때에 호종(扈從)하는 의장대를 말하는데, 채옹(蔡
　　邕)의 책 가운데 '천자가 나가는데 거가의 차례를 노부라고 한다.'라고 되어
　　있다.

12　천신(天神)과 지기(地祇)에 따로 제사를 지내지 아니하고 합쳐서 함께 제사를
　　드리는 것이다.

18   임술일(30일)에 영주(潁州, 安徽省 阜陽市)단련사 조한(曹翰, 924~992)에게 명령을 내려서 전주에서 터진 황하를 메우게 하였으며 복주(濮州, 山東 鄄城縣)자사 안수충(安守忠, 932~1000)이 이를 돕게 하였다.

19   애초에 황제는 맹창(孟昶, 919~965, 후촉의 말제)의 친군으로 병마(兵馬)를 익힌 사람 100여 명을 뽑아서 천반내전직(川班內殿直)[13]으로 삼고 늠사(廩賜, 녹봉과 상사)하는 것을 우대하여 주는 것이 어마직(御馬直)과 같게 하였다.

이에 이르러 교례(郊禮)를 마치고 상을 시행하였는데, 황제는 어마직으로 호종한 사람들에게는 특별히 명령을 내려서 1인당 5천 전을 늘려 주게 하였다. 그러나 천반내전직들에게는 그 예와 같이 할 수가 없었더니, 마침내 서로 인솔하여 등문고(登聞鼓)[14]를 치고 진술하며 요청하였다. 황제는 화가 나서 중사를 파견하여 유시하여 말하였다.

"짐이 준 것은 바로 은택인데, 또 어찌 정례(定例)가 있겠는가!"

명령을 내려서 망령되게 호소한 사람 40여 명을 참수하도록 하고 나머지는 모두 허주(許州, 河南省 許昌市)에 배치하여 예속하도록 하고 드디어 그 반(班, 川班)을 철폐하였다.

---

13 송 초기 금군(禁軍) 가운데 하나이다. 송 태조 건덕 3년(965년)에 후촉을 평정하고 사천지역에 있던 건장하며 훈련된 병사 1220명을 뽑아서 만들었는데, 내정에서 순번으로 숙위하게 하였다가 개보 4년(971년)에 철폐하였다. 이 명칭을 보면 사천 출신으로 구성된 내전의 당직병이라는 말이다.

14 등문고는 조당(朝堂)의 밖에 걸어 놓은 커다란 북으로 중요한 일을 호소할 것이 있으면 이 북을 쳐서 직접 호소하게 하는 방식이다.

당시에 내신 가운데 좌비룡사(左飛龍使)인 이승진(李承進)이라는 사람이 있었는데, 후당(後唐)을 섬긴 일이 있었다. 황제가 질문하였다.

"장종(莊宗, 後唐 황제 李存勗, 885~926)은 영걸한 무력으로 중원을 평정하였지만 나라를 향유한 것은 오래지 않았는데, 왜 그러한가?"

이승진이 말하였다.

"장종은 수렵을 좋아하고 고식(姑息)적으로 병사를 거느리기에 힘썼으니 매번 근교에 나갈 적마다 금병(禁兵)의 위졸(衛卒)들은 반드시 말의 머리를 잡아당기고 있다가 아이들에게 차갑고 춥다고 알리고 이어서 구해주기를 바라면 장종은 즉시 그 바라는 것을 그들에게 주었습니다. 대개 위엄이 시행되지 않았고, 항상 하사하는 것에는 절도가 없었습니다."

황제가 넓적다리를 어루만지며 탄식하여 말하였다.

"20년간 황하를 사이에 두고 싸워서 천하를 얻었으면서도 군법을 사용하지 않고 이들을 단속하며 그 만족할 줄 모르는 요구를 멋대로 하며 이것으로 다가 갔으니 진실로 아이들의 장난이었다. 짐은 지금 사졸들을 어루만지고 기르는데, 진실로 작위를 주고 상 주는 것에서 인색하지 않을 것이지만 만약에 나의 법을 어기면 오직 칼날만 있을 뿐이다."

20   12월 계유일(11일)에 요(遼)에서는 푸른 소와 흰말을 가지고 천지 (天地)에 제사를 지냈다.¹⁵

21   기축일(27일)에 요(遼)의 황자(皇子)인 야율융서(耶律隆緖)¹⁶가 탄생하였다.

22   이 해 겨울에 요주(遼主)가 금천(金川)에 체류하였다.

---

15 청우백마(青牛白馬)의 전설은 거란민족의 전설 가운데 가장 광범위하게 사람들에게 알려진 것이다. 전설에 의하면 거란이 있기 전에 한 남자가 백마(白馬)를 타고, 한 여자는 회우(灰牛)를 타고 요수(遼水)에서 만나서 부부가 되어 8명의 사내아이를 낳았는데, 이 여덟 아들이 거란의 8부가 되었다. 또 다른 고사는 백마를 타고 토하(土河)에 떠서 내려 온 신인(神人)이 바로 전설 가운데 시조인 기수가한(奇首可汗)이라는 내용도 있다.

16 야율융서(耶律隆緖, 972~1031)는 요의 6대 황제(재위; 983~1031)로 거란 이름으로는 문수노(文殊奴)였으며, 경종인 야율현의 장자이다. 경종 건형 4년 (982년)에 뒤를 이어 황제가 되어 기원을 통화(統和)로 고치고 국호를 거란으로 고쳤으며, 그 어머니인 승천황태후(承天皇太后) 소작(蕭綽, 953~1009)이 유조(遺詔)를 받들어 섭정하였다.

23 강남국(남당의 개칭)에서는 탕열(湯悅)을 사공(司空)으로 삼아서 판삼사(判三司)·상서도성(尙書都省)으로 하였다.

태조 개보 5년(임신, 972년)[17]

1 봄, 정월 정유일(6일)에 쇠로 부도(浮圖)와 불상(佛象) 그리고 인물의 쓸데없는 것을 주조하는 것을 금지하였는데, 어리석은 백성들이 농기구를 훼손하여 복을 받으려고 하는 것을 걱정한 것이다.

2 전에 운주(鄆州, 山東省 鄆城縣) 노현(盧縣, 山東省 濟南市)의 현위(縣尉)였던 언릉(鄢陵, 河南省 許昌市) 사람 허영(許永)이 나이가 75세인데 예궤(詣匭)[18]하여 말하였다.

"아버지 허경(許瓊)은 나이가 99세이고, 큰형은 나이가 81세이며, 다음 형은 나이가 79세이니 빌건대 가까운 지방의 관직 하나를 주셔서 가서 봉양하게 하여 주십시오"

경자일(9일)에 허경을 불러 편전에서 만나보고 근래의 일을 물었는데 허경은 역력히 기억할 수 있었다. 이어서 그에게 후하게 하사하고 바로 허영에게 언릉현령을 제수하였다.

---

17 요의 경종 보령 4년이다.

18 글자 그대로 본다면 궤(匭, 상자)가 있는 곳에 가는 것인데, 이는 편지를 올려서 사건 혹은 간쟁에 관한 일을 올리는 것이다. 당·송시대에는 조정에서 조당에 궤(匭)를 설치해 두고 편지를 올려서 말하고 싶은 사람은 여기에 집어넣을 수 있도록 하였다.

3   임인일(11일)에 이부상서로 치사한 진국공(陳國公) 장소(張昭, 894~972)가 죽었는데, 그 아들에게 경계하여 말하였다.

"나는 여러 조정을 섬겼지만 공덕이 다른 사람에게 이른 것이 없으니 시호를 내려 달라고 청하는 것과 비석 세우는 일을 하지 말아야 한다. 나의 허물을 더 무겁게 할 것이기 때문이다."

4   북한(北漢)이 방산채(方山寨, 四川省 巴中市)와 아이채(雅爾寨) 두 성채(城寨)를 공격하였는데 이를 쳐서 물리쳤다.

5   을사일(14일)에 양주(襄州, 京西南路 襄州)에서 해마다 공물로 올리는 물고기를 철폐하였다.

6   2월 병자일(15일)에 조서를 내려서 황하의 연안에 있는 17개 주에는 각기 하제판관(河堤判官) 한 명씩을 두게 하였다.

7   경인일(29일)에 단명전학사(端明殿學士)이며 병부시랑인 유희고(劉熙古, 903~976)에게 본래의 관직을 지키게 하면서 참지정사(參知政事)로 하였다.

8   황제는 이미 광남(廣南)지역을 평정하고 나서 점차 강남국(江南國)을 처리하고자 하였지만 정왕(鄭王)인 이종선(李從善)이 입공(入貢)을 하였으므로 드디어 이를 보류하였다. 강남국의 주군은 크게 두려워하여 이달에 처음으로 제도(制度)를 덜어내서 령(令)이라는 용어를 내려서 교(敎)라고 하고, 중서·문하성(中書·門下省)을 고쳐서 좌·우내사

부(左·右內史府)로 하였으며, 상서성을 사회부(司會府)로 하였고, 그
나머지 관부의 명칭도 대부분 고쳐서 정하였으며, 궁전에서는 치문(鴟
吻)[19]을 모두 제거하였다.

9   윤달(윤2월) 임진일(2일)에 권지공거인 호몽(扈蒙, 915~986)이 합
격한 진사인 안수량(安守亮) 등 11명과 제과(諸科)[20]의 17명을 상주하
니 황제가 강무전(講武殿)에서 불러서 마주하고 처음으로 조서를 내려
서 방(榜)을 붙이게 하였는데, 새로운 제도였다.

10   계사일(3일)에 강남국의 진봉사(進奉使)인 이종선을 태령절도사
(泰寧節度使)로 삼고 경사(京師)에 집을 하사하였다. 강남국의 주군은
비록 밖으로는 두려워 복종하는 모습을 표시하여 번신(藩臣)의 예를
닦았지만 안으로는 실제로 갑옷과 무기를 수선하여 속으로는 싸워 지
킬 계책을 만드니 황제는 이종선으로 하여금 강남국의 주군에게 편지
를 보내어 넌지시 입조(入朝)하게 하였지만 강남국의 주군으로 좇지
않고 다만 세공(歲貢)을 늘렸을 뿐이었다.

---

19 치문(鴟吻, 솔개의 부리)이란 중국 고대 건축물의 옥상 용마루의 양쪽 끝에 있
    던 일종의 장식물이다. 처음에는 치미(鴟尾)의 형태로 만들었는데 일설에 의
    하면 치(蚩, 일종의 바다짐승)의 꼬리 모양이어서 화제를 막아주는 것을 상징
    하였다가 후에 와서 형식이 고쳐져서 꺾어서 마치 입을 벌리고 등을 집어 삼
    키는 것처럼 만들었으며, 그래서 이름을 치문이라고 하였는데 용문(龍吻)이라
    고도 한다.
20 북송시대에 과거고시 가운데 진사과를 제외한 9경(九經)·5경(五經)·개원례
    (開元禮)·3사(三史)·3례(三禮)·3전(三傳)·학구(學究)·명경(明經)·명법(明法)
    등 기타 과목을 총칭하는 말이다.

남도유수(南都留守, 강남국) 겸 시중인 임인조(林仁肇, ? ~972)는 위엄을 가졌다는 명성을 갖고 있었는데, 중원에 있는 조정에서는 이를 꺼리어서 몰래 사람을 시켜서 임인조의 모습을 그리게 하고, 강남국에서 온 사자를 이끌어서 이를 보게 하고 어떤 사람인지를 물더니 사자가 말하였다.

"임인조입니다."

말하였다.

"임인조가 곧 와서 항복할 것인데 먼저 이것을 가져다가 신표(信標)를 삼으시오."

또 빈 집을 가리키면서 말하였다.

"곧 이것을 임인조에게 하사할 것이오."

강남국의 주군은 그것이 이간질 하는 것임을 알지 못하고 임인조를 짐살(鴆殺)[21]하였다.

진교(陳喬, ? ~975)가 한탄하며 말하였다.

"나라의 형세가 이와 같아서 충신을 죽이니 나는 세가(稅駕)[22]할 곳을 알지 못하겠다."

11   애초에 영남지역을 평정하고서 태자중윤(太子中允)인 주인준(周

---

21 대만 세계서국본《속자치통감》에는 구살(鳩殺)로 되어 있는데, 이것은 짐살(鴆殺)의 오식(誤植)으로 보이기에 이를 고친다. 짐살이란 독살을 말한다.

22 세가란 말을 풀어 놓고 쉬는 것을 말한다.《사기(史記)》의 〈이사전(李斯傳)〉에 '當今人臣之位無居臣上者, 可謂富貴極矣. 物極則衰, 吾未知所稅駕也.'라는 말이 있는데, 사마정(司馬貞)은 그 색은(索隱)에서 '稅駕猶解駕, 休息也.'라고 하였다.

仁浚)에게 명령하여 지경주(知瓊州, 경주는 海南省 海口市)를 맡게 하고 담·애·진·만안(儋·崖·振·萬安)을 소속시켰다. 황제가 재상에게 말하였다.

"멀고 황량한 연장(烟瘴, 풍토병)이 있는 곳이니 별도로 정관(正官)을 임명할 필요는 없을 것이고, 또한 주인준에게 명령하여 위관(僞官)²³ 속에서 선택하게 하여 그 습속에 따라서 그들을 다스리게 하시오."

신묘일(1일)에 주인준은 낙숭찬(駱崇璨) 등 4명을 열거하며 올리니 황제가 말하였다.

"각기 검교관(檢校官)²⁴을 제수하고 지주사(知州事) 업무를 하게 시키고 천천히 그 치적의 효과를 보면 좋겠소."

12   무신일(18일)에 요(遼)의 제왕(齊王)인 야율암살갈(耶律諧薩噶, 罨撒葛, 935~972)이 죽었다. 3월 초하루 경신일에 추후(追後)로 황태숙(皇太叔)에 책립(冊立)하였다.

---

23 거짓 관리라는 말이지만 이는 거짓 정부의 관리를 말한다. 보통 거짓 정부란 적대적 관계에 있어서 정식 정부로 인정할 수 없는 정부를 말한다. 여기서는 송의 적대적 관계에 있다가 멸망한 남한(南漢)을 가리키는 말이다.

24 검교관이란 산관(散官)의 명칭이다. 동진시대에는 검교어사(檢校御史)가 있었고, 당·송대에는 검교관이란 조서를 제수하였으나 정식 명령으로 관직을 덧붙여 준 것은 아니었다. 송대에는 검교관은 태사에서 각부의 원외랑에 이르기까지 19등급이 있었는데, 지위는 정직(正職)보다 높았고, 송초에는 검교관은 대부분 무신(武臣), 이직(吏職), 번군(蕃軍)관원에게 덧붙여 주었고, 문신(文臣)의 경우에는 추밀사(樞密使), 선휘사(宣徽使)와 절도사(節度使)에 덧붙여 주었다.

13   이보다 먼저 영남(嶺南, 南漢)에서는 백성 가운데 포부자(逋賦者, 부세 포탈자)가 있으면 혹 현리(縣吏)가 대신 납부하거나 혹은 겸병(兼倂)한 집에서 임시로 빌려 주면서, 모두 그의 처자(妻子)를 납입하여 인질로 삼았다. 경신일(25일)에 지용주(知容州, 용주는 廣西 北流市)인 무수소(毋守素, 921~973)가 그 일을 표문으로 올리니 조서를 내려서 현장에서 이를 엄히 금하게 하였다.

14   여름, 4월 초하루 경인일에 요(遼)에서는 소사온(蕭思温, ? ~970)에게 추후로 초국왕(楚國王)으로 책봉하였다.

15   황제가 영남(嶺南)의 도적(圖籍)을 살펴보니 주현(州縣)의 수는 많고 호구(戶口)의 수는 적었다. 지광주(知廣州)인 반미(潘美, 925~991)와 전운사인 왕명(王明)에게 명령하여 그 지리를 헤아리게 하고 아울러 줄여서 백성들을 편하게 하였는데, 이에 앞뒤로 폐치(廢置)된 주가 16개였고, 현은 49개였다.

16   병오일(17일)에 사자를 파견하여 수재(水災)를 입은 전지(田地)를 점검하게 했다.

17   습주(隰州, 山西省 隰縣)단련사 겸 연변도순검(兼沿邊都巡檢)인 주훈(周勳)이 경계선 위에 보루를 쌓았는데, 북한(北漢) 사람들에게 습격당해 부서졌다. 무오일(29일)에 주훈에게 책임을 물어 의주(義州, 河南省 信陽市)자사로 삼았다.

18   5월, 병인일(8일)에 조서를 내렸다.

"영남도(嶺南道)의 미천도(媚川都)²⁵를 철폐하고 그 가운데 젊고 건장한 사람을 선별하여 정강군(靜江軍, 廣西省 桂林市)을 만들고 노약자는 스스로 편할 대로 하도록 들어주며 이어서 백성들은 진주를 채취하는 것을 직업으로 삼을 수 없도록 금하라."

이보다 먼저 유창은 해문진(海門鎭)에서 병사를 모집하여 진주를 채취할 수 있는 사람을 미천도라고 불렀다. 무릇 진주를 채취하려면 반드시 발에 돌을 매달고 허리에 끈을 달아서 물에 들어가야 하는데, 깊으면 혹 500척이어서 물에 빠져 죽는 사람이 아주 많았다. 유창이 거주하는 건물은 모두가 대모(玳瑁)²⁶·진주·비취로 장식하여 사치가 아주 사치하고 화려하였다.

송나라의 군사가 불 지르기에 이르자 반미 등은 불 탄 가운데서 얻은 진귀한 보배를 헌상하였고, 또 진주를 채취하는 위험스럽고 고생스러운 상황을 말씀드리니 황제는 급하게 소황문에게 명령을 내려서 가져다가 재상에 보이게 하였고, 이어서 조서를 내려서 이를 철폐하였다.

19   신미일(13일)에 황하가 전주(澶州)의 복음현(濮陰縣, 河北省)에서 터졌다. 임신일(14일)에 영주(潁州, 安徽省 阜陽市)단련사 조한(曹翰, 924~992)에게 명령을 내려서 이를 막게 하였다. 조한이 편전에서 인사

---

25 오대 남당의 유창이 영남을 점거하면서 해문진(海門鎭)에 8천 명을 두고 전적으로 구슬 채취하는 것을 직업으로 삼게 하였는데, 이를 미천도라고 하였다.

26 패각 대신 쓰이는 귀갑을 지칭하며, 그것을 아주 얇게 갈아서 그 이면에 칠한 붉은 색이 표면에 비쳐 보이도록 하는 까닭에 복홍(伏紅) 또는 복채(伏彩)라고도 일컫는다. 대모는 재료의 공급이 원활하지 않았다.

를 하였는데, 황제가 말하였다.

"장맛비가 그치지 않는데, 듣건대 황하가 터졌다니 짐은 신숙(信宿, 연속 2일 밤) 이래로 향을 태우고 하늘에 기도하였다. 만약에 천재(天災)가 유행(流行)하게 되면 짐 자신에게 있고 백성들에게 나타나지 말기를 원하였다."

조한이 머리를 조아리며 절하고 말하였다.

"옛날에 경공(景公, ? ~기원전 469)은 제후였을 뿐인데, 한 번 좋은 말을 하게 되면 재앙을 가져오는 별이 물러났습니다. 지금 폐하께서 아래로 걱정하시는 것이 억조나 되는 백성들에게 미치었는데, 간절하게 기도하는 것이 이와 같았으니 진실로 마땅히 하늘의 마음을 움직일 것이며 반드시 재앙이 되지 않을 것입니다."

계유일(15일)에 황제가 재상에게 말하였다.

"장맛비가 그치지 않으니 짐은 밤낮으로 노심초사하는데, 요즈음의 정사(政事)에 잘못된 것은 없는 것이요."

조보가 대답하여 말하였다.

"폐하께서 임석하여 어거하신 이래로 걱정하며 부지런히 여러 업무를 살피시며 폐단이 있으면 반드시 제거하였고, 선한 것을 들으면 반드시 실행하셨는데도 쓰디쓴 비가 내려 재앙이 되기에 이르렀으니 이에 신들이 직책을 제대로 하지 못한 것입니다."

황제가 말하였다.

"액정(掖庭)²⁷은 그윽하고 닫혀 있는 경우가 많아서 작금에 후궁

---

27 액정이란 고대 황실의 궁성을 건축할 때에 남북으로 뻗는 중심선을 위주로 하고 다시 동서 양측면으로 나머지 궁궐지역을 넓혀 나간다. 동시에 중앙의 남

(後宮)에 편적(編籍)된 사람이 380여 명이니, 이어서 유시하여 알려 그 집으로 돌아가기를 원하는 사람은 모두 사정을 갖추어 말하게 하여 100명이 되면 모두 후하게 사여하여 그들을 보내라."

조보 등이 만세를 불렀다.

20   황하가 대명부(大名府) 조성현(朝城縣, 山東省 조성현)에서 터졌으며 황하의 남쪽과 북쪽에 있는 여러 주에 모두 홍수가 났다.

21   섬주(陝州)의 백성인 범의초(范義超)는 후주 현덕 연간에 사사로운 원망함을 가지고 같은 마을에 사는 상고진(常古眞)의 집안사람 12명을 죽였는데 상고진은 나이가 어려서 벗어나서 도망하여 죽음을 면할 수가 있었으며, 이에 이르러 범의초를 붙잡아 관에 호소하였다. 유사가 사면령을 끌어다가 용서할 것으로 하였더니, 황제가 말하였다.

"어찌 한 집안 12명을 죽인 사람인데 사면으로 결론낼 수 있는가?"

그를 참수하도록 명령하였다.

22   6월 초하루 무자일에 애주(崖州, 海南省 儋州市)를 진주(振州, 海南省 三亞市 崖城鎭)로 옮기고 진주를 철폐하였다.[28]

북 자오선에서 군왕이 조정에 나가서 정치를 논의하는 조당(朝堂)을 세우고, 또 황제와 황후의 침궁을 세우고, 이 침궁의 동서로 양쪽에 건물을 지어서 이들이 서로 보완하게 하는데, 그 배열 모습이 마치 양쪽 겨드랑이같아서 침궁을 호위하게 되기 때문에 액정이라는 이름이 생겼다. 그런데 이 액정에는 주로 비빈들이 거주하는 곳이다. 여기서 액정은 후궁을 가리키는 말이다.

28 두 주를 합치고 애주의 치소를 진주로 옮긴 것이다.

23 경인일(3일)에 황하가 양무현(陽武縣, 河南省 新鄉市)에서 터졌고, 변수(汴水)는 정주(鄭州, 河南省의 省會)·송주(宋州, 河南省 商丘市)에서 터졌다.

24 정유일(10일)에 조서를 내렸다.
"황하 연안에 있는 민전(民田) 가운데 수해를 입은 것은 유사가 다 갖추어 보고하고 조(租)를 면제하라."

내치에 힘쓰는 송 태조

25   무신일(21일)에 제주(諸州)의 병사와 정부(丁夫) 무릇 5만 명을 징발하여 터진 황하를 막았는데, 조한(曹翰)에게 명령하여 그 공사를 감호(監護)하게 하였다. 이달에 조서를 내렸다.

"근래에 전·복(澶·濮) 등 여러 주에 장맛비가 거듭하여 내리니 홍수가 걱정이다. 짐은 여러 차례 둑이 터져서 물이 넘쳐나서 일반 백성들이 거듭 곤란을 겪으니, 매번 전 시대의 책을 읽을 적에 경독(經瀆, 하류)을 자세히 고구(考究)하였다. 하후(夏后)[29]에 실려 있는 것 같은 경우에 이르면 다만 황하를 이끌어서 바다에 이르게 하였는데, 산을 좇아서 내를 통하게 하였지 아직은 일찍이 힘을 가지고 여울져 흐르는 것을 통제하려고 넓게 높은 제방을 만들었다는 것을 듣지 못하였다.

---

29 하 왕조를 세운 우(禹)임금을 말한다. 황제(黃帝)의 현손(玄孫)이며 전욱(顓頊)의 손자이고 숭백요(崇伯鯀)의 아들로 요(堯)가 사공(司空)이 되어 하백(夏伯)에 책봉하였기 때문에 하백이라고 불리는데, 그는 아버지인 요(鯀)의 뒤를 이어서 밖에서 일을 하느라고 3번 집 앞을 지나면서도 들어가지 않으면서 13년에 걸쳐서 수환(水患)을 해결하였으며 후에 순(舜)에게 선양을 받아서 하의 왕이 되었다. 보통 홍수를 해결했다는 전설적인 업적을 세운 것으로 알려져 있다.

전국시대부터는 오로지 이로움만을 찾아서[30] 옛길을 막아서 작게 하여서 큰 것을 막았고, 사사로움으로 공적(公的)인 것을 해롭게 하여 구하(九河)[31]의 통제는 드디어 무너졌고, 역대의 걱정거리는 그치게 하지 못하였다. 무릇 진신(搢紳)과 많은 선비들[32], 초택(草澤, 초야)에 있는 사람들 가운데 평소에 하거(河渠)에 관한 책을 읽어서 물을 소개시키고 이끄는 대책에 깊이 밝은 사람이 있으면 나란히 궁궐에 나와서 편지를 올리는 것을 허락하며 역참(驛站)에 붙여서 조목조목 상주하면 짐이 마땅히 친히 살펴보아 그 좋은 것을 채용할 것이다."

당시에 동로(東魯, 동쪽에 있는 춘추시대의 노나라, 산동)의 일인(逸人, 隱逸)인 전고(田告)가 《찬우원경(纂禹元經)》을 12편(篇)을 지었는데 황제가 이 소식을 듣고 불러 접견하고 치수(治水)의 도리를 자문하였다. 그 대답을 훌륭하다 생각하여 곧 관직을 주려고 하였다. 전고는 굳게 사양하면서 아버지가 나이가 많아서 돌아가서 봉양하게 해달라고 요구하자 조서를 내려서 이를 좇았다.

26   이보다 먼저 여진이 백사채(白沙寨)를 공격하여 관부의 말 3필과 백성 128명을 약취(略取)하여 갔다. 이미 그리하고서 사자(使者)를 파견하여 말을 가지고와서 진공(進貢)하니 조서를 내려서 이를 머무르

---

30 전국시대에는 천하가 분열되었기 때문에 각국이 서로 자기 나라의 이익만을 먼저 생각하고 천하를 생각하지 아니하였다는 말이다.

31 하나라 우(禹)임금 시절에 황하에는 아홉 개의 지류가 있었다고 하는데, 근래의 사람들은 대부분 고대 황하의 하류지역에 많은 지류가 있었는데, 이것의 총칭으로 이해하고 있다.

32 진신(搢紳)이란 유가의 복장을 하고 있는 독서인을 말한다.

게 하였다. 이에 이르러 수령이 다시 와서 진공하며 이미 부락에 명령
을 내려서 전에 노략(擄掠)하였던 백성과 말을 보내라고 했다고 말하
자 조서를 내려서 그들이 전에 침구하여 노략하였던 죄를 엄히 책망하
고 그들이 본받고 순종하겠다는 뜻을 칭찬하고 말을 진공하려한 사자
를 풀어 돌려보냈다.

27 이 해 여름에 요주(遼主)가 빙정(冰井, 水井, 얼음을 저장하는 굴)에
머물면서 좇아 온 신하들이 사류(射柳)[33]하는 것을 관람하였다. 가을
7월에 운주(雲州, 내몽고)에 가서 사류하였다.

28 무진일(11일)에 전에 보대(保大, 陝西省 富縣)절도사였던 원언(袁
彦)이 죽었다.

29 갑신일(27일)에 황제의 딸인 영경공주(永慶公主, ?~999)[34]가 우
위장군·부마도위(右衛將軍·駙馬都尉)인 위함신(魏咸信, 949~1017)에
게 출가(出嫁)하였다. 위함신은 위인포(魏仁浦, 911~969)의 아들이다.
영경공주가 일찍이 옷에 수를 놓은 비취색 저고리를 입고 궁궐에 들어

---

33 사류란 활 쏘는 기교를 연습하는 놀이이다. 이는 청명절에 시행하는 습속인
데, 기록에 의하면 비둘기를 조롱박 안에 넣고 버드나무 가지에 매단 다음에
활로 조롱박을 쏘아 맞추면 비둘기가 날아가는데 비둘기가 높이 올라가는
사람이 이기는 게임이다.

34 영경공주는 북송 송 태조 조광윤의 셋째 딸인데, 개보 5년(972년)에 영경공주
로 책봉되었고, 그다음에 위함신에게 시집을 갔으며, 태종이 즉위하고 나서 위
국영경공주로 책봉되었고, 손화 원년(990년)에 제국(齊國)영경공주로 책봉되
었으며, 함평 2년에 죽었다. 경우(景佑) 3년(1036년)에 대장공주로 추봉되었다.

갔는데, 황제가 이를 보고 공주에게 말하였다.

"너는 마땅히 이것을 나에게 주고, 지금부터는 다시는 이러한 장식을 만들지 말라."

공주가 웃으면서 말하였다.

"여기에 사용한 취우(翠羽)³⁵가 얼마나 되겠습니까?"

황제가 말하였다.

"그렇지 않다. 공주의 집안에서 이것을 입으면 궁궐과 친척, 마을에서 반드시 서로 본받을 것이니 경성(京城)에서 취우의 값이 높아지고, 하급 백성들은 이익을 쫓게 되어 펼쳐 돌아가면서 판매하고 교역할 것이며 산 것을 상하게 하는 것이 넓게 물들어 갈 것이다. 마땅히 석복(惜福)³⁶을 마음에 두어야 하는데, 어찌 이 나쁜 것을 만드는 실마리를 열수 있겠느냐?"

공주가 부끄러워하면서 사과하였다.

또 일찍이 모시고³⁷ 앉아서 황후와 같이 말하였다.

---

35 본래는 비취색의 깃털을 말하여 예컨대 녹색 공작의 깃털이나 취조(翠鳥)의 깃털 같은 것이며, 또한 대신에 취조(翠)나 그 날개를 가리키는 것이며, 비유하여 청록색의 나뭇잎을 가리키는데 이러한 본래의 뜻에서 나와서 진기한 보배나 미인의 눈썹을 가리키기도 한다.

36 복을 받았을 때에 이를 아끼라는 말이다. 사람은 복을 받고 있는 동안에는 복을 받고 있는 것을 모른다. 그래서 옛날 사람들은 '우물이 마르고 나서야 물이 귀한 줄 알게 되고, 병이 든 다음에야 건강이 귀한 것을 알게 되며, 전쟁이 난 다음에야 청평(淸平)함이 귀한 것을 알게 되고, 직업을 잃은 다음에야 직업이 귀하다는 것을 알게 된다. 모든 행복한 것은 지나가고 나서야 알게 된다.'라고 이야기 했다. 그러니 우리는 현재를 아끼면서 만족할 줄 알아야 한다는 뜻이다.

37 영경공주가 황제를 모시고 있었다는 말이다.

"관가(官家, 황제를 가리키는 말)께서는 천자가 되신 지 오래 되었는데, 어찌하여 황금으로 장식된 견여(肩輿)를 사용하면서 타고서 출입할 수 없습니까?"

황제가 웃으면서 말하였다.

"나는 사해(四海)의 부유함을 가지고 있으니 궁전을 금은으로 장식한다 하여도 힘으로는 역시 처리할 수 있겠지만 그러나 내가 백성들을 위하여 재부를 지켜야 한다는 것을 생각한다면 어찌 망령되이 쓸 수 있겠느냐? 옛말에 이르기를 '한 사람이 천하를 다스리지만 천하를 가지고 한 사람을 봉양하는 것은 아니다.'라고 했으니 만약에 자신을 봉양하라는 뜻이라면 백성들이 무엇을 우러러보겠는가?"

30   삼사에서 말씀을 올렸다.

"창고에 저축된 월급 줄 것이 명년 2월에 가면 그치게 되니 청컨대 둔전(屯田)하는 여러 군사를 나누어 백성들의 배를 모두 인솔하여 장강과 회하의 조운(漕運)하는 밑천으로 삼게 해 주시기를 바랍니다."

황제가 크게 노하여 권판삼사(權判三司)인 초소보(楚昭輔, 914~983)를 불러서 그를 절책(切責)하여 말하였다.

"나라에 9년간 사용할 것이 저축됨이 없다면 부족하다고 하는데, 너는 평소에 계산하고 헤아리지 않아서 지금 창고의 저축된 것이 곧 다 소진되게 되었고, 마침내 둔병을 나누어 백성들의 배를 관리하고 통솔하여 궤운(餽運, 양식운반)에 공급하기를 청하였는데, 이리하여 다 이르게 할 수 있겠는가? 또한 너를 두었다가 무엇에 쓰겠는가? 만약에 빠지는 것이 있다면 반드시 너에게 죄를 주어서 많은 사람들에게 사과하겠다."

초소보가 죄 받을 것을 두려워하여 개봉부(開封府)에 가서 황제의 동생인 조광의(趙光義)를 뵙고 황제 앞에서 해석하도록 해달라고 빌며 그 죄를 조금 관대하게 해주시어서 모든 힘을 다 하게 해달라고 하니 조광의가 이를 허락하였다.

초소보가 나가자 조광의는 압아(押牙)[38]인 영성(永城, 하남성) 사람 진종신(陳從信, 912~984)에게 물었더니 대답하였다.

"저 진종신은 일찍이 초주(楚州)와 사주(泗州)지역에서 노닐면서 곡식운반이 정체되고 막히는 것을 보았는데, 정말로 배를 부리는 사람들이 먹을 것이 부족하여 매일 주(州)와 현(縣)을 거치면서 공급을 받고 있으니 그런고로 대부분이 막히고 지체됩니다. 만약에 출발할 때부터 바로 날짜를 계산하여 아울러 지불하며 왕복하는 것을 모두 그렇게 한다면 그 일정의 한도(限度)를 책임지울 수 있습니다.

또 초주와 사주 사이에서는 운반하는 쌀을 배에 싣고 경사(京師)에 이르러서는 쌀을 수레로 실어서 창고에 넣는데, 응당 운반하는 졸병을 재워두고 갖추어서 모두 명령이 내리면 즉시 출납하게 해야 합니다. 이와 같이 하면 매번 운행할 적마다 수십 일을 줄일 수 있습니다. 초주와 사주에서 경사까지는 1천 리인데, 예전에는 한 번 운행하는데 80일을 잡고 1년에 세 번 운행하였지만, 지금 만약에 머물고 지체되는 헛된 날을 없앤다면 1년에 한 번 더 운행할 수 있습니다.

또 듣건대 삼사(三司)에서 백성들의 배를 등록시키려고 하는데, 만약에 허락하지 않는다면 책임 지위 처리할 수 없습니다. 만약에 이것을

---

38 이를 압아(押衙)라고도 하는데 당·송시기의 관직 이름이다. 이는 시위와 의장을 관장하는 직책이어서 아(牙)를 사용했는데 후에 아(衙)로 잘못 변했다.

전부 빼앗아 다 사용하면 겨울에 경사에는 신탄(薪炭)이 거의 단절될 것입니다. 그러니 견실한 배 가진 사람을 모집하여 식량을 운반하게 하는 것만 같지 못합니다. 그것이 부서지고 썩은 것은 백성들에게 맡겨서 땔감을 싣도록 한다면 공사(公私) 간에 다 해결됩니다.

지금 시중에는 쌀값이 비싸서 관부에서 마침내 값을 정하여 쌀 한 말에 70전으로 하였는데, 상고(商賈)들이 이 소식을 듣고 이익을 얻을 수 없어서 감히 실어다가 경사에 가지고 올 사람이 없습니다. 비록 부자(富者)가 저축한 것이지만 역시 숨기고 내놓지 않으니 이 때문에 쌀은 더욱 비싸지고 백성들은 장차 굶어 죽을 것입니다.“

조광의(趙光義)가 그렇다고 생각하고 다음 날 갖추어 보고하니 황제는 그 말을 모두 따랐다. 이로 말미암아서 일은 다 해결되고 초소보 역시 책임을 면하였다.

31　　이보다 먼저 대리정(大理正)[39]인 내황(內黃, 河南省 安陽市) 사람 이부(李符)가 지귀주(知歸州)가 되었고, 전운사(轉運司)에서 처리하는 것에 불합리한 것이 있으면 이부가 즉시 말씀을 올리니 황제는 이를 가상하게 여겼다.

임기가 만료되어 궁궐로 돌아오니 황제는 경서(京西)지역에 있는 여러 주에서 전폐가 올라오지 않기 때문에 8월 계사일(6일)에 이부를 지경서남면전운사(知京西南面轉運事)로 명령하고 편지를 내려 말하였다.

---

39 원래는 정위(廷尉)였던 것을 북위시절부터 대리시(大理寺)로 관명을 고쳤으며, 대리시의 책임자이다.

"이부가 가는 곳은 짐이 친히 가는 것과 같다."

이 여덟 글자[40]를 그에게 내려 주었다. 큰 깃발에 게시하도록 하고 항상 스스로 가지고 다니게 하였는데, 이부는 앞뒤로 조목조목 편리한 것 무릇 100여 건을 상주하였고, 그 가운데 48건을 모두 시행하고 법령에 드러냈다.

32 병신일(9일)에 동지광주(同知廣州)인 반미(潘美)와 윤숭가(尹崇珂)에게 명령을 내려서 영남전운사를 겸하게 하였으며, 그 원래의 전운사인 왕명(王明)을 부사로 삼고, 태자중윤(太子中允)인 허구언(許九言)을 판관으로 삼았는데, 전운판관(轉運判官)은 허구언으로부터 시작되었다.

33 9월 초하루 정사일에 일식이 있었다.

34 추밀사(樞密使) 이숭거(李崇矩, 924~988)가 재상인 조보와는 두텁게 서로 교제하였는데 그의 딸을 조보의 아들인 조승종(趙承宗)에게 처로 삼게 하였더니, 황제가 이 소식을 듣고 기뻐하지 아니 하였다. 고사(故事)에 의하면 재상과 추밀사가 장춘전(長春殿)에서 응대하기를 기다리다가 함께 여중(廬中, 휴게소)에서 머물게 하였는데, 황제가 비로소 나누어서 다른 곳으로 하였다.

정신(鄭伸)이라는 사람이 있었는데, 이숭거의 문하에서 10년간 손님

---

40 황제가 내려준 글은 '李符到處 似朕親行'이라는 여덟 글자로 이를 번역하면 '이부가 가는 곳은 짐이 친히 가는 것과 같다'라는 뜻이다.

으로 지냈다. 이숭거는 그가 음험하고 삐뚤어지고 좋은 행실이 없다는 것을 알고 그를 점차 야박하게 대우하였더니, 정신은 원한을 가지고 등문고를 치고 이숭거가 태원(太原, 山西省 태원시) 사람 석희수(席羲叟)의 황금을 받았고, 사사로이 한림학사 호몽(扈蒙, 915~986)에게 부탁하여 석희수에게 진사 갑과를 주게 하였다고 하면서 군기고사(軍器庫使)인 범양(范陽) 사람 유심경(劉審瓊, ?~997)을 증인으로 끌어들였다. 황제가 크게 노하여 유심경을 불러서 힐문하니 유심경은 그것이 무고임을 갖추어 말하자 황제의 노여움이 풀렸다.

계유일(17일)에 이숭거를 파직시켜서 진국(鎭國)절도사로 삼고 정신에게 동진사출신(同進士出身)을 하사하여 산조현(酸棗縣, 河南 延津縣) 주부(主簿)로 삼았는데, 후에 정신이 죽고 그의 어머니는 가난하여 굶다가 이숭거의 아들인 이계창(李繼昌)에게 가서 밥을 빌었더니 그 집안사람들이 다투어 앞으로 가서 꾸짖어 쫓아내었는데 이계창이 홀로 불러서 만나보고 백금 100량(兩)을 주자 당시에 어른스럽다고 칭찬하였다.

35   무인일(22일)에 건령유후(建寧留後, 麟州)인 양중훈(楊重勳, ?~975)을 보정유후(保靜留後, 宿州)로 옮겼다.

36   이달에 현상기물(玄象器物)[41]·천문(天文)·도참(圖讖, 예언서)·칠요력(七曜曆)[42]·태을(太乙)·뇌공(雷公)[43]·육임둔갑(六壬遁甲)[44] 등을

---

41 현상(玄象)이란 하늘에 있는 일월성진(日月星辰)의 위치와 그 상태를 말하는 것으로 현상기물은 이것을 관측하는 기물을 말한다.

개인 집에 소장할 수 없도록 금령을 내리고 가지고 있는 사람은 관부
로 보내게 하였다.

37   겨울, 10월 초하루 정해일에 요주(遼主)가 남경(南京)에 갔다.

38   무술일(12일)에 조서를 내렸다.

"변방의 먼 곳에 있는 관원은 1년에서 3년을 임기로 하여 바로 대체
해 주어야 하는데, 관장하는 관부에서는 그 기록한 장부를 전적으로 열
람하여 때를 넘기게 하지 말라."

이달에 강·회(江·淮)의 쌀 10만석을 운반하여 경사에 이르렀는데,
모두 변·채(汴·蔡) 두 하(河)에 있는 공·사(公·私)의 배에 실은 것이었
다.

39   11월 계해일(7일)에 석·도(釋·道, 불가와 도가)에서 사사롭게 천문

---

42 고대 이집트 혹은 바빌론에서 시작된 역법으로 기원전 1세기에 로마 사람들
    이 이를 사용하였다. 칠요란 일과 월 그리고 금목수화토 5성(星)을 총칭하는
    것이다. 춘추시대 《곡량전》에 이미 이러한 것이 있었으며, 한대 이후로 자주
    보이는데, 고대에는 해와 달 그리고 다섯 개의 별을 칠정(七政), 칠위(七緯)라
    고 하였고, 칠정을 《역서(曆書)》에 표시하는 것은 일반적이었다.

43 뇌공이란 《전국책》에서 나오는데 신화 속에서 우뢰를 관장하는 신이다. 도교
    와 상관되는 신화이다.

44 육임은 궁정 점술의 일종으로 태을, 둔갑과 합쳐서 삼식(三式)이라고 한다. 둔
    갑이란 고대 방사들의 술수 가운데 하나이다. 그 법은 10간 가운데 을·병·정
    (乙·丙·丁)을 3기라고 하고, 무·기·경·신·임·계(戊·己·庚·辛·壬·癸)를 6의
    라고 하여 이를 9궁에 나누어 두고 갑(甲)이 이를 통제하다가 길흉이 오는 것
    을 보면 추피(趨避)한다고 생각하였다.

(天文)·지리(地理)를 익히는 것을 금하였다.

40 기사일(13일)에 조서를 내렸다.

"제도의 거인들은 지금부터 나란히 본관(本貫)이 있는 주부에서 뽑아서 해송(解送, 보내는 것)하고 바꾸어 다른 주에 기탁하여 응시할 수 없다."

41 경진일(24일)에 참지정사 설거정(薛居正, 912~981)·여여경(呂餘慶, 927~976)에게 명령하여 회·상·영·촉(淮·湘·嶺·蜀)전운사를 겸하게 하였다.

42 한림학사 이방(李昉, 925~996)과 종정승(宗正丞)인 낙양(洛陽) 사람 조부(趙孚) 등에게 악독(岳瀆)[45]과 역대(歷代) 제왕의 묘비(廟碑)를 찬술하게 하고 사자를 파견하여 돌에 새기게 하였다.

43 12월 갑오일(8일)에 요(遼)에서는 조서를 내려서 내외의 관원들에게 봉사(封事)[46]를 올리게 하였다.

---

45 오악(五岳)과 사독(四瀆)을 병칭하는 말로, 동악은 태산(泰山), 서악은 화산(華山), 남악은 형산(衡山), 북악은 항산(恒山), 중악은 숭산(崇山)이며, 동독은 회하(淮河), 남독은 장강(長江), 서독은 황하(黃河), 북독은 제수(濟水)로, 여기서는 오악과 사독을 진압하는 글을 짓게 하였다는 말이다.

46 신하들이 제왕에게 밀봉(密封)한 장주문을 올리는 것을 말하다. 이는 장주문을 관계 관원을 거치치 않고 제왕이 직접 볼 수 있도록 하여 그 내용이 밖으로 누설되지 않게 하려는 것이며 검은 주머니로 봉함을 하여 올리는 것이기 때문에 봉사라는 명칭이 붙었다.

44 이 해에 큰 기근이 들었다.

45 애초에 황제가 조보에게 물었다.

"유신(儒臣) 가운데 무예의 재간을 가진 사람은 누구요?"

조보는 지팽주·좌보궐(知彭州·左補闕)인 신중보(辛仲甫, 927~1000)라고 대답하였다. 이에 신중보를 옮겨서 서천도병마감(西川兵馬都監)으로 삼았다. 이에 불러서 보고 면전에서 활쏘기를 시험하고 황제가 말하였다.

"너는 왕명(王明, 919~991)을 보았는가? 짐은 이미 채용하여 자사로 삼았다. 너는 자못 충성스럽고 순박하니 만약에 공적으로 부지런하고 게으르지 아니하면 며칠 되지 아니하여 역시 목백(牧伯)[47]을 담당하게 될 것이다."

신중보가 머리를 조아리며 감사하였다.

황제가 이어서 조보에게 말하였다.

"오대(五代)의 방진(方鎭)[48]에서는 잔학(殘虐)하여 백성들은 그 화(禍)를 입었는데, 짐이 지금 유신 가운데 일을 처리할 수 있는 사람 100여 명을 선발하여 대번(大藩)[49]을 나누어 다스리게 하였는데, 설사 모두 탐욕스럽고 혼탁하다고 하여도 역시 아직은 무신 한 명 정도에

---

47 한 주(州)나 군(郡)의 장관을 말한다.

48 지방의 진수(鎭守) 책임을 지고 있는 절도사를 말하는 것이다. 당말 이후에 절도사들이 각 지역에서 할거하였다.

49 번(藩)은 울타리라는 의미가 있어서 중앙의 조정을 지키는 역할을 하는 지방의 주나 군을 가리키는 말이며, 따라서 대번이란 커다란 주나 군을 말하는 것이다.

이르지는 아니하였다."

이미 그리고 나서 유사가 신중보에게 명령하여 민전을 조사하고 시찰하게 하였더니 황제가 말하였다.

"이는 현령이 할 일일뿐이다. 바로 이부(吏部)로 하여금 관리를 선택하여 이를 대신하게 하라."

신중보가 팽주(彭州, 四川省 中部)에 있을 적에 팽주에는 나무 심는 일이 적어서 더워도 쉴 곳이 없었는데 신중보가 백성들에게 버드나무를 심어서 다니는 길에 그늘지게 하라고 책임을 부과하였더니 그 군에 사는 사람들이 이를 은덕으로 생각하고 '보궐유(補闕柳)'[50]라고 이름을 붙였다.

46　북한(北漢)[51]에서는 처음으로 백성들로 하여금 군비(軍費)를 부담하게 하였고, 문무관원들의 녹봉을 감액했는데 재정에서 쓸 것을 공급하지 못하였던 때문이다.

50　신중보의 직위가 보궐이었기 때문에 신중보가 심게 한 버드나무라는 뜻이다. 보궐이란 조정의 정책에서 빠지거나 잘못된 것을 규간하는 업무를 담당하는 관직이다.

51　이때에 북한의 주군은 나이 어린 유계원(劉繼元)이다.

과거선발에 직접 관여한 송 태조

태조 개보 6년(계유, 973년)[52]

1   봄, 정월 초하루 병진일에 천촉수륙전운계도사(川蜀水陸轉運計度使)[53]를 설치하였다.

2   갑자일(9일)에 요(遼)의 특리곤(特里袞, 惕隱)[54]인 야율휴격(耶律休格, ?~998)이 당항(党項)을 쳐서 이를 깨뜨렸고 그 포로와 획득한 것을 헤아려 올렸다. 야율휴격은 일찍이 북부재상 소간(蕭幹)을 좇아서 실위(室韋)와 오고(烏庫) 두 부(部)를 치는데 공로를 세웠는데, 이에 이르러 다시 전적(戰績)이 드러났다.

---

52 요(遼)의 경종 보령(保寧) 5년이다.

53 사천과 촉지역의 물자 운송에 관한 책임자이다.

54 요 왕조의 관직명이다. 원래 거란족 귀족에 관한 정무의 업무를 관장하는 명칭이었다. 이 말은 특근(特勤, tegin, 혹은 狄銀)이라는 돌궐 말에서 나온 것이며, 특근이란 돌궐가한의 동생 혹은 자손을 가리키는 말이었는데 거란으로 들어와서 족속을 관할하는 의미로 바뀌었다.

3   북한에서 사신을 파견하여 요(遼)에 진공(進貢)하였다.

4   경오일(15일)에 요주(遼主)가 오봉루(五鳳樓)에 나아가서 관등(觀燈)[55]하였다.

5   기묘일(24일)에 태자선마(太子洗馬)인 권지봉주(權知蓬州, 봉주는 四川省 營山縣 東北)인 주앙(朱昻, 924~1007)을 권지광안군(權知廣安軍, 광안군은 四川省 廣安市)으로 하였다. 마침 거주(渠州, 四川省 渠縣)의 요적(妖賊)인 이선(李仙)이 무리 1만 명을 모아서 군의 경내에서 겁탈하고 노략질하니 주앙은 방책을 만들어 그를 붙잡았으며, 그에 연결된 사람은 풀어주고 묻지 않으니 촉(蜀)지역 백성들이 드디어 편안해졌다. 주앙은 장사(長沙) 사람이다.

6   전직(殿直)인 부정한(傅廷翰)을 체주(棣州)병마도감으로 하였는데, 반란하여 요(遼)로 들어갈 것을 꾀하니 지주·우찬선대부(知州·右贊善大夫)인 주위(周渭, 922~999)가 그를 잡았다. 2월 병술일(1일)에 부정한을 경사(京師)에서 참수하였다.

7   정해일(2일)에 요(遼)의 가까운 시종인 실도리(實圖哩, 實魯里)가 잘못하여 신독(神纛, 신의 깃발)을 더럽혔는데 법으로는 사형으로 판결해야 했지만 요주(遼主)가 명령하여 곤장을 때려서 그를 풀어 주게 하였다.

---

55 정월 보름 원소절(元宵節)에는 밤에 등불을 켜는 민속놀이에 참가한 것이다.

8   병신일(11일)에 쌀 2만 석을 운반하여 조주(曹州, 山東省 菏澤市)의 기근을 진휼하였다.

9   이달에 고려왕인 왕소(王昭)[56]가 죽고, 아들 왕전(王佃, 고려 5대 경종)이 즉위하였다.

10   3월 초하루 을묘일에 방주(房州, 湖北省 房縣)에서 후주(後周)의 정왕(鄭王, 953~973)[57]이 죽었다고 말하였다.[58] 황제는 소복을 하고 발상하고 조회에 10일 동안 나가지 않았고, 시호를 공제(恭帝)라고 하고 경릉(慶陵)[59]의 옆으로 돌려보내 장사지내게 하고 순릉(順陵)이라

---

56 고려 4대 광종(光宗925~975)으로 고려 태조 왕건의 넷째 아들이며 그 아들 왕전은 5대 경종이다. 《고려사》 권2에는 '을해년(乙亥, 975년) 준풍(峻豊) 26년 여름, 5월에 왕은 편치가 않다가 갑오일(23일)에 정침에서 죽었다. 재위는 26년이고, 51세였는데, 왕은 즉위하면서 신하들을 예로 대우하고 말을 듣고 판단하는 것이 분명하여 가난하고 약한 사람을 돕고…' 등으로 기록하고 있다. 따라서 이 시점은 여기서 말하는 시점보다 2년 뒤의 일이다. 그러므로 《속자치통감》의 편찬자가 착오를 일으킨 것으로 보인다.

57 후주의 마지막 황제인 시종훈(柴宗訓)이다. 그는 오대 후주의 세종(世宗)의 넷째 아들로 태어나서 현덕 6년(959년)에 양왕으로 책봉 되었는데, 그해 6월에 세종이 죽자 아버지의 뒤를 이어 후주 황제로 즉위하였다. 이때 7살이었는데, 현덕 7년(960년) 정월에 조광윤의 진교에서의 병변(兵變)으로 조광윤에게 선양하고 후주의 마지막 황제가 되었다. 그 후 방주에 거주하였는데, 일설에 의하면 방주태수 신문열(辛文悅)이 후환을 없애려고 죽였다고 한다.

58 《거란국지(契丹國志)》에는 정월로 되어 있고, 《동도사략(東都事略)》과 《구조편년비요(九朝編年備要)》와 《송사(宋史)》에는 모두 2월로 되어 있으며, 《자치통감장편(資治通鑑長篇)》에는 3월로 되어 있다.

59 후주 제2대 황제인 세종 시영(柴榮)의 묘로 하남성 정주시에 있다.

고 불렀다.

11   요(遼)에서는 황후의 할아버지를 한왕(韓王)으로 삼고 아울러 그 백부(伯父)에게 관직을 증직하였는데, 황후가 용사(用事, 집권)한 연고 였다.

12   신유일(7일)에 새로 급제한 진사인 옹구(雍丘, 河南 杞縣) 사람 송준(宋准, 938~989) 등 10명과 제과 28명이 강무전(講武殿)에 와서 감사를 드렸다. 황제는 진사인 무제천(武濟川)과 《삼전(三傳)》의 유준(劉睿)의 재질이 가장 낮으며 응대하면서 순서를 잃어서 이들을 물리쳤다.

당시에 한림학사(翰林學士) 이방(李昉, 925~996)이 권지공거(權知貢擧)였는데, 무제천은 이방과 같은 고향사람이어서 황제는 자못 기쁘지 않았다. 마침 진사 서사렴(徐士廉) 등이 등문고(登聞鼓)를 치고 이방이 사사로운 감정을 이용하여 뽑고 버리는데 적당하지 아니하였다고 호소하였다.

황제가 한림학사 노다손(盧多遜)에게 묻자 노다손이 말하였다.

"자못 역시 그런 말을 들었습니다."

황제는 마침내 공원(貢院, 과거 시험장소)에 명령을 내려서 종장(終場)에서 낙제한 사람의 성명을 적게 하여 360명을 찾아냈다. 계유일(19일)에 불러서 만나보고 그 가운데 195명을 선택하고 아울러 송준 이하와 서사렴 등에게 각기 지찰(紙札)을 하사하였으며, 별도로 시부(詩賦)를 시험하면서 전중시어사 이형(李瑩)과 좌사원외랑 후척(侯陟, ?~983) 등에게 명령하여 시험관으로 하였다.

을해일(21일)에 황제는 강무전에 나아가서 친히 이를 열람하고 진사

26명을 얻었는데, 서사렴도 포함되었으며 《오경(五經)》에 4명, 《개원례(開元禮)》에 7명, 《삼례(三禮)》에 38명, 《삼전(三傳)》에 26명, 삼사(三史)에 3명, 학구(學究)에 18명, 명법(明法)에 5명은 모두 급제한 것으로 하사하였으며, 또한 송준에게 20만 전을 사여하여 연회를 펼치게 하였다. 이방을 책임 지워서 태상소경으로 삼고 고관(考官, 시험관)인 우찬선대부 양가법(楊可法)은 모두 책임을 지는데 연좌되었다. 이로부터 전시(殿試)는 항상 하는 형식이 되었다.

13   조신(朝臣) 가운데 왕사(王事, 공적인 업무)로 죽은 자의 아들인 육탄(陸坦) 등을 시험 쳐서 진사출신(進士出身)을 하사하였다.

14   임오일(28일)에 교선지(敎船池)를 강무지(講武池)로 하고 만하(閔河)를 혜민하(惠民河)로 하며 오장하(五丈河)를 광제하(廣濟河)로 하였다. 〔지도참고〕

15   동전(銅錢)은 번계(蕃界)[60]와 강과 바다를 건너 들어가서 외국화(化)될 수 없도록 금하였다.

16   여름, 4월 을유일(1일)에 조서를 내렸다.

---

60 번인(蕃人, 番人)들이 사는 경계 지역을 말하는데, 번인이란 중국의 주변에 사는 소수민족과 외국에 대한 호칭이다. 예컨대 번서(番西)는 사천 서부에 사는 소수민족 지역이고, 번전(番錢)이란 외족들이 쓰는 전폐(錢幣)이며 번객(蕃客)이란 중국에 손님으로 거주하는 외족 혹은 외국인이어서 번인은 바로 외국인을 포함한 외족인이다.

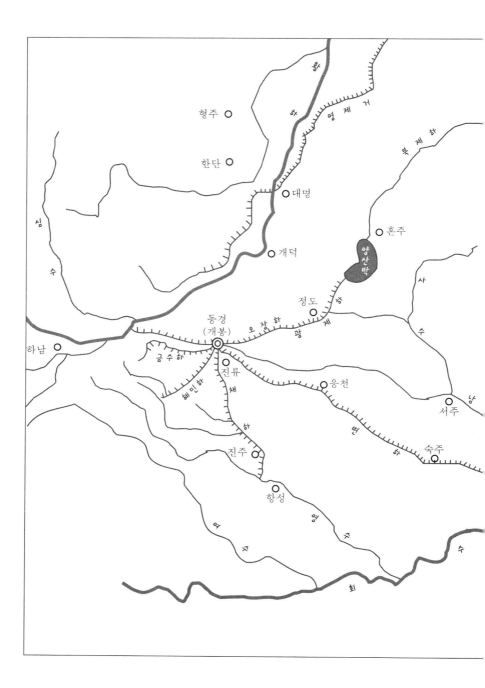

형주 O

한단 O

대명 O

혼주 O

양산박

개덕 O

정도 O

심수

북제하

사수

영제거

하

하남 O

동경
(개봉)

오장하

광제하

금수하

진류 O

혜민하

채하

응천 O

서주 O

남

진주 O

변하

숙주 O

항성 O

영수

여수

회수

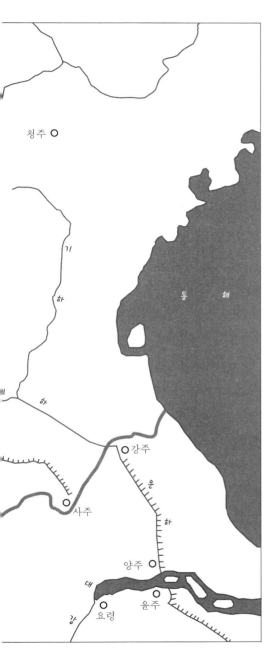

❖ 오장하와 북송 조운 수계도

"제주(諸州)의 고시관(考試官)은 장리로 하여금 요속(僚屬)들 가운데 재주와 학식이 있고 공정한 사람을 정선(精選)하여 충당하라. 지공거(知貢擧)와 고시관은 같이 시권(試卷, 시험지)을 상세히 보고 합격과 불합격을 정하는데, 아니라면 바로 반박하여 내보내며 임시로 우대하여 헛되이 종장(終場)을 치르게 할 수 없다.

사사롭게 천거(薦擧)하거나 거인(擧人)을 부탁하는 것을 거듭 금지하니, 고발자(告發者)를 모집하여 상을 주는 것을 차등 있게 하는데, 거인은 본관(本貫)이 있는 곳으로 강제로 돌려보내어 무겁게 복역(服役)하게 하고 영원히 과장(科場, 과거 시험장)에 들어 올 수 없다."

17 신축일(17일)에 한림학사 노다손(盧多遜) 등이 편수한《개보통례(開寶通禮)》200권과《의찬(義纂)》100권을 올리니, 나란히 유사(有司)에게 붙여서 시행하게 하였다.

18 이날 노다손(盧多遜)을 파견하여 강남생신국신사(江南生辰國信使)[61]로 삼았다. 노다손이 강남국에 도착하였는데, 그 나라 신하와 군주의 환심을 얻었다. 돌아오게 되자 선화구(宣化口)에 배를 대고 사람을 시켜서 강남국의 주군에게 말하였다.

"조정에서 천하의 도경(圖經)[62]을 중수(重修)하는데, 사관에서 다만

---

61 강남국 주군의 생신을 축하하기 위하여 파견한 사신이다.

62 도화와 지도를 갖춘 서적이나 지리지를 말한다. 그림 위주거나 혹은 그림과 글로 지방의 사정을 아울러 기록한 전문적인 저작도 도경이라고 하며 도지(圖志), 도기(圖記)라고도 부른다.

강동(江東)지역의 여러 주만 빠져 있어서 각기 한 부씩을 구해서 돌아오기를 원합니다."

강남국의 주군은 급히 이것을 베껴서 주게 하였다. 이에 강남지역의 19개 주의 형세와 둔수(屯戍)가 멀리 있고 가까이 있는 상황과 호구가 많고 적은 것을 노다손이 모두 이를 얻어 가지고 돌아와서 바로 강남국이 쇠약하여 빼앗을 수 있는 상황을 말하였다. 황제는 그의 지모를 가상하게 생각하여 비로소 크게 쓸 생각을 갖게 되었다.

19 무신일(24일)에 참지정사 설거정(薛居正)에게 명령을 내려서 양(梁)·후당(後唐)·진(晉)·한(漢)·주(周)의 《오대사(五代史, 통칭 구오대사)》를 감수하게 하였다.

20 지제고(知制誥) 왕우(王祐) 등이 《중정신농본초(重定神農本草)》 20권을 올리니 황제가 서문을 쓰고 모인(摹印, 모사, 인쇄)하여 천하에 반포하였다.

21 이에 앞서 강남국에 기근이 들었는데, 강남국의 주군에게 조서를 내려서 유시하고 배를 빌려서 호남(湖南)지방의 쌀과 밀을 조운하여 그들을 구제 하였다. 신해일(27일)에 강남국의 주군이 사자를 파견하여 진공품(進貢品)을 올리며 은덕에 감사하였다.

22 전문민(錢文敏)에게 명령을 내려서 지여주(知瀘州)로 삼고 불러서 보고 황제가 말하였다.

"여주(瀘州, 四川省 瀘州市)는 만요(蠻獠)들을 가까이 하고 있으며 더욱 마땅히 어루만져주고 편안하게 해 주어야 하오. 듣건대 지주(知州)인 곽사제(郭思齊)와 감군인 곽중진(郭重進)이 멋대로 거두어들이면서 불법을 저지른다고 하는데 경은 짐을 위하여 그들을 국문하여, 만약에 한 터럭만큼이라도 백성들을 침탈했다면 짐은 반드시 사면하지 않을 것이오."

23   5월 계축일[63]에 황제는 지당리(知堂吏, 정사당의 관리)가 중서성(中書省)의 권한을 멋대로 부려서 대부분 간사하게 뇌물을 받자 바꾸어 사인(士人)을 채용하려고 하였는데, 유사가 마지막으로 선발한 바가 수에 미치지 못하여 드디어 예전에 일을 맡았던 유중화(劉重華) 등 4명을 불러서 면전에서 엄하게 경계하고 다시 예전대로 하게 하였는데, 1년 동안 허물이 없자 현령으로 올려 주고 조금 있다가 허물이 있자 그 벌을 무겁게 조치하였다.

24   추밀부사인 심의륜(沈義倫, 909~987)은 사는 집이 낮고 누추하였지만 편안한 모습으로 거처하였다. 당시에 귀하고 중요한 자리에 있는 사람들은 대부분 금법을 무릅써서, 진(秦, 甘肅省 甘穀縣)·농(隴, 陝西省 隴縣)지역에서 거목을 구입하여 개인 주택을 지었는데, 이수신(李守信)이 조령을 받아 나무를 구입하기에 이르게 되자, 관부의 전폐(錢幣)를 훔쳐서 손상시킨 것을 가지고 모두 스스로 황제 앞에서 아뢰게 되

---

63 《중국사력일화중서력일(中國史曆日和中西曆日)》에 의하면 이 해에 5월 1일은 갑인일이며 계축일은 갑인일 하루 전이므로 5월에는 계축일이 없다. 앞뒤의 사건으로 보아 이 사건이 5월에 일어난 것이 맞는다면 계해일일 가능성이 있으며 이날은 10일이다. 만약에 이 사건이 4월에 일어난 것이라면 4월 30일이다.

었다.

심의륜도 역시 일찍이 나무를 구입하여 어머니를 위하여 불사(佛舍, 절)를 지었으므로 이어서 그 일을 상주하였다. 황제가 웃으면서 심의륜에게 말하였다.

"너는 규정을 넘어 선 것이 아니다."

사는 집이 오히려 지붕을 잇지 못하는 것을 알게 되어 중사(中使)를 파견하여 설계도에 의거하여 공장(工匠) 5백 명을 감독하여 이를 처리하게 하였다. 심의륜이 사사롭게 사자(使者)에게 고하기를 좁게 만들기를 바랐다. 사자가 이를 보고하니 황제 역시 그의 뜻을 어기지 아니하였다.

25 경신일(7일)에 참지정사인 유희고(劉熙古, 903~976)가 호부상서로 치사(致仕, 벼슬을 그만 둠)하였다.

26 기사일(16일)에 교주(交州, 베트남지역)자사 정련(丁璉, ?~979)이 사자를 파견하여 공물을 들여왔는데 조서를 내려서 정련을 정해군절도사(靜海軍節度使)·안남도호(安南都護)·교지군왕(交趾郡王)으로 삼았다.[64]

---

64 월남의 정조(丁朝, Nhà Đinh)의 군주로 등극하기 전에 그의 아버지 정부령(丁部領, Đinh Bộ Lĩnh)과 함께 동시에 피살되었다. 보통 남월왕으로 불리는데, 정련의 월남 이름은 정광련(丁匡璉, Đinh Liễn)으로 월남정조의 개국황제인 정부령의 장자이다. 그 아버지와 함께 북송에 의하여 남월왕(南越王), 검교태사, 정해군절도사, 안남도호에 충임되었다. 정부령과 정련은 함께 12사군들과 권력 투쟁 중에 협동하여 함께 제업을 수행하기로 하고 승리한 뒤에 공동으로 통치하여 월남 역사에서 첫 번째 왕조를 세웠지만, 정씨 왕조는 10여

27   계해일(10일)에 요(遼)의 유열(裕悅, 于越)⁶⁵인 야율오진(耶律烏珍, 屋質, 915~973)⁶⁶이 죽었다. 야율오진은 간결하고 조용하며 그릇이 되었고, 식견이 있었는데 일을 급하게 만나게 되어도 이를 처리하는 것이 종용하여서 다른 사람이 헤아릴 수가 없었다.

애초에 야율호로(耶律魯呼)와 세종(世宗)이 나라를 두고 다투자 야율오진에 의지하여 그 사이에서 미루며 해결하는데 면전에서 야율호로의 죄를 헤아리니 드디어 군사를 풀었다.

야율찰극(耶律察克)이 세종을 시해하자 야율오진은 목종(穆宗)을 보호하여 어려움을 면하게 하고 여러 조정을 섬기면서 공로와 치적을 누차 드러났고 요나라에서는 의지하는 중신이었다. 죽으니 57세였는데, 요주(遼主)가 아프게 애도하며 3일 동안 조회를 거두었다.

28   신미일(18일)에 여진(女眞)이 요(遼)의 변경을 침범하여 요의 도감(都監)인 달리실(達里迭) 등을 죽이고 변경에 사는 백성과 소, 말을 노략질해서 몰고 갔다.

29   애초에 경성의 좌우군순원(左右軍巡院)⁶⁷이 조사하고 신문하는

년(968~980)만에 역사의 무대에서 퇴출되었다.

65 유열은 몽골어로 아륵달이(阿勒達爾)로 명예라는 뜻이다.

66 야율오진의 백부가 야율아보기(耶律阿保機)이다. 요 태종(太宗) 때에 거란 귀족들의 정교(政敎)사무를 담당하는 관직인 척은(惕隱)을 맡았으며, 세종 때에는 우월(于越)을 담당하였고, 목종 때에는 북원대왕(北院大王)을 맡았다.

67 경사와 그 배후의 풍화와 싸움, 도적과 형옥에 관한 업무를 맡았으며 이를 주관하는 관직은 좌우군순사(左右軍巡使)와 군순판관(軍巡判官)이다.

일을 관장하게하자, 개봉부(開封府)에서 예전에 아교(牙校, 하급군관) 가운데서 선발하여 그 업무를 관장하게 하였으며, 황제는 여러 옥사를 애달프고 불쌍히 여겨서 처음으로 조서를 내려서 사인(士人)으로 고쳐서 맡겼다.

30   6월 경인일(8일)에 여진이 그 재상으로 하여금 요에 조근(朝覲)하게 하였다.

31   신묘일(9일)에 경성에 있는 여러 관청의 관리 700명을 편전에서 만나보고 시험하였는데, 귀농(歸農)하도록 칙령(勅令)을 내린 사람이 400명이었다.

32   애초에 촉(蜀)에 사는 백성들이 내는 양세(兩稅)[68]는 모두 포백(布帛)으로 절환(折換)하여 충당하게 하였는데, 그 후에 시장에서의 값이 점점 더 높아졌지만 관부에서는 단지 옛 규정에 의하여 거두었다. 황제는 그것이 백성들을 해롭게 할 것을 염려하여 조서를 내렸다.
　"서천(西川)지역의 여러 주에서는 무릇 포백으로 절환하여 세금을 내는데, 아울러 시장가격에 준거하라."

---

68 여름과 가을 두 차례에 내는 조세를 말하며 당대 이후로 세금을 걷는 방식이다.

실각하는 조보

33　이에 앞서 지성주(知商州, 상주는 陝西省 商洛市)인 해서(奚嶼)가 재상의 뜻에 영합하고자 하여 사호참군(司戶參軍) 뇌덕양(雷德驤, 917 ~992)이 글을 써서 조정을 훼방하고 비난하였다고 상주하면서 뇌덕양을 묶어 가두고 구체적인 상황을 보고하였다. 황제는 그 죄를 용서하고 관적(官籍)에서 삭제하고 영무(靈武, 寧夏 靈武市 西南)로 귀양 보냈다.

뇌덕양의 아들 뇌유린(雷有鄰)은 속으로 조보(趙普, 재상)가 실제로 그를 밀어내어 배척한 것이라고 생각하고 밤낮으로 조보에게 보복할 것을 찾았다. 이에 조보의 당후관(堂後官)[69]인 호찬(胡贊)과 이가도(李可度)가 뇌물 받은 일을 들쳐 냈는데, 말을 하면서 비서승(秘書丞) 왕동(王洞)과 전에 섭상채주부(攝上蔡主簿, 상채는 河南省 駐馬店市 上蔡縣)

---

69 당후관은 송 초기에 중서성 5방당후관의 약칭이며, 태조시절에 당후관의 선발을 중시하였다. 오대시기에는 당후관은 이인(吏人)으로 충임하였었는데, 태조가 처음으로 사인(士人)으로 채용하였으며 후에 5품계로 확정되었으며, 업무와 권한이 자못 무거웠다. 당후관이라는 명칭이 생긴 것은 정사당(政事堂)의 뒤에서 업무를 처리하였기 때문에 생긴 것이며, 원풍(元豐) 연간에 이 명칭을 없앴다.

였던 유위(劉偉)와 유위의 형인 전의 진사(進士) 유선(劉佺), 아울러 정정승(宗正丞)인 조부(趙孚)에게 연결시키었다.

황제는 화가 나서 어사에게 모두 내려 보내어 옥에서 사실을 국문하게 하였는데, 처음으로 조보에게 의심하는 뜻을 갖고 있었다.

임인일(20일)에 참지정사(參知政事) 여여경(呂餘慶, 927~976)과 설거정(薛居正, 912~981)에게 조서를 내려서 도당(都堂, 정사당)에 올라와서 재상과 같이 정사를 논의하게 하였다. 계묘일(21일)에 유위는 연좌되어 기시되었고, 조부 등은 나란히 장형에 처하고 제명하도록 결정하였다. 호찬과 이가도는 이에 그 가재를 적몰하게 하였다. 뇌유린을 비서성 정자로 하고 그에게 후하게 하사하였다. 뇌유린은 이로부터 거듭하여 다른 사람의 그늘에 가려진 일을 상소하였는데 갑자기 병사하였다.

조보가 정치를 오로지 하였는데, 조정의 신하들 대부분이 이를 질투하였다. 황제는 처음으로 조빈(趙玭)의 고소를 듣고 조보를 축출하려고 하였지만, 그리하다가 중지하였다. 노다손(盧多遜, 934~985)이 한림원(翰林院)에 있게 되어 이로 인하여 불러서 마주하게 되자 자주 조보의 단점을 들어 헐뜯었으며, 또 조보가 일찍이 극지(隙地, 빈터)에 사사롭게 상식(尙食, 황제에게 올리는 식품)하는 소포(蔬圃, 채소밭)를 바꾸어 집을 넓혔고, 점포를 경영하여 백성들의 이익을 빼앗았다고 말하였다.

황제가 이방(李昉, 925~996)에게 이를 물었더니 이방이 말하였다.

"신의 직책은 조서를 쓰는 일을 맡은 것이니, 조보가 한 일은 신이 알수가 없습니다."

황제는 잠자코 있었다. 이숭거(李崇矩, 924~988)가 파직되면서부터[70]

---

70 이숭거가 파직된 일은 태조 개보 5년(임신, 972년)이며, 이에 관한 내용은 앞에

황제는 조보에게 조금 간격이 있었다가 조부(趙孚) 등이 죄에 저촉되고 나서 조보에 대한 은총이 더욱 쇠퇴하였다. 경술일(28일)에 다시 설거정과 여여경을 불러서 조보와 더불어 지인(知印)·압반(押班)·주사(奏事)[71]를 담당하게 하여 그 권한을 나누었다.

34 역주(易州, 河北省 易縣)자사 하유충(賀惟忠, ?~973)이 죽었다. 하유충은 성품이 강직하고 과단성이 있었으며 병법(兵法)을 훤히 이해하였다. 역주에 있으면서 정장(亭障, 보루)을 수리하고 사졸들을 어루만져서 그들의 마음을 얻었으며, 향하는 곳에서는 대적(對敵)할 사람이 없어서, 10여 년 동안 북쪽의 노략질을 없앴으니 변방에 사는 백성들이 그에게 의지하였다. 죽기에 이르자 황제는 아주 탄식하고 애도하여 바로 그 아들 하소도(賀昭度)를 등록하여 공봉관(供奉官)으로 삼았다.

35 이에 앞서서 여러 도의 주부(州府)에서 아교(牙校)를 임명하여 마보도우후(馬步都虞候)와 판관(判官)으로 삼아서 옥사(獄事)를 처리하게 하였는데, 대부분 그 적당함을 잃었다. 가을 7월 초하루 임자일에 조서를 내려서 이를 파직시키고 마보원(馬步院)을 고쳐서 사구원(司寇院)으로 하였으며 새로이 진사(進士), 구경(九經), 오경(五經)에 급제한 사람과 선인(選人)으로 자격과 순서에서 마땅한 사람으로 사구참군(司

실려 있다.

71 지인은 인장의 사용을 주관하는 일이고, 압반은 조회할 때에 참석자들을 이끄는 일이다. 당대(唐代)에는 조회에서 업무를 상주할 때에 감찰어사 2명이 압반하였는데, 송대(宋代)에는 참지정사와 재상이 날짜를 나누어 압반하고, 나머지 관원들은 반을 나누어 정사당에 올라가서 알현하였다.

寇參軍)으로 삼았다.

36   중서문하성에서 좌보궐(左補闕) 신중보(辛仲甫, 927~1000)를 의
표(擬標)하여 회남(淮南)전운사로 하였는데, 황제가 허락하지 않았다.
을해일(24일)에 삼사호부판관(三司戶部判官)으로 뽑아 제수하고 전
100만을 하사하였다.

   각고(榷酤, 전매)하는 주리(主吏)인 무희련(武希璉) 등 20여 무리는
세과(歲課) 30여만 민이 체납하게 되자 해마다 연이어〔체납자에게〕
착고를 채우고 가두어 자산(資産)을 고갈시켜도 상환(償還)할 수 없고
굶어 죽는 사람이 몇 명이었지만 몽둥이로 치면서 감독하는 것이 그치
지 아니하였다. 신중보는 이를 없애자고 상주하고 또 백관에게 녹봉을
주면서 절급(折給)하여 실제 가치로 계산하게 하였다.

37   경진일(29일)에 요(遼)에서는 보대군(保大軍, 陝西省 富縣)절도사
인 야율희달(耶律希達, 耶律奚底)을 중대성(中臺省)좌상으로 삼았다.

38   이달에 요주(遼主)가 연자성(燕子城)에 주필(駐蹕)하였다.

39   8월 을유일(4일)에 성도부의 위촉가장세(僞蜀嫁裝稅)[72]를 철폐
하였다.

---

72 촉지역에 있던 촉은 송에 항복하였는데, 송에서는 이 촉 왕조를 공식적인 왕
   조로 인정할 수 없어서 '가짜 촉 왕조'로 부른다. 촉시절에 그 영역인 성도에서
   는 혼수에 세금을 붙이도록 하였는데, 이 혼수에 붙이는 세금을 없앤 것이다.

40   초택(草澤, 농촌시골) 사람 왕덕방(王德方, 王澤方)이 황하를 수리하는 이로움과 해로움에 관하여 글을 올렸는데, 신묘일(10일)에 왕덕방에게 동학구(同學究) 출신[73]을 하사하였다.

41   갑진일(23일)에 좌복야 겸문하시랑 평장사인 조보를 파직시켜서 하양삼성(河陽三城, 河陽의 치소는 孟州, 河南孟縣)절도사·평장사로 삼았다.

조보는 홀로 재상노릇 한 것이 무릇 10년인데, 강직하고 굳세며 과단성이 있어서 천하의 일을 자기의 임무로 생각하였다.

일찍이 어떤 사람에게 어떤 관직을 제수하려고 하였는데, 황제가 채용하지 않았다. 다음 날 다시 이를 상주하였지만 또 채용하지 않았는데, 다음 날 다시 이를 상주하였다. 황제가 화가 나서 그 주문(奏文)을 찢어서 땅에 던져 버렸는데, 조보의 안색은 태연자약하였으며 서서히 주문을 수습하여 돌아갔다가 보수하여 꿰매어 다시 상주하는 것이 처음과 같았다. 황제가 깨닫고 끝내 그의 주문에 '가(可)'하다고 하였으며, 후에 과연 직책을 잘 수행하였다고 소문이 들렸다.

또 공로를 세워서 당연히 관직을 올려 주어야 할 사람이 있었는데, 황제는 평소에 그 사람을 싫어하여 주지 않았다. 조보가 힘껏 그에게 주기를 청하였더니 황제가 화가 나서 말하였다.

"짐이 관직을 올려주지 않겠다면 장차 어찌 할 것인가?"

조보가 말하였다.

---

73 당·송시대에는 과거 가운데 학구과가 있었다. 송대 학구과 고시에 합격한 사람의 하나 아래 등급을 동학구 출신이라고 불렀다.

"형벌을 주어서 악한 것을 징계하고, 상을 주어 공로 세운 것을 갚아줍니다. 형벌을 주고 상을 주는 것이란 천하 사람들의 형상(刑賞)이지 폐하의 형상이 아닙니다. 어찌 즐거워하고 화가 나는 것으로 이를 오로지 할 수 있습니까?"

황제가 듣지 않고 일어나니 조보가 그를 좇아갔다. 황제가 궁으로 들어가니 조보는 궁문에 서 있었는데, 오래 되어도 가지 않으니 황제는 끝내 그 요청을 좇았다.

어느 날 큰 연회를 베푸는데, 비가 갑자기 내리며 오래도록 그치지 않자 황제가 화가 난 것이 얼굴에 드러나니 좌우에 있던 사람들은 모두가 벌벌 떨며 두려워하였다. 조보가 이어서 말하였다.

"밖에 사는 백성들은 바로 비가 오기를 바라는데, 큰 연회를 베푸는데 무슨 손해란 말이요! 제공한 장막과 악인들의 의복을 적시는 것에 불과하지만 백성들이 비를 얻으니 각기 환영하고 기뻐하여 음악을 연주하는데 그때가 적당하니 빌건대 악관으로 하여금 바로 비 오는 가운데 연주하고 기예를 바치도록 하십시오."

황제는 크게 기뻐하며 연회를 마쳤다. 조보가 임기응변하는 것이 황제의 뜻을 바꿀 수 있는 것이 이와 같았다.

항상 커다란 질그릇으로 만든 항아리를 일을 보는 합문 안에 두고서 안팎의 표문(表文)과 소문(疏文) 가운데 조보의 뜻에 시행하고 싶지 않은 것은 반드시 이를 항아리 안에 던져넣었다가 쌓인 것을 묶어서 태워버리니 그 대부분 허물을 비방하는 것은 거의 이로 말미암았다.

조보가 진수 지역으로 나가서 편지를 올려서 스스로를 변명하여 말하였다.

"밖에 있는 사람들은 신(臣)이 황제의 동생이신 개봉윤을 가볍게 생각한다고 하는데, 황제의 동생께서는 충성스럽고 효성스러우며 덕을 온전히 가졌으니, 어찌 틈새를 가질 수 있겠습니까? 하물며 소헌황태후(昭憲皇太后, 902~961)가 크게 위독하실 적에 신이 실제로 고명을 들었는데, 신을 아는 사람은 군주이시니 원컨대 밝히 살펴 주십시오!"

황제가 그 편지를 봉함하여 이를 금궤(金匱)에 감추었다.

42　9월에 이부시랑 참지정사인 여여경이 질병으로 직위에서 풀어줄 것을 요구하였는데, 정묘일(17일)에 파직시켜 상서좌승으로 하였다. 여여경은 황제의 패부(霸府, 황제가 되기 전 藩部)에서부터 있던 으뜸가는 관료인데 조보·이처운이 모두 먼저 올라가 채용되었지만 여여경은 편안하여 마음에 두지 아니하였다.

이처운이 죄를 범했을 적에 여여경은 지강릉(知江陵)이었는데 조정으로 돌아오자 황제가 이처운의 일을 넌지시 물으니 여여경은 이치를 가지고 풀었으며 조보가 황제의 뜻을 거스르기에 이르자 좌우에서는 다투어 그를 넘어트리려고 하였지만 여여경만은 홀로 밝히 변명하여 황제의 뜻이 조금 풀렸으니, 당시에 어른스런 사람이라고 칭찬하였다.

43　기사일(19일)에 황제의 동생인 개봉윤 조광의(趙光義, 939~997)를 책봉하여 진왕(晉王)으로 삼았다. 산남서도(山南西道)절도사 조광미(趙光美, 947~984)를 영흥(永興)절도사 겸시중으로 삼고 황제의 아들인 귀주방어사(貴州防禦使) 조덕소(趙德昭, 951~979)[74]를 산남서도절

---

74 조덕소는 송 태조 조광윤의 둘째 아들로 어머니는 하(賀) 부인이다. 후에 조광윤의 동생이며, 조덕소의 삼촌인 조광의가 조광윤을 시해한 것으로 여기

도사·동평장사로 삼고, 이부시랑·참지정사인 설거정(薛居正)을 문하시랑으로 삼고, 추밀부사·호부시랑인 심의륜(沈義倫, 909~987)을 중서시랑으로 삼고 나란히 평상사로 하였으며, 한림학사·지제고인 노다손을 중서사인·참지정사로 하고, 좌교위(左驍衛)대장군 판삼사인 초소보(楚昭輔, 914~983)를 추밀부사로 삼았다.

임신일(22일)에 진왕 조광의에게 조서를 내렸는데, 반열이 재상의 위에 있게 하였다.

었는데, 조광의에게 압박을 받아 자살하였다. 사후에 오왕, 월왕, 연왕 등으로 추가 책봉되었다. 그 9세손이 송 이종(理宗)이고, 10세손이 도종(度宗)이며, 11세손이 유주(幼主)였으며, 한국의 백천(白川) 조씨는 조덕소를 시조로 하고 있다.

강남국에서 반우와 장계의 반목

44   강남국의 내사사인인 반우(潘佑, 938~973)가 일찍이 강남국주에게 말하였다.

"나라를 부유하게 하는 근본은 농업과 잠업을 두텁게 하는데 있습니다."

이를 이용하여 정전법(井田法)을 복구시키고 겸병(兼併)하는 것을 깊이 억제하여 가난한 사람의 전지(田地)를 산 것이 있으면 모두 그것을 돌려주게 하였다. 또《주례(周禮)》에 있는 소에 관한 장부를 만든 것에 의거하여 황무지를 다 개간하여 뽕나무를 심게 하고 위위경(衛尉卿)인 이평(李平)을 천거하여 판사농시(判司農寺)로 하였다.

강남국의 주군은 평소에 옛날의 치세를 사모하여 모두 이를 좇았다. 이평은 성공하는데 급급하여 시행하는데 점차적으로 하는 일이 없어서 사람들은 편하다고 생각하지 아니하니 강남국주 역시 중간에 후회하고 그를 파면하였다.

당시에 강남국의 형세는 날로 줄어들어 일을 맡아 하는 사람은 자리만 차지하고 하는 바가 없었으니, 반우가 화가 나서 상소문을 올려서 당시의 정사를 논하면서 대신들과 장상들을 두루 비난하였는데, 그 말씨가 아주 격렬하게 들추어냈지만 그러나 오직 이평만을 천거하여 판사회부사(判司會府事)[75]로 삼을 것을 요청하니 여러 사람들의 논의하는 것이 더욱 불평하였다.

반우는 일곱 차례 상소를 하면서 그치지 않았고, 또 시골집으로 돌아가게 해달라고 청하자 강남국주는 반우에게 명령하여 오직 국사(國史)를 편수하도록 명령하며 다른 직책을 모두 파직시켰다.

겨울 10월 임오일(2일)에 반우가 다시 상소문을 올려서 말하였다.

"신(臣)이 일전에 계속하여 표장을 올린 것이 무릇 수만 마디가 되는데 말을 끝까지 하고 이치가 다하여서 충성스러움과 사악함이 분명히 나누었습니다. 폐하께서는 힘써 간사한 것을 가리고 아첨하고 거짓 된 사람을 굽혀 용납하시어 드디어 국가로 하여금 고요하고 가라앉게 하니 마치 해가 곧 지는 것과 같습니다.

옛날에는 걸(桀)·주(紂)·손호(孫皓, 오의 말제)가 있어서 나라를 깨뜨리고 집안을 망하게 하였으니 죄얼(罪孽)이 자기로부터 만들어져서 오히려 천고의 웃음거리가 되었습니다.

지금 폐하께서는 뽑았다고 하면 간사한 사람이어서 국가를 썩고 혼란하게 하였으니 이는 폐하께서 군주가 되시었지만 걸·주·손호에도 아주 못 미칩니다. 신은 간신들과 섞여서 있을 수가 없으며 나라를 망치는 주군을 섬길 수가 없는데, 원컨대 죽음을 내려 주시어서 안팎에 사죄하게 해주길 원합니다."

---

75 강남국은 원래 남당이었는데 971년에 송에 대하여 칭신하면서 국호를 강남으로 바꾸었다. 이때에 조정의 조직도 송과 같은 명칭을 쓸 수 없다고 하여 정책 결정기구인 중서성을 좌내사부로 고치고 심의기관인 문하성을 우내사부로 하였으며 집행기관인 상서성을 사회부로 고쳤다.

강남국의 주군이 크게 화를 냈다.

반우는 예전부터 노장(老壯)을 좋아하였다. 이평은 젊어서 도사(道士)였는데, 그 설(說)을 익혀서 반우는 그와 더불어 잘 지냈다. 강남국의 주군은 반우가 광패(狂悖)하게 된 것은 이평으로부터 격발(激發)된 것으로 의심하였는데, 꺼리는 사람들은 이를 이용하여 간사하게 귀신에게 제사한 일로 중상하니 마침내 먼저 이평을 잡아서 대리옥(大理獄)에 내려 보내고 뒤에 가서 반우를 잡아들였다. 반우는 즉시 자살하고 어머니와 처자들은 요주(饒州, 江西行省 鄱陽縣)로 귀양 갔다. 이평 역시 감옥에서 목매어 죽었다.

강남국 주군은 얼마 후에 좌우에 있는 사람들에게 말하였다.

"내가 반우를 주살한 것은 부득이한 것이었다."

다음 해에 그 집안을 모두 용서하고 그들에게 늠급(廩給)을 주었다.

반우는 처음에 장계(張洎, 934~997)와 더불어 형식을 따지지 않으며 사귀었는데, 그 뒤에 모두 중서사인이 되고 조금씩 서로 맞서게 되어서, 반우가 일찍이 장계에게 회답하는 편지를 써서 말하였다.

"당당하구나! 장계여, 더불어 나란히 인(仁)을 실행하기 어렵구나!"

반우의 죽음에는 장계가 자못 힘을 썼다. 장계는 그때에 청휘전(淸暉殿) 학사였는데, 청휘전은 후원(後苑)에 있었고, 강남국 주군은 장계를 그 주위에서 멀리 있게 하고 싶지 않았으니 그러므로 이 직책을 준 것이다. 장계는 태자태부(太子太傅) 서요(徐遼)·태자태보(太子太保) 서유(徐游)와 더불어 별도로 징심당(澄心堂)에 거처하면서 비밀 계획을 하였으니, 중지(中旨)는 대부분 징심당에서 나왔으며, 서유의 조카 서원우(徐元楀) 등이 출입하면서 이를 선포하고 시행하였으니, 중서(中書)와 밀원(密院)은 마침내 한산한 곳처럼 되었다.

45   갑신일(4일)에 후주의 공제(恭帝)를 장사지냈는데, 조회에 나가지 않았다.[76]

46   정유일(17일)에 제명하였던 사람인 뇌덕양(雷德驤)[77]으로 비서 승을 삼았는데, 어사대삼원(御史臺三院)의 업무를 분판(分判)[78]하게 하였다.

47   요주(遼主)가 남경(南京)에 갔다.

48   애초에 좌장고사(左藏庫使)인 원성(元城, 河北 大名) 사람 전인랑(田仁朗, 930~989)이 환관의 참소를 받았는데, 황제가 화가 나서 즉각 전인랑을 불러서 면전에서 그를 힐문하였으며, 전문(殿門)에 이르자 관대(冠帶)를 벗게 명령하였다.

전인랑은 정신과 안색을 굽히지 않고 종용(從容, 당황하지 않고 진중하며 천천히 여유를 가지는 모습)히 말하였다.

"신은 일찍이 봉주로(鳳州路) 호채도감(壕寨都監)이었는데, 나무를 자르고 길을 내면서 대군을 좇아 촉(蜀)을 깨뜨렸지만 추호도 범접한 바가 없었던 것은 폐하께서 진실로 아시는 바입니다. 지금 금중(禁中)

---

76 후주의 공제가 죽은 것은 지난 3월 1일이었는데, 이때에 장사를 지냈으므로 7개월만의 일이었다.

77 뇌덕양은 지난 3월에 관적에서 삭제되어 귀양 갔었는데, 그 아들 뇌유린이 그 아버지를 위하여 조정의 부정을 조사하여 밝힌 바 있다.

78 어사대는 감찰기구로 어사대 밑에 대원(臺院), 전원(殿院), 찰원(察院) 등 셋을 두었다. 분판이란 업무를 나누어 판결하는 것을 말한다.

에서 고장(庫藏)을 주관하고 있는데, 어찌 다시 간악한 이익을 가지고 스스로를 더럽히겠습니까?"

황제는 노여움을 풀고 그의 관직을 정지시키는데 그쳤다. 을사일(25일)에 기용하여 각역사(権易使)[79]로 삼았다.

49　11월 초하루 신해일에 요(遼)에서는 처음으로 목종(穆宗)을 시해한 역당(逆黨)인 근시 소격(霄格)·화격(華格)·석곤(錫袞) 등을 붙잡아 함께 복주하였다. 요주가 도적을 토벌하면서 느슨하게 하자 논의하는 사람들이 이를 가볍게 생각하였다.

50　갑자일(14일)에 무령군(武寧軍, 강소성 북부)절도사 고계충(高繼沖, 943~973)이 죽었다. 고계충은 팽문(彭門, 서주)에서 10여 년간 진수하였는데, 은혜로운 정사를 베풀어서 백성들이 그곳에 남겨서 장사지내도록 청하였으나 황제가 허락하지 않았다.

51　12월 무술일(18일)에 북한(北漢)에서 기원(紀元)을 고치려고 하여 사자를 파견하여 요(遼)에 명령을 내려 주시기를 품의(稟議)하였다.

52　요주(遼主)가 귀화주(歸化州, 河北省 張家口市)에 갔다.

53　소부감(少府監)으로 치사(致仕)한 노억(盧億)은 높은 지식을 가졌

---

79 각역원의 책임자를 말한다. 송대에는 중앙에 각역원을 설치하고 전국의 대외 무역을 주관하게 하였다.

고, 그 아들인 노다손(盧多遜)이 하는 짓을 싫어하여 일찍이 말하였다.

"조보는 원훈(元勳)인데, 어린 아들 놈이 그를 헐뜯었으니 그 화가 반드시 나에게 미칠 것이다. 내가 일찍 죽을 수 있어서 그가 실패하는 것을 보게 되지 않았으면 다행이겠다."

경자일(20일)에 노억이 걱정하다 죽었다. 병오일(26일)에 노다손이 기복(起復)[80]되었다.

54 여진(女眞)에서 사자를 파견하여 말을 공납(貢納)하였다.

55 참지정사 노다손·지제고(知制誥) 호몽(扈蒙, 915~986)·장담(張澹, 919~974)에게 명령을 내려서 현재 시행하고 있는《장정·순자격(長定·循資格)》과 일반적으로 내리는 제서(制書)를 가지고 어긋나고 다른 것을 상고하여 정하고 중복되는 것을 잘라 없애며 빠지고 누락된 것을 보충하여《장정격(長定格)》3권,《순자격(循資格)》1권,《제칙(制敕)》1권 그리고《기청조(起請條)》1권을 만들게 하였는데,[81] 책이 완성되자 이를 올렸다. 반포하여 영구적인 격식으로 하니 이로부터 전선(銓選)과 주수(注授)하는 것이 더욱 조리가 있었다.

---

80 관리가 부모상을 당하여 복상기간 중에는 다시 관직을 맡지 않았지만 복상기간이 만료하기 전에 제왕의 부름을 받고 다시 관직을 맡는 것을 말한다. 처음에는 전쟁 등 국가가 위기를 당했을 경우에 한정하였으나, 후에는 평시에도 기복하는 경우가 있었다.

81 《장정격》은 관부조직에 관한 규정이고《순자격》은 관리의 임용과 승진에 관한 규정이며,《제칙》은 제서와 칙령을 내리는 규칙이고, 기청은 안건을 기안하여 요청하는 격식을 말한다.

56 처음으로 《개보통례(開寶通禮)》[82]를 시행하였다.

57 북한의 성덕(成德, 하북)절도사 태사 겸 중서령인 유계옹(劉繼顒, ?~973)이 사문(沙門, 승려)의 지위에서 장상(將相)을 겸하자 자못 당시의 평론에서 깎아내리니 자주 표문을 올려서 파직(罷職)시켜 주기를 요구하였지만 허락하지 않았다. 이 해에 유계옹이 죽으니 추가로 책봉하여 정왕(定王)으로 하였다.

애초에 북한의 주군은 대내도순검(大內都巡檢)이었는데, 효화제(孝和帝)[83]는 그가 어리고 나약하여서 유계흠(劉繼欽, ?~973)에게 명령하여 그를 돕게 하고 금위(禁衛)의 일을 맡겼다. 북한의 주군[84]이 서자 유계흠은 시기 받는 것을 두려워하여 병들었다고 사죄하면서 파직시켜 주기를 청하였다.

북한의 주군이 말하였다.

"유계흠은 다만 먼저 돌아가신 황제를 섬기었는데, 어찌 나를 위하여 힘을 다하지 않는 것인가?"

마침내 내쫓아 교성(交城, 山西省 呂梁市)에 거처하게 하면서 원침

---

82 송대에 유온수(劉溫叟) 등이 편찬한 것으로 개보 연간에 유온수와 이진(李積), 노다손, 호몽(扈蒙), 양소검(楊昭儉), 가황중(賈黄中), 화현(和峴), 진악(陳諤) 등이 《개원례(開元禮)》를 참작하여 만든 것이다.

83 북한의 예종(睿宗) 효화제 유균(劉鈞, 926~968)은 원래의 이름이 유승균으로 유민의 둘째 아들이다.

84 유계은을 말한다. 북한의 효화황제(孝和皇帝) 유균(劉鈞, 926~968)은 954년부터 968년까지 재위하였고 뒤를 이은 유주 유계은(劉繼恩, ?~968)은 968년에 즉위하였다가 후주 유계원(劉繼元, ?~992)에게 자리를 빼앗겼으며 유계원은 968년부터 979년까지 재위하였다.

(園寢)을 받들게 하고 얼마 후에 사람을 파견하여 그를 죽였다.

이로 말미암아 옛날 신하들은 대부분 참소를 받아 살해되었고, 사람들의 마음은 양다리 걸치기를 하니 불러 들였던 토욕혼(土谷渾)의 군사들이 모두 붙지 아니하였다.

태조 개보 7년(갑술, 974년)[85]

1   봄, 정월 갑술일(25일)에 양주(揚州, 강소성)·초주(楚州, 강소성 淮安) 등의 주의 기근에 진휼(賑恤)하였다.

2   계미일[86]에 요주(遼主)가 남경(南京)에 갔다.

3   이달에 북한(北漢)에서는 기원을 광운(廣運)으로 고쳤다.[87]

---

85 요 경종 보령 6년이다.

86 갑술년(974년) 정월 1일이 경술일이므로 정월 중에는 계미일이 없다. 계미일이 정확한 것이라면 이날은 2월 4일이고, 이 사건이 1월 중에 일어난 것이라면 갑술일(25일)이 지나서 2월 1일인 경진일까지는 을해, 병자, 정축, 무인, 기묘일 밖에 없으므로 추정하기 어렵다.

87 지난해 12월 18일에 북한(北漢)에서 기원(紀元)을 고치겠다고 요에 품의한 일이 있는데, 이때에 허락을 받아서 기원을 고친 것이다. 그러나 이론도 많다. 《오대사기》에는 '효화(孝和)가 천회 12년에 죽고 영무제(英武帝)가 자리를 이어받아서 바로 기원을 광원으로 고쳤다.'라고 하였고, 《요사》에는 응력 5년(955년)에 한(漢)에서 기원을 고친다고 사자를 파견하였다고 하였으니 기원을 고친 것은 이 해이어야한다. 또 《십국춘추》에는 유계옹의 비문을 인용하였는데 마지막에 서명하면서 광운 원년 세차 갑술이라고 하였다. 이외에 여러

4   2월 초하루 경진일에 일식이 있었다.

5   황제는 애초에 황제의 자리에 나가면서 밖의 일을 두루 알려고 하
여 군교(軍校)인 사규(史珪)로 하여금 널리 묻게 하였다. 사규가 몇 가
지 일을 대략 찾아내서 황제에게 아뢰었는데, 조사해 보니 모두 사실이
어서 이로부터 그를 믿었고, 여러 차례 승진시켜서 마군도군두(馬軍都
軍頭)[88]가 되어 의주(毅州, 山西省 神池縣)자사의 업무를 관장[89]하게
하였고, 점차로 방자하게 위복(威福)을 만들며 휘둘렀다.

 당시에 덕주(德州, 산동 덕주)자사인 곽귀(郭貴)는 권지형주(權知邢
州, 형주는 河北省 邢台市)였고, 국자감승(國子監丞)인 양몽승(梁夢昇)
은 지덕주(知德州)였다.[90] 곽귀의 종족과 친한 관리는 덕주에 있으면
서 자못 간사한 이익을 취하였는데 양몽승이 법으로 가지고 그들을 옭
아맸다.

 곽귀는 평소에 사규와 잘 지내는 처지여서 친하고 믿는 사람을 파견
하여 도성에 가게 하여 그 일을 사규에게 알리면서 양몽승을 제거하려

───────

  설이 있지만 《십국춘추》가 가장 1차 자료를 인용하였다는 점에서 이 논거를
  따른 것이다.

88 송대에는 군두사(軍頭司)와 인견사(引見司)를 두었는데, 군두사는 숭배(崇拜)
  와 공봉(供奉) 그리고 여러 주의 주박(駐泊)과 포착(捕捉)의 업무를 관장하였
  다. 인견사는 군두의 명적과 제군의 검열, 인견의 업무를 맡았다. 군두에는 마
  보군도군두, 부도군두, 마군도군두, 부도군두, 보군도군두, 부도군두가 있었다.

89 영직(領職)이다. 겸직을 하면서 해당 관부에 직접 가지 아니하고 멀리 떨어져
  있으면서 업무를 관장하는 관리 임용방법이다.

90 양몽승의 직위는 본직이 국자감승이고 칙지(勅旨)로 지덕주를 맡은 것이다.
  이미 덕주에는 자사가 있는데, 지덕주를 칙임한 것이다.

고 도모하려하였는데, 사규는 모두 종이에 기록하였다가 곧 틈을 보아 편한 대로 이를 말하려 하였다.

갑신일(5일)에 황제는 종용히 말하였다.

"근래에 안팎으로 일을 맡은 사람은 모두 그 적당한 사람을 얻었다."

사규가 말하였다.

"오늘날의 문신은 반드시 모두 훌륭한 것은 아닙니다."

이에 품속에서 기록한 것을 찾아서 올리며 말하였다.

"다만 예컨대 양몽승은 권지덕주인데 자사인 곽귀를 속이고 멸시하여 거의 죽기에 이르렀습니다."

황제가 말하였다.

"이는 반드시 자사가 한 일이 불법이었을 것이다. 양몽승은 진정으로 깨끗하고 강한 관리이다."

기록한 종이를 가져다가 한 명의 황문령(黃門令)을 불러서 중서에 가져가게 하고 말하였다.

"바로 양몽승을 찬선대부(贊善大夫)로 삼으라."

이미 떠났는데, 또 불러 돌아오게 하고 말하였다.

"찬선대부를 주고 여전히 지덕주로 하라."[91]

사규가 감히 말을 하지 못하였다.

---

91 자사는 종5품이고 찬선대부는 정5품이다. 양몽승은 도리어 한 등급 승급한 것이다.

강남국 정벌을 준비한 송 태조

6   임진일(13일)에 경주(慶州, 甘肅省 慶陽市)자사인 요내빈(姚內斌, 911~974)이 죽었는데, 중사(中使)를 파견하여 호상(護喪)하여 낙양으로 돌아가 장사지내게 하였다. 요내빈은 경주에 10년을 넘게 있었는데, 변방에 사는 사람들이 두려워하며 복종하였으며, 눈으로는 요대충(姚大蟲)으로 보고 말로는 그가 울부짖는 용기가 호랑이 같다고 하였다.[92]

7   계사일(14일)에 각장사(榷場使)[93]인 전인랑(田仁朗, 930~989)을 권지경주(權知慶州)로 하였다.

---

92 요내빈에 대한 사람들의 태도로 표현한 것이다. 눈으로 볼 때는 마치 요씨를 가진 '큰 벌레' 같이 생각하였지만, 겉으로는 호랑이 같다고 칭찬했다는 것이다.

93 각장(榷場)이란 송(宋)·요(遼)·금(金)·원(元) 왕조시대에 변경에 설립한 상호무역을 하는 시장이며, 여러 종족들이 여기에서 무역할 수 있었는데, 그 관리 책임자가 각장사이다.

8 3월에 사자(使者)를 파견하여 요(遼)에 보냈었는데, 요의 사자 인 탁주(涿州, 河北省 保定市)자사 야율창주(耶律昌珠, 耶律昌朮, 929? ~979)가 시중(侍中)의 직함을 덧붙여가지고 와서 빙문(聘問)하며 강화 (講和)하였다.

9 여름 4월 병오일(28일)에 좌보궐(左補闕)인 남피(南皮, 河北省 滄州市) 사람 가황중(賈黃中, 940~996)에게 명령하여 광남(廣南, 雲南省 文山州)의 민전(民田)을 검사하고 시찰하게 하였다. 가황중은 청렴하고 곧으며 공평하고 편하여 멀리 있는 사람들이 그를 편하게 생각하였다. 돌아와서 이로운 것과 해로운 것 10여 가지를 상주하였는데 모두 황제의 뜻에 맞았다.

10 요의 야율희곤(耶律喜袞, 耶律喜隱)이 스스로 고쳐 책봉하여 송왕 (宋王)이 되어 뜻을 얻어서 교만하게 되었고, 요의 주군이 그를 불렀는데, 때맞추어 도착하지 아니하자, 화가 나서 그에게 채찍질을 하였다.
  이로부터 분하여 원한을 가지고 반란할 것으로 모의하다가 합문사 (閤門使)인 작고(酌古)의 아들인 해리(海里)에게 고발되니 야율희곤은 걸려들어 폐출(廢黜)되었다. 작고에게는 검교태위(檢校太尉) 겸어사대부를 덧붙여 주고 해리는 요수농주(遙授隴州, 농주는 陝西省 隴縣)[94]방어사로 하였다.

---

94 요수란 관직을 임용하는 방식의 하나로 관함을 주면서 부임지에 갈 필요가 없도록 하는 것이다.

11   5월 초하루 무신일에 전중시어사(殿中侍御史)인 이형(李瑩)이 강남국의 궤유(饋遺, 대접)을 받은 것에 걸려들어 책임을 지고 좌찬선대부(左贊善大夫)를 주었다.[95]

12   감찰어사(監察御史)인 유반(劉蟠)이 조서를 받고 여주(盧州, 安徽省 合肥市)·서주(舒州, 安徽省 潛山縣) 등의 주(州)에서 차(茶)에 관한 일을 순시하였다. 유반이 여윈 말을 타고 거짓으로 상인이라 하면서 민가에 가서 구매(購買)하려 하니 민가에서는 의심하지 아니하고 차(茶)를 꺼내어 그에게 주었는데, 바로 법으로 잡아들였다.[96] 임술일(15일)에 유반에게 명령하여 동지회남제주전운사(同知淮南諸州轉運事)로 하였다.

13   강남국의 주군은 천성적으로 우애가 있어서 동생인 이종선(李從善)이 잡혀 머물러 있게 되자[97] 슬퍼하고 연모하는 것이 그치지 아니하여 세시(歲時)로 거행하는 연회를 모두 철폐하고 《각등고문(却登高

95 송대의 전중시어사는 백관들이 조회에 참석하여서 의례를 잃는 일을 찾아내어 규찰하는 직책이었는데, 좌찬선대부로 좌천된 것이다.

96 이때에 차(茶)는 전매품이어서 사사롭게 팔 수 없었다. 차를 전매하기 시작한 것은 당대였다. 그러나 그때에는 고급 소비품이어서 이를 즐기는 사람이 많지 않았기 때문에 수입이 많지 않았고, 가장 많다고 하여도 40만 관(貫)을 넘지 아니하였다. 송대에 이르러서 보통 백성들의 집에서 일상적으로 차를 마시기 시작하니 차의 전매가 정부의 중요한 재원이 되었다.

97 태조 개보 5년(972년)에 강남국의 이종선이 진봉사로 송에 들어오자, 송에서는 윤2월 계사일(3일)에 이종선을 태령(泰寧)절도사로 삼고 경사(京師)에 집을 하사하여 송에 머물게 하였다

文)》⁹⁸을 써서 뜻을 보였다.

이에 상주(常州, 강소성)자사 육소부(陸昭符)를 파견하여 들어와 진공하면서 손수 쓴 소문(疏文)을 받들어 가지고 이종선을 귀국하게 해달라고 요구하였으나 황제는 허락하지 않고 그 소문을 내어 이종선에게 보여주며 그를 위로하며 어루만져 주었다.

6월 갑신일(7일)에 이종선의 장서기인 강직목(江直木)을 사문원외랑(司門員外郞)·통판연주(通判袞州)로 삼고 보좌하는 관료 모두에게 은전(恩典)을 미루어 주었다. 또 이종선의 어머니 능씨(凌氏)를 책봉하여 오국태부인(吳國太夫人)으로 하였다.

육소부는 강남국에 있으면서 장계와 틈이 생기니 황제는 이를 먼저 알고 이어서 종용히 육소부에게 말하였다.

"너의 나라 권력을 농단하는 사람인 울대뼈[結喉]가 나온 어린아이 장계(張洎)는 어찌하여 사자(使者)로 들어오지 않는가? 네가 돌아가거든 한번 오라고 타일러라. 짐이 그를 보고자 한다."

육소부는 두려워하여 드디어 감히 돌아가지 아니하였다.

14   가을 7월 경신일(14일)에 요주(遼主)가 평지에 있는 소나무 숲에서 사냥을 하였다.

15   노다손이 이미 돌아오고 나자 강남의 주군은 황제가 남쪽을 정벌하겠다는 뜻을 가진 것을 알고 사자를 파견하여 책봉(冊封)받기를 원

---

98 강남국의 후주인 이욱은 동생 이종선이 송에서 돌아오지 못하자 사장(詞章)을 지었다.

하였으나 황제는 허락하지 않고 이에 다시 합문사(閤門使) 양형(梁逈, 928~986)을 파견하여 사자로 가게 하였다.

양형이 종용히 강남국의 주군에게 물었다.

"조정에서 지금 시료(柴燎)의 예(禮)를 거행하는데, 나라의 주군께서는 어찌 제사지내는 일을 돕지 않으십니까?"[99]

강남국의 주군은 '에에' 하면서 대답하지 아니하였다. 양형이 돌아오자 황제는 비로소 이를 칠 것을 결심하였다.

16 애초에 강남국 출신인 번약수(樊若水, 943~994)는 진사시험에 합격하지 아니하였는데, 편지를 올려서 정사(政事)에 관하여 말하였지만 회보하지 아니하니 드디어 북쪽에 있는 송으로 귀부하기를 꾀하였다.

먼저 채석강(采石江)[100]에서 물고기를 낚시질 하면서 작은 배에 실로 된 밧줄을 남쪽 언덕에 매어놓고 빠르게 노를 저어 북쪽 언덕에 다다라서 강폭의 넓고 좁은 것을 헤아렸는데, 무릇 수십 번 왕복하면서 길이의 숫자를 알아내고서 드디어 궁궐[송의 궁궐]에 도착하여 스스로 강남국을 빼앗을 계책이 있다고 말하였다.

황제가 학사원(學士院)[101]에 보내어 시험을 보게 하고 급제를 하사

---

99 시료의 예란 들에서 불을 놓아 하늘에 제사를 올리는 의식인데, 송에서 이 의식을 거행하니 강남국의 주군에게 그 의식에 참여하라는 말이다. 이는 강남주군에게 송에 직접 가라는 말이다.

100 채석강은 안휘성의 마안시 서부에 있는 장강에 지류이다.

101 관청의 이름이다. 당나라 초기에는 유학자들에게 항상 조령을 기초하도록 하였지만 명칭이 없었는데, 당 현종 때에 한림대조(翰林待詔)를 두어 표문과 소문에 비답을 하는 일을 하게 하였고, 후에 한림학사를 두고 학사원을 세웠

하여 서주단련추관(舒州團練推官)을 시켜 주었다. 번약수는 황제에게 계문을 올려서 노모와 친척들이 모두 강남국에 있어서 이욱에게 해를 입을까 두려우니 영접하여 치소(治所)에 오게 하기를 원하였다.

황제가 즉시 강남국주에게 호송하도록 조서를 내리니 강남국의 주군이 명령을 들었고, 무진일(22일)에 번약수에게 조서를 내려서 찬선대부로 삼고 또 사자를 파견하여 형주(荊州)와 호주(湖州)에 가게 하여 번약수의 계책대로 큰 배와 황흑용선(黃黑龍船) 수천 척을 만들었다.

17   기사일(23일)에 창덕(彰德, 河南省 安陽市)절도사 한중빈(韓重贇, ? ~974)이 죽었다. 한중빈은 상주(相州, 안양시)에 있었는데, 매일 부민(部民)들에게 나무를 채벌하여 불교사원을 만들게 하니 사람들은 모두 이를 고생스러워했다.

18   요(遼)의 군기고부사(軍器庫副使)인 석중영(石重榮)·동두공봉관(東頭供奉官)[102]인 유종(劉琮)이 와서 항복하였다. 8월 초하루 병자일에 석중영을 다주고부사(茶酒庫副使)로 삼고, 유종은 서두공봉관(西頭

―――――――

다. 여기서 장상에 대한 임면을 기초하고 기밀에 관한 조령을 기초하여 황제의 고문 역할을 하여 '내상(內相)'으로 불렸으며 송대에 이르러서는 한림학사원을 두었는데 지위는 당대와 비슷하지만 궁금(宮禁)에 두어서 황제와 가까이 있었기에 옥당(玉堂), 옥서(玉署)로도 불렸다.

102 공봉관이란 당대에 중서성과 문하성의 관원, 그리고 어사대의 관원을 때로 공봉관이라 불렀다. 중서성과 문하성에서는 시중과 중서령 이하는 모두 공봉관으로 하였는데, 공봉관에는 동서두공봉관의 구별이 있어서 관원들이 조근할 때에 동서로 줄을 서서 마주서게 되는데 마치 눈썹이 양쪽에 있는 모습과 같다고 하여 아미반(蛾眉班)이라고도 하였다.

供奉官)으로 삼았다.

19   이보다 먼저 오월왕(吳越王)인 전숙(錢俶, 929~988)이 원수부(元帥府)의 판관인 황이간(黃夷簡, 935~1011)을 파견하여 들어와서 진공하였는데, 황제가 그에게 말하였다.

"너는 돌아가서 원수(元帥)에게 말하는데, 마땅히 갑병(甲兵)을 훈련시켰다가 강남국이 고집이 세고 강하게 조현하지 않아서 내가 장차 군사를 발동하여 그를 토벌하려고 하니 원수는 마땅히 나를 도와야 하고, 다른 사람의 말에 현혹되지 말라고 하라."

황제는 또 유사에게 명령을 내려서 훈풍문(薰風門) 밖에 큰 집을 짓는데 몇 개의 방(坊)에 걸쳐 있게 하고 집은 크고 화려하며 각종 기물들을 갖추어 놓았는데 모두 갖추지 않은 것이 없었다. 이에 오월의 진봉사인 전문지(錢文贄)를 불러서 그에게 말하였다.

"짐은 몇 년 전에 학사승지인 도곡(陶穀, 904~971)으로 하여금 조서를 기초하게 하였고 성의 남쪽 근처에 이궁을 세우게 하였는데, 지금 예현택(禮賢宅)이라는 이름을 하사하고 이욱(李煜, 강남국 주군)과 너의 주군을 기다리니 먼저 와서 조회하는 사람에게 이를 하사할 것이다."

또 기초한 조서를 전문지에게 보여주고 드디어 전문지를 파견하여 전숙에게 양과 말을 하사하며 전숙에게 뜻을 유시하였다.

무인일(3일)에 전숙이 그의 행군사마인 손승우(孫承祐)를 파견하여 들어와서 진공하였다. 정해일(12일)에 돌아가려고 인사를 하는데 황상은 전숙에게 후하게 기물과 전폐(錢弊)를 하사하고 또 비밀리에 군사를 출동시킬 기일을 알려 주었다.

손승우는 전숙의 처남이었는데 비(妃) 때문에 귀하게 되고 가까이서 용사하며 그 나라의 정사를 오로지 하였으니, 당시에 그를 '손총감(孫總監)'이라고 한 것은 그가 관장하지 않는 것을 없다는 것을 말한 것이다.

20 갑오일(19일)에 충무(忠武, 河南省 中部)절도사·동평장사·낭야군왕(琅琊郡王)인 왕심기(王審琦, 925~974)가 죽었는데 시호를 정의(正懿)라고 하였다.✱

송기8

통일작업과 조광윤의 죽음

강남국 정벌에 나선 송 태조

태조 개보 7년(갑술, 974년)[1]

1   9월 기해일(18일) 영주(潁州, 安徽省 阜陽市)단련사 조한(曹翰, 924~992)에게 명령을 내려서 병사를 관장하여 먼저 형남(荊南)으로 가게 하였다. 병인일(21일)에 다시 선휘남원사(宣徽南院使)인 조빈(曹彬, 931~999)·시위마군도우후(侍衛馬軍都虞候)인 낙양 사람 이한경(李漢瓊, 927~981)과 판사방관사(判四方館事) 전흠조(田欽祚) 등에게 명령을 내려서 함께 군사를 관장하여 그를 잇게 하였다.

  황제가 이미 여러 장수를 나누어 파견하였지만 그러나 아직은 군사를 내 보낸다는 명목을 쓰지는 아니하면서 먼저 사자를 파견하여 이욱(李煜, 937~978)[2]을 불러 입조하게 하려고 하여 여러 신하 가운데 보

---

1 이 해는 요 경종 보령 6년이다. 《속자치통감》 권8에는 개보 7년 9월부터 개보 9년(976년) 11월까지의 사건을 기록하였다.

2 이욱은 오대십국시절 남당이었던 강남국의 후주(後主)로 강남국의 마지막 군주이다. 이욱은 강남국이 멸망한 뒤에 포로가 되었지만 역사상 으뜸가는 사인(詞人)으로 꼽히어서 사성으로 불리며 그의 작품은 역사에 길이 유전되

널만한 사람을 선택하는데, 좌습유(左拾遺)·지제고(知制誥)인 개봉(開封) 사람 이목(李穆)을 강남국에 사자로 보냈다. 이목이 도착하여 황제의 뜻을 유시하니 강남국의 주군이 이를 좇으려 하였다.

광정사(光政使)·문하시랑인(門下侍郞)인 진교(陳喬)가 말하였다.

"신은 폐하와 함께 원종(元宗)[3]의 고명을 받았는데, 이제 가면 반드시 머무는 일이 나타날 것인데 그러면 사직을 어찌합니까? 신은 비록 죽는다고 하여도 구천에서 원종을 뵐 수 없을 것입니다."

장계(張洎, 934~997) 역시 강남국의 주군에게 입조하지 말 것을 권고하니, 강남국의 주군은 드디어 아프다는 말을 하면서 굳게 사양하였으며, 또 말하였다.

"삼가 대국을 섬기는 것은 어찌 모든 것이 잘 넘어가는 은혜를 베풀어 주기를 바라는 것이 아니겠습니까? 지금 이와 같이 한다면 죽음이 있을 뿐입니다."

이목이 말하였다.

"조현할 것인지 말 것인지는 강남국의 주군께서 스스로 처리하실 일이지만 그러나 조정의 갑병은 아주 날카롭고 물자와 힘이 크고 많아서 아마도 그 칼끝을 감당하기가 쉽지 않을 것이니 의당 깊이 계산하시어

었다. 그의 자는 중광(重光)이고 호(號)는 종산은사(鍾山隱士)·종봉은자(鍾峰隱者)·백련거사(白蓮居士) 등으로 불린다.

3 남당의 군주로 이름은 이경(李璟, 916~961)이다. 원래는 서경통(徐景通)으로 불리었으나 남당을 건립한 뒤에 원래의 성인 이(李)씨를 회복하였고, 후주에 칭신하면 후주의 신조(信祖)를 피휘하여 이름을 경(景)으로 바꾸었다. 남당 열조(烈祖) 이변(李昪)의 장자로 남당의 2대 군주가 되었다. 이경은 글씨를 잘 쓴 것으로 유명하며 사(詞)에서도 명성을 떨쳤다.

서 후회를 하는 일이 없애십시오."

　사자가 돌아와서 그 상황을 갖추어 말하자 황제는 유시한 바가 절실하였으며, 강남국에서도 역시 이목이 말한 것이 속이는 것이 아니라고 생각하였다.

　이날 또 산남동도(山南東道)절도사 반미(潘美, 925~991)·시위보병도우후(侍衛步軍都虞候) 유우(劉遇, 920~985)·동상합문사(東上閤門使) 양형(梁迥) 등에게 함께 군사를 거느리고 형남(荊南)으로 가라고 명령하였다.

2　겨울, 10월 초하루 을해일에 요주(遼主)가 상경(上京)으로 돌아갔다.

3　갑신일(10일)에 황제가 영춘원(迎春苑)에 행차하여 변수(汴水)의 둑에 올라서 전함(戰艦)을 출발시켜 동쪽으로 내려가게 하였다. 병술일(12일)에 동수문(東水門)에 행차하여 전도(戰櫂)⁴를 출발시켜서 동쪽으로 내려가게 하였다.

4　강남국의 주군은 다시 그의 동생 이종일(李從鎰)·수부낭중(水部郎中) 공신수(龔愼修)를 파견하여 많은 폐물을 가지고 들어와서 진공(進貢)하였고 또 매연(買宴)⁵하였지만 황제는 모두 그들을 머물게 하

4　작전(作戰)에 사용하는 배이다.
5　신하로서 군왕이 베푸는 연회에 전(錢)이나 재물을 헌상하는 것을 말한다. 말하자면 군주가 여는 연회의 비용을 전부 부담하는 것이다.

였으며 회보하지 않았다.

5   조빈과 여러 장수들이 들어가서 인사를 하는데 황제는 조빈에게 말하였다.

"남방(南方, 강남국)에 관한 일을 한 가지로 경에게 위임하는데, 절대로 산 백성들을 포악하게 노략질하지 말라. 힘써 위엄과 신망을 넓히고 스스로 귀순하게 하며 급히 공격하지 말라."

또 칼집에 넣은 칼을 조빈에게 주면서 말하였다.

"부장(副將) 이하로 명령을 따르지 않는 사람은 목을 베라."

반미 등은 모두 안색이 변하였다.

왕전빈(王全斌, 908~976)이 촉을 평정하면서 사람을 많이 죽이고나서부터 황제는 매번 이를 한스럽게 생각하였고, 조빈은 성품이 어질고 두터웠으니, 그런고로 전적으로 맡긴 것이다.

6   정유일(23일)에 오월왕인 전숙(錢俶)을 승주동남면행영초무제치사(升州東南面行營招撫制置使, 승주는 남경)[6]로 삼고 이어서 전마(戰馬)

---

6   제치사(制置使)는 관직명으로 당 대중(大中) 5년(851년)에 처음으로 대신에게 초토당항행영도통제치사(招討党項行營都統制置使)를 두면서 시작되었다. 이 관직은 당항을 토벌하기 위하여 임시로 출동한 군영에 관한 통제와 조치를 할 수 있도록 하려고 설치한 것이다. 그러므로 이 관직은 임시성이며, 전쟁을 효율적으로 수행하기 위한 조치였다. 그리하여 당대 후기에는 군사행동을 하기 전과 후에 한 지역의 질서를 장악하기 위하여 설치하였던 것이다.
송대에 와서는 일상적으로 두지는 아니하였지만 두는 경우에는 변방의 군사적인 업무를 계획하는 일을 관장하였다. 그리하여 변방에 군사적인 문제가 있을 때에 임시적으로 군사(軍事)통수(統帥)로 삼은 것이니 북한을 멸망시킬 때에 반미에게 북로도초토제치사(北路都招討制置使)를 맡긴 것이 처음이었

200필을 하사하였으며, 객성사(客省使) 정덕유(丁德裕)를 파견하여 금병인 보기 1천 명을 가지고 전숙의 선봉이 되게 하였고 또 그 군사를 감독하게 하였다.

7   을해일(25일)[7]에 조빈(曹彬) 등이 기양(蘄陽)[8]에서 강을 건너 협구채(峽口寨)를 격파하고 수비하는 병졸 800명을 죽이고 산채로 270명을 붙잡았으며, 지주(池州)[9] 아교(牙校, 하급무관)인 왕인진(王仁震)·왕연(王晏)·전홍(錢興) 등 3인을 붙잡았다.

갑진일(30일)에 조빈을 승주서남면행영마보군전도도부서(升州西南面行營馬步軍戰權都部署)로 삼고 반미를 도감(都監)으로 하며 조한을 선봉(先鋒)도지휘사로 하였다.

애초에 송(宋)의 군사가 곧바로 지주로 나아가자, 강에 이어져 둔수(屯戌)하는 병사들은 모두 매해 조정에서 파견한 순행병(巡行兵)으로 생각하고, 모두가 성벽을 닫고 스스로 수비하면서 사자를 파견하여 소고기와 술을 받들어가지고 와서 호사(犒師)[10]하였는데, 조금 있다가

다. 이 경우에는 오월왕을 동원하여 강남국을 치게 하려는 조치였다.

7 이 해의 10월 1일이 을해일이므로 이 사건이 10월 1일에 일어난 것으로 볼 수도 있으나, 기록된 앞뒤의 정황으로 보아 10월 1일 이후의 사건이라야 맞다. 그래서 을(乙)을 기(己)로 교정해 두었으므로 기해(己亥)가 맞는 것으로 보아야 하며 기해일은 25일이다. 그렇다면 을(乙)은 기(己)의 잘못으로 보아야 한다.

8 호북성 기춘현의 서남쪽에 있는 기주진의 서쪽의 장강변이다.

9 안휘성 서남부 장강의 양안인데, 남쪽은 강서성과 경계를 하고 있다.

10 호군(犒軍)과 같은 말로, 군대가 자기 지역을 벗어나서 다른 지역으로 갔을 때에 그 지역에서 술과 먹을 것과 재물을 가지고 군사들을 위로하고 상을 주

다른 날과 다르다는 것을 깨닫고 지주의 수장인 과언(戈彦)이 드디어 성을 버리고 달아났다. 윤달(윤10월) 기유일(5일)에 조빈 등이 지주(池州)에 들어갔다.

이보다 먼저 황제는 팔작사(八作使)[11]인 학수준(郝守濬)을 파견하여 정장(丁匠, 부역하는 工匠)을 인솔하여 형남(荆南)에서 대함(大艦)에 거대한 죽원(竹絙, 대나무로 만든 뗏목)을 싣게 하고 나란히 낭주(朗州, 湖南省 常德市)로 내려가서 황흑룡선(黄黑龍船)을 채석기(采石磯)[12]에서 만들게 하고 강을 가로 질러서 부량(浮梁, 浮橋)을 놓았는데, 먼저 석패구(石牌口)에서 시험을 해보고 이미 완성되자 전의 여주(汝州, 하남성) 방어사인 영구(靈丘, 山西省 大同市) 사람 육만우(陸萬友, 903~986)에게 명령하여 이를 지키게 하였다.

정사일(13일)에 조빈 등은 강남국의 군사와 동릉(銅陵, 안휘성)에서 싸웠는데 그들을 패배시키고 전함 200여 척을 노획했으며, 산채로 800여 명을 사로잡았다.

8 경신일(16일)에 지제고(知制誥)·사관수찬(史館修撰)인 호몽(扈蒙, 915~986)이 말씀을 올렸다.

"옛날에 당(唐) 문종(文宗, 李昂, 原名; 涵, 809~840)이 연영전(延英殿)

는 것이다.

11 송대에 무신관직으로 조참할 수 있는 20개의 사(使) 가운데 하나로 송초에는 관장하는 업무가 있었으나 후에는 승급을 기다리는 계급이 되었다.

12 안휘성 마안시 서부지역에 있는 장강의 연안으로 원래의 명칭은 우저기(牛渚磯)였는데, 이곳에 장강에서 돌출하여 강폭이 좁고 형세가 험악하여 역대 강변 방어 지역으로 중요한 곳이다.

을 열고 대신들을 불러서 사건을 논의하였는데, 반드시 기거랑(起居郎)·사인(舍人)에게 명령하여 붓을 잡고 이유(螭坳)[13]에서 당시의 정치를 기록하게 하였으니 그러므로《문종실록(文宗實錄)》이 가장 잘 갖추어졌습니다.

후당(後唐) 명종(明宗, 李嗣源, 867~933)시기에 이르러서도 역시 자세히 갖추어져 있습니다. 후당 명종에 이르러서도 역시 단명전학사(端明殿學士)와 추밀직학사(樞密直學士)에게 명령하여 돌아가면서《일력(日曆)》를 찬수하여 사관(史館)에 보내게 하였습니다.

근래에 조정이 생긴 이래로 이 일은 모두 폐기되었고, 매 계절 마다 비록 내전에《일력》을 가지고 있고 역시 추밀원에서 기록하여 사관에 보내고 있지만 그러나 기록한 것은 신하가 마주하여 알현하고 감사하다는 말씀을 한 것에 불과하며 제왕의 말씀과 행동은 쓰인 것을 얻지 못합니다.

재상이 누설(漏泄)할 것을 걱정하였기 때문인데 말할 기회를 갖지 못하였으니, '사관이 멀리 있어서 스스로 떨어져 있으니 어디에서 들을 수 있겠습니까?'라고 합니다.

바라건대 지금부터 무릇 결재하고 제정하였던 일, 우대(優待)하고 휼민(恤民)하였던 은혜 가운데 신충(宸衷, 천자의 마음)에서 들어난 것으로 간책(簡策)에 쓸 만한 것과 아울러 재신(宰臣)과 참지정사에게 위임하여 매월 돌아가면서 초록(抄錄)을 관장하게 한 것을 사관(史官)이 찬집하는데 대비하게 하십시오."

---

13 궁전의 앞에 있는 계단에는 용을 조각한 돌의 움푹 들어간 곳을 말하며, 이 곳은 조회를 할 때에 전각 아래에 당번인 사관(史官)이 서 있는 곳을 말한다.

조서를 내려서 이를 좇으면서 노다손(盧多遜)에게 명령하여 그 업무를 오로지 하게 하였다.

9 임술일(18일)에 조빈(曹彬) 등이 당도(當涂, 安徽省 馬鞍山市)에 이르니, 웅원군(雄遠軍)[14] 판관인 무원(婺源, 江西省 東北) 사람 위우(魏羽, 944~1001)가 성(城)을 가지고 송에 항복하였다. 송(宋)의 군사는 먼저 무호(蕪湖, 안휘성 무호)를 뽑아버리고 또 당도에서 싸워 이겼으며 드디어 채석기(采石磯)에 주둔하였다.

10 갑자일(20일)에 감수국사(監修國史) 설거정(薛居正)이 찬수한《오대사(五代史)》[15] 150권을 올렸다. 다음날 황제가 재상에게 말하였다.

"어제 새로 쓴 역사책을 보다가 양 태조(梁太祖, 朱溫, 朱全忠, 852~912)가 포악하고 어지럽고 추악한 흔적이 마침내 이와 같기에 이른 것을 보았는데 의당 그가 돌아가서 도적에게 죽게 된 것은 당연하다."[16]

---

14 원래 당도현이었는데, 건평군(建平軍)으로 고쳤다가 보대(保大) 말년에 웅원군(雄遠軍)으로 고쳤으며, 다시 송 개보 8년(975년)에는 평남군(平南軍)으로 고친다.

15 우리가 말하는《구오대사(舊五代史)》로, 원래의 이름은《양·당·진·한·주서(梁·唐·晉·漢·周書)》인데, 보통은《오대사(五代史)》라고 한다. 그런데 원본은 이미 유실되었고, 지금 유행하는 판본은 청대의 역사가 소진함(邵晉涵, 1743~1796) 등 사고관(四庫館)에서 일하였던 사람들이《영락대전(永樂大典)》등의 문헌에서 찾아내서 편집한 것으로《24사》가운데 유일한 집본(輯本)이다.

16 주전충은 만년에 대단히 황음하여 심지어 며느리까지 강간하였는데, 건화(乾化) 2년(912년)에 아들인 주우규(朱友珪)에게 피살되었다.

11　정묘일(23일)에 조빈 등이 강남국의 2만여 무리를 채석기에서 패배시키고 산채로 마보군부부서(馬步軍副部署)인 양수(楊收)·병마도감(兵馬都監)인 손진(孫震) 등을 붙잡았으며, 또 전마 3백 필을 노획하였다.

애초에 강남국에는 전마가 없었지만 조정에서 매년 1백 필을 사여(賜與)하였는데 이에 이르러 이를 몰아서 선봉에 서게 하여 송(宋)의 군사를 막았다. 이미 노획하고서 그 인기(印記)[17]를 조사해 보니 모두 조정에서 사여한 것이었다.

12　11월 계미일(9일)에 태령(泰寧)절도사 이종선(李從善, 940~987)[18]의 휘하에 있는 병사와 강남국의 수군(水軍) 무릇 1천3백여 명을 선발하여 금선(禁旋)으로 삼고 이름을 귀성(歸聖)이라고 불렀다.

13　조서를 내려서 석패진(石牌鎭)에 있는 부량(浮梁, 부교)을 채석기(采石饑)로 옮기라고 하였더니 밧줄을 묶어서 3일 만에 완성하였는데 한 자 한 치도 차이가 안 났으며, 많은 군사가 이곳을 지났지만, 마치 평지를 밟는 것 같았다. 강남국주가 이 소식을 들었을 적에 장계(張洎)

17　도장 등을 찍어서 표기를 해 두는 것을 말하는데, 말의 경우에도 그 말의 소속을 알아 볼 수 있도록 표기해 두고 있었다.

18　개보 7년(971년)에 강남국의 사신으로 송 태조에게 조공하러 갔다가 송 태조 조광윤이 임인조(林仁肇)의 화상을 보여 주고 임인조에게 '송에 귀부하기를 바라면서 먼저 그 화상을 보내어 신표로 하였다.'라고 하자, 이 말을 들은 강남국의 주군 이욱(李煜)이 임인조를 죽였으며, 이종선은 강남국이 망한 다음에 송에 귀부하였다.

에게 말하였더니 장계가 말하였다.

"기록이 있어온 이래로 이러한 일은 없었으니, 이는 반드시 이루지 못할 것입니다."

강남국주가 말하였다.

"나 역시 이것은 아이들의 놀이라고 생각하오."

이에 진해(鎮海)절도사 정언화(鄭彦華)를 파견하여 수군 1만 명을 감독하게 하고, 천덕(天德)도우후 두진(杜眞)은 보군 1만 명을 관장하게 하면서 함께 송나라 군사를 막게 하였다. 곧 출발하려고 하는데 강남국의 주군이 그들에게 훈계하여 말하였다.

"두 군사가 물과 뭍으로 나가서 서로 구제하여 주면 이기지 못할 것이 없을 것이요."

14   무자일(14일)에 오월왕(吳越王) 전숙(錢俶, 929~988)이 사신을 파견하여 공물을 올리면서 불러서 위무하는 조치하도록 명령을 내린 것에 감사하였다. 아울러 강남국주가 보낸 편지를 올렸는데, 거기에서 말하였다.

"오늘날 내가 없어지면 다음날 어찌 그대가 있겠습니까? 밝으신 천자가 어느날 땅을 바꾸고 공훈을 준다면 왕께서는 역시 대량(大梁, 河南省 開封, 송의 도읍)의 한 명의 포의(布衣)일 뿐이요."

15   요(遼)의 사문(沙門, 불교 승려)인 소민(昭敏)이 좌도(左道)[19]로 사

---

19 원래는 부정파(不正派)의 종교파를 가리키는 것이지만 올바르지 않은 유파(流派)를 말하며 좌도라고 하면 폄하하는 색채가 농후한 것을 말한다.

람들을 현혹시켰지만 요주(遼主)는 그를 총애하여 삼경제도승니도총
관(三京諸道僧尼都總管)으로 삼고 겸시중을 덧붙여 주었다.

16   기축일(15일)에 지한양군(知漢陽軍) 이서(李恕)가 강남국 악주(鄂
州, 호북성 악주)의 수군 3천 명을 패배시키고 전함 40여 척을 노획하였
다.

17   갑오일(20일)에 조빈 등이 신채(新寨)에서 강남국의 군사를 패배
시키고 전함 30척을 노획하였다. 정언화(鄭彦華)·두진(杜眞)은 송의
군사와 만났는데, 두진이 거느리는 군사를 가지고 먼저 싸웠지만, 정언
화는 군사를 움켜쥐고 구원하지 않아서 두진의 무리가 대패한 것이다.

18   요(遼)의 탁주(涿州, 北京 涿州)자사 야율종(耶律琮, 耶律合住, 929?
~979?)이 권지웅주(權知雄州) 손전흥(孫全興)에게 편지를 보냈는데,
그 대략이다.
    "두 조정은 처음에는 털끝만큼도 틈새가 없었으니 만약에 한 명의 사
자가 말을 달려 교환하여 두 주군[20]의 마음을 드러낸다면 피로한 백성
들을 쉬게 하고 오래도록 이웃나라가 될 터인데 역시 쉬지 않겠습니까!"
    신축일(27일)에 손전흥이 야율종의 편지를 가지고 와서 올리니 황제
는 손전흥에게 편지에 답을 쓰도록 하여 수호(修好)를 허락하였다.[21]

---

20 송의 황제와 요의 황제 두 사람을 말하는 것이다.
21 《요사》에는 '응력 7년(967년) 봄 정월 초하루에 송에서 사신을 파견하여 축하
    하였다.'라는 기록이 있다. 그러나 이때에는 송·요는 화의가 성립되지 않았기

19   12월에 금릉(金陵, 남경, 강남국 도읍지)에 처음으로 엄하게 경계하며 명령을 내려서 개보(開寶, 송의 연호)의 호칭을 없애게 하고 공적이든 사적이든 기록에 다만 갑술세(甲戌歲)라고 부르게 하였다. 더욱더 백성들을 모집하여 군사를 만들고 백성들로 재물과 곡식을 헌납하는 사람에게는 관작(官爵)을 주게 하였다.

때문에 혹시 사람을 파견하여 화의를 논의하지 않았는지 모를 일이다.

송의 남하와 강남국의 대응

20 　정미일(4일)에 한양병마감압(漢陽兵馬監押)인 영광조(寧光祚)가 악주(鄂州, 호북성)의 수군을 장강의 북안(北岸)에서 패배시켰다.

21 　오월왕(吳越王) 전숙(錢俶)이 군사를 인솔하고 상주(常州, 강소성 상주)를 포위하였다.

22 　기유일(6일)에 조빈이 강남국의 군사를 백로주(白鷺洲)[22]에서 패배시켰다.

23 　계해일(20일)에 오월의 군사가 이성채(利城寨, 상주 북부)를 뽑았다.

24 　병일일(23일)에 조빈 등은 강남국의 군사를 신림항(新林港) 입구에서 격파하였다.

---

22 남경 근처의 장강 강심에 있는 모래섬이다.

25 경오일(27일)에 북한(北漢)이 진주(晉州, 하북성 진주)를 공격하였
는데 수신(守臣)[23]인 무수기(武守琦)가 홍동(洪洞, 山西省 臨汾市)에서
이들을 패배시켰다.

26 신미일(28일)에 오월왕인 전숙이 강남국의 병사를 상주(常州)의
북쪽 경계 지역에서 패배시켰다.

태조 개보 8년(을해, 975년)[24]

1 봄, 정월 병자일(3일)에 권지지주(權知池州, 안휘성 지주)인 반약수
(樊若水, 943~994)가 강남국의 병사 4천 명을 지주의 경계 지역에서 패
배시켰다.

2 임인일(29일)에 요(遼)에서는 목엽산(木葉山, 內蒙古 西拉木倫河와
老哈河의 합류지점)에 망사(望祀)[25]를 지냈다.

---

23 수신을 관직명은 아니다. 수신이란 제후가 천자에 대하여, 혹은 대부가 제후
   에 대하여 자기 자신을 지칭하는 말이다. 따라서 지키는 일을 담당하고 있는
   신하라는 뜻이다.

24 요의 경종 보령 7년이다.

25 망사란 산천과 땅의 신에게 멀리서 바라보면서 제사를 지내는 예(禮)를 말한
   다. 예컨대 진 시황제가 구악산(九嶷山)에서 우순(虞舜)에게 망사를 지낸 경
   우가 있는데, 이 경우처럼 요주(遼主)가 망사를 지낸 경우가 눈에 띈다.

3   애초에 조빈 등의 군사가 아직 나가지 않았는데, 황제는 왕명(王明)을 황주(黃州, 湖北省 黃岡市)자사로 삼는다고 명령을 내리고 비밀리에 방략을 주었었다. 왕명이 이미 일을 보게 되자 빨리 성루를 수리하고 사졸들을 훈련시켰으며, 이에 이르자 왕명을 지주지악주강로순검전도부서(池州至岳州江路巡檢戰權都部署)[26]로 삼았다. 신사일(8일)에 왕명은 병마도감인 무수겸(武守謙) 등을 파견하여 강을 건너게 하여 강남국의 군사를 무창(武昌, 湖北省 武漢市)에서 패배시키고 번산채(樊山寨)를 뽑아버렸다.

4   이날, 행영좌상전도도감(行營左廂戰權都監)인 전흠조(田欽祚)가 강남국의 군대를 율수(溧水, 江蘇省 南京市)에서 패배시키었다. 강남국의 도통인 이웅(李雄)이 여러 아들에게 말하였다.

"나는 반드시 국가의 어려움 속에서 죽을 것이니 너희들은 부지런히 하여라."

아버지와 아들 8명이 모두 진지에서 죽었다.

5   을유일(12일)에 황제가 장춘전에 나가서 재상에게 말하였다.

"옛날에 군주가 된 사람 가운데 허물이 없는 사람이 아주 적었으니 짐은 아침저녁으로 두려워하는데 잘못을 방지하고 욕망을 막아버리려 하는 것은 거의 덕으로 다른 사람을 교화하는 의로움일 것이다.

---

26 임시로 등장한 관직이다. 그 내용은 지주(池州, 安徽省 西南部에 있으며 長江의 南岸으로 남쪽으로는 江西省과 이어져 있음)에서 악주(岳州, 湖南 岳陽市)까지 장강 길의 전도(戰權)를 순찰하며 점검하는 최고의 책임자라는 말이다.

예컨대 당 태종은 다른 사람이 간(諫)하고 상소(上疏)하는 것을 받아들이고 그 실수한 것을 직접 꾸짖는다하여도 일찍이 부끄러워 수치스럽게 여기지 않았다.

만약에 이렇게 하지 않는다면 천하 사람들로 하여금 간언(間言)하는 일이 없었을 것이다. 신하된 사람이 끝내 명성과 절개로 끝맺음을 하지 않는다면 불의(不義)에 빠질 것이니, 대개 충성스럽고 믿음직한 것이 얇다면 얻는 복록 역시 적을 것이니 이는 경계할 만하다."

6   경인일(17일)에 조빈 등이 금릉(金陵)을 공격하였는데, 행영마군 도지휘사인 이한경(李漢瓊, 927~981)이 거느리는 부대를 인솔하여 회남(淮南, 安徽省 中北部)을 건너서 커다란 함선(艦船)을 가져다가 갈대를 가득 싣고 바람에 따라서 불을 질러서 그들의 수채(水寨)[27]를 공격하여 이를 뽑아버렸다.

애초에 진회(秦准, 長江 下游의 右岸 支流)에 진주하였는데, 강남국의 군사는 수륙으로 10여만 명이었고, 성을 뒤로하여 진을 쳤으며, 당시에는 주집(舟楫, 배)이 아직 갖추어지지 않아서 반미가 거느리는 부대를 인솔하고 먼저 건넜으며 대병(大兵)이 이를 따랐고, 강남국의 군사는 크게 패배하였다. 강남국이 다시 군사를 내니 곧 물을 거슬러 올라가서 채석(采石)에 있는 부량(浮梁)을 빼앗으려 했지만 반미가 돌아서서 그를 쳐서 깨뜨렸다.

7   계사일(20일)에 경서(京西)전운사인 이부익(李符益)에게 명령을

---

27 물가에 방위용으로 목책이나 울타리를 친 진지이다.

내려서 형·호(荊·湖)의 군량을 조절하여 금릉성(金陵城) 아래로 가져 가게 하였다.

8   2월 권지담주(權知潭州)[28]인 주동(朱洞)이 병마도감 석희(石曦, 920~993)를 파견하여 원주(袁州, 江西省 宜春市)의 서쪽 경계 있는 곳에서 강남국의 군사를 패배시켰다.

9   계축일(10일)에 조빈 등이 강남의 군사를 백로주(白鷺洲, 장강의 江心)에서 패배시키었고, 을묘일(12일)에는 성가퀴를 지키던 사람들이 모두 그 성 안으로 들어갔다.

10   계해일(20일)에 북한(北漢)이 안문(雁門)절도사 유계문(劉繼文)을 파견하여 요(遼)에 방물을 진공(進貢)하였다.

11   갑자일(21일)에 지양주(知揚州)인 후척(侯陟, ?~983)이 선화진(宣化鎮, 河南省 鄭州市 登封)에서 강남의 군사를 패배시켰다.

12   병일일(23일)에 요(遼)에서는 청우(靑牛)·백마(白馬)를 가지고 천지(天地)에 제사를 지냈다.

---

28 담주는 수 문제 개황 9년(589년)에 호남지구의 상주(湘州)를 담주(潭州)로 고쳤다. 권지담주에서 권(權)은 정식직무가 아닌 임시 직무를 표시하는 말이고, 지(知)는 관리의 뜻을 가지고 있다.

13   정묘일(24일)에 지제고(知制誥) 왕우(王祐)를 권지공거(權知貢擧)
로 하고 지제고 호몽(扈蒙)·좌보궐(左補闕) 양주한(梁周翰, 929~1009)·
비서승(秘書丞) 뇌덕양(雷德驤, 917~992)을 나란히 권동지공거(權同知
貢擧)로 하였는데, 권동지공거는 여기서 시작되었다.[29]

무진일(25일)에 황제가 강무전(講武殿)에 나아가서 왕우(王祐) 등이
상주한 합격자 왕식(王式) 등에게 복시(覆試)하였는데, 이를 이용하여
그들에게 말하였다.

"이전에는 과거 급제의 명단에 오른 사람은 대부분 권세 있는 집안
에서 뽑아서 외롭고 가난한 사람들의 길이 막혔었다. 지금 짐이 몸소
친히 시험에 나오는 것은 가부진퇴(可否進退)를 가지고 전의 폐단을
전부 개혁하고져 함이다."

왕식 등이 모두 머리를 조아리고 감사하였다. 이에 안에서 시제를
꺼내어 이들에게 시험하였는데, 진사 왕사종(王嗣宗, 944~1025) 이하
13명, 제과 기자성(紀自成) 등 34명을 뽑았다. 왕사종은 분주(汾州, 산
서성 분주) 사람이다. 강남국의 진사인 임송(林松)·뇌열(雷說)은 시험에
서 합격하지 못하였는데, 그들이 샛길로 와서 귀부하였으므로 나란히
《삼전(三傳)》 출신을 하사하였다.

14   이달에 강남국의 지공거·호부원외랑인 오교(伍喬, ? ~ ?)가 진사

---

29 지공거란 과거를 관장하는 관직인데, 권지공거는 지공거의 업무를 임시로 관
  장하는 직책이며, 권동지공거는 임시로 지공거의 업무를 수행하는데 함께 참
  여하는 직책을 말한다. 송대에는 과거에서 인재를 선발하는데, 이때부터 단독
  으로 이 업무을 수행하지 않고 여러 사람이 함께 참여하여 이 업무를 수행하
  기 시작한 것이다.

장확(張確) 등 30명을 발표하였다. 보대(保大) 10년(952년)에 공거를 시작하여서 이 해(975년)에 끝냈는데 무릇 17방(榜)³⁰을 발표하였다.

15   3월에 상식국(商食局)에서 선식(膳食)을 공여하였는데, 식기 옆에 이[蝨]가 붙어 있었지만 황제의 성품이 어질고 많이 용서하여 좌우에 있는 사람들에게 말하였다.

"선식을 관장하는 사람들에게 알게 하지 말라."

황제가 일찍이 《요전(堯典)》을 읽으면서 감탄하여 말하였다.

"요·순의 시대에 사흉(四凶)³¹의 죄도 단지 쫓아내고 숨게 하는 것으로 그쳤는데, 어찌하여 근대의 법률은 빡빡한가?"

대개 형벌 조치하는 것에 뜻을 둔 것이었으니, 그러므로 2년부터 지금³²에 이르기까지 사형 죄에서 관대하게 용서해 준 것이 무릇 4천 108명이었다.

16   을해일(3일)에 권지여주(知廬州, 여주는 安徽省 合肥市) 형기(邢琪)가 군사를 거느리고 강을 건너서 선주(宣州, 安徽省 宣城市)의 경계에

---

30 방이란 펼쳐서 붙인 글이나 명단을 말하는데, 관공서의 공고나 혹은 과거 전시에 합격자를 발표하는 경우가 있다. 원래는 궁궐문에 써 붙인 큰 글자를 말하며 이것이 전화되어 광고 같은 큰 글자를 말한다. 남당[강남국]은 23년간 17차례의 과거시험을 치른 것으로 볼 수 있다.

31 사흉이란 요·순(堯·舜)이 내쫓은 네 흉악한 인물을 말하는데, 《상서(尚書)》〈순전(舜典)〉에는 공공(共工)·환두(歡兜)·곤(鯀, 大禹의 아버지)·삼묘(三苗)라고 되어 있다.

32 개보 2년(969년)부터 이 해인 개보 8년(975년)까지 6년간을 말한다.

도착하여 의안채(義安寨)를 공격하여 뽑았다.

17   임오일(10일)에 요(遼)의 야율소살(耶律蘇薩, 速撒)이 당항(党項)³³의 포로들을 헌상하니 군신들에게 나누어 주었다.

18   경인일(18일)에 조빈 등이 강남의 군사를 강 한가운데서 패배시켰다.

19   요의 사자인 극복무고서소(克卜茂固舒蘇, 克骨沙, 克沙骨 克妙骨)가 와서 빙문하니, 합문부사(閤門副使) 학숭신(郝崇信)에게 조서를 내려서 경계 있는 곳까지 가서 그를 맞이하게 하였다. 도착하고 나서 도정역(都亭驛)에 머물게 하였다. 기해일(27일)에 들어와 알현하자 장춘전(長春殿)에서 연회를 열어주고 옷과 기물을 차등 있게 하사하였다.

20   임인일(30일)에 중사(中使)인 왕계은(王繼恩, ? ~999)을 파견하여 군사 수천 명을 거느리고 강남국으로 가게 하였다.

21   여름 4월에 교방사(敎坊使)인 위덕인(衛德仁)이 늙어서 외관(外官)으로 가기를 빌며 또한 동광(同光, 후당 장종의 연호, 923~926) 연간의 옛 사례를 원용하여 군을 관장하기를 요구하자 황제가 말하였다.

---

33 당항은 중국 서북지역에 거주하던 종족으로 그 언어는 서하어를 쓴다. 투루판 사람들은 미약(彌藥, 藏文 : 威利; mi nyak)이라고 하였고, 몽골시대에는 당올(唐兀, tangyud)이라고 하였고, 색목인에 귀속되었다.

"영인을 채용하여 자사로 삼았으니, 이것은 장종(莊宗, 李存勖, 908~923)의 실정(失政)인데, 어찌 이를 본 받을 만 하겠는가?"

재상이 상주(上州)의 사마(司馬)로 표의(票擬)하자 황제가 말하였다.

"상좌(上佐)는 사인(士人)의 있는 곳이어서 자질과 성망이 아주 우수하여야 하니 역시 가벼이 제수할 수 없다. 이들은 마땅히 악부(樂部)에서 승진시켜 옮기도록 할 뿐이다."

마침내 명령하여 태상시(太常寺) 대악서령(大樂署令)으로 삼았다.

22 을사일(3일)에 왕명(王明)이 강남국의 군사를 강주(江州, 강서성 강주)에서 패배시켰다.

23 기유일(7일)에 요주(遼主)가 목엽산(木葉山)에서 제사를 지내고, 신해일(9일)에는 사류(射柳)하며 비 오기를 기도했다. 요주는 빈필정(頻躍淀)에 가서 피서하였다.

24 계축일(11일)에 오월(吳越)의 군사가 상주(常州)를 포위하자 자사인 우만성(禹萬成)이 막으며 지켰는데 대장(大將)인 금성례(金成禮)가 우만성에게 겁을 주자 그 성을 가지고 항복하였다.

25 오월국에서 처음에 군사를 발동할 적에 승상인 심호자(沈虎子)가 간하여 말했다.

"강남국은 우리나라의 울타리이고 가림막인데, 어찌하여 그 울타리와 가림막을 철거하십니까?"

듣지 않고 끝내 심호자를 정사에서 파면시키고 통유학사(通儒學士)

인 전당(錢塘, 절강성 항주) 사람 최인기(崔仁冀)로 그를 대신하게 하였다.

26 임술일(20일)에 도정역(都亭驛)에 행차하였다가 변수(汴水)에 가서 비강병(飛江兵)[34]이 도어선(刀魚船)[35]을 타고 수전을 연습하는 것을 관람하였다.

27 조빈 등이 강남국의 군사를 진회(秦淮)의 북쪽에서 패배시켰다.

28 5월 초하루 임신일에 오월국의 국왕인 전숙(錢俶)을 수태사(守太師)·상서령으로 삼고 식읍을 덧붙여 주었다.

29 갑신일(13일)에 오월왕인 전숙이 강음(江陰, 江蘇省 南)·영원군(寧遠軍)과 연안에 있는 여러 성채(城寨)가 모두 항복했다고 말하였다.

30 정유일(26일)에 왕명(王明)이 강남국의 군사를 무창(武昌)에서 격파하였다.

---

34 고대의 일종의 강을 건너는 도구를 비강이라고 하는데, 이 도구를 사용하는 병사를 비강병이라고 한다.

35 도어(刀魚)를 잡는 배를 말하는데 도어란 위어(葦魚), 제어(鱭魚)로 불리는 물고기로 멸치과에 속하는 바닷물고기이며, 학명은 Coilia ectenes JORDAN et SEALE이다. 몸은 가늘고 길며 옆으로 납작하며 칼 모양처럼 생겼다. 모양이 싱어와 비슷하나 가슴지느러미가 길고 몸길이가 길다.

31   신축일(30일)에 황하가 복주(濮州, 山東 菏澤市 鄄城)의 곽룡촌(郭 龍村)에서 터졌다.

32   애초에 진교(陳喬, ? ~975)·장계(張洎, 934~997)가 강남국 주군의 모사가 되어서 있는 곳에서 성벽을 굳게 지키면서 송의 군사가 지치도 록 하라고 청하였다.

송의 군사가 국경으로 들어오자 강남국의 주군은 걱정하지 아니하 고 날로 후원에서 승(僧, 불교 승려)·도(道, 도교 도사)를 이끌어다가 경 전(經傳)을 외우고《주역(周易)》을 강론하게 하면서 정치적인 일을 소 홀히 하니 군대에서 보낸 편지가 급하다고 알려 주어도 모두 연락할 수 없었고, 군사가 성[금릉성, 남경] 아래에 다가와서 몇 달이 되었지만 강남국의 주군은 오히려 알지 못하였다.

당시에 오래 된 장수들은 모두 앞에서 죽었고, 신위통군(神衛統軍) 도지휘사인 황보계훈(皇甫繼勳)이라는 사람은 황보휘(皇甫暉, ? ~956) 의 아들인데 나이가 아직 어리지만 강남국의 주군은 병권을 위임하였 다. 황보계훈은 평소에 귀하다고 교만하여 처음부터 목숨을 바쳐 죽을 생각을 갖지 않았으며 도리어 강남국의 주군이 빨리 항복하기를 바랐 지만 그러나 입으로 감히 발설하지 아니하면서 매번 무리들과 더불어 말하였다.

"북쪽의 군대는 세고 강하여 누가 그들을 대적할 수 있겠는가!"

군사가 패배하였다는 소식을 들으면 기쁨이 얼굴에 드러내면서 말 하였다.

"나는 본디 그들이 이기지 못할 것을 알았다!"

편장이나 비장들 가운데 결사대를 모집하여 밤중에 군영을 나가서 싸우려고 한 사람이 있었는데, 황보계훈은 그 등을 채찍질하면서 구금하니 이로부터 무리들은 마음속으로부터 분노하였다.

이달에 강남국의 주군이 스스로 나와서 성을 순시하였는데, 송의 군사가 목책으로 만든 성 밖에 늘어 서 있고 정기(旌旗)가 들에 가득한 것을 보자, 좌우에 있는 사람들이 덮어 버린 것을 알고 비로소 놀라며 두려워하고서 마침내 황보계훈을 잡아서 감옥에 넣었다가 그를 죽이었더니 군사들이 다투어 그 살점을 베어 씹으니 잠깐 사이에 모두 없어졌다.

황보계훈이 이미 죽고 나자 무릇 군사 기밀의 처분은 모두 징심당(澄心堂)[36]에서부터 선포되어 나왔는데, 실제로는 장계 등이 이를 오로지 하였다. 이에 사신을 파견하여 신위군(神衛軍)도우후인 주전윤(朱全贇)[37]을 불러서 상강(上江)[38]에 있는 군사를 가지고 들어와서 도우라고 하였다.

주전윤은 10만 명의 무리를 가지고 호구(湖口, 江西省 九江市)에 주둔하고 있었는데, 여러 장수들은 강물이 불어난 것을 이용하여 빨리 내려가자고 하였더니 주전윤이 말하였다.

---

36 징심당은 본래 남당 개국군주인 이변(李昪, 888~943)의 당호이며, 이변이 금릉을 통제할 때에 이곳에서 거처하였다.

37 어떤 곳에서는 주령빈(朱令贇, ? ~975)으로 쓰인 곳도 있으며 남당의 무장으로 대장군 주광업(朱匡業)의 조카인데, 어떤 곳에서는 아들로 되어 있는 곳도 있다.

38 장강은 안휘성에서 강소성으로 흘러 들어가기 때문에 안휘성을 상강이라고 부르고 강소성을 하강이라고 부른다. 그러므로 여기서는 안휘성을 지칭하는 말이다.

❖ 북송군의 강남국 공격도

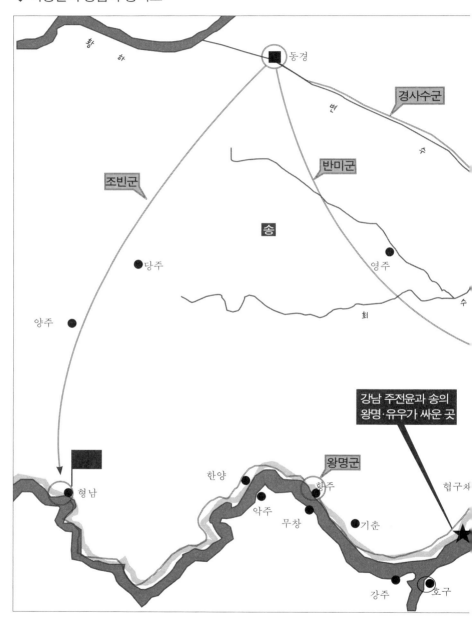

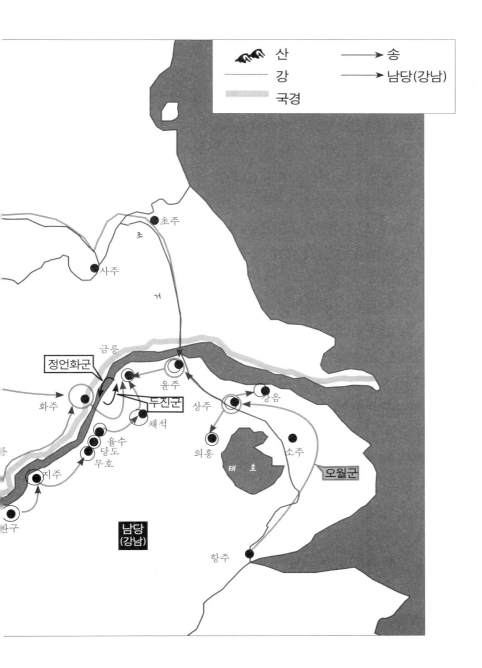

산 → 송
강 → 남당(강남)
국경

초주
조
사주
거
금릉
정언화군
윤주
화주
두진군
채석
상주
상음
율수
당도
무호
의흥
소주
지주
태 호
오월군
한구
남당
(강남)
항주

"내가 지금 앞으로 나아가면 적들은 반드시 도리어 나의 배후를 점거할 것인데, 싸워서 이기면 좋겠지만 이기지 못하면 양도(糧道)가 또한 끊어지면 어떻게 할 것인가?"〔지도참고〕

이에 편지를 써서 남도(南都)유수인 시극정(柴克貞)을 불러서 대신 호구를 진수하게 하라고 하니 시극정은 병들었다고 하면서 미적미적하며 미루고 가지 아니하니 주전윤도 역시 감히 나아가지 아니하였고, 강남국의 주군이 누차 그에게 독촉하였지만 주전윤은 좇지 않았다.

강남국 정벌에 작전지시하는 조광윤

33　조서를 내려서 '영표(嶺表, 오령 이남)의 풍속에는 병이 들어 아파도 의원을 부르지 아니하니, 황제의 교화가 미치게 하여 비로소 처방하는 약을 알게 하되 상인으로 생약(生藥)을 싸들고 고개를 넘는 사람에게는 징세하지 말라.'고 하였다.

34　6월 신해일(10일)에 황하가 돈구(頓丘, 河南省 濮陽)에서 터졌다.

35　신유일(20일)에 전에 봉상(鳳翔)절도사·태사겸중서령인 위왕(魏王) 부언경(符彦卿, 898~975)이 죽었는데 3일간 조회를 그만두고 관부에서 장례를 치르게 하였다.

36　갑자일(23일)에 혜성(彗星)에 유수(柳宿)[39]에서 나왔는데, 길이

---

[39] 별자리 28수 가운데 하나로 남방 7수 가운데 세 번째 별로 유토장(柳土獐)을 말한다. 모습이 버드나무와 비슷하여 유(柳)라고 불렀고, 또 주막에 깃발과 비슷하다고 하여 주기(酒旗)라고 한다.

는 4장(丈)이었으며 처음에 동방에 나타나서 서남쪽을 지향하기를 무릇 83일 동안 하다가 마침내 없어졌다.

37   정묘일(26일)에 조빈 등이 강남의 군사를 성〈금릉성, 남경〉 아래에서 패배시켰다.

38   가을 7월 초하루 신미일에 일식이 있었다.[40]

39   애초에 강남국에서 승리하였다는 편지가 누차 도착하였는데, 저리독(邸吏督)[41]인 이종일(李從鎰, 南唐 元宗 李璟의 여덟째 아들)이 들어와서 축하하였지만 반신수(潘愼修)는 생각하였다.
  "나라가 또한 망해 가는데 마땅히 죄받기를 기다려야지 어찌 축하하는가!"
  이로부터 여러 신하들이 경사(慶事)라고 할 적에 이종일은 바로 표문을 올려서 죄 받기를 청하였다. 황제는 그가 예(禮)에 맞는 것을 가상하게 생각하여 중사(中使)를 파견하여 위무하고 유장(帷帳)과 뇌희(牢餼)[42]를 공급하는데서 모두 우대하여 공급하였다. 임오일(12일)에 다시 이목에게 명령하여 이종일을 호송하여 그 나라로 돌아가게 하고 손

---

40 《요사(遼史)》에는 일식에 관한 기록이 없지만 《송사(宋史)》에는 일식이 기록되어 있다.

41 강남국에서 사신이 오거나 혹은 연락 관계를 위하여 송의 도읍에 마련한 저택에 근무하는 관리를 감독하는 직책이다.

42 제사를 지내는데 소용되는 소, 양, 돼지 등의 희생물을 말한다.

수 조서를 써서 강남국의 주군에게 와서 항복할 것을 재촉하였으며 또 여러 장군들에게 명령하여 공격을 느슨히 하며 그를 기다리게 하였다.

40   요(遼)의 황룡부(黃龍府)⁴³의 위장(衛將)인 연파(燕頗)가 도감(都監)인 강호(彊瑚, 張琥)를 죽이고 반란을 일으키니 창사(敞史, 궁궐의 좌리)인 야율갈리필(耶律曷里必)을 파견하여 이를 토벌하였다.

41   좌사원외랑(左司員外郞)인 권지양주(權知揚州) 후척(侯陟, ? ~ 983)이 뇌물을 받고 불법을 저지르다가 거느리는 아랫사람들에게 소송을 당하게 되니 추후에 방법을 강구(講究)하려고 경사(京師, 개봉)에 왔다.

후척은 평소에 참지정사 노다손(盧多遜)과 잘 지냈으므로 사사로이 사람을 파견하여 애달픈 일을 구해지기를 바랐는데, 당시에 금릉(金陵, 강남국 도읍지, 남경)이 아직 뽑혀지지 않고 있었다. 황제는 남쪽 지역이 낮고 습하며 가을에도 더워서 군사들이 대부분 역질에 걸렸으니, 조빈 등에게 명령하여 물러나서 광릉(廣陵, 江蘇省 揚州市)에 주둔하여 병사와 말을 쉬게 하면서 후일을 도모할 것을 논의하게 하였지만, 노다손이 다투어 그리할 수가 없었다.

마침 후척이 새로이 광릉에서부터 오자 노다손은 급박한 변화 상황을 올리게 하면서 강남국의 일을 말하게 하였다. 후척은 당시에 병이 들어서 황제는 황성의 졸병에게 명령하여 부축하여 들어와서 알현하

---

43 요(遼)에 설치하였던 부(府)로 천현 원년(926년)에 부여부로 고쳐서 설치하였으며, 치소는 길림성 사평시에 두었다가 보령 7년(975년)에 폐지하였다.

게 하였더니 바로 큰 소리로 말하였다.

"강남국이 평정되는 것은 조석 간에 달려 있습니다. 폐하께서는 어찌하여 군사를 철수하려 하십니까? 원컨대 급히 빼앗으십시오. 신이 만약에 폐하를 그릇되게 한다면 원컨대 삼족을 이멸해 주십시오."

황제가 좌우의 사람들을 물리치고 불러서 전각에 올라오게 하고 상황을 묻고서 갑자기 앞에서 논의하였던 것을 묻어두고 후척의 죄를 용서하고 다스리지 말게 하였다. 8월 갑진일(5일)에 다시 후척을 판이부류내전(判吏部流內銓)⁴⁴으로 삼았다.

42   계해일(24일)에 정덕유(丁德裕)가 강남국의 군대를 윤주성(潤州城, 江蘇省 鎭江市) 아래에서 패배시켰다고 말하였다.

43   9월 임신일(3일)에 황제가 근교에서 수렵을 하였는데, 토끼를 쫓다가 말이 넘어지는 바람에 땅에 떨어지자 이어서 패도(佩刀)를 꺼내어 말을 찔러서 죽이고 나서 이를 후회하여 말하였다.

"내가 천하의 주군이 되어서 경솔하게 일을 처리하여 수렵을 하였는데, 또 어찌 말에게 죄를 주어야 하는가?"

이로부터 드디어 다시는 수렵을 하지 않았다.

---

44 절도관관 이하 막직(幕職) 주현관을 주관하는 중앙관서를 말한다. 북송 초기에 경관 7품 이하의 유내관원(流內官員)의 임면, 고과 등은 모두 이부(吏部)에 속하였는데, 건덕 2년(964년) 이후로는 이부 이외의 관원으로부터 주관하게 하여서, 무릇 경관(京官)은 모두 중서성에서 주수(注授)하게 하고 절도관관 이하의 막직주현관[選人]은 이부유내전에서 자격을 조사하여 주의(注擬)하여 차등 있게 보냈다.

44 요(遼)의 야율갈리필(耶律曷里必)이 치하(治河)에서 연파(燕頗)를 패배시키고 그의 동생인 야율안박(耶律安搏)을 파견하여 이를 추격하게 하였다. 연파가 올약성(兀惹城)[45]으로 도망하여 지키자 야율안박이 마침내 돌아왔는데, 그 나머지 무리 1천여 호를 가지고 통주(通州, 京杭大運河의 北端)에 성을 쌓았다.

45 애초에 강남국에서는 송(宋)의 군대가 출동한다는 소식을 듣고, 강남국의 주군은 경구(京口, 江蘇省 鎭江市 京口)가 요해처이어서 평소에 가까이하며 일을 맡겼던 시위도우후(侍衛都虞候)인 유징(劉澄)을 윤주유후(潤州留後, 윤주는 江蘇省 鎭江市 京口)로 삼았는데 가기에 이르자 말하였다.

"경은 아직 고(孤)를 떠나는 것이 합당치 않고, 고(孤) 역시 경과 떨어지기 어렵지만 다만 이번 행차에는 경이 아니면 안 되오."

유징이 눈물을 흘리면서 작별인사를 하고 돌아가는데, 금과 옥을 손수레에 다 실어서 가면서 사람들에게 말하였다.

"이것은 모두 앞뒤로 하사한 것이니 지금에는 마땅히 이것을 흩어서 공훈과 업적을 세우기를 도모할 것이다."

강남국의 주군이 이를 듣고 기뻐하였다.

오월의 군사가 처음으로 도착하여서 보루를 만드는 것이 아직 이루어지지 않아서 좌우에 있는 사람들이 군사를 내어 그들을 엄습하기를

---

45 흑룡강 연안 올약고성의 유지(遺址)가 있는데, 이 유지는 동강시(同江市) 경내에 있으며 양쪽이 하수(河水)로 둘러 싸여 있으며 이곳은 올약족(兀惹族)의 도읍지이다.

청하였지만, 유징은 하려하지 않았다. 강남국의 주군이 얼마 안 있다가 능파(凌波)도우후인 노강(盧絳, 891~975)에게 명령을 내려서 거느리는 수군(水軍) 8천 명을 이끌어 가지고 와서 원조하라고 하였다. 그때 유징은 이미 항복하기로 정성을 가지고 연락하였기에 천천히 노강에게 말하였다.

"최근에 도성(都城)이 포위를 받은 지 오래 되었다고 말하는데, 만약에 도성이 지켜지지 않으면 이곳을 지킨들 무엇 하겠소?"

노강 역시 성은 끝내 함락될 것임을 알고 드디어 포위를 무너뜨리고 나왔다. 무인일(9일)에 유징은 장리를 거느리고 문을 열고 항복을 받아달라고 요청하여 윤주는 평정되었다.

46 이종일(李從鎰)이 강남국에 도착하여 황제의 뜻을 유시(諭示)하니 강남국의 주군은 나가서 항복하고자 하였지만, 진교(陳喬)·장계(張洎)가 성을 지키기를 아주 굳게 하면 북군은 조만간에 스스로 물러간다고 생각하니 강남국의 주군은 마침내 중지하였다. 이목(李穆)이 돌아오자 황제는 다시 여러 장수들에게 군사를 진격시키라고 명령하였다.

윤주가 평정되기에 이르자 외곽의 포위는 더욱 급박해지니, 비로소 사자를 파견하여 들어와서 진공(進貢)하면서 군사를 늦추어 주기를 요구하는 것을 모의하였다. 도사(道士)인 주유간(周惟簡)은 항상 관갈(冠褐, 베로 만든 관, 도인의 복장)을 하고서《주역(周易)》을 시강(侍講)하면서 관직을 거듭하여 우부랑중(虞部郎中)에 이르렀다가 치사(致仕)하였는데, 장계가 주유간을 추천하여 다시 불러서 급사중으로 삼고 수문관(修文館)[46] 학사승지(學士承旨)인 서현(徐鉉, 916~991)과 함께 경사(京

師, 개봉)에 사자로 왔다. 당시에 강남국의 주군은 바야흐로 주전윤(朱全贇)을 독촉하여 호구(湖口, 江西省 九江市)의 군사를 들어서 들어와서 원조하게 하였지만 서현에게 말하였다.

"너는 이미 떠나가게 되면 바로 마땅히 상강(上江)의 원병을 중지시켜야 할 것이다."[47]

서현이 말하였다.

"신이 이번 행차에서는 아직은 반드시 해결하지 못할 것이며, 성 안에서 믿는 것은 원병일 뿐인데 어떻게 중지시킵니까?"

강남국의 주군이 말하였다.

"바야흐로 화의를 구하면서 다시 군사를 소집하니 너는 어찌 위험하지 않겠는가?"

서현이 말하였다.

"마땅히 신을 고려 밖에 두어야할 뿐입니다."

강남국의 주군이 눈물을 떨어뜨리면서 또한 친히 수십 장의 종이에 상주문의 목록을 쓰고는 주유간으로 하여금 틈을 이용하여 애달프게

---

46 역대 왕조에서는 도서의 편찬과 도서의 보관 등을 목적으로 이를 전담하는 기구를 설치한다. 당대에는 수문관 혹은 소문관(昭文館), 홍문관(弘文館)으로 이름을 바꾸었지만 같은 기구를 두었으며 송대에도 소문관(昭文館), 집현원(集賢院), 사관(史館)같은 기구를 두었다. 이러한 기구는 강남국에도 두었던 것으로 보인다.

47 주전윤의 군대는 강남국의 주군이 도읍[금릉]으로 들어와서 원조하라고 하였는데, 주전윤은 배후를 송군에게 공격받을까 걱정하여 움직이지 않고 있었다. 남경의 군사형편으로 보면 강남국에서는 주전윤의 원조가 절실하지만, 현재는 화의를 구하러 가는 입장이니, 송의 입장에서 보면 강남국은 모순된 행동을 하는 것이 된다.

봐달라고 요구하면서 정무에서 손을 떼고 병이나 치료하겠다고 하게
하였다.

겨울 10월 기해일(1일)에 조빈 등이 사자를 파견하여 서현과 주유간
을 호송하여 궁궐로 가게 하였는데, 서현은 강남국에 거주하면서 이름
난 신하로 자부하였으니 그는 와가지고 혀를 놀려 유세하여 그 나라[강
남국]를 그대로 남아있게 하려고 하였다.

이에 대신들 역시 먼저 황제에게 말하면서 서현은 박학(博學)하고
재변(才辯)을 가지고 있어서 마땅히 그를 기다려야 한다고 하자 황제
가 웃으면서 말하였다.

"다만 보낼 뿐이고 너희들이 알바가 아니다."

이미 그리하였는데, 서현이 들어와 조현하며 올려보며 큰 소리로 말
하였다.

"이욱(李煜)⁴⁸은 죄가 없고 폐하의 군사가 나간 것은 명분이 없습니
다."

황제가 천천히 불러 전각에 오르게 하고 그가 유세하기를 마치게 하
였다. 서현이 말하였다.

"이욱은 폐하를 섬기는 것이 마치 아들이 아버지를 섬기듯 하였고
아직 과실이 없는데 어떻게 정벌을 보이십니까?"

그가 유세한 것이 수백 마디였다.

황제가 말하였다.

---

48 강남국의 주군으로 송의 황제 앞이기 때문에 그 이름을 부른 것이다. 이욱
(李煜, 937~978)은 강남국[남당]의 마지막 군주로 송에 포로가 된 뒤로 문학
사에서 유명한 사인(詞人)으로 남는다.

"너는 아버지와 아들이 두 집이 된다고 말하니 옳은 것인가?"

서현이 대답할 수 없었다. 주유간이 잠시 후에 상주(上奏)하는 목록을 올리니 황제가 이를 보고 말하였다.

"너의 주군이 말한 바는 나 역시 알지 못하겠다."

황제는 비록 군사행동을 느슨하게 하지는 않았지만 그러나 서현 등에 대한 대우는 모두 아직 거병하지 않았을 때와 같았다.

임인일(4일)에 서현 등이 인사를 하고 강남국으로 돌아갔다.

47   신해일(13일)에 조서를 내렸다.

"군국(郡國)에서는 보좌하는 사람들로 하여금 백성들 속에 효성스럽고 우애 있으며 힘써 농사짓는 사람과 기이한 재주와 특이한 행적을 가진 사람 혹은 문무(文武) 간에 쓸 수 있는 사람이 있으면 파견하여 궁궐로 오게 하라."

48   정사일(19일)에 사자를 파견하여 낙양의 궁실을 수리하였는데 황제가 처음으로 서쪽으로 행차하는 것을 꾀한 것이다.

49   강남국에서 다시 사자를 파견하여 은(銀) 5만 량과 견(絹) 5만 필을 진공(進貢)하고 군사를 느슨하게 해주기를 빌었다.

50   주전윤이 호구(湖口)에서부터 무리를 가지고 금릉을 도우니 호칭하기를 15만 명이라고 하면서, 나무를 묶어서 뗏목을 만들었는데 길이가 100여 장(丈)이었고, 전함 가운데 큰 것은 1천 명을 수용하였다. 곧 채석(采石)의 부량(浮梁)을 끊으려고 하였지만 마침 강물이 말라서 전

함이 빨리 나아갈 수 없었다. 왕명(王明)은 독수구(獨樹口, 河南省 方城縣 獨樹鎮)에 주둔하고 있었는데 그 아들을 파견하여 말을 달려서 들어가 상주하니 황제는 비밀리에 사자를 파견하여 왕명으로 하여금 주포(洲浦)⁴⁹ 사이에 긴 나무를 세우는데 마치 배의 돛대 모양으로 하여 이를 의심하게 하였다.

　기미일(21일)에 주전윤이 홀로 큰 배를 탔는데, 높이가 10여 층으로 위에 대장의 깃발을 세웠다. 환구(皖口)⁵⁰에 이르러서 행영보군(行營步軍)도지휘사인 유우(劉遇, 920~985)가 군사를 지휘하여 급히 이를 공격하고 주전윤은 불타는 기름으로 멋대로 태우자 유우의 군대는 지탱할 수가 없었다. 잠깐 사이에 북풍이 불자 도리어 불길로 스스로를 태우니 그 무리들은 싸우지 않고도 스스로 무너졌으며 주전윤은 당황하고 놀라서 불속으로 뛰어 들어 죽었다. 그들의 전도도우후(戰權都虞候)인 왕휘(王暉) 등을 사로잡고 병장기 수만을 노획하였다. 금릉에서는 다만 이들의 원조만을 믿다가 이로부터는 외로운 성이 더욱 위태롭고 오그라들었다.

51　　감찰어사(監察御史) 유반(劉蟠)은 성정(性情)이 단단하여 다른 사람과 모이기를 적게 하였는데, 자못 술수로 속이는 방법을 가지고 인주(人主)의 은우(恩遇)를 점쳤다.

---

49 주(洲)란 강 한가운데 만들어진 모래섬 같은 것을 가리키는데, 그 주변을 주포라고 한다. 여기에서는 장강 한가운데 있는 모래섬과 그 주변을 가리킨다.

50 환하(皖河)에서 장강으로 들어가는 입구를 말하며, 안경시(安慶市) 대관(大觀)에 있는 산구향(山口鄉)이다.

유반은 당시에 영염원(領染院)⁵¹이었는데, 을축일(27일)에 거가가 행차하게 되자 유반은 황제가 곧 도착할 것이라는 것을 엿보고 갑자기 뒷 옷이 짧은 옷을 입고 까끄라기로 만든 풀 신을 신고 몽둥이를 들고 일을 감독하는데, 머리가 흐트러져도 가다듬지 않고 급히 나아가서 영접하고 알현하니 황제는 그 관직을 부지런히 할 수 있는 사람으로 여기고 전 20만을 하사하였다.

52 　요주(遼主)가 빈필정(頻蹕淀)에서부터 돌아왔다. 이달에 토하(土河)⁵²에서 물고기를 낚았다.

53 　11월에 서현과 주유간이 강남국으로 돌아갔는데 얼마 되지 않아서 강남국의 주군이 다시 파견하여 들어와서 주문을 올렸는데, 신미일(3일)에 편전에서 마주하였다.

서현이 말하였다.

"이욱은 병이 들어서 아직은 입조하여 알현하지 못하는 것이지 감히 조서를 거역하는 것은 아닙니다. 빌건대 군사를 늦추시어서 한 지방의 목숨을 온전하게 해 주십시오."

그 말하는 것이 아주 절실하고 지극하였다.

황제와 더불어 말을 주고받기를 여러 차례 했는데, 서현의 목소리와

---

51 염원은 궁궐 안에서 염색을 담당하는 기구이고 영은 영직(領職)을 말한다.

52 옛날 강 이름이다. 지금 내몽고 노합하(老哈河)인데, 전해 내려오는 말로는 거란의 시조인 기수가한(奇首可汗)이 황하(潢河, 西拉木倫河)와 토하 두 강이 합쳐지는 곳에 살았다고 한다.

기색이 더욱 사나워지자 황제는 화를 내고 이어서 칼을 만지며 서현에게 말하였다.

"많은 말이 필요 없다. 강남국이 무슨 죄를 지었겠는가! 다만 천하는 한 집안이어서 걸상 옆에 누웠는데, 어찌 다른 사람이 코를 골며 자는 것을 받아들이겠는가!"[53]

서현이 황공해 하며 물러나니 황제가 다시 주유간을 힐책하였고, 주유간은 심히 두려워하여 마침내 말하였다.

"신은 본래 산야에 거주하였으니 벼슬길에 나아갈 뜻을 갖고 있지 아니하였는데 이욱이 억지로 신을 파견하여 왔을 뿐입니다. 신은 평소에 듣기로는 종남산(終南山)에는 영약(靈藥)이 많다고 하는데, 다른 날에 원컨대 은거하여 살고자 합니다."

황제는 가련하여 이를 허락하였고 이어서 각기에게 후하게 사여(賜與)하고 돌려보냈다.

54 경진일(12일)에 왕명이 강남의 군사를 호구에게 패배시켰다고 말하였다.

55 이보다 먼저 조빈 등은 세 개의 영채(營寨)를 늘어놓고 성을 공격하였는데 반미는 그 북쪽에 있으면서 그 포진도(布陣圖)를 올렸다. 황제가 이를 보고 북쪽의 영채를 가리키면서 사자에게 말하였다.

"이곳은 마땅히 해자를 깊이 파고 스스로 굳게 해야 할 것이다. 강남

---

53 송과 강남국은 이웃하고 있어서 마치 한 의자에서 같이 자는 것과 같아서 송에 강남국은 방해가 되는 존재라는 것이다.

사람들은 반드시 밤중에 와서 노략질 할 것이다. 조속히 조빈 등에게 말하여 힘을 합쳐서 속히 이를 완성해야지 그렇지 않으면 장차 올라타는 바가 될 것이다."

사자에게 먹을 것을 하사(下賜)하고 또 추밀사(樞密使) 초소보(楚昭輔, 914~983)를 불러서 조서를 기초하게 하고 전도(戰櫂, 작전용 배)를 옮겨 두게 하였는데, 사자는 식사를 하고 끝나자 바로 갔다.

조빈 등이 명령을 이어받고 스스로 정부(丁夫)가 참호 파는 것을 독려하여 해자가 완성되었다. 병술일(18일)에 강남국에서는 과연 밤중에 군사 5천 명을 내어서 북쪽에 있는 영채를 습격하는데 사람마다 커다란 횃불을 하나 들고 북을 시끄럽게 치면서 나왔지만, 조빈 등은 그들이 도착하기까지 내버려 두었다가 마침내 서서히 그들을 치니 모두 섬멸되었다. 또 그 장수로 부인(符印)[54]을 차고 있는 사람들을 붙잡았더니 무릇 10여 명이었다. 〔지도참고〕

---

54 부절(符節)과 인신(印信)이라는 말로 관원이 자기의 신분을 증명하는 표지이다. 부절은 고대에 사자를 파견하거나 혹은 군대를 움직일 때에 그 권한을 증명하는 물건이며, 대나무, 나무, 옥, 구리 등으로 만들었으며 그 위에 글자를 쓰고 이를 둘로 나누어 한쪽은 조정에 보관하고 한쪽은 외임(外任)관원이나 출정하는 장수에게 준다. 인신은 도장이다.

❖ 송 태조의 강남국 친정도

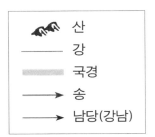

산	
강	
국경	
→ 송	
→ 남당(강남)	

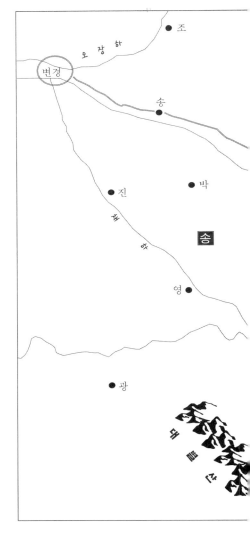

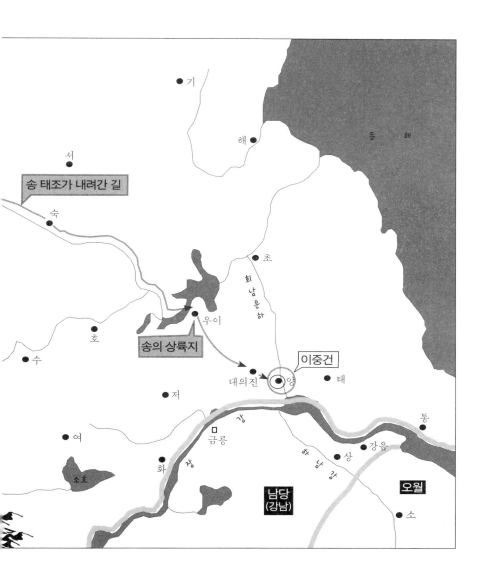

┌───┐
│   강남국의 항복과 오월국 대책   │
└───┘

56   금릉(金陵, 강남국 도읍, 남경)이 포위된 것이 봄에서 시작하여 겨울
로 이어지니 사는 백성들이 땔나무하는 길이 끊기었다. 조빈은 끝내 그
들을 항복시키려고 누차 사람을 파견하여 강남국의 주군에게 알려서
말하였다.

  "성은 반드시 격파될 것이니 의당 일찍이 이를 위해서 적합하게 해
야 할 것이요."

  강남국의 주군은 먼저 그의 아들인 청원군공(清源郡公) 이중우(李仲
寓, 958~994)로 하여금 입조하기로 약속하였는데, 이미 그리하고서 오
래도록 나오지 않았다.

  조빈은 사람을 파견하여 그를 독촉하고 또 말하였다.

  "낭군(郎君)⁵⁵은 반드시 멀리 갈 것까지는 없는데, 만약에 영채에 오
기만 하면 즉각 사방에서 공격을 그만 둘 것이요."

  강남국의 주군이 끝내 좌우에 있는 사람들의 말에 미혹되었지만 그

---

55 귀한 집의 자제를 말하며, 상대방을 높이는 말인데, 여기서는 강남국의 주군
    인 이욱의 아들 이중우를 가리키는 말이다.

러나 회보하여 말하였다.

"이중우는 행장을 꾸리는 것이 아직은 갖추어지지 아니하였습니다."

조빈이 또 사람을 보내어 알려서 말하였다.

"조금 지체되면 바로 늦을 것이요."

강남국의 주군은 듣지 않았다.

이에 앞서 황제는 자주 사자를 파견하여 조빈에게 유시하여 성 안에 사는 사람들을 다치게 하지 말라고 하고, 만약에 곤란해져서 싸우게 되더라도 이욱의 집안 사람들은 절대로 해를 입히지 말게 하였다. 이에 조빈은 홀연히 아프다고 하면서 일을 보지 아니하니 여러 장수들이 모두 와서 문병을 하였고 조빈이 말하였다.

"나의 병은 약석으로 치유될 것이 아니니 원컨대 여러 분들께서 함께 믿음으로 맹서하여 주는데, 성을 격파하는 날 한 사람이라도 망령되이 죽이지 않는다면 나 조빈의 병은 치유될 것이요."

여러 장수들이 허락하고 마침내 서로 더불어 향불을 켜고 맹세하였더니 다음 날 조빈은 바로 쾌유되었다고 말하였다.

을미일(27일)에 금릉성이 깨졌는데, 장군인 괘언(呙彦)·마성신(馬誠信) 그리고 그의 동생인 마승준(馬承俊)이 장사를 인솔하고 골목에서 싸우다가 죽었다. 근정정(勤政殿) 학사인 예장(豫章, 江西省 南昌市) 사람 종천(鍾蒨)이 조복을 입고 집에 앉아 있는데, 어지러이 병사들이 도착했지만, 온 가족이 죽더라도 떠나지 않았다. 〔지도참고〕

애초에 진교(陳喬)·장계(張洎)는 함께 항복하지 않겠다는 의견을 건의하면서, 사태가 급하게 되면 또한 서로 함께 죽어야 한다고 하였다. 그러나 장계는 실제로 죽을 뜻이 없었으니, 이에 처자와 행장을 가지고 궁중으로 들어가서 진교를 이끌고서 함께 강남국의 주군을 알현하였

❖ 송의 강남국 정벌작전도

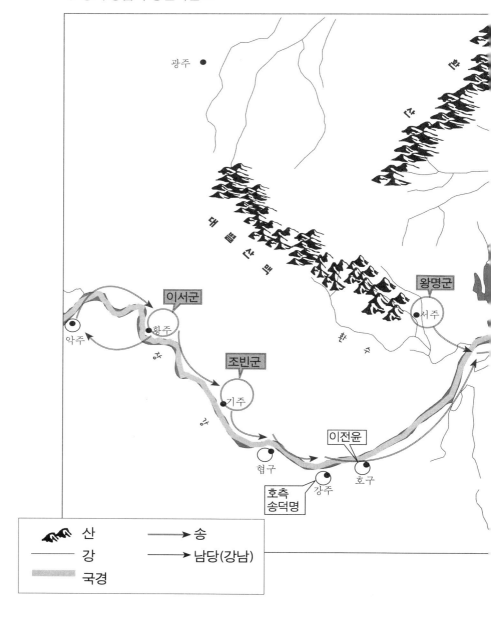

광주 ●

왕명군
● 서주

이서군
● 황주

악주 ●

조빈군
● 기주

이전윤

협구

호구

호측
송덕명
● 강주

	산	→	송
	강	→	남당(강남)
	국경		

다. 진교가 말하였다.

"신(臣)이 폐하께 잘못하였으니 원컨대 죽음을 내려 주십시오. 만약에 중원지역에 있는 조정에서 힐책하는 바가 있다면 청컨대 신을 가지고 말씀하십시오."

강남국의 주군이 말하였다.

"기수(氣數)[56]가 이미 다 하였으니 경이 죽는다고 하여도 이익이 될 것이 없소."

진교가 말하였다.

"설사 신을 죽이지 않는다고 하여도 무슨 면목으로 선비들을 보겠습니까?"

드디어 스스로 목매어 죽었다.

장계가 말하였다.

"신은 진교와 함께 추밀의 업무를 장악하였는데, 나라가 망하면 마땅히 함께 죽어야 하지만 또 폐하께서 조정에 들어갈 것을 생각하면 누가 폐하와 더불어 이 일을 변명하겠습니까? 죽지 않는 까닭은 곧 있을 일을 기다리는 것입니다."

조빈이 군대를 정돈하고 열을 세우고서 그 궁성에 도착하니 강남국의 주군은 마침내 표문(表文)을 받들고서 항복을 받아 달라고 하며 여러 신하들과 함께 문에서 영접하며 절하였다. 먼저 반미를 보고 절을 하자 반미가 이에 답배(答拜)하였고, 다음으로는 조빈에게 절을 하니 조빈이 사람을 시켜서 그에게 말하였다.

---

56 기수란 1년 24계절인 상수(常數)를 말하는 것으로 시간을 지칭하는 것이다. 따라서 때를 말하는 것이며 운명 등 정해진 시간이 다가왔다는 것을 말한다.

"갑옷을 몸에 입고 있어서 절하였지만 감히 답배를 안 합니다."

바로 정예의 병졸을 1천 명을 선발하여 그 문 밖을 지키게 하고 명령하여 말하였다.

"들어가고 싶은 사람이 있더라도 일체 이를 막는다."

처음에 강남국의 주군은 땔감을 궁중에 쌓아 두고 모든 종실이 불속으로 들어가 죽기로 약속하였다. 조빈을 보게 되자 조빈이 그들을 위로하고 편안하게 하고 또 유시하였다.

"조정으로 귀부하면 봉록과 사여하는 것은 제한된 숫자이니 응당 후하게 스스로 장비를 싸되 이미 유사가 기록한 것은 한 가지 물건이라도 다시 얻을 수 없다."

이로 인하여 다시 이욱을 보내어 궁궐로 들어가게 하고 오직 가지고 싶은 것을 뜻대로 하게 하였다.

양형(梁迥, 928~986)·전흠조(田欽祚) 등이 간하여 말하였다.

"만약에 헤아리지 못할 일이 있게 된다면 허물은 장차 누가 가지게 될 것입니까?"[57]

조빈이 웃으면서 대답하지 않았다. 양형 등은 다투기를 그치지 아니하니 조빈이 말하였다.

"이욱(李煜)은 평소에 과단성이 없는데, 지금 이미 항복하였으니 반드시 스스로 이끌어 결단을 내릴 수 없을 것이어서 염려할 것이 없다."

또 군사 1백 명을 파견하여 연(輦, 손수레)에 치중을 실었다.

이욱은 바야흐로 나라가 망한 것을 분해하고 한탄하여 재물을 쌓아

---

57 송의 장군들은 조빈이 강남국왕을 궁궐로 들여보내자 혹 뒤에 생길 예상치 못한 일을 걱정하여 그 책임을 누가 질 것인가를 걱정한 것이다.

둘 생각이 없어서, 자못 황금을 가까운 신하들에게 나누어 하사하였다. 조빈이 이미 금릉(金陵)에 들어가고 나자 포악한 짓을 엄금하는 명령을 되풀이 하니 사대부들로 목숨을 보전한 사람이 아주 많았다. 이어서 군중에서 크게 수색을 하여 다른 사람의 처자(妻子)를 숨길 수 없게 하였으며, 창름(倉廩)과 부고는 전운사인 허중선(許仲宣, 929~990)에게 위탁하여 서류에 따라서 검사하게 하고 조빈은 하나도 묻지 않고 군사를 돌렸는데 오직 도적(圖籍, 도서와 전적)·의금(衣衾, 의복과 침낭)뿐이었다.

57 12월 초하루 기해일에 강남에서의 승전하였다는 서신이 도착하였는데, 무릇 주(州) 19개, 군(軍) 3개, 현(縣) 108개, 호구 65만5615호를 얻으니 여러 신하들이 모두 축하한다고 말하였다. 황제가 눈물을 흘리며 좌우에 있는 사람들에게 말하였다.

"우현(宇縣)[58]이 나뉘고 갈라져서 백성들이 그 화를 입었으며, 성을 공격할 적에 반드시 칼날에 가로 질러 재앙을 입은 사람이 있을 것인데, 이는 실로 애달프다 하겠다."

바로 조서를 내려서 쌀 10만 석을 내어 성 안에 있는 주린 백성들을 진휼하게 하였다.

신축일(4일)에 강남국 관내에 있는 주현(州縣)에서 평시의 사면에서 사면되지 않은 사람들을 사면하고, 위(僞)강남국[59]에서 임명한 문무 관

---

58 우현은 천하, 혹은 우주를 말한다.《사기(史記)》〈진시황본기(秦始皇本紀)〉에 '大矣哉, 宇縣之中, 承順聖意.'라는 말이 있는데, 배인(裴駰)의 《집해(集解)》에서 '宇는 宇宙이고 縣은 赤縣'이라고 풀이 하였다.

리들로 현재 사무를 처리하는 사람들은 나란히 그 옛날대로 처리하게 하였다.

태자선마(太子洗馬)⁶⁰인 하동(河東) 사람 여구상(呂龜祥)에게 명령하여 금릉에 가서 이욱(李煜)이 소장하였던 도서(圖書)를 적어서 궁궐 아래로 보내게 하였다.

58　기미일(22일)에 은사후(恩赦侯) 유창(劉鋹, 942~980)을 좌감문위(左監門衛) 상장군으로 삼고 팽성군공(彭城郡公)으로 고쳐서 책봉하였다.⁶¹

59　요(遼)의 대승상(大丞相)인 고훈(高勳, ? ~978)·거란행궁(契丹行宮)도부서인 니리(尼哩, 女里)가 총애를 차지하고 방자하였는데, 요주의 이모(姨母)·보모(保母)의 세력이 일시에 작열하여 뇌물을 받고 알현을 요청하니 문 앞이 마치 장사하는 곳 같았다. 북추밀원사(北院樞密

59　강남국은 이미 송(宋)에게 정복되었고, 송에 대항하였으므로 송 조정의 입장에서는 올바른 왕조라고 할 수 없으므로 앞에 위(僞, 거짓)란 글자를 넣어서 표현한 것이다.

60　태자선마(太子洗馬)는 줄여서 선마(洗馬)라고도 하는데 고대의 관직으로 태자에 소속되어 있는 수종관이다. 선(洗)은 선(先)으로 읽는데, 원래에 태자를 수행하면서 그 길을 선도(先導)하는 역할을 하였기 때문에 선마(先馬)로 하여야 할 것이고, 그래서 생긴 명칭으로 보이는데 이것이 전해 내려오면서 잘못하여 선마(洗馬)로 오기(誤記)되어서 나타난 현상으로 보인다.

61　유창의 원래 이름은 유계흥(劉繼興)이었으며, 오대십국시기에 남한(南漢) 중종(中宗) 유성(劉晟)의 장자였다. 중종 유성이 죽자 그 뒤를 이어서 남한왕이 되어 이름을 고쳤는데, 971년에 송에게 멸망되고 은사후에 책봉되었다.

使)인 야율현적(耶律賢適, 928~980)이 이를 근심하여 요주에게 말하였는데 회보하지 않았다. 야율현적이 아프다고 직책을 사직시켜 줄 것을 청하니 허락하지 아니하고 수인(手印)을 주조하여 일을 처리하게 하였다.

60   호부원외랑(戶部員外郞) 지제고(知制誥)인 왕우(王祐)를 판문하성(判門下省)으로 하였는데 판이부유내전(判吏部流內銓)인 후척(侯陟)과 화합하지 못하여 후척이 주의(注擬)한 것은 왕우가 대부분 박정(駁正)하니 후척이 노다손에게 호소하였다.

　　노다손은 처음으로 학사가 되어 보이지 않게 재상인 조보(趙普)를 기울어트리려고 누차 왕우에게 넌지시 자기를 돕게 하였는데, 왕우가 듣지 않으니 노다손이 기뻐하지 않았다. 계해일(26일)에 왕우는 후척의 일로 쫓겨나서 진국행군사마(鎭國行軍司馬)가 되었다.

61   이보다 먼저 황제는 일찍이 오월(吳越)[62]의 진주사(進奏使)인 임지과(任知果)를 불러서 그 왕인 전숙(錢俶, 929~988)[63]에게 뜻을 유시하여 말하게 하였다.

---

62 오월(吳越) 오대십국(五代十國) 가운데 하나인 오월국(907~978)으로 전류(錢鏐)가 세웠으며 도성은 전당[항주]이다. 향후 2년 뒤인 978년에 말주(末主)인 전홍숙(錢弘俶)이 송에 들어와 나라를 바치어 송에 병합된다.

63 전숙은 오월국의 충의왕(忠懿王)으로 본명은 전홍숙(錢弘俶)이다. 그러나 송 태조 조광윤의 아버지의 이름인 조홍은(趙弘殷)의 이름을 피휘하여 홍(弘)자를 빼고 전숙으로만 호칭한 것이다. 그는 문목왕(文穆王) 전원관(錢元瓘)의 9번째 아들로 오월국의 마지막 왕이다.

"원수(元帥)가 비릉(毘陵, 江蘇省 武進縣)에서 이기고 큰 공로를 세운 것은 강남국을 평정한 것과 비슷하니, 잠시 와서 짐과 만나보고 오래 생각했던 것을 위로하고는 바로 다시 귀환하며 오래 머물지 않을 것이요. 짐은 세 차례나 규폐(圭幣)[64]를 잡고 상제(上帝)를 알현하였는데, 어찌 식언(食言)을 하겠소?"[65]

최인기(崔仁冀)도 역시 전숙에게 알려주며 말하였다.

"황상께서는 영무(英武)하시니 향하는 곳에는 대적할 것이 없어서 천하에 사세는 알 수 있습니다. 겨레를 보존하고 백성을 온전히 하는 것이 정책 가운데 제일 좋은 것이요."

전숙이 깊이 그렇다고 생각하였다.

62 갑자일(27일)에 요(遼)에서는 야율오진을 파견하여 와서 정월 초하루가 된 것을 축하하였는데, 역시 사자를 파견하여 이에 회보하였다.

63 정묘일(30일)에 오월왕 전숙(錢俶)이 장춘절(長春節)[66]에 조근(朝覲)하게 해달라고 청하니 이를 허락하였다.

---

64 고대에 제사를 지낼 때에 사용하였던 규옥(圭玉)과 속백(束帛)을 말한다.

65 송이 강남국을 정벌하는데, 오월에게 참여하라고 하여 오월군은 강남국을 공격하여 일정한 정도의 전과를 올린 것에 대하여 고맙다는 말을 하는 것 같지만 다른 한편으로는 이제 오월까지 정벌하겠다는 의미로 들리는 말이었다.

66 송 태조가 송을 건국하고 나서 태조 조광윤의 생일인 2월 26일을 맞아 이날을 장춘절(長春節)로 하고 도읍에 있는 상국사에서 백관들을 초청하여 연회를 베풀어 준 일이 있다. 그러므로 여기서 장춘절이란 일반적으로 말하는 원단(元旦)을 가리키는 것이 아니고 2월 26일을 의미하는 것이다.

태조 개보 9년(병자, 976년)**⁶⁷**

1   봄 정월 신미일(4일)에 조빈이 한림부사 곽수문(郭守文, 936~990)을 파견하여 노포(露布)**⁶⁸**를 받들게 하고 강남국의 주군인 이욱과 자제 관속 등 45인을 데리고 와서 헌상하였다. 황제는 명덕문(明德門)에 나아가서 헌상하는 것을 받았는데, 이욱 등은 소복을 하고 죄받기를 기다리자, 조서를 내려서 나란히 이를 풀어주게 하였으며 각기에게 관대(冠帶)·기폐(器幣)·안륵(鞍勒, 말 안장과 고삐)·말을 차등 있게 하사하였다.

이때에 유사가 포로를 헌상하는 예를 유창(劉鋹, 942~980, 남한의 마지막 왕)의 경우처럼 하니 황제가 말하였다.

"이욱은 일찍이 정삭을 받들었으니 유창에 비할 것이 아니다."

노포를 묵혀두고 선포하지 아니하였다. 이욱은 처음에 명령을 거절하면서 자못 걱정하며 화를 냈는데, 곽수문이 이욱에게 말하였다.

"국가께서는 단지 강토를 회복하여 태평을 이루려는데 어찌 다시 후에 가서 책망함이 있겠습니까?"

이욱이 마침내 안심하였다.

---

67 이 해 12월에 태종 태평흥국 원년으로 기원을 바꾸었으며, 요(遼) 경종 보령 8년이다.

68 노포란 문자를 써서 사방에 통보하는 포백(布帛)으로 만든 깃발을 말하는데, 군사작전 후에 전승보를 전파하는 기능을 하였다. 예전에 전장(戰場)에서 사병이 말을 빨리 달리며 노포를 높이 매달고 있는데, 차례로 승전보를 전달하는 것이다. 고대에는 종이를 생산하기 전에 시효성이 있고, 공개성이 강한 전파 매체라고 할 수 있다.

서현(徐鉉, 916~991)이 이욱을 좇아서 경사에 도착하였는데, 황제가 이욱에게 권고하여 더 일찍 조정으로 귀의하지 않은 것을 책망하는데, 목소리와 안색이 모두 심하였다. 서현이 대답하여 말하였다.

"신은 강남의 대신입니다. 나라가 없어지니 죄는 진실로 마땅히 죽어야 할 것인데 다른 것은 물으셔서는 안 됩니다."

황제가 말하였다.

"충신이다. 나를 섬기는 것도 마땅히 이씨를 섬기는 것처럼 하여야 한다."

자리를 내려 주면서 그를 위무하였다.

또 장계(張洎, 934~997)를 책망하여 말하였다.

"네가 이욱에게 항복하지 않도록 가르쳐서 오늘에 이르게 되었다."

이어서 그가 성을 포위하고 있는 중에 원병(援兵)을 부르는 납서(蠟書)[69]를 꺼냈다. 장계는 머리를 조아리며 죽여주기를 청하며 말하였다.

"편지는 실제로 신이 만든 것입니다. 개는 그 주인이 아닌 사람을 보고 짓는 것인데, 이것은 그 하나일 뿐입니다. 다른 것은 오히려 많습니다. 지금 죽을 수 있는 것이 신의 본분입니다."

언사와 안색이 변하지 않았다. 황제는 처음에 장계를 죽이려고 하였지만 이에 이르러 그를 기이하게 여겨서 말하였다.

"경은 대담함을 가졌으니 짐은 경에게 죄를 주지 않겠다. 지금 나를

---

69 비밀이 누설 되는 것을 막으려고 납환 속에 편지를 넣어 전달하는데, 보통 밀납을 구형으로 외각을 만들고 그 안에 약을 넣어 두는 것이다. 그러나 비밀 편지를 전하려고 할 때에는 편지를 밀납 속에 넣어서 마치 약처럼 보이게 하여 전달하는 방법을 쓴다. 이를 납서라고 하였다.

섬기면서 옛날의 충성심을 바꾸지 말라."

2   을해일(8일)에 이욱을 우천우위(右千牛衛)상장군으로 삼고 위명후(違命侯)에 책봉하였으며, 그의 자제와 종속들에게 모두 관직을 주었다. 병자일(9일)에 이욱의 사공(司空)·지좌우내사(知左右內史)인 탕열(湯悅)을 태자소첨사(太子少詹事)로 하고 좌내사시랑(左內史侍郎)인 서현을 태자솔경령(太子率更令)으로 하였으며 우내사사인(右內史舍人)인 장계를 태자중윤(太子中允)으로 하고 나머지에게도 관직을 준 것이 차등이 있었다.

3   경진일(13일)에 조서를 내려서 서경(西京, 낙양)에 행차하여 장차 4월에 남교(南郊)에서 교사(郊祀)를 하겠다고 하였다.

4   임오일(15일)에 제주(濟州)단련사(團練使)[70]인 이겸부(李謙溥, 915~976)가 죽었다.

5   계미일(16일)에 한림학사 이방(李昉, 925~996)에게 명령하여 제도(諸道)에서 보내온 효성스럽고 우애 있으며 힘써 농사짓고 문무의 재간이 있는 사람 478명을 예부공원(禮部貢院)에서 살펴보게 하였지만,

---

70 단련사의 원래 명칭은 단련수촉사인데 이를 간략하게 부른 것이다. 당대에는 한 지방의 단련[자위대]을 책임지는 군사 관직이었으며, 송대에 와서 단련사는 무직(武職)으로 서천(敍遷)하는 기록관(寄祿官)의 단계인데, 자사보다는 높고, 방어사보다는 낮았으며, 대다수는 기록관과 같아서 부임할 필요가 없었다.

익힌 것이 모두 채용할 만 한 것이 없었는데 박주(濮州, 산동 鄄城縣)에서 천거한 것이 그 반을 차지하였다. 황제가 강무전(講武殿)에서 불러서 물어 보았는데, 대부분 조서와 같지 아니하여 오히려 스스로 무예를 익혔다고 말하는 사람에게 말 타기와 활쏘기를 시험하였더니 모두가 떨어지고 넘어지자 황제가 말하였다.

"단지 병적에 넣어 둘만 할 뿐이다."

무리들이 통곡하며 눈물을 흘리며 면하게 해 주기를 요구하자 마침내 모두 그들을 퇴출시키고 해당 관사(官司)는 멋대로 천거한 죄로 탄핵하였다.

6   2월 기해일(2일)에 여러 신하들이 표문을 받들어 존호(尊號)[71]를 덧붙이기를 요청하며 이르기를 일통태평(一統太平)으로 하자고 하니, 황제가 말하였다.

"연(燕)·진(晉)이 아직 회복되지 아니하였는데 일통태평이라고 말할 수 있겠는가?"

허락하지 아니하였다. 여러 신하들이 입극거존(立極居尊)으로 바꾸어 요청하니 이를 허락하였다.

7   경술일(13일)에 선휘남원사(宣徽南院使)·의성(義成)절도사인 조빈을 추밀사(樞密使)·영충무(領忠武)절도사로 삼았다. 추밀사로서 절

---

71 존호는 역사상 군주와 후비가 살아 있을 때에 부르는 호칭으로 죽고 나서의 시호와는 다르다. 이 존호는 일반적으로 외교, 예의, 제사 등에서 쓰이며 황제의 존호는 피휘할 필요가 없어서 누구라도 부를 수 있는 명칭이다.

도사직을 영직(領職)으로 한 것은 조빈에서부터 시작되었다. 산남동
도(山南東道)절도사 반미를 선휘북원사(宣徽北院使)로 삼았다. 절도사
가 선휘사직을 영직으로 하는 것은 반미에서 시작되었다. 이한경(李漢
瓊)·유우(劉遇)·전흠조(田欽祚)·양형(梁逈)·이계륭(李繼隆)은 나란히
관질이나 등급을 차등 있게 올려주어 강남국 정벌의 공로를 상으로 주
었다.

조빈이 강남에서 돌아와서 합문(閤門, 宮殿의 側門)에 이르러서 방자
(榜子)[72]를 들여보내면서 말하였다.

"칙령을 받들고 강남국에 차출되어 가서 공적인 일을 구당(句當, 처
리)하고 돌아왔습니다."

당시 사람들은 그가 자랑하지 않은 것을 아름답게 생각하였다. 조빈
이 가게 되자 황제는 조빈에게 사상(使相)[73]으로 상을 주겠다고 허락
하였는데, 돌아오게 되니 조빈에게 말하였다.

"사상의 품급과 지위는 아주 끝까지 가는 것이니 또한 이를 천천히
할 것이며, 다시 나를 위하여 태원(太原, 北漢)을 빼앗으라."

---

72 방문하는 사람이 혹 다른 사람과 관계가 있을 때에 사용하는 장방형의 편지
인데 위에는 자기의 성명과 직업, 그리고 주소 등을 적는 명함 같은 것을 말하
는데, 때로는 아랫사람이 윗사람에게 일을 진술하는 것을 말한다.

73 관직 명칭이다. 당말에 절도사들을 농락하려고 조정에서 절도사에게 동평장
사의 관함을 주어서 재상과 병칭되도록 한 것이며 오대에도 사용되었다. 이는
절도사의 사직(使職)을 가지면서 재상(宰相)의 직위라는 의미로 쓰인 것으로
사(使)와 상(相)을 합쳐서 부른 것이다. 송대에는 친왕·유수절도사 등에게 시
중·중서령·동평장사 등을 모두 사상이라고 불렀는데, 조정(朝政)과 조정의
명령에 서명하는 데는 참여하지 않으며 단지 조정에서 대신을 제수하는 조령
에 부서(副署)하며, 이러한 부서는 형식적인 성격을 지니는 것이고 진정으로
실질적인 의의를 행사한 경우는 겨우 한 번의 예가 있을 뿐이다.

이어서 전 50만을 하사하였다. 조빈이 집에 이르자 전을 담은 자루가 집에 가득하자 감탄하여 말하였다.

"사람이 태어나서 왜 반드시 사상을 할 것인가? 좋은 관직이란 전(錢)을 많이 갖는데 불과할 뿐이구나."

8   기미일(22일)에 오월국왕인 전숙과 그의 아들인 진해(鎭海)·진동(鎭東)절도사 전유준(錢惟浚) 등이 들어와서 숭덕전(崇德殿)에서 알현하니 장춘전(長春殿)에서 연회를 베풀어 주었다. 이보다 먼저 거가가 예현택(禮賢宅)에 행차하여 제공한 휘장(揮帳) 같은 것이 갖추어진 것을 순시하고 도착하게 되자 바로 전숙에게 조서를 내려서 거기서 살게 하고 총애하여 하사한 것이 아주 두터웠는데, 전숙이 진공(進貢)하여 받든 것 역시 전에 비하여 배로 늘었다.

9   황제가 처음에 즉위하고 공비고(供備庫)부사[74]인 위비(魏丕, 919~999)를 불러서 그에게 말하였다.

"작방(作坊, 수공업 공장)에는 오랜 동안 폐단을 쌓아 두었으니 나를 위하여 이것을 정리하시오."

바로 작방부사에 제수하였다. 위비는 직책을 가지고서 힘을 다 하면서 8년 동안 있었는데, 마침내 정사(正使)로 승진하였다. 황제가 해를 이어가며 정토(征討)를 하고 창건하는 일을 하였는데 기계(器械, 무기)가 모두 잘 가다듬었다. 3월 기사일(2일)에 위비를 영대주(領代州,

---

74 공비고부사는 송대의 관직 이름인데 종7품의 서반(西班)이며, 통상적으로는 업무가 없고 무신으로서 승진할 단계에 있는 자리였다.

대주는 산서성 忻州市 代縣)자사로 삼고 여전히 작방의 직책을 겸하게
하였다.

10   경오일(3일)에 오월왕인 전숙에게 칼을 차고, 신을 신고 전각에
오르도록 명령하고 조서에서는 이름을 쓰지 않았다.[75] 신미일(4일)에
전숙의 처인 현덕순목부인(賢德順穆夫人) 손씨(孫氏)를 오월국(吳越
國) 왕비로 하였다. 재상이 이성제후왕(異姓諸侯王)[76]에게는 비로 책
봉하는 전거(典據)가 없다고 말하자 황제가 말하였다.
  "나의 조정에서부터 시행하여 특별한 은전(恩典)을 표현한다."
  황제는 자주 전숙과 그 아들인 전유연(錢惟演, 962~1034)을 불러서
원(苑)에서 활쏘기를 하였는데, 당시에 제왕(諸王)들이 참여하여 앉아
있었지만, 전숙이 절하니 갑자기 내시로 하여금 겨드랑이를 부축하여
일어나게 하였다. 또 일찍이 전숙과 진왕(晉王)[77] 등에게 명령하여 형
제의 차례를 정하는 예를 거행하게 하였는데, 전숙이 땅에 엎드려서 머
리를 조아리며 굳게 사양하니 마침내 중지하였다.
  황제가 곧 서쪽으로 행차하려고 하자 전숙이 호종하게 해달라고 요
청하였지만 허락하지 않고 마침내 전유준(錢惟濬, 955~991)[78]에게 남

75 황제가 있는 전각에 오를 때에는 칼을 찰 수 없고, 신발을 신고 있을 수가 없
   는데, 전숙에게는 특별한 예우를 한 것이다. 또한 황제를 알현할 때에는 알현
   하는 사람의 관직과 작위, 성명을 호명하여 황제에게 알리는데, 이때에 이름
   을 부르지 않아서 존중의 뜻을 나타낸 것이다.
76 황제와 성이 다른 제후왕을 말하는데, 여기서는 오월왕 전숙을 말한다.
77 황제 조광윤의 동생 조광의를 말한다.
78 오월왕 전숙의 아들은 모두 8명인데, 전유준(錢惟濬)이 첫째이다. 나머지는

아서 모시게 하고 전숙을 보내어 귀국하게 하였다. 강무전에서 연회를 열며 전숙에게 말하였다.

"남쪽과 북쪽의 풍토가 달라서 점차 더워질 것이니 의당 일찍 떠나야 하오."

전숙이 눈물을 흘리면서 3년에 한 번 조현하게 해달라고 요청하자 황제가 말하였다.

"오가는 길이 머니 조서가 있으면 오시오."

떠나게 되자 하나의 황복(黃複, 노란 천으로 만든 겹 옷)을 하사하였는데, 바느질이 아주 단단하여 전숙에게 경계하여 말하였다.

"가는 도중에 의당 비밀리에 살펴보시오."

이를 꺼내어 열어보게 되니, 모두 여러 신하들이 전숙을 머물게 하라는 상소문이었는데, 전숙은 더욱 두려움을 느꼈다.

이미 돌아가고 나서 매번 공신당(功臣堂)에서 일을 보았는데, 하루는 자리를 동쪽으로 옮기도록 하고 좌우에 있는 사람들에게 말하였다.

"서북쪽에는 신경(神京)이 있으니 하늘의 위엄 있는 얼굴이 지척만큼도 떨어지지 않았는데 감히 어찌 있겠는가?"[79]

승여(乘輿)와 복장과 완구를 헌상하는데, 제작하는 것이 더욱 정교하여 매번 조공을 준비하면서 반드시 뜰에 늘어놓고 향불을 킨 다음에 이를 보냈다.

둘째가 전유치(錢惟治), 셋째가 전유선(錢惟渲), 넷째가 전유현(錢惟灝), 다섯째가 전유진(錢惟溍), 여섯째가 전유최(錢惟漼), 일곱째가 전유연(錢惟演), 여덟째가 전유제(錢惟濟)이다.

79 신경이란 경성(京城)이라는 말로 여기서는 송의 도읍인 개봉을 의미하며, 하늘의 위엄있는 얼굴이란 역시 송의 황제 조광윤을 가리키는 말이다.

11   요(遼)에서는 5명의 사자를 파견하여 사방으로 환·과·고·독(鰥·寡·孤·獨)[80]과 가난하고 직업을 잃은 사람을 살펴보고 물어서 이를 구제하게 하였다.

---

80 사회적으로 구제의 대상이 되는 사람들을 말하는데, 홀아비, 과부, 어린데 부모 없는 사람, 늙었는데 자식 없는 사람을 말한다.

낙양 천도를 희망한 조광윤과 그의 죽음

12   병자일(9일)에 거가가 경사를 출발하였고, 정묘일[81]에 정주(鄭州,
河南省 中部)에 당도하였다가 경진일(13일)에 황제는 안릉(安陵)[82]을
배알하고 전(奠)을 헌상하고 소리 내어 통곡하니 좌우에 있는 사람들
이 모두 눈물을 흘렸다. 이미 그렇게 하고 궐대(闕臺)에 올라서 서북쪽
으로 향하여 명적(鳴鏑, 발사하면 소리가 나는 화살)을 발사하고 그곳을
가리키며 말하였다.

"나는 후에 마땅히 이곳에 장사지내져야 한다."

하남부(河南府)의 백성들에게 금년도 전조(田租)의 반을 하사하고
능을 받드는 호구에 1년간의 요역을 면제해 주었다.

---

81 병자일이 9일이므로 그 다음으로 정묘일이 올 수 없다. 정묘일이 오려면 다음
   달에나 가서야 있기 때문이다. 《속자치통감장편》에는 기묘일로 되어 있으므
   로 정묘(丁卯)는 기묘(己卯)의 오식으로 보이는데, 이날은 12일이다.

82 송 태조 조광윤의 아버지 조홍은(趙弘殷, 899~956)의 묘소이다. 그는 탁군보
   주(涿郡 保州, 河北省 保定淸苑區) 사람으로 뒤에 낙양으로 천거(遷居)하였다.
   송 건국 후에 소무황제로 추존되었고, 묘호(廟號)는 선조(宣祖)였는데, 《송조
   사실(宋朝事實)》 권1에 "二十六日崩, 葬安陵. 建隆元年, 追尊昭武皇帝."로
   되어 있다. 그러나 다른 자료에는 영안릉(永安陵)으로 되어 있기도 하다.

신미일⁸³에 황제는 서경(西京)에 이르렀는데 낙양(洛陽)의 궁실이
크고 화려한 것을 보고 아주 기뻐하였으며, 하남부(河南府)·우무위상
장군(右武衛上將軍)인 초계훈(焦繼勳, 901~978)을 불러서 면전에서 그
에게 상을 주었는데, 창덕군(彰德軍, 河南省 安陽市)절도사를 덧붙여
주었다.

13 왕전빈(王全斌)을 무령(武寧, 江西省 九江市)절도로 삼고 그에게
말하였다.

"짐은 강좌(江左, 금릉, 강남국)가 아직 평정되지 아니하였는데, 강남
정벌에 참여한 여러 장수들이 기율을 준수하지 않는 것을 염려하였었
으니 그러므로 경을 수년간 억눌러 두었는데 짐을 위하여 법을 세워주
시오. 지금 이미 금릉(金陵)을 이겼으니 경에게 절월(節鉞)을 돌려주는
것이요."

이어서 후하게 그에게 하사하였다.

14 여름 4월 경자일(4일)에 남교(南郊)에서 하늘과 땅에 합제(合祭)

---

83 원문은 '辛未〔巳〕'로 되어 있다. 이것은 신미(辛未)이거나 아니면 신사(辛巳)
라는 말이다. 이 사건은 3월 병자일(9일)과 4월 경자일(4일) 사이에 배열되어
있기 때문에 이 배열이 맞는 것으로 본다면 3월 9일부터 4월 4일 사이에 있
는 사건이다. 병자 이후 경자까지 사이에 신(辛)이 들어가는 간지는 신사(辛
巳)와 신묘(辛卯) 밖에 없고, 3월 중에 신(辛)이 들어가는 간지로는 신미(辛
未)가 있지만 이는 병자(丙子) 전이다. 만약에 이 기사가 신미일(4일)에 벌어진
일이라고 한다면 병자일(9일)에 앞에 배열했어야 한다. 이 기사의 배열순서가
맞는다면 당연히 신사일(14일)이 된다. 그러므로 이것은 괄호 속에 있는 신사
일로 보아야 할 것이다.

를 지냈다. 그때에 비가 내리는 것이 한 달 동안 그치지 않았는데, 그것이 개이기 시작하게 되었다. 예를 마치니 모든 백성들 가운데 흰 머리카락을 늘어뜨린 사람들이 서로 말하였다.

"우리들이 어지럽고 흩어지는 일을 조금 겪었지만 생각지도 않게 오늘 다시 태평천자를 뵙게 되었다!"

눈물을 떨어뜨리는 사람들이 있었다. 이날 오봉루(五鳳樓)에 나아가서 크게 사면하였다.

임인일(6일)에 크게 연회를 베풀고 하사품을 차등 있게 내려 주었다.

15   황제는 낙양에서 태어나서 그곳의 풍토를 즐겼는데, 일찍이 도읍을 옮길 생각을 갖고 있었다. 기거랑(起居郎)인 이부(李符)가 여덟 가지 어려운 점을 진술하였지만 황제는 좇지 아니하였다. 이미 제사 지내는 일을 마치고 오히려 머물며 거주하고자 하였는데, 여러 신하들은 감히 간언하지 못하였다.

철기좌우상(鐵騎左右廂)도지휘사인 이회충(李懷忠)이 틈을 보아 말씀을 하였다.

"동경에는 변거(汴渠)의 조운이 있어서 해매다 강·회(江·淮, 장강과 회하)의 쌀 수백만 곡(斛)이 도착하여 도하(都下)의 병사 10만 명이 모두 공급해 주기를 바라고 있습니다. 폐하께서 여기에 거주하시면 장차 이를 어떻게 가지겠습니까? 또 부고(府庫)와 많은 무기가 모두 대량(大梁)에 있어서 근본이 편안하고 견고한 것이 이미 오래 되었으니 동요시킬 수 없습니다."

황제는 역시 좇지 아니하였다. 진왕(晉王, 조광의)이 또 종용히 천도하는 것이 불편한 것을 말하니 황제는 말하였다.

"하남(河南, 하남부, 낙양)으로 옮기는 것이 아직 마치지 않았지만 오래 되면 마땅히 장안(長安)으로 옮겨야 할 것이다."

왕이 머리를 조아리며 간절하게 간하니 황제가 말하였다.

"내가 장차 서쪽으로 옮기려는 것은 다른 것이 아니고, 산과 강의 험준함에 근거하여 용병(冗兵, 쓸데없는 군사)을 제거하고자 함이니 주·한(周·漢)의 옛 일을 좇아서 천하를 편안히 하고자 하는 것이다."

왕이 또 말하였다.

"덕을 쌓는데 있는 것이지 험한 것에 있지 아니합니다."[84]

황제는 대답하지 않았다. 왕이 나가자 황제는 좌우에 있는 사람들을 돌아보고 말하였다.

"진왕의 말은 진실로 훌륭하지만 그러나 백년이 넘지 않아서 천하 백성들의 힘은 다할 것이다."[85]

16 갑진일(8일)에 비로소 조서를 내려서 동쪽으로 돌아간다고 하였다.[86]

---

84 이 말은 원래 《사기(史記)》 권65 〈손자오기열전(孫子吳起列傳)〉에 나와 있는 말로, 오기가 위문후의 아들 위무후에게 한 말이다. 이 내용은 《자치통감》에도 나와 있을 만큼 명언이 되었다.

85 조광윤의 이 말은 거의 맞아 떨어졌다. 이후 100년 뒤인 1076년경에는 북송 왕조가 요·서하와의 국제 관계 속에서 어려움에 빠졌고, 여기에 연유하여 신법당과 구법당의 대결이 나타나서 어려움을 겪게 된다.

86 태조 조광윤이 낙양에 머물고 싶다고 했지만 결국 다시 도읍지인 개봉으로 돌아간 것이다.

17   병오일(10일)에 거가가 낙양궁을 출발하였고, 신해일(15일)에 동경(東京, 개봉)에 도착하였다.

18   애초에 이욱이 이미 항복하고 나자 조빈이 이욱으로 하여금 편지를 작성하여 강남국의 여러 성을 지키는 사람들에게 유시하도록 하여 모두가 서로 이어가면서 귀순하도록 하였는데, 다만 강주군교(江州軍校)인 호칙(胡則)과 아장(牙將)인 송덕명(宋德明)이 자사를 찔러 죽이고 성을 점거하고 항복하지 않으니, 선봉도지휘사(先鋒都指揮使)인 조한(曹翰, 924~992)에게 조서를 내려서 초안순검사(招安巡檢使)로 삼고 군사를 인솔하고 토벌하게 하였다.

    강주의 성은 험하고 굳어서 조한이 이를 공격하였지만 이기지 못하여 겨울부터 여름에 이르기까지 죽은 사람이 아주 많았다가 정사일(21일)에 비로소 이를 뽑았다.

    당시에 호칙은 병이 아주 심하여 침대에 누워 있었는데 조한이 잡아서 포박하고 그가 명령을 거절한 것을 책임지우니 대답하여 말하였다.

    "개란 그 주인이 아닌 사람을 보고 짖는 것인데[87] 공은 어찌하여 이상하다 하십니까?"

    조한이 그를 요참(腰斬)하고 송덕명을 아울러 죽이고 드디어 그 성을 도륙하였는데, 죽은 사람이 수만 명이었으며 노략한 금백(金帛)은

---

87 이 말의 출처는 《전국책(戰國策)》 제책(齊策) 6에 나오는 말이다. 원문을 보면 '초발(貂勃)이 이르기를, 도척의 개는 요임금을 보고 짖으니 도척을 귀하게 생각하고 요임금을 천하게 생각해서가 아니라 개란 본래 그 주인 아닌 사람을 보고 짖는 것이다.(跖之狗吠堯, 非貴跖而賤堯也, 狗固吠非其主也.)'라고 되어 있다.

억만(億萬)으로 헤아렸다.

19 이달에 전수기(田守奇)를 파견하여 요(遼)에 가서 생신[88]을 축하하게 하였다.

20 기미일(23일)에 저령(著令)[89]을 내렸다.
"지금부터 순가일(旬假日)[90]에는 정사를 보지 않을 것이니 백관들은 쉬면서 목욕하라."

21 황제는 진왕이 거주하는 곳의 지세(地勢)가 높아서 물이 이를 수 없어서 6월 경자일(5일)에 좌액문에서 걸어서 그 집에 도착하여 공장(工匠)을 파견하여 대륜(大輪)[91]을 만들게 하여 금수(金水)를 흘러들게 하여 그 집 안으로 주입하게 하였는데, 또 자주 임석하여 살펴보며 그 역사(役事)를 독촉하였다.
진왕은 성품이 어질고 효성스러웠고 경윤(京尹)을 15년간 하면서 여러 업무를 수행하였다. 황제는 자주 그 왕부에 행차하였는데, 은혜와 예우가 아주 두터웠다.

---

88 요 경종(景宗)의 생일을 축하한 것이다.

89 제왕의 조명(詔命)이며, 조정의 문서를 말한다. 후에는 윗사람이 아랫사람에게 지시하는 것을 가리키는 말이 되었다.

90 당·송시기에 관원들은 10일에 한 번씩 쉬는 관례가 있었는데, 이러한 휴가를 순가라고 하였다.

91 당·송시기에 사용된 수차(水車)로 보인다. 물의 낙차를 이용하여 돌리는 것이 보통이지만 이 경우에는 큰 수차를 돌려서 물을 위로 올려 보낸 것이다.

일찍이 병들어 위태해져서 사람을 알아보지 못하자, 황제는 재빨리 가서 문병하고 친히 작애(灼艾)[92]하였는데, 진왕은 통증을 느꼈으며 황제도 역시 애초(艾草, 쑥)를 가져다가 스스로 뜸질하는 것이 진시(辰時)부터 유시(酉時)까지[93] 하였으며 땀이 나고 숨을 들이 쉬게 되어서야 황제는 마침내 돌아갔다.

또 일찍이 궁중에서 연회를 하는 가운데 진왕이 술에 취하여 말을 탈 수 없자 황제가 일어나서 전각의 계단까지 보내는데 친히 그를 부축하였다. 진왕 장하(帳下)의 하사(下士)인 몽성(蒙城) 사람 고경(高瓊)이 왼손으로 등자(鐙子)[94]를 잡고 나가니 황제가 돌아보고 이어서 고경 등에게 공학관(控鶴官, 황제의 시위)의 의대(衣帶)와 기백(器帛)을 하사하며 마음을 다하도록 면려하였다.

틈나면 가까운 신하들에게 말하였다.

"진왕은 용과 호랑이의 걸음걸이를 하니 반드시 태평천자가 될 것이며, 복과 덕은 내가 미칠 바가 아니다."

22 무령(武寧)절도사 왕전빈(王全斌)이 죽었다. 왕전빈은 재물을 가볍게 하고 선비를 중히 여겼으며 들어나는 칭찬을 구하지 않고 관대하여 무리들을 포용하였으니 군대들이 즐겨 그를 위하여 쓰였다. 그가 쫓

---

92 한방의학 가운데 치료법의 하나인데, 쑥을 태워서 사람 몸의 일정한 혈(穴)에 쏘여서 병을 낫게 하는 치료법이다.

93 진시는 아침 8시경을 말하고 유시는 오후 6시경을 말하는 것이므로 태조 조광윤이 동생 조광의를 치료하는데 8시간이나 있었던 셈이다.

94 말안장에서 양쪽으로 늘어트려서 말을 탔을 때에 발을 얹을 수 있는 물건을 말한다.

겨나서 산악 지역에 있는 군(郡)에 거의 십 년 거주하였는데[95] 기뻐하
며 만족하였으며 아는 사람들은 그를 도량이 넓다고 생각하였다. 죽기
에 이르자 중서령을 증직하였다.

23   요(遼)의 남경유수(南京留守, 북경)인 진왕(秦王) 고훈(高勳)은 총
애를 받고 있다는 것을 믿고 교만하였는데, 일찍이 남경의 교내(郊內,
근교)에 놀리고 있는 땅이 많았으므로 밭둑을 터서 벼를 심게 해달라고
요청하였다. 요주(遼主)는 이를 좇으려고 하였는데 임아(林牙)[96]인 야
율곤(耶律昆)이 조정에서 선언하여 말하였다.

  "고훈의 이 주문은 다른 뜻을 갖고 있으니 과연 벼를 심게 한다면 물
을 끌어들여 밭둑을 만들고 경(京, 남경)을 가지고 반란한다면 관병(官
兵)은 어디에서부터 들어갑니까?"

  요주(遼主)가 이를 의심하여 결실을 맺지 못하였다. 마침 영왕(寧王)
야율질목(耶律質睦, 只沒)의 처가 사사롭게 짐독(鴆毒)을 만들었는데,
고훈 역시 독약(毒藥)을 가지고 부마도위(駙馬都尉)인 소묵리(蕭默哩,
啜里)에게 먹이다가 사실이 발각되었다. 가을 7월 초하루 병인일에 야
율질목은 작위를 박탈당하여 오고부(烏庫部)로 귀양 보내졌고, 고훈은
제명이 되어 동주(銅州, 黑龍江省 寧安市)로 유배 갔다.

---

95 왕전빈은 촉을 정벌하면서 많은 사람을 죽였기 때문에 태조 조광윤은 이를
   아주 못 마땅하게 생각하였다.

96 임아는 요(遼)의 관직명이다. 북면행군관(北面行軍官)에는 행추밀원(行樞密
   院)이 있었는데 추밀원의 파견 기구이다. 요(遼)의 북면관(北面官)에는 북면
   도임아(北面都林牙), 북면임아승지(北面林牙承旨), 북면임아(北面林牙), 좌임아
   (左林牙), 우임아(右林牙)가 있었고 문한(文翰)인 관직을 관장하였다.

24   8월 초하루 을미일에 오월국왕이 화전(火箭, 불화살)을 발사하는 군사(軍士)를 올려 보냈다.

25   정미일(13일)에 시위마군(侍衛馬軍)지휘사인 당진(党進)을 하동 도행영마보군(河東道行營馬步軍)도부서로 삼고 선휘북원사(宣徽北院使)인 반미(潘美)를 도감(都監)으로 삼고 호첩우상(虎捷右廂)도지휘사인 양광미(楊光美)를 도우후(都虞候)로 삼고 그리고 우사진(牛思進)·미문의(米文義)는 군사를 인솔하고 다섯 길로 나누어 북한(北漢)을 치게 하였다.
   병진일(22일)에 군사가 태원(太原, 북한의 도읍)에 들어갔다. 또 흔·대행영도감(忻·代行營都監)인 곽진(郭進) 등에게 명령을 내려서 나누어서 흔주(忻州)·대주(代州)·분주(汾州)·심주(沁州)·요주(遼州)·석주(石州) 등의 주(州)를 공격하게 하였다.

26   이달에 여진(女眞)이 요(遼)의 귀덕주(貴德州, 遼寧省 撫順市北) 동쪽 경계를 침략하였다.

27   9월 갑자일(1일)에 당진이 북한의 군사를 태원성 아래에서 패배시키니 북한(北漢)의 주군은 요(遼)에 구원해 주기를 요구하였는데, 요주(遼主)는 남부재상(南府宰相)인 야율사(耶律沙, ? ~988)·기왕(冀王)인 야율탑이(耶律塔爾, 敵烈)를 파견하여 이를 구원하였다.

28   신미일(8일)에 여진(女眞)은 요(遼)의 귀주(歸州)[97]에 있는 다섯 영채를 습격하여 빠르게 약탈하고 갔다.

29   겨울 10월에 황제가 몸이 불편하였다. 임자일(19일)에 내시 왕계은(王繼恩, ?~999)에게 명령하여 건륭관(建隆觀, 道觀)에 가서 황록(黃籙)⁹⁸를 설치하고 제사를 지내도록 하였다. 이날 저녁에 황제는 진왕(晉王, 조광의)을 불러 들어와 독대하게 하고 밤중이 되어서야 마침내 물러갔다.

계축일(20일)에 황제가 만세전(萬歲殿)에서 붕어하였다. 그때는 밤 4고(鼓, 2시)였는데, 황후가 왕계은에게 나가서 귀주(貴州)방어사인 조덕방(趙德芳, 959~981, 조광윤의 넷째 아들)을 불러 오게 하였다. 왕계은은 태조가 나라를 진왕(晉王, 조광의)에게 전하겠다는 뜻을 평소에 정해 놓았기 때문에 조덕방에게 가지 않고, 지름길로 개봉부로 달려가서 진왕을 불렀다. 좌압아(左押衙)인 형택(滎澤, 河南 鄭州市 西北) 사람 정덕원(程德元)이 왕부(王府)의 문에 앉아 있는 것을 보고, 문을 두드리고 함께 들어가 진왕을 알현하고 또 그를 불렀다.

진왕은 크게 놀라고 미적미적하며 가지 않고 말하였다.

"나는 마땅히 집안사람들과 이를 논의해야겠다."

오래도록 나오지 않았다. 왕계은이 그를 재촉하며 말하였다.

"일이 오래 가면 장차 다른 사람이 가질 것입니다."

그때 큰 눈이 내려서 드디어 진왕과 더불어 눈 속을 걸어서 궁궐에 도착하였다. 왕계은이 진왕에게 직여(直廬, 侍臣들이 숙직하는 곳)에서

---

97 천현 원년(926년)에 발해국의 항복한 호구로 귀주(歸州)를 설치하였으며 보령 8년(976년) 이후에는 이를 없앴다. 원문에서 귀(歸)자를 괄호 속에 넣고 있다.

98 황록이란 도사(道士)가 만든 도장을 말하는데, 도사가 단을 쌓고 기도하는 데는 부록(符籙)을 사용하는데 부록의 색깔이 모두 노랗기 때문에 황록이라 하며 노란색의 부록이라는 뜻이다.

머물게 하고 말하였다.

"왕께서는 여기에서 잠시 기다리십시오. 저 왕계은이 마땅히 먼저 들어가서 이를 말씀드리겠습니다."

정덕원이 말하였다.

"바로 응당 곧바로 앞으로 가야지 어떻게 기다리는 일이 있단 말이요?"

마침내 진왕과 함께 나아가 침전에 이르렀다. 황후가 왕계은이 도착하였다는 소식을 듣고 물었다.

"덕방은 왔는가?"

왕계은이 말하였다.

"진왕이 도착하였습니다."

황후가 진왕을 보고 놀라서 갑자기 관가(官家)[99]라고 부르면서 말하였다.

"우리 모자(母子)의 목숨은 모두 관가에게 의탁합니다."

진왕이 눈물을 흘리면서 말하였다.

"함께 부귀를 지킬 것이니 걱정하지 마십시오."

갑인일(21일)에 진왕이 황제의 자리에 올랐고, 여러 신하들이 만세전의 동영(東楹)에서 알현하였는데, 통곡을 하다가 떨어져 기절하였다.

을묘일(22일)에 천하에 대사면령을 내리고 평상적인 사면에서 용서받지 못하는 자도 모두 이를 없애게 하였다. 조서를 내려서 말하였다.

"변경의 두절된 곳에서 수자리를 서는 졸병들은 밖의 경계 지역을

---

99 관가란 황제의 속칭이다. 《한서(漢書)》에 개관요(蓋寬饒)가 '五帝官天下, 三王家天下.'라는 말을 하였는데, 이는 황제라는 말과 같다.

침범하여 시끄럽게 하지 말라. 여러 신하들이 늘어놓고 논할 것이 있으면 나란히 실봉(實封)[100]을 가지고 보고하고 반드시 대면하고 상주할 사람은 합문사(閤門使)가 즉시 이끌어서 대면하게 하라."

30　경신일(27일)에 황제의 동생인 영흥(永興)절도사 겸시중인 조정미(趙廷美)를 개봉윤(開封尹) 겸중서령(兼中書令)으로 삼고 제왕(齊王)에 책봉하였다. 황제의 아들인 산남서도(山南西道)절도사·동평장사(同平章事)인 조덕소(趙德昭, 951~979)를 영흥(永興)절도사 겸시중으로 하고 무공군왕(武功郡王)에 책봉하였으며, 귀주(貴州)방어사 조덕방(趙德芳)을 산남서도(山南西道)절도사·동평장사로 하였다.[101] 재상인 설거정(薛居正)에게는 좌복야(左僕射)가 덧붙여지고 심륜(沈倫, 909~987)에게는 우복야(右僕射)가 덧붙여졌는데, 바로 심의륜(沈義倫)이다. 참지정사 노다손(盧多遜)은 중서시랑(中書侍郎)·평장사(平章事)로 하고 추밀사(樞密使) 조빈(曹彬)에게는 동평장사가 덧붙여졌으며 추밀부사(樞密副使) 초소보(楚昭輔, 914~983)는 추밀사로 하였다.

---

100 실봉이란 식읍(食邑)제도의 하나이다. 당(唐)대에는 책봉하는 호구에는 허실(虛實)의 구별이 있었는데 봉국이라고 하여도 강토가 없었고, 봉호라고 하여도 이는 다만 허명일 뿐이었고 여기에 실봉을 덧붙여 주어야 비로소 그 봉호의 조세를 먹고 살 수가 있다. 송대에는 실봉은 백 호에서 천 호에 이르기까지 7단계가 있었는데, 문관은 경감에 이르렀고 무관은 횡행에 이르렀으며 공훈은 상주국에 이르렀는데, 모두 식읍을 실봉으로 하였으며, 실봉의 한 호(戶)당 매월 25문(文)을 가졌는데, 후에는 철폐되었다.

101 조광윤에게는 아들이 네 명이 있었는데, 장남 등왕(滕王) 조덕수(趙德秀)는 일찍 죽었고, 둘째가 연의왕(燕懿王) 조덕소(趙德昭)였고, 셋째 서왕(舒王) 조덕림(趙德林)은 일찍 죽었고, 넷째 진강혜왕(秦康惠王) 조덕방(趙德芳)도 일찍 죽었다.

31   11월 갑자일(2일)에 고(故) 윤씨(尹氏)를 숙덕(淑德)황후로 추가 책봉하고 월국(越國)부인 부씨(符氏)를 의덕(懿德)황후로 하였다. 윤씨는 윤숭가(尹崇珂, 927~968)의 누이로 황제가 미천하였을 때에 아내로 맞았었다.[102]

32   정묘일(5일)에 제왕 조정미·무공군왕 조덕소에게 조서를 내려서 지위가 재상의 위에 있게 하였다.

33   경오일(8일)에 제주(齊州)방어사인 이한초(李漢超, ? ~977)를 운주(雲州, 연운 16주의 하나)관찰사로 하고 판제주(判齊州)[103]로 하여 겸

---

102 송 태종 조광의에게는 네 명의 부인이 있었는데, 첫 번째 적처(嫡妻)는 윤씨(尹氏)이다. 그녀는 상주(相州) 업(鄴, 河南 安陽北) 사람인 저주(滁州)자사 윤정훈(尹廷勛)의 딸이며 그 오빠 윤숭가(尹崇珂)는 보신군(保信軍)절도사였고, 그 매서(妹婿)가 조연진(趙延進)인데, 윤씨의 본명과 생졸연도는 알 수 없으며 조광의가 황제가 되기 전에 죽어서 황후로 추증한 것이다.
   다음으로 계실(繼室) 부씨(符氏, 941~975)가 있는데 조광윤이 황제가 되기 전에 죽어서 의덕황후(懿德皇后)로 추증되었다. 그녀는 진주(陳州) 완구(宛丘, 河南 淮陽) 사람인 위왕(魏王) 부언경(符彦卿)의 딸이며, 세 번째 부인은 명덕황후(明德皇后, 960~1004) 이씨(李氏)이다. 그녀는 노주(潞州) 상당(上黨, 山西省 長治縣) 사람인 개국원훈(開國元勛) 이처운(李處耘)의 딸이며, 오빠는 장군 이계륭(李繼隆)이다. 넷째는 비빈(妃嬪) 이씨(李氏, 943~977)로 진정(真定) 사람 건주(乾州)방어사인 이영(李英)의 딸로 후에 그의 아들인 진종(眞宗)이 등극하자 원덕황후(元德皇后)로 추증되었다.

103 판직(判職)이다. 판직은 관리를 임용하는 종류의 하나인데, 송초에는 비록 상서·시랑과 경·소경·감·소감이라는 명칭이 있었지만, 그 직책을 맡지 않고 다른 관직과 서로 관장하게 하는 것으로 판(判)·지(知) 같은 것은 관직 위에 붙여 주었다.

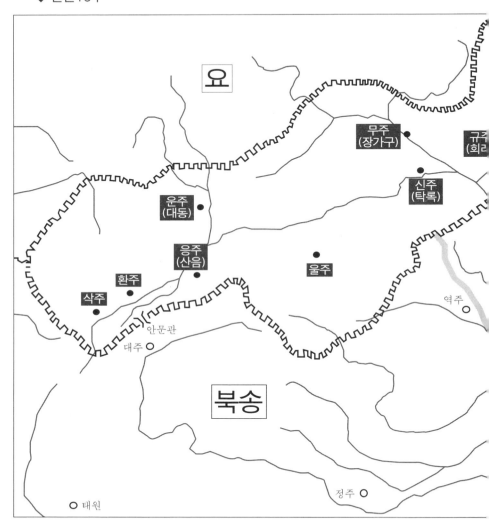

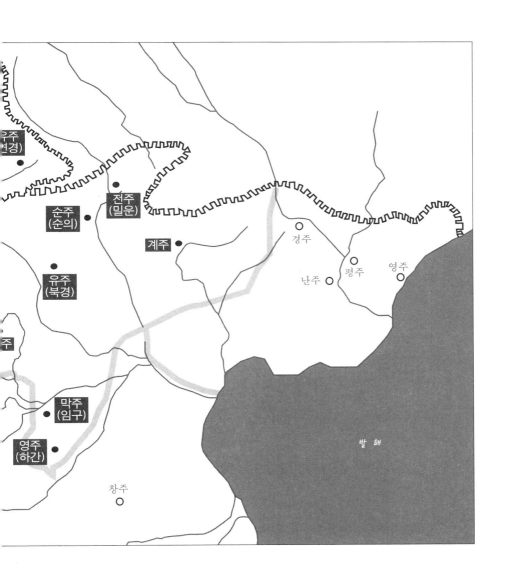

하여 관남둔병(關南屯兵)을 통괄하게 하였다. 명주(洺州, 河北省 永年) 방어사 곽진(郭進, 922~979)은 영응주(領應州)[104]관찰사로 하여 판형주(判邢州) 겸서산순검(兼西山巡檢)은 예정대로 하였다.〔지도참고〕

이때에 영주(瀛州, 河北 河間市)방어사 마인우(馬仁瑀)가 패주군(霸州軍, 하북성)을 감독하였는데 멋대로 휘하의 군사를 발동하여 변경으로 들어가서 약탈을 하였다. 이로 말미암아서 이한초(李漢超)와 관계가 악화되었다.

황제는 변경에 틈이 생길까 걱정하여 바로 사자를 파견하여 금백을 싸가지고 가서 이한초와 마인우에게 하사하고 술자리를 마련하여 화해를 이야기하도록 하였으며 얼마 안 있다가 마인우를 옮겨서 지요주(知遼州)[105]로 하였다.

34   조서를 내렸다.

"제도(諸道)의 전운사(轉運使)는 각기 부내(部內)의 지주(知州)·통판(通判)·감(監)이 업무에 다가가는 경조관(京朝官)[106]을 살펴보고 세 등급으로 나누어 천거하는데, 정치적 업적이 특히 특이한 사람을 상(上)으로 하여 삼가 처리하며 관직에 있는 자와 직무를 거칠게 처리하는 자를 중(中)으로 하며, 일을 당하여 해이하고 더디게 하거나 자기 직

---

104 영직(領職)이다. 관리 임용방법의 하나로, 한 몸으로 여러 직책을 맡는 경우에 성질이 비슷한 것을 겸하게 되는데, 여러 직책 가운데 실제로 맡는 주요 관직이 있고, 그 나머지는 별도로 관장하게 하는 것이다.

105 지직(知職)이다. 관리 임용방법의 하나로 칙지(勅旨)에 있는 규정에 의하여 임명되는 데 후에는 정식 관명이 되었다.

106 송대의 경관(京官)과 승조관(升朝官)을 합하여 부르는 말이다.

책에 형편이 없는 사람을 하(下)로 하여 연말에 보고하라."

35   공봉관(供奉官)인 설유길(薛惟吉, 955~996)을 우천우위(右千牛衛)장군으로 삼고 심계종(沈繼宗)과 향공진사(鄕貢進士)[107]인 노옹(盧雍)을 나란히 수부(水部)원외랑으로 삼았다. 노옹은 노다손의 아들인데, 집안에서 시작하여 관직을 받으니 바로 심계종과 같았다. 노다손은 당시에 바야흐로 총애를 받고 있어서 황제가 특별히 이를 명령한 것인데, 옛날 전거(典據)에 의한 것은 아니라고 말하였다.

36   요(遼)에서는 낭군(郞君)인 왕륙(旺陸, 王六) 등을 파견하여 송(宋)에 사신으로 가서 조위(弔慰)하였다.

37   이달에 유창(劉鋹)을 위국공(衛國公)으로 책봉하고 이욱(李煜)을 농서군공(隴西郡公)으로 하였다.*

---

107 향공진사란 바로 지방 주현(州縣)의 관리가 사학(私學)에 의거하여 양성된 사인(士人)으로 향시(鄕試), 부시(府試)의 두 과정을 거쳐서 선발된 사람이다. 합격자는 예부공원에서 거행하는 진사고시에 참가할 수 있는데 여기서 발탁되지 않은 사람을 향공진사라고 한다.

송기9

십국 통일의 시도

내치를 정비하는 송 태종

태종지인응운신공성덕예열대명광효황제(太宗至仁應運神功聖德睿烈
大明廣孝皇帝)[1]

태평흥국(太平興國) 원년(병자, 976년)[2]

1   12월 갑인일(22일)에 황제가 건원전(乾元殿)에 나가서 조하(朝賀)

---

1 황제의 휘(諱)는 경(炅)이며 처음 이름은 광예(匡乂)였고 즉위하고 2년이 되
어서 지금의 휘(諱)로 바꾸었으며, 태조와는 같은 부모를 둔 그의 동생이었
다. 진(晉) 천복(天福) 4년(939년) 10월 갑진일(7일)에 준의(浚儀, 安徽省 亳州
市)에 있는 관사에서 탄생하였으며, 이날 밤에 붉은 빛이 위로 올라가는데 불
꽃같았다. 자라면서 용의 콧날과 용의 얼굴을 하였는데 그를 바라보는 것이
의젓하였다. 성품이 배우기를 좋아하고 문예적 업무를 꼼꼼히 하였고, 예능
을 많이 가졌다. 후주(後周)에 벼슬을 하여 공봉관도지(供奉官都知)에 이르렀
고, 태조가 즉위하자 전전도우후(殿前都虞候)가 되어 영목주방어사(領睦州防
禦使)를 하다가 얼마 후에 영공령군절도사(領恭寧軍節度使)가 되었으며 동평
장사(同平章事)를 덧붙였으며 행개봉윤(行開封尹)이 되어 다시 겸중서령(兼中
書令)을 덧붙였으며 진왕(晉王)에 책봉되었다.

2 이 해는 요 경종 보령 8년이다. 《속자치통감》 권9에는 송 태평흥국 원년 12월
부터 태평흥국 4년 2월까지 2년여 동안의 사건을 기록하였다.

를 받았는데, 악기(樂器)를 걸었으나 연주하지 아니하였으며,[3] 크게 사면하고 기원(紀元)을 고쳤다.[4] 태조의 아들과 제왕(齊王)인 조정미(趙廷美)의 아들을 나란히 황제의 아들이라 불렀으며 왕(王)씨·석(石)씨·위(魏)씨[5] 세 공주를 나란히 황제의 딸이라 불렀다.

2   정사일(25일)에 추밀직학사(樞密直學士)·좌정간대부(左正諫大夫)인 가완(賈琬)을 3사부사(三司副使)로 삼았다. 3사에 부사를 둔 것은 이로부터 시작되었다.

3   무오일(26일)에 요(遼)에서 소파고제(蕭巴固濟, 哲古馬哲, 只古馬哲, 蒲骨只)를 파견하여 와서 빙문(聘問)하였다.

4   이보다 먼저 천·협분로(川·峽分路, 四川盆地 川路·峽路의 合稱)[6]

---

3 조하를 받을 때에는 악기를 연주해야 하지만 태조 조광윤이 죽은 지 얼마 되지 아니하는 상황이기 때문에 연주를 하지 않은 것이다.

4 그동안 기원을 개보로 하여 이 해는 개보 9년이었다. 보통 전황제가 쓰던 기원은 죽더라도 그해 마지막까지 사용하는 것이지만 태종 조광의는 태조 조광윤이 10월에 죽고 2달만인 12월에 기원을 고쳐서 태평흥국이라고 한 것이다. 따라서 개보 9년과 태평흥국 원년은 같은 해이다.

5 조광윤에게는 딸 6명이 있었는데 셋은 일찍 죽고 나머지 세 명은 모두 개국공신의 집으로 시집갔다. 조광윤은 이른바 술잔으로 병권을 녹이는 사건이 있은 후에 당시 술자리에 참석하였던 석수신(石守信)과 왕심기(王審琦)의 아들에게 딸들을 시집보냈다. 또 후에 재상인 위인포(魏仁浦)의 아들에게 시집을 보냈으므로, 각기 왕, 석, 위씨 집안에 시집 간 공주를 지칭한 것이다.

6 송 태조 건덕 3년(965년)에 북송은 후촉을 평정한 뒤에 익주(益州) 등 46주(州)를 얻고 나서 여기에 서천로(西川路)를 두었으며 송 태조 개보 6년(973년)

에 전운사(轉運使)를 두고 협(峽)의 소금은 모두 형남(荊南, 湖北의 江陵·公安 일대)으로 보내니 사천(四川)의 백성들은 먹을 것이 부족하여 태조가 사자를 파견하여 양로(兩路) 전운사의 죄를 탄핵하게 하였는데, 황제가 즉위하자 모두 이들을 풀어 주었다.

이에 서천(西川)전운사 신문위(申文緯)에게 명령하여 협로(峽路)를 요겸(遙兼)[7]하게 하였고, 전운부사 한가빈(韓可玭)이 서천로(西川路)를 겸하여 염협(鹽筴)[8]이 유통되게 하였다.

5 　요(遼)에서는 남경(南京)에 조서를 내려서 예부공원(禮部貢院)을 회복시켰다.

6 　이달에 조서를 내려서 하동(河東)에서의 군사활동을 철폐하고[9] 선휘남원사(宣徽南院使) 반미(潘美)와 시위마군(侍衛馬軍)도지휘사 당진(党進, 927~978)은 모두 행영(行營, 본부를 떠나 머물고 있는 군영)에서 궁궐로 돌아왔다.

7 　이 해에 고려 사람인 김행성(金行成)이 처음으로 국자감(國子監)에 입학하였다.[10]

에 서천로를 나누어 협로를 두었다.

7 관직을 가진 사람이 직접 관할지역에 가지 않고 멀리서 그 업무를 관장하게 하는 관리 임용방법이다.

8 소금을 먹는 사람들의 호구책적(戶口冊籍), 혹은 소금정책을 말한다.

9 지난 8월에 태조 조광윤은 북한(北漢) 정벌을 시작하여 군대를 출동시켰었다.

태평흥국 2년(정축, 977년)[11]

1　봄 정월 임술일(1일)에 대행(大行)이 빈소(殯所)[12]에 있어서 조회를 보지 아니하였다.

2　병인일(5일)에 예부원외랑(禮部員外郞)인 가황중(賈黃中, 940~996)·좌보궐(左補闕)인 정능(程能)·좌찬선대부(左贊善大夫)인 풍찬(馮瓚, 914~980)에게 명령하여 좌장(左藏, 국고)의 세 창고를 나누어 관장하게 하였다.

이보다 먼저 화전(貨錢)과 금백을 같이 관장하였는데, 세월이 오래되어 저축한 것이 차고 남자 처음으로 이를 나누도록 명령한 것이다. 가황중은 얼마 안 있다가 지승주(知昇州)로 나갔다.

일찍이 부의 관사를 두루 다니다가 한 방에는 자물쇠를 채운 것이 아주 굳게 되어 있는 것을 보고 열쇠로 열라고 명령하여 그것을 보니 금보(金寶) 수십 궤짝을 찾아냈는데, 그 값을 계산하니 수백만이었는

10　《고려사(高麗史)》 권2 〈세가(世家)〉 2 경종(景宗)조에도 같은 내용의 기록이 있다. 김행성은 그 후 송에서 관직을 받아서 관리노릇을 하였다. 이 내용은 《송사전(宋史筌)》에 자세히 기록되어 있다. 《송사》 권246 〈외국열전〉에도 김행성에 관한 기록이 있다.

11　요(遼) 경종 보령 9년이다.

12　대행이란 제왕이 죽은 다음에 시호와 묘호를 정하기 전에 돌아가신 제왕을 가리키는 말이고, 빈소란 죽은 사람의 시체를 염하고 아직 장사지내지 아니한 상태로 둔 장소를 말한다. 여기서는 죽은 태조 조광윤을 아직 장사지내지 아니한 상태로 궁궐 안에 안치하여 둔 상태를 말하는 것이다.

데, 이씨(李氏)¹³ 궁각(宮閣) 안에 있는 유물이었으며 아직 장부에 등재 되지 아니하여 바로 표문으로 이를 올렸다.

황제가 말하였다.

"가황중처럼 청렴하고 삼가지 아니하였다면 망한 나라의 보물이 장차 법을 더럽혀서 다른 사람을 해쳤을 것이다."

전 20만을 하사하였다.

3   조서를 내렸다.

"안팎의 신료들은 백성들과 이익을 가지고 다투지 말라."

4   여진(女眞)에서 사신을 보내어 요(遼)에 공물(貢物)을 보냈다.

5   황제는 처음으로 즉위하여서 강우(彊宇, 강토)가 아주 멀고 관리하는 인원은 더욱 많아야 하니 광범위하게 묵혀져 머물러 있는 사람으로 그 빠진 것의 밑천이 되게 하려고 생각하여 돌아보면서 시신(侍臣)들에게 말하였다.

"짐은 준예(俊乂, 才德이 출중한 사람)한 인재를 과장(科場)에서 널리 구하고 싶지만 감히 10명 중에 5명을 선발하겠다고 바라지는 않고 한두 명을 얻는데 그치더라도 또한 치세(治世)에 도달하는 도구로 삼을 수 있을 것이다."

이보다 먼저 여러 도(道)에서 보낸 공사(貢士)가 무릇 5천3백여 명

---

13 남당(南唐)을 말한다. 남당을 세운 사람이 이변(李昪)이고 그 후 계속 이씨가 제왕이 되었다.

이었는데, 태자중윤(太子中允)·직사인원(直舍人院)인 장계(張洎, 934~
997)·우보궐(右補闕)인 석희재(石熙載, 928~984)에게 명령하여 진사
과(進士科)를 시험 치게 하고 좌찬선대부(左贊善大夫) 후도(侯陶) 등
은 제과(諸科)를 시험 보게 하였고, 호부랑중(戶部郎中) 후척(侯陟, ?
~983)이 이를 감독하게 하였다. 석희재는 낙양 사람이었다.

이에 예부에서는 시험 쳐서 합격한 사람의 이름을 올렸다. 무진일
(7일)에 황제는 강무전(講武殿)에 나아가서 안에서 시부(詩賦)의 제목
을 내어 진사(進士)들을 복시(覆試)하고, 한림학사(翰林學士) 이방(李
昉, 925~996)·호몽(扈蒙, 915~986)에게 명령하여 그 우열(優劣)을 3등
급으로 정하게 하였는데, 하남 출신의 여몽정(呂蒙正, 944~1011) 이하
109명을 얻었다. 경오일(9일)에 제과(諸科) 합격자에게 복시를 치러서
207명을 얻어서 급제(及第)[14]하였음을 내려주었다.

또 예부에서 공적(貢籍)[15]을 살펴보아 15번 이상 진사과와 제과(諸
科)에 응시한 사람 184명을 얻어서 나란히 출신(出身)[16]을 하사하였

---

14 급제란 과거 고시에 응시하여 선발되어 그 이름이 갑을의 차례로 방(榜)에 올
   라 온 사람을 말한다. 이 방에 올라 왔다는 데서 급제라는 말이 생긴 것이다.

15 공사(貢士)의 이름을 적어 놓은 장부를 말한다. 공사란 한대(漢代)에는 봉건
   국 혹은 각 군현에서 추천하였던 효렴(孝廉)을 지칭한 것인데, 당·송(唐·宋)
   시대에는 주부(州府)의 과거인 향공(鄕貢)과 향거(鄕舉)에서 시험에 합격한
   사람을 향공사라고 하였다.

16 과거를 보던 시대에 시험을 통하여 선발된 사람에게 규정한 바의 신분과 자
   격을 말하는 것이다. 당대에는 거자(擧子) 가운데 예부(禮部)의 시험에 합격
   한 사람을 급제(及第)라 하고, 이부(吏部)의 시험에 합격한 사람을 출신(出身)
   이라고 하였는데 송대에는 전시(殿試)에서 합격한 사람을 급제출신(及第出
   身)이라고 하고, 명·청대에는 과거시험을 거쳐서 뽑힌 사람을 정도출신(正途
   出身)이라고 하였다.

다. 《구경(九經)》에는 7명이 합격자 속에 들지 아니하니 황제는 그들이 늙었음을 가련하게 여겨서 특별히 《3전(三傳)》 출신과 같게 하였는데, 무릇 500명이었다. 모두에게 먼저 녹포화물(綠袍鞾笏)을 하사하고 개보사(開寶寺)에서 연회를 열어 주면서, 황제는 스스로 시(詩) 2장(章)를 써서 그들에게 하사하였다.

1등과 2등인 진사는 《구경》과 나란히 장작감승(將作監丞)·대리평사(大理評事)·통판제주(通判諸州)를 제수하였고, 동출신진사(同出身進士)와 제과(諸科)는 나란히 이부(吏部)로 보내어 선발과정을 면제하여 주고 우등(優等)으로 주의(注擬)하였다. 총애하고 표양하는 것이 특별하고 달랐는데 전 시대에 아직 없었던 것이었다.

설거정(薛居正) 등이 사람을 뽑은 것이 너무 많고 사람을 채용한 것이 아주 급하다고 말하였는데, 황제의 뜻은 바야흐로 문화교육을 일으키고 무사(武事)를 억제하려고 하여 듣지 않았다.

여몽정 등이 인사하고 가려하니 불러서 전각에 오르게 하여 그에게 유시하였다.

"치소에 도착하거든 일 가운데 백성들에게 불편한 것이 있으면 빠르게 보고하라."

이어서 행장과 전을 하사하였는데, 한 사람당 20만이었다.

태조가 서경(西京, 낙양)에 행차하면서 낙양 사람인 장제현(張齊賢, 943~1014)이 10가지 계책을 헌상하였는데, 태조가 불러서 보면서 편히 앉게 하고 그에게 물었는데 장제현은 손으로 땅에 그려 가면서 조목조목 진술하였다. 태조는 그 가운데 4가지의 계책을 훌륭하다고 하자, 장제현은 그 나머지도 모두 좋은 것이라고 굳게 고집하니 태조가 화가나서 위사(衛士)로 하여금 끌어내게 하였다.

돌아오게 되자 황제[17]에게 말하였다.

"내가 서경에 행차하였을 적에 오직 한 사람 장제현을 얻었는데, 내가 끝내 그에게 관작(官爵)을 주고 싶지 않았지만, 너는 다른 시기에 받아들여서 스스로를 보필하게 하라."

이에 장제현이 진사에 합격하니 황제는 그를 고등(高等)에 두고자 하였으나, 유사가 그 이름을 수십 명 뒤에 두었다. 황제는 기쁘지 아니하여 마침내 진사 가운데 제2등과 《구경(九經)》 모두를 불렀는데, 모두 130명이었지만 모두에게 등급을 뛰어넘어 제수하니 대개 장제현 때문이었다.

6 오월국왕인 전숙(錢俶)이 그 아들인 온주(溫州)자사 전유연(錢惟演, 962~1034)을 파견해 와서 공물을 진상하고 등극한 것을 축하였다.

7 을해일(14일)에 향공진사(鄕貢進士)인 공사기(孔士基)를 동본과 출신(同本科出身)으로 내려주어 선성(先聖, 공자)의 후예를 포양(襃揚)하였다.

8 기묘일(18일)에 오월국의 왕비인 손씨(孫氏)가 죽었는데, 급사중 정우(程羽, 913~984)에게 조서를 내려서 조제사(弔祭使)로 하였다.

9 경진일(19일)에 조서를 내려서 금군(禁軍)의 옛날 명호를 바꾸었

---

17 여기서는 태종시기를 서술하고 있는 것이므로 태종 조광의를 말하는데, 말한 내용은 태조 조광윤이 당시 개봉윤이던 현재의 황제 조광의에게 한 말이다.

는데, 철기(鐵騎)를 일기(日騎)라 하고 공학(控鶴)을 천무(天武)라 하며 용기(龍騎)를 용위(龍衛)로 하고 호첩(虎捷)을 신위(神衛)로 하였다.

10   강남국에서 옛날에 쓰던 철전(鐵錢)은 백성들에게 불편하였다. 2월 초하루 임진일에 전운사인 번약수(樊若水, 943~994)가 승주(昇州)·악주(鄂州)·요주(饒州) 등의 주에 감(監)을 두고 동전(銅錢)을 대량으로 주조하기를 청하였는데, 무릇 산(山)에서 나는 구리는 모두 백성들이 채취하는 것을 금지하고 관부(官府)에서 주조하는데 공급하게 하였다.

철전을 폐지하여 모두 녹여서 농기구를 만들어 강북에 있는 유민들 가운데 귀부한 사람들에게 공급하고, 또 동전은 강(江)을 건너는 것을 금지하라는 금령을 철폐하자고 하여, 조서를 내려서 그 요청을 좇으라 하니 백성들은 이를 아주 편하게 생각하였다.

북한 문제와 송·요의 신경전

11 계사일(2일)에 호부원외랑(戶部員外郞) 겸시어사(兼侍御史) 지잡사(知雜事)인 뇌덕양(雷德驤, 917~992)에게 명령을 내려서 제점개봉부(提點開封府)[18]로 하였다.

12 갑오일(3일)에 악주 영흥현(鄂州 永興縣)에 영흥군(永興軍)을 두었다.

13 요(遼)에서 사신을 파견하여 즉위한 것과 원단을 축하하였다.

14 우위상장군인 이욱(李煜, 강남국의 항복한 왕)이 스스로 그는 가난하다고 말하니, 을미일(4일)에 조서를 내려서 전 300만을 하사하였다. 이욱은 비록 가난하였지만 장계가 자못 비럭질하여 그것을 찾아내자 이욱은 백금으로 만든 세수하는 그릇을 장계에게 주었는데, 장계는 속

---

18 제점이라는 관직은 송대에 처음으로 둔 것인데, 제거와 점검의 뜻을 가진 것이며 사법과 형옥 그리고 하거(河渠) 등에 관한 일을 관장하였다.

으로 오히려 만족하지 않았다.

15   북한(北漢)의 호도채(胡桃寨)지휘사인 사온(史溫) 등이 와서 항복
하였다.

16   기해일(8일)에 오월왕인 전숙이 산릉(山陵, 죽은 태조 조광윤의 무
덤을 만드는 일)작업의 기한이 다가오자 사자를 파견하여 와서 부례(賻
禮)[19]를 치렀다.

17   경자일(9일)에 황제가 이름을 경(炅)으로 고치고 조서를 내려서
말하였다.
    "이미 고친 주현(州縣)과 직관(職官) 그리고 사람의 이름을 제외하고
는 옛날에 사용하였던 이름에 쓴 두 글자는 반드시 회피할 필요는 없
다."[20]

18   병오일(15일)에 처음으로 서천(西川, 사천성)을 동·서양로(東·西
兩路)로 나누고 각기 전운사(轉運使)와 부사(副使)를 두었다. 병부랑중

---

19 상가에 보내는 예물을 말하는데, 여기서는 송 태조의 상을 치루는 송에 보내
   온 예물이다.

20 현재 황제인 태종의 이름은 조광의(趙匡義)인데, 이미 황제가 되었기 때문에
   이 글자를 평상적으로 사용할 수 없으며, 이를 피휘(避諱)라고 한다. 이러한
   규정은 일반적으로 생활하는데 불편을 주기 때문에 황제가 된 다음에는 일
   상적으로 사용하지 않는 글자로 이름을 바꾸는 경우가 많다. 태종 조광의의
   경우에도 황제에 등극한 다음에 이름을 바꾸어 일상생활에 불편하지 않도록
   한 것이다.

허중선(許仲宣, 929~990)을 서로(西路)전운사로 하고 고공원외랑(考功員外郎)인 등중정(滕中正, 908~991)을 동로(東路)전운사로 삼았다. 등중정은 북해(北海, 山東 濰州北海, 濰城) 사람이다.

19 애초에 우감문위솔부(右監門衛率府)의 부솔(副率)인 왕계훈(王繼勳, ? ~977)이 분사(分司)인 서경(西京)에 있었는데, 저자에 있는 백성들의 자녀를 억지로 급사(給使)로 하였다가, 조금이라도 마음에 맞지 않으면 바로 죽여서 그것을 먹었다.

혜독(槥櫝, 관)에다 남은 뼈를 두었다가 나가서 들에 버렸으며, 여자 거간꾼과 관(棺)을 파는 사람은 그 문을 출입하는 것이 끊이지 아니하여 살면서 아주 이를 고생스럽게 여겼지만 감히 알리지 아니하였다.

황제가 번저(藩邸, 등극하기 전에 살던 저택)에 있으면서 자못 그 일을 들었고, 즉위하기에 이르자 마침 호소하는 사람이 있어서 빠르게 뇌덕양(雷德驤, 917~992)에게 명령하여 이를 국문하게 하였더니 왕계훈이 모두 자복하였으며 죽인 비녀가 10여 명이었다.

을묘일(24일)에 왕계훈과 나란히 여자 승려 8명을 낙양의 저자에서 참수하였다. 장수사(長壽寺)의 승려인 광혜(廣惠)가 항상 왕계훈과 같이 인육(人肉)을 먹었는데, 황제는 먼저 그 정강이를 꺾어버리게 하고 그런 다음에 그를 참수하였더니 백성들이 모두 통쾌하다고 하였다.

20 기미일(28일)에 유창(劉鋹)과 이욱(李煜)에게 조서를 내려서 상봉(常俸, 일상적으로 정해 놓고 주는 봉록) 이외에 다른 봉록을 주겠다고 하였다.

21   하양(河陽)절도사 조보가 와서 조현하고 태조의 산릉(山陵)에 가게 해달라고 빌었다. 을해일(14일)에 태자소보(太子少保)를 제수(除授)하고 경사에 머물게 하였다.

22   향약고사(香藥庫使)²¹인 고당(高唐, 산동성 聊城市) 사람 장손(張遜)이 건의하기를 '각장국(榷場局)²²을 설치하여 관고(官庫)에 있는 향약(香藥)과 보화(寶貨)를 크게 방출하여 점차로 그 가치를 늘리고 상인들이 금백(金帛)을 들여 그것을 사들이는 것을 허락한다면 1년에 30만 관을 얻을 수 있어서 나라의 쓰임을 해결하게 하는데, 외국 물건이 특별히 새어나가게 하기'를 청하였다. 황제가 이를 좇으니 1년에 과연 전 30만 관을 얻었다.

23   무인일(17일)에 한림학사 이방(李昉) 등에게 명령하여 책을 편찬하게 하였는데 유서(類書)는 1천 권이었고, 소설(小說)²³은 5백 권이었다.

---

21 향약고는 송대의 관서 명칭이다. 태부시(太府寺)에 속하였고, 송대 상부(祥符) 연간에 설치하였으며 외래의 향약과 보석 등의 물품을 관장하였다. 향약고사는 향약고의 책임자이다.

22 각장(榷場)의 사무를 관리하는 관서이다. 각장이란 송대부터 요(遼), 금(金), 원(元)시기에 변경에 설치한 이웃 나라와 호시(互市, 변경무역)하는 시장이다. 장내의 무역은 관리가 주관하며 관영(官營)무역 이외에 상인은 반드시 세금과 교아전(交牙錢, 중개상인이 내는 세금)을 내어서 이를 증명하는 문건을 가져야 비로소 교역을 할 수 있었다.

23 유서는 일종의 공구류의 도서로 백과전서(百科全書)적 성질을 가진 책을 통칭하는 것이고, 소설은 북송 초년에 조정에서 대신과 문사들을 조직하여 전 시대의 야사·소설·전기를 수집한 것이다. 이때 5백 권이 되는《태평광기(太平廣記)》를 편찬하였는데 6조시대나 당대의 괴이한 이야기나 기이한 이야기였다.

24　애초에 절도사는 자제를 군중에서 아교(牙校, 하급무관)로 보임할 수 있었는데, 호방하고 횡행하며 사치하고 방종하니 백성들 사이에서는 이를 고생스럽게 생각하였다.

황제는 평소에 그 폐단을 알고 있어서 처음에 즉위하자 바로 여러 주부(州府)에 조서를 내려서 그 이름을 적어서 궁궐로 부송(部送)[24]하게 하였는데, 이른 사람이 무릇 100명이었다. 계미일(22일)에 모두 전전승지(殿前承旨)[25]로 보임하여 낮은 직책을 가지고 그들을 옭아맸다.

25　기축일(28일)에 위승군(威勝軍, 山西省 沁縣 남쪽 15리)을 설치하였다. 요(遼)나라 사람들과 호시(互市)하는 것을 허락하였다.

26　경인일(29일)에 지강주(知江州)인 주술(周述)이 말하였다.

"여산(廬山, 江西省 九江市 南郊)의 백록동(白鹿洞)에는 학도가 항상 수천 명인데, 빌건대 《구경(九經)》을 하사하여 이습(肄習)하게 하십시오."

국자감에 조서를 내려서 책을 공급하게 하고 이어서 이것을 전송(傳送)하게 하였다.

27　북한에서 요(遼)에 양식을 달라고 빌었다. 이달에 요주(遼主)는 속

여기서 5백 권이라고 하는 것으로 보아 《태평광기》를 말하는 것으로 보인다.

24 죄수나 관물 혹은 축산을 압송하는 것을 말한다.

25 전전승지는 관직 이름인데 송대에 처음으로 설치하였으며 후에 삼반봉직(三班奉職)으로 고쳤으며, 이 직책은 칙명(勅命)을 선포하는 일을 관장한다.

(粟) 20만 곡(斛)을 가지고 북한을 도우라고 명령하였다. 이보다 먼저 요주는 야율오진(耶律烏珍, 屋質, 915~973)·야율탑이(耶律塔爾, 撻烈)로 하여금 남원과 북원을 다스리게 하였는데, 농사짓는 전지에 잘 부과(賦課)하였고 해마다 곡식이 누차 풍년이 들었으니 그러므로 경비에 여유가 있어서, 북한의 결핍을 구휼한 것이고 북한이 이에 의지하였다.

28 여름 4월 갑인일(24일)에 요에서는 홍로소경(鴻臚少卿)인 야율창(耶律敞) 등을 파견하여 와서 장례²⁶를 돕게 하였다.

29 을묘일(25일)에 영무성문신덕황제(英武聖文神德皇帝)²⁷를 영창릉(永昌陵, 河南省 鞏義市)에 장사지냈다.

30 연주(延州, 陝西省 延安市)의 기근을 진휼(賑恤)하였다.

31 이달에 경복전(景福殿)을 지었다.

32 조서를 내려서 휼형(恤刑)²⁸하게 하였다. 이로부터 매년 항상 이를 거행하였다.

---

26 송 태조 조광윤의 장례식을 말한다.

27 송 태조 조광윤을 말한다. 원래는 태조계운입극영무예문신덕성공지명대효황제(太祖啓運立極英武睿文神德聖功至明大孝皇帝)인데, 여기서는 태조계운입극(太祖啓運立極)을 영무성문(英武聖文)으로 고쳤으며, 또 성공지명대효(聖功至明大孝)를 줄여서 적었다.

28 형벌 주는 일을 신중하게 처리하는 것을 말한다.

33 황제는 정신을 가다듬어 잘 다스리는 방법을 찾았는데, 앞에서 전운사(轉運使)에게 조서를 내려서 여러 주를 고찰(考察)하게 하니 무릇 여러 직임들은 그 우열의 차례를 먹이었고, 얼마 안 있다가 다시 사자를 파견하여 나누어 여러 도(道)로 가게 하여 관리들을 염찰(廉察)하였다.

　5월 임술일(2일)에 조서를 내려서 그 중에서 쉬거나 나약하며 게으른 사람을 파면하였다.

34 안원(安遠)절도사 향공(向拱)·무승(武勝)절도사 장영덕(張永德, 931~1000)·횡해(横海, 河北省 滄州市)절도사 장미(張美, 918~985)·진녕(鎮寧, 江蘇省 北部)절도사 유정양(劉廷讓, 929~987)은 황제가 처음으로 즉위하니 나란히 와서 조현하였다. 계해일(3일)에 향공·장영덕을 좌위(左衛)상장군으로 하고 장미를 좌교위(左驍衛)상장군으로 삼았으며 유정양을 우교위(右驍衛)상장군으로 삼았다.

35 병인일(6일)에 조서를 내렸다.
　"계모가 지아비 전처의 아들과 며느리를 죽인 자는 살인과 똑같이 판결하라."

36 경오일(10일)에 기거사인(起居舍人)인 신중보(辛仲甫, 927~1000)에게 명령하여 요(遼)에 사신으로 가게 하였으며 우찬선대부(右贊善大夫) 목피(穆被)를 부사(副使)로 하였다.
　곧 국경에 이르게 되었는데, 조정에서 논의하여 군사를 일으켜서 북한(北漢)을 치겠다는 소식을 듣고, 신중보는 북한은 요(遼)에 의지하여 도와달라고 할 것을 알고 미적미적하면서 감히 나아가지 않고 주문을 날리고 회보를 기다렸는데, 조서를 내려서 가게 하였다.

도착하고 나니 요주(遼主)가 물었다.

"듣건데 중조(中朝)²⁹에는 당진(党進)이라는 사람이 진짜로 날랜 장수라고 하니 당진과 같은 사람이 무릇 몇 사람이요?"

신중보가 대답하였다.

"이름 난 장수는 아주 많습니다만, 만약에 당진은 응견(鷹犬)³⁰의 재주가 있다고 한다면 어찌 다 헤아릴 수가 있겠습니까?"

요주가 그를 머물러 있게 하고자 하니 신중보가 말하였다.

"믿음이란 명령을 이루는 것이고, 명령은 머물러 있을 수 없으니 죽음이 있을 뿐입니다."

요주는 그의 생각을 빼앗을 수 없음을 알고 후하게 예우하여 돌려보냈다.

황제가 좌우에 있는 사람에게 말했다.

"신중보가 동떨어진 먼 곳에 사신으로 갔지만, 단련된 것이 통달하고 마땅한 기회를 탈 것이니 임금의 명령을 욕되게 하지는 않을 것이라고 생각하오."

37   갑술일(14일)에 10월 17일을 건명절(乾明節)³¹로 하였다.

---

29 중원지역에 있는 조정(朝廷)이란 말로 여기서는 송을 가리키는 말이다. 중조(中朝), 중국(中國) 같은 말들이 보통 명사로 쓰이다가 청 말기, 민국 초기에 중국이 국호로 된다.

30 응(鷹)은 사냥에 쓰는 매이고 개도 사냥개를 말하는 것으로 모두 주인의 지시에 따라서 사냥하는 것을 돕는 동물이다. 여기서는 용감하고 사나운 군사를 의미한다.

38   애초에 조한(曹翰)이 강주(江州)를 도륙하여서 백성들은 싹 다 없
앴으므로 그들의 전지와 집은 모두 강북지역의 상인들이 점거하였는
데, 장리(長吏)에게 조서를 내려서 그 백성들의 향리를 방문하여 멀리
떨어져 있던 친척들에게 이것을 돌려주게 하였다.

  지주(知州)인 장제(張霽)가 상인들의 뇌물을 받고 전부 백성들에게
주지 않으니 백성들이 그 일을 호소하였다. 임인일(18일)에 장제는 장
형(杖刑)을 받고 해도(海島)로 유배(流配)시키도록 결정되었다.

39   기묘일(29일)에 태조의 신주를 태묘(太廟)에 부(祔, 合祀)하였고,
묘악(廟樂)을 대정지무(大定之舞)³²로 하고 효명황후(孝明皇后) 왕씨
(王氏)를 짝지었다.³³ 또 의덕황후(懿德皇后) 부씨(符氏)·숙덕황후(淑

---

31 북송 2대 황제 태종의 생일을 기념하는 절기이다. 송대에는 태조의 생일을
  장춘절(長春節)이라 하고 송 태종의 생일은 건명절이었으며, 진종(眞宗)의 생
  일은 승천절(承天節)이고, 인종(仁宗)의 생일은 건원절(乾元節)이며 영종(英
  宗)의 생일은 수성절(壽聖節)이었다. 이에 비하여 명·청대에 오면 황제의 생
  일은 통틀어 만수절(萬壽節)이라 하고 황후의 생일은 천추절(千秋節)이라고
  하였다.

32 묘악(廟樂)이란 종묘에서 제사를 지낼 때에 연주하는 음악으로 대개는 송덕
  하는 내용이 들어가 있다. 태조의 종묘악을 대정지무(大定之舞)로 한 것이다.
  대정지무란 송대 궁정 무도의 하나로 태조 조광윤이《현덕승문지무(玄德升聞
  之舞)》라는 것을 만들어 8일무의 배의 숫자로 128인이 추도록 되어 있었다.
  그 후에 태종 조광윤이《천하대정지무(天下大定之舞)》를 만들어 천하가 크게
  평정되었음을 노래하고 춤추게 한 것이다.

33 태묘(太廟)는 황제 집안의 사당을 말하는 것이며, 부(祔)란 새로 죽은 사람
  의 신주를 조상의 사당에 있는 선조의 신주를 받들어 함께 제사를 지내는 것
  을 말한다. 조광윤에게는 세 명의 황후가 있었는데 효혜황후(孝惠皇后) 하씨
  (賀氏)는 조광윤이 황제가 되기 전에 결혼하였다가 죽어서 추후에 황후로 책

德皇后) 윤씨(尹氏)³⁴를 별묘(別廟)³⁵에 부(祔)하였다.

40 기축일(29일)에 여진(女眞)의 21명이 요(遼)에 관직을 받게 해달라고 청하자 요주(遼主)는 재상 이하 여러 관직을 차등 있게 주었다.

41 6월 을미일(5일)에 보안(保安, 河北省 涿鹿縣) 등 현(縣)에 검정 벌레가 밤중에 뽕잎을 먹어서 그 상세(桑稅)³⁶를 면제하였다.

42 요(遼)에서는 야율희곤(耶律喜袞, 喜隱)이 귀양 간 곳에서부터 불려 와서 바로 요주가 북한 주군의 편지에 회답한 것을 보여 주었는데, 말씨를 낮추고 겸손히 하자 야율희곤이 말하였다.

"본 조정은 북한에게 있어서는 조종(祖宗)인데, 편지의 뜻이 이와 같다면 아마도 국체(國體)를 훼손할까 걱정입니다."

요주(遼主)가 이를 바르다고 생각하고 병진일(26일)에 북면초토사(北面招討使)³⁷로 삼았다.

봉하였으며, 효명황후(孝明皇后) 왕씨(王氏)는 정식으로 황후가 되었다가 죽었고, 다시 효장황후(孝章皇后) 송씨(宋氏)를 황후로 맞았다. 이러한 상황에서 효명황후를 태조와 배향한 것이다.

34 의덕황후(懿德皇后, 941~975) 부씨(符氏)는 후주시절에 조광의에게 시집왔다가 조광의가 황제에 즉위하기 전에 죽었으며 그때 나이는 34세였다. 숙덕황후 윤씨는 태종 조광의의 적처(嫡妻)였다.

35 태묘와는 별도로 세운 사당이다.

36 송대 부세 체계 안에서 상세는 국가 징세의 중요한 부분이다. 징세의 방식은 북방에서 상공을 계량하였고, 남방에서는 뽕나무 밭에 의거하여 징세하였다.

43 가을 7월 초하루 경신일에 회골(回鶻)[38]이 요(遼)에 공물을 바쳤다.

44 계해일(4일)에 황하가 온현(溫縣, 河南省 焦作市)·형택(滎澤, 河南 鄭州市 西北)에서 터져서 객성사(客省使)인 임성(任城, 山東省 濟寧市) 사람 적수소(翟守素, 921~992)에게 명령하여 이를 막게 하였다.

  을축일(6일)에 황하가 돈구(頓丘, 河南 濮陽)와 백마(白馬, 河南 兗州 濮陽)에서 터졌다. 좌위(左衛)대장군 이숭거(李崇矩, 924~988)를 순시하도록 보내어서 황하 물결의 형세를 조사하게 하고 황하의 둑을 손보아 다스리게 하고 물에 덮인 지역의 전조(田租)를 면제하게 하였다.

45 병자일(17일)에 요(遼)에서 사자를 파견하여 북한(北漢)에게 전투용 말을 원조하였다.

46 윤달(윤7월) 초하루 경인일에 진홍진(陳洪進, 914~985)이 장차 들어와서 조현하려고 하자 한림학사 정덕원(程德元)을 파견하여 숙주(宿州, 安徽 宿州)에 가서 그를 영접하며 위로하게 하였다.[39]

---

37 요에서는 북한과 송과 국경을 맞대고 있으므로 북면초토사라는 직책은 필요 없는 것이다. 따라서 이는 서남면의 잘못으로 보인다. 원서에서 괄호 속에 서 남을 집어넣고 있다.

38 회골(回鶻, uygur)은 원흘(袁紇), 오호(烏護), 오흘(烏紇)로도 불리는데, 수대 (隋代)에는 위흘(韋紇)로 불렸으며, 당대(唐代) 전기에는 회흘(回紇)로 불리다 가 회흘인(回紇人)들이 당 덕종 정원 4년(788년)에 자기들을 '회골(回鶻)'로 고 쳐달라고 하였는데, 그 종족이 '골준(鶻隼)'처럼 용맹하다고 하는 데서 따온 것이다. 그 때문에 당 중기 이후로는 회골(回鶻)이라 불렀다.

39 진홍진은 남당 청원군 출신으로 이 지역에서 상당한 세력을 가지고 있었으며

47　정미일(18일)에 평남군(平南軍)을 태평주(太平州)로 하였다.[40]

48　기유일(20일)에 한림학사 이방(李昉, 925~996)을 파견하여 오월국(吳越國)에 사신으로 보냈다.

49　애초에, 천웅(天雄)절도사 겸시중인 이계훈(李繼勳, 916~977)이 병들어서 낙양으로 돌아가기를 요구하여 이를 허락하였는데, 다시 표문을 올려서 해골하기를 비니, 경술일(21일)에 태자태사(太子太師)를 제수하여 치사(致仕, 벼슬을 끝냄)하게 하였다.

　이계훈은 질박하고 곧은 것으로 이름이 나 있었는데, 성품이 검소하고 인색하였지만 오직 부처를 받드는 일에는 사치하였다.

　태조(太祖)와 군대에서 같이 있었던 옛날 사람이었으니 그런고로 특별히 총애하는 대우를 이어받았다. 그 후 한 달 남짓하여 죽으니 중서령(中書令)을 증직하였고 추가로 농서군왕(隴西郡王)으로 책봉하였으며 시호를 장무(莊武)라고 하였다.

50　정사일(28일)에 유사가 여러 주(州)에서 진공(進貢)한 윤년도(閏

천주(泉州)지역을 발전시켰는데 남당국[강남국] 주군 이욱(李煜)이 멸망하자 북송 태평흥국 2년(977년)에 자기가 장악하고 있는 천주, 장주(漳州)에서 관할하는 14개 현을 송의 판도에 납입한다. 이러한 일로 태종이 그를 환영한 것이다.

40 오대 남당(南唐)의 보대(保大) 말년에 신화주(新和州)를 두었는데, 얼마 후에 이를 웅원군(雄遠軍)으로 고쳤으며, 송에 와서 평남군으로 하였다가 태평주로 승격시켰다.

年圖)를 올렸다. 옛 일에 의거하면 3년마다 한 번씩 천하에 명령을 내서 지도(地圖)를 진공하게 하여 판적(版籍, 호구책)과 더불어 모두 상서성(尙書省)에 올렸는데, 개국 초기에 윤년(閏年)이 든 해에 한정하게 하였으며 산천의 험하고 험하지 않은 형세와 호구(戶口)의 많고 적음을 알기 위한 것이다.

51   매산동(梅山峒)에 사는 만족[41]의 우두머리인 포한양(苞漢陽) 등이 상인 등을 겁박하여 약탈하자 이를 금하였으나 중지하지 아니하니 적수소(翟守素, 921~992)에게 명령하여 담주(潭州, 湖南省 경계 지역)의 군사를 발동하여 가서 치게 하였다.

먼저 조서를 내려서 그들을 타일렀는데, 포한양이 명령을 거역하니 8월 계해일(5일)에 적수소에게 조서를 내려서 군사를 진격시켰다. 그때는 장마가 오래가서 10일을 가니 활과 노(弩)가 풀어져 느슨해지자 적수소는 나무를 깎아서 노(弩)를 만들게 하였다. 도적들이 습격해서 이르자 이들을 바꾸어가며 사격하니 도적들은 드디어 패배하였는데, 이긴 기세를 타고 도망하는 것을 쫓아가서 그 소혈(巢穴, 소굴)을 다 평정하였다.

52   병인일(8일)에 진홍진이 들어와서 숭덕전(崇德殿)에서 알현하였는데, 예로 대우하는 것이 넉넉하고 두터웠으며 전 1천만 량과 견(絹) 1만 필(匹)을 내려주었다.

---

41 호남(湖南)의 신화(新化)와 안화(安化)는 모두 예전에 매산 만족이 거주하는 곳이었다.

북한 공격을 준비하는 송

53   황제는 처음으로 즉위하여 소부감(少府監)인 고보인(高保寅)을 지회주(知懷州)로 하였다. 회주(懷州, 河南省 沁陽市)는 옛날의 하양(河陽, 河南省 孟縣)에 예속되어 있었는데, 당시에 조보(趙普)가 절도사였으며 고보인은 평소에 조보와 틈이 있어서 일은 대부분 조보에게 억눌렸다. 고보인의 마음은 평정될 수가 없어서 손수 소문(疏文)을 올려서 절진(節鎭)에서 지군(支郡)을 관장하는 제도를 철폐해 줄 것을 빌었다. 마침내 회주에 조서를 내려서 직접 경사(京師, 중앙 조정)에 예속하게 하였으며 장리(長吏)는 스스로 일을 상주할 수 있었다.

이에 괵주(虢州, 河南省 盧氏縣)자사 허창예(許昌裔)가 보평군(保平軍)절도사 두심진(杜審進, 910~988)이 빠뜨리고 실수한 일을 호소하니 좌습유(左拾遺) 이한(李瀚)에게 조서를 내려서 가서 이를 살펴보게 하였다.

이한은 절진(節鎭)에서 지군(支郡)⁴²을 관장하기 때문에 대부분 가

---

42 절진이란 절도사가 진수하는 지역을 말하며 지군이란 절도사가 진수하는 지역에 있는 주(州)나 군(郡)을 말한다.

까운 관리로 하여금 그 관시(關市)를 관장하게 하여 자못 상고(商賈)들에게 불편을 주었다. 천하의 화물이 옹체(壅滯)되었다고 말하는 것을 이용하여, 통섭(統攝)하는 바를 갖지 못하게 하고 방면의 권한을 분산시키기를 바랐다.

황제는 이한의 말을 받아들여서 무진일(10일)에 여러 주(州)에 조서를 내려서 나란히 직접 경사에 예속하게 하였다. 천하의 절진들 가운데 다시는 지군을 관장할 수 있는 곳은 없었다.

54   9월 신묘일(3일)에 숭성전(崇聖殿)을 완성하였다.

55   오월왕인 전숙(錢俶)이 들어와서 조현하였는데 먼저 그 아들 전유준(錢惟濬, 955~991)[43]을 파견하여 와서 진공하게 하였다. 임진일(4일)에 호부랑중(戶部郎中) 후척(侯陟, ? ~983)에게 조서를 내려서 사주(泗州, 江蘇省 盱眙縣)에 가서 그를 영접하고 위로하게 하였는데, 전유준이 도착하자 하사한 물품이 계산할 수 없었다.

56   당(唐)나라 시대 천우(天祐, 904~907) 연간에 군사적 반란으로 궁핍해져서 처음으로 85전을 100으로 계산하게 하였는데, 후당(後唐)시대의 천성(天成, 926~929) 연간에는 또 5전을 줄였으며 한(漢, 후한) 건우(乾祐, 948~950) 초기에는 다시 3전을 줄였다.[44]

---

43 오월왕 전숙에게는 8명의 아들이 있었으며, 그 첫 번째가 전유준(錢惟濬)이다. 다음으로 전유치(錢惟治), 전유선(錢惟渲), 전유현(錢惟灝), 전유진(錢惟溍), 전유최(錢惟漼), 전유연(錢惟演), 전유제(錢惟濟)로 이어진다.

송(宋)나라 초기에 한의 제도를 이용하여 관부에 수납하는 것 역시 80전 혹은 85전을 사용하였지만 그러나 여러 주에서 사사로이 사용하는 경우에는 오히려 각기 그 습속(習俗)을 따르니 48전을 100으로 하는 곳도 있기에 이르렀다.

정유일(9일)에 조서를 내려서 있는 곳에서 77전을 100으로 하게 하고, 매 1천 전마다 반드시 4근 반 이상에 이르도록 하였다.[45] 강남[강남국, 남당]에서 만든 새로운 전(錢)을 금지시키고 백성들이 먼저 간직하여 저축해 둔 것이 있으면 모두 관부로 보내고 관부에서는 동(銅)의 값에 근거하여 그 값을 쳐 주게 하며 사사롭게 주전을 하는 사람은 기시(棄市)하게 하였다.

57   계묘일(15일)에 관남순검(關南巡檢)·응주(應州)관찰사인 이한초(李漢超, ? ~977)가 죽었다. 황제는 이를 심히 애도하여 태위(太尉)·충무(忠武)절도사를 추증하고 중사를 파견하여 호상(護喪)하여 귀장(歸葬, 경사에 장사지내게 한 것)하게 하였다.

58   황제는 군사적인 일에 마음을 두고 매번 조회가 파하면 친히 금군(禁軍)의 병졸들을 검열하고 진무대(進武臺)를 성의 남쪽에 있는 양촌

---

44 명목상 100전을 주어야 하는데, 실제로는 85전, 다시 80전, 다시 77전만 주는 것으로 되었다는 것이다.

45 전(錢)은 구리 등 금속으로 주조하는 것이어서 돈의 무게는 곧 돈의 액수와 같은 것이다. 그러나 전(錢)의 무게를 가볍게 하고 표시 액수를 높게 하는 경향이 있기 때문에 1천 전을 단위로 그 무게는 반드시 4근 반으로 하게 한 것이다.

(楊村)에 건축하도록 명령하였다.

계해일[46]에 크게 열병(閱兵)을 하고 황제는 문무 대신들과 따르는 관리들이 진무대에 올라서 관람하며 천무좌상(天武左廂)도지휘사인 경조(京兆) 사람 최한(崔翰, 928~992)에게 나누어 병사들의 대오를 포진하라고 명령하니 남북으로 20리에 이어졌으며, 5색 깃발을 세우고 장졸들을 호령하여 그들의 진퇴를 조절하며 매번 깃발을 휘둘러 세로로 할 것을 가리키자 천승만기(千乘萬騎)가 돌아가는 것이 하나같아서 갑병의 성대함이 근래에 비교할 것이 없었다.

황제가 열병하고 바로 금대(金帶, 금으로 만든 허리 띠)를 최한에게 하사하고 말하였다.

"이것은 짐이 번저(藩邸, 황제에 오르기 전에 살던 저택)에 있을 때에 입었던 것이요."

59   용주(容州)에서는 예전에 진주를 진공하였는데 태조가 유창을 평정하면서 조서를 내려서 미천도(媚川都)[47]를 폐지하고 백성들의 진주 채취를 금지하였다. 이때에 이르러서 다시 진주 100근을 진공하니 물건을 짊어진 사람들에게 은대(銀帶)와 의복을 하사하였다.

60   병진일(28일)에 황제는 처음으로 근교에서 수렵을 하였는데 시

---

46 이 해 9월 1일이 기축일이므로 계해일은 있을 수가 없다. 다만 《속자치통감장편》에 의하면 이 사건은 계해에 일어난 것이 아니고 신해(辛亥)일에 일어난 것으로 되어 있다. 따라서 여기서 계해는 신해의 오기이며, 신해일은 23일이다.

47 오대 남한의 유창이 영남을 점거하고 해분진에서 군사 8천 명을 두고 전문적으로 진주 채취하는 것을 일로 삼았는데, 이 부대를 미천도라고 불렀다.

(詩)를 지어서 여러 신하들에게 하사하고 화답하도록 부탁하였다.

61　국자감의 주부인 곽충서(郭忠恕, ?~977)는 장형(杖刑)을 받고 등주(登州)에 예속시켜서 금고(禁錮)에 처하도록 결정하였다. 곽충서는 제멋대로 술을 마셔서 당시의 정치를 방자하게 말하였더니 자못 비방하고 헐뜯음이 있었는데, 황제는 화가 났고 그러므로 이렇게 귀양 간 것이다. 곽충서는 가다가 임읍(臨邑, 山東省 德州市)에 이르러서 죽었다.

62　정사일(29일)에 오월왕이 사자를 파견하여 이름을 불러 주기를 빌었는데,[48] 윤허하지 아니하였다.

63　겨울 10월 신유일(4일) 좌위(左衛)대장군인 이숭구(李崇矩)를 옹·귀·심·횡·흠·두등주[49]도순검사(邕·貴·潯·橫·欽·竇等州都巡檢使)로 삼았는데, 얼마 되지 아니하여 경·애·담·만(瓊·崖·儋·萬)[50]에 있는 휘하의 군사를 옮기려고 하니 모두가 좇아가기를 꺼리었다. 이숭구는 기명(器皿)과 금백(金帛)을 다 내어놓았고 무릇 가치가 수백만 전이었는데, 이를 모두 나누어 주었더니 무리들이 모두 감격하여 즐거워하였다.
　당시에 여적(黎賊)이 소란스럽게 움직였는데 이숭구는 동굴마다 가

48 상대를 부를 때에 그 호칭에 따라서 그 대우의 정도를 나타낸다. 보통 우대하는 경우에는 직함만 부르는데, 그 다음으로는 성을 밝혀 부르는 것이며, 그 다음으로는 이름을 직접 부르는 것이다. 오월왕의 이러한 요구는 자기를 낮추어 대우해 달라는 표현이다.
49 이 여러 주는 모두 광서와 광동지역에 있는 지명이다.
50 이 지명은 모두 해남도에 있는 것이며 만(萬)은 만안주로 보아야 한다.

서 어루만지고 타이르고 자기의 재물을 그 추장에게 남겨주니 무리들이 모두 마음에 품고 귀부하였다.

영남(嶺南, 5령 이남)과 바다에서 4~5년 살았지만 편안하고 덥고 황량함을 염려하지 아니하였다. 옛날에 바다를 건너는 사람은 대부분 배를 정박해 놓고 바람이 불기를 기다리는 것이 열흘 혹은 한 달여였다.

이숭구가 왕래하면서는 모두 하루 만에 건넜으며 아직 일찍이 머물러 체류하지 아니하여 좇는 사람들 역시 모두 아무런 걱정이 없었으니 사람들은 이숭구의 순수한 덕에 대한 보답이라고 생각한다고 말하였다.

64 요(遼)에서 사자를 파견하여 와서 건명절(乾明節, 태종의 생일)을 축하하였다.

65 기사일(12일)에 여러 신하들이 음악을 연주하기를 청하였는데,[51] 표문을 세 번 올리자 이를 좇았다.

66 임신일(15일)에 여진에서 사자를 파견하여 요(遼)에 공물을 바쳤다.

67 이달에 처음으로 술의 전매를 실시하였다.

68 11월 초하루 정해일에 일식이 있었는데, 개기식이었다. 요(遼)에서는 사천(司天)에서 주문을 올려서 해는 당연히 일식이 있어야 하지

---

51 태조 조광윤의 죽음 때문에 축하하는 날에 음악연주를 중지하였었다.

만 이지러지지 않았다고 하였다.

69　경인일(4일)은 동지인데, 황제가 비로소 조하(朝賀)를 받았다.

70　갑오일(8일)에 감찰어사(監察御史) 이빈(李濱)·합문지후(閤門祗候) 정위(鄭偉)에게 명령하여 거란 정단사(正旦使)[52]로 하였다.

71　기해일(13일)에 천평(天平)절도사 겸중서령(兼中書令)인 석수신(石守信)에게 절도사를 그만 두게 하고 수중서령(守中書令)·서경유수(西京留守)로 하였다. 석수신은 서경에 있으면서 불교사원을 건축하기를 좋아하였는데, 몰아가며 감독하는 것이 엄격하고 급하였으나 고용하고 임금을 주지 않아서 백성들이 이를 아주 고생스럽게 생각하였다.

72　마군(馬軍)도지휘사인 당진(党進)을 내보내서 충무(忠武)절도사로 삼았다. 당진은 금위(禁衛)를 무릇 12년이나 장악했는데 경사의 여항(閭巷)을 순찰하다가 기이한 새나 이상한 짐승을 기르는 사람이 있게 되어, 당진이 혹시 보게 되면 반드시 좌우에 있는 사람들에게 명령하여 이를 가져다 풀어주게 하며 욕하고 말하였다.

　"고기를 사다가 부모에게 제공하지 아니하면서 도리어 금수(禽獸)를 사육하다니!"

　일찍이 두중위(杜重威, ?~948)의 가노(家奴)였었는데, 두중위의 자

---

52 정단사는 하정단국신사(賀正旦國信使)의 약칭이며 이웃 나라의 태후, 황제, 황후의 원단이나 절일(節日)에 보내는 사절을 말한다.

손이 빈천해지자 당진은 월봉전(月奉錢)을 나누어 이를 주었더니 사람들 역시 이 때문에 칭찬하였다.

73 무술일(12일)에 요(遼)에서는 토욕혼(吐谷渾)을 배반하고 태원(太原)으로 들어 온 사람이 400여 호(戶)였는데, 초토사(招討使)인 야율희곤(耶律喜袞)에게 명령하여 이들을 찾아내서 돌려보내게 하였다.

74 계묘일(17일)에 요주(遼主)가 목엽산(木葉山)에서 제사를 지냈다.

75 12월 초하루 정사일에 제주에서 보내 온 천문술사(天文術士)를 시험하여 사천대(司天臺)에 예속시키고 채택되지 않은 사람은 경형(黥刑)에 처하여 바다로 유배시켰다.

76 무진일(12일)에 요주(遼主)는 근교에서 수렵을 하여 포획한 것을 가지고 하늘에 제사를 지냈다.

77 계유일(17일)에 조서를 내려서 진주(晉州)에서 나는 반(礬, 명반)[53]에 관한 법률을 확정하고 사사롭게 굽거나 사사롭게 판매하고 교역하는 사람의 죄에 차등을 두었다.

78 신사일(25일)에 고려국왕인 왕전(王佃, 경종)이 그 아들 왕원보(王

---

53 황산알루미늄 수용액에 황산칼륨 수용액을 넣었을 때 분리되는 정팔면체의 무색의 결정으로 물에 잘 녹으며 식품 가공이나 약제·제지 따위에 쓰인다.

元輔)를 파견하여 와서 공물을 바치고 등극한 것을 축하하였다.[54]

79   임오일(26일)에 요(遼)에서 태복경(太僕卿)인 야율특이격(耶律特爾格, 迭烈割)·예빈부사(禮賓副使)인 왕영(王英)을 파견하여 와서 명년의 정단(正旦, 원단)을 축하하였다.

80   영주(靈州, 寧夏 吳忠市)·통원군(通遠軍, 甘肅省)의 경계 지역에 있는 여러 번족들이 관강(官綱)을 표략(剽略)하니 지영주(知靈州)·통원군사(通遠軍使)인 동준회(董遵誨, 926~981)에게 조서를 내려서 이를 토벌하게 하였다.

동준회가 부서를 나누고 곧 군사를 출동시키려고 하였더니 여러 번족(蕃族)들이 크게 두려워하여 약탈한 것을 다 돌려보내고 육단(肉袒)[55]을 하고 죄받기를 청하여 동준회는 바로 그들을 위무하였다.

이로부터 각기 봉계(封界)를 삼가고 추호도 감히 범하지 않았다. 황제가 동준회에게 영주로순검(靈州路巡檢)을 겸하여 관장[56]하도록 하였는데 통원군에 있은 것이 무릇 14년이었다.

---

54 《고려사》권2에 실린 내용은 보면, '〔丁丑〕二年 (중략) 是歲 遣子如宋 獻良馬甲兵.'이라고 하여 경종이 아들을 송에 보내고 좋은 말과 갑병(甲兵, 갑옷과 병기)를 헌상한 것으로 되어 있다.

55 기본적인 뜻을 상의를 벗고 지체를 들어내는 것으로 옛 사람들은 제사를 지내거나 혹은 사죄할 때에 이것으로 상대방에 대한 공경과 황공함을 표시하였다.

56 이 직책명은 겸령영주로순검(兼領靈州路巡檢)이다. 겸(兼)은 겸직(兼職)의 뜻이고 영(領)은 영직(領職)을 말한다.

81 이 해 겨울에 북한(北漢)의 변후(邊候, 변경의 파수꾼)가 '진·로·형·명·진·기(晉·潞·邢·洺·鎭·冀) 등 주(州)[57]에 모두 무기와 공성(攻城)기구를 가지런히 정비하였다고 말하고 추속(芻粟, 말 먹이는 꼴과 곡식)을 전운(轉運)하고 조운(漕運)하였다.'고 말하자 북한의 주군이 아주 두려워하였다.

태평흥국 3년(무인, 978년)[58]

1 봄, 정월 초하루 병술일에 조하(朝賀)를 받지 않으니 여러 신하들은 합문(閤門, 궁궐의 옆문)에 가서 조하하였다.

2 북한의 주군은 그 아들인 유속(劉續)을 요(遼)에 인질로 삼고 많은 폐물(幣物)을 내면서 원조해 주기를 요구하였다.

3 갑오일(9일)에 강주(絳州, 山西省 聞喜縣)에 명령을 내려서 분하(汾河)를 준설하게 하였다.

4 경서(京西)전운사인 정능(程能)이 의견을 바치었는데, 남양(南陽, 河南省 西南部)의 하항구(下向口)에서부터 방죽을 설치하여 백하수(白河水, 河南·湖北 일대를 흐르는 강)를 돌려서 석당(石塘)·사하(沙河)에

---

57 모두 송과 북한의 경계 지역에 있는 송의 여러 주이다.
58 요 경종 보령 10년이다.

들어가게 하여 채하(蔡河)와 합쳐서 경사(京師)에 이르게 하고 양(襄, 湖北省 襄陽市)·담(潭, 湖南)의 조운이 통하도록 청하자 황제는 그 하는 말이 씩씩하여 이를 들었다.

무술일(13일)에 군사와 일하는 사람 수 만 명을 발동하고 사자(使者)를 파견하여 그 역사(役事)를 통솔하게 하며 산을 자르고 골짜기를 메우며 박망(博望)·나거(羅渠)·소우산(小祐山)을 거쳤는데, 무릇 100리였다.

한 달이 넘어서 방성(方城, 河南省 南陽市)에 다다랐는데, 땅이 높아서 물이 이를 수가 없었고, 또 역사(役事)를 늘려서 물이 이르게 하였지만 끝내는 조운이 통할 수가 없었다. 마침 산에서 내려오는 물이 갑자기 늘어나자 돌로 만든 방죽이 무너지고 하수는 끝내 이를 수가 없었다.

5   신축일(16일)에 광제(廣濟)·혜민하(惠民河)와 채하(蔡河)를 준설하고 또 황하의 제방을 수리하였다. 정미일(22일)에 변구(汴口, 변수 입구)를 준설하였다.

6   기유일(24일)에 한림학사인 이방(李昉) 등이 《태조실록(太祖實錄)》을 편수하고 직학사원(直學士院)인 탕열(湯悅)[59] 등이 《강표사적(江表事迹)》을 편수하였다.

---

59 탕열의 본명은 은숭의(殷崇義)이며 지주(池州) 청양(青陽, 安徽省) 사람이다. 남당 보대 13년(955년)에 진사가 되었고, 남당이 망하자 송에 들어와서 조홍은(趙弘殷)을 피휘하여 이름을 탕열로 고친 것이다. 탕열은 광록경으로 책봉되었고, 송 태종의 명령으로 《강남록(江南錄)》 10권을 편수하였다.

7   계축일(28일)에 요주(遼主)가 장락(長灤)에 갔다.

애초에 요주는 한림학사(翰林學士) 실방(室昉)이 처리를 하는데 극적인 재주가 있다는 것을 알고 남경부유수(南京副留守)로 고쳐서 임명하였는데 옥사(獄事)를 결정하는 것에 공평하고 적당하여 사람들이 모두 이를 편하게 여기자 거듭하여 공부상서(工部尙書)·추밀부사(樞密副使)·참지정사(參知政事)로 승진하였다.

이에 이르러서 추밀사(樞密使) 겸북부재상(兼北府宰相), 동정사문하평장사(同政事門下平章事)를 덧붙여 주었다.

8   건륭(建隆, 960~963) 초기에 3관(三館, 昭文館·集賢院·史館)에 소장된 책은 겨우 1만2천여 권이었는데 여러 나라를 평정하기에 이르러 그 도적(圖籍, 도서와 전적)을 다 거두어들였는데 오직 촉(蜀)과 강남(江南)의 것만이 많아서 무릇 촉의 도서 1만3천 권, 강남의 도서 2만여 권이었으며 또 조서를 내려서 책을 헌상하는 길을 여니 이에 삼관에 책들이 크게 갖추어졌다.

황제가 삼관에 임석하여 그곳에 낮고 좁은 것을 싫어하며 좌우에 있는 사람들에게 말하였다.

"이리해서 어찌 천하의 도적(圖籍)을 쌓아 두고 사방의 똑똑하고 뛰어난 사람들을 끌어오겠는가?"

바로 유사(有司)에게 조서를 내려서 좌승룡문(左升龍門)의 동북쪽에 별도로 삼관을 세우게 하였는데 그 규모는 모두 친히 규획하였으며 윤환(輪奐)60이 장려하여 내정(內庭)에서 으뜸이었다.

---

60 후한시대의 정현(鄭玄)이 주석을 달아서 '윤(輪)'은 윤균(輪囷, 둥글고 꼬불꼬불

2월 초하루 병진일에 명칭을 하사하여 숭문원(崇文院)으로 하고 구관의 도서를 옮겨다가 이를 채웠는데, 정본과 부본을 합하여 무릇 8만권이었다.

9   갑자일(9일)에 창주(昌州, 湖北省 襄陽市)에 있는 칠정(七井)의 허액염(虛額鹽)[61]을 철폐하였다. 유사(有司)가 말하기를 창주에서는 1년에 허액염 1만8천5백 근을 징수(徵收)한다고 말하였는데, 마침내 개보(開寶) 연간에 지주(知州)인 이패부(李佩掊)가 징수하는 것에서 최고 성적을 받고자 희망하여 여러 우물의 신전(薪錢)[62]을 폐지하고 정액(定額) 외로 백성들의 죽염(鬻鹽, 소금의 생산과 판매)에 부과하였다.

백성들은 파산에 이르게 되어도 상환할 수가 없어서 대부분이 다른 군(郡)으로 흘러 들어갔으나 몇 년간 쌓인 징수할 세금은 면제할 수가 없었으니 조서를 내려서 이를 모두 없애준 것이다.

10   경오일(15일)에 회골(回鶻)이 요(遼)에 공물을 헌상하였다.

11   신미일(16일)에 숭문원(崇文院)에 행차하여 책을 보고 친왕(親

함)인데 높고 크다는 뜻이고, 환(奐)은 많다는 뜻이다.'라고 하였다. 그러므로 여기서는 건축의 모습을 가리키는 말이다.

61 허액(虛額)이란 정해진 수량 이외의 숫자를 말하거나 또는 가공(假空)을 정해 놓은 수량을 말하는 것이다. 여기서는 소금을 생산하는 일곱 곳의 우물에 가외로 정해진 소금생산량과 그에 따른 징세를 말하는 것이다.

62 소금을 생산하기 위하여 물을 끓이는데 필요한 땔감을 구하기 위한 세금을 말한다.

王)·재상(宰相)으로 하여금 검열하고 어려운 것을 묻게 하였다. 다시 유창(劉鋹)·이욱(李煜)을 불러서 마음대로 보게 하고 이욱에게 말하였다.

"듣건대 경은 강남에 있으면서 책 읽기를 좋아한다고 하였는데 이 속에 있는 간책(簡策, 서적)들은 대부분 경(卿)이 사용하던 옛 물건인데 근래에도 오히려 책을 읽으시오?"

이욱이 머리를 조아리며 감사하였다. 이어서 중당에서 술자리를 마련하니 모두 취하고서야 그만두었다.

12   오월왕 전숙이 곧 도착하게 되니 계유일(18일)에 사방관사(四方館使)인 양형(梁迵, 928~986)에게 명령하여 회서(淮西)에 가서 그를 영접하며 위로하라고 하였다. 그의 아들인 진해·진동(鎭海·鎭東)절도사인 전유준(錢惟濬)을 돌려 파견하여 송주(宋州)에 도착하여 영접하며 살피게 하였다.

13   3월 초하루 을유일에 패주(貝州, 河北 淸河)의 청하(淸河)에 사는 백성인 전조(田祚)는 10세(世)가 함께 사니 조서를 내려서 그 문려(門閭)를 표장하고 그 집에 요역과 부세를 면제시켜 주었다.

14   경인일(6일)에 요주(遼主)가 현릉(顯陵)[63]에서 제사를 드렸다.

15   계묘일(19일)에 전전도우후(殿前都虞候)·태령군(泰寧軍)절도사

---

63 요 세종(世宗) 야율완(耶律阮)과 회절(懷節)황후 그리고 견비(甄妃)가 합장된 묘지이며 요령(遼寧) 북진(北鎭)에 있다.

인 이중훈(李重勳)이 죽었다. 이중훈은 태조와 같이 주조(周祖, 오대 후주)를 섬겼는데, 삼가고 두터우며 삐뚤어지거나 수식함이 없어서 태조가 그를 아주 중히 생각하였으니, 그러므로 발탁하여 병권을 위임하고서 시종 바꾸는 일이 없었다. 시중(侍中)을 증직(贈職)하였다.

16   기유일(25일)에 오월왕 전숙이 숭덕전(崇德殿)에 들어와 알현하였는데, 총애하며 하사한 것이 아주 후하였으며 그날로 장춘전(長春殿)에서 연회를 내려주니 전숙의 요좌인 최인기(崔仁冀) 등이 참석하여 앉았다.

남당지역에 은전을 베푸는 송 태종

17　한구사(閑廐使)·합문지후(閤門祗候)인 진종신(陳從信, 912~984)을 좌위장군(左衛將軍)으로 삼아 추밀원(樞密院) 승지에 충임하고, 한림사(翰林使)인 정덕원(程德元)을 동상합문사(東上閤門使) 겸한림사공사(兼翰林司公事)로 삼고, 공봉관(供奉官)인 대명(大名, 북경) 사람 시우석(柴禹錫)을 한림부사(翰林副使)로 삼고, 청지(淸池, 河北省 滄州市) 사람 미덕초(弭德超)를 주방부사(酒坊副使)로 삼았는데 모두 번저(藩邸) 시절의 옛 은정 때문이었다.

18　여름 4월 초하루 을묘일에 화산도사(華山道士)인 진원(眞源, 河南 鹿邑縣) 사람 정소미(丁少微, ?~982)를 불러서 궁궐에 도착하였다.

　정소미는 복기(服氣)[64]를 잘하여 나이가 100여 세였는데, 화동곡(華潼谷)에 살면서 같은 현의 진박(陳搏, ?~989)과 명성이 같았다. 그러나 정소미는 과의(科儀)[65]를 받들었고 진박은 술을 좋아하며 호방하여 광

---

64 원래는 고대 민간에서 유행한 호흡을 통한 일종의 양생(養生)방법인데, 후에는 도교의 수련방술(修練方術)이 되었다.

달(曠達)하며 예속에 구애받음이 없었으니 비록 사는 집은 아주 가까 웠지만 아직 왕래한 일이 없었다. 정소미는 금단(金丹)·거승(巨勝)·남 지(南芝)·원지(元芝)[66] 등을 헌상하였는데 황제는 몇 달 동안 머물게 하다가 돌려보냈다.

19 기사일(15일)에 여진에서 사신을 파견하여 요(遼)에 진공(進貢)하 였다.

20 기묘일(25일)에 평해(平海, 廣東省 惠州市)절도사 진홍진(陳洪 進, 914~985)이 막료인 남안(南安, 福建省 泉州市) 사람 유창언(劉昌言, 942~999)의 계책을 이용하여 표문을 올려서 관할지역인 장주(漳州, 福 建省)·천주(泉州, 福建省) 두 주[67]를 헌상하니 현 124개, 호구 15만1천 978호와 군사 1만8천727명을 얻었다.

계미일(29일)에 진홍진을 무령(武寧, 江蘇省 北部)절도사·동평장사 로 삼았다. 곧 진홍진의 아들 진문현(陳文顯)을 통주(通州)단련사로 삼 고 여전히 지천주(知泉州)로 하였으며 진문의(陳文顗)는 저주(滁州, 安

---

65 과의란 도교술어인데 도교의 도장(道場)에서 행하는 법사(法事)를 가리키는 것이다. 과(科)란 동작하는 것이라고 풀 수 있고, 의(儀)란 전장제도(典章制度) 의 예절방식, 법식(法式), 예식(禮式), 의식(儀式) 등 보통 예를 행할 때의 의식 과 같은 것이다.

66 금단은 연단술(鍊丹術)로 만들어진 약재이고, 거승은 검은 깨 종류이며, 남지 와 원지도 약물(藥物)의 명칭이다.

67 송이 남한과 남당을 멸망시키자 진홍진이 관할하고 있던 천주와 장주는 송 과 경계를 맞대게 되었던 것이다.

徽省)자사로 하여 여전히 지장주(知漳州)로 하였다.

　5월 초하루 을유일에 건원전(乾元殿)에 나아가서 조하를 받았다. 조칙을 내려서 장주와 천주 관내에 1년 동안 요역과 부세를 면제해 주었다.

21　애초에 오월왕 전숙이 곧 들어와서 조회하려고 하면서 연(輦)에 그 부고(府庫)의 물건을 다 싣고 가는데, 거만(巨萬, 억만)을 넘게 헤아려졌다. 전숙은 속으로 그 나라로 돌아가게 해주기를 요구하였으니, 그러므로 그 공봉(貢奉)을 두텁게 하여 조정을 기쁘게 하려 한 것이다.

　재상인 노다손(盧多遜)은 황제에게 전숙에 머물게 하고 보내지 말게 하였는데, 무릇 30여 번을 요청하였지만 명령을 얻지 못하였다. 마침 진홍진이 토지를 진상하니 전숙은 두려워서 마침내 그 나라의 갑병을 기록하여 이를 헌상하고 다시 표문을 올려서 책봉된 오월국을 철폐하고 천하병마대원수의 직책을 해직시켜 달라고 빌었다.

　조서를 내려서 이름을 직접 부르지 않게 하는 규정을 그만두게 해달라고 하면서 또 본래의 도(道)로 돌아가게 해주기를 요구하였는데, 이를 허락하지 않았다.

　최인기(崔仁冀)가 말하였다.

　"조정의 뜻을 알 수가 있습니다. 대왕께서 속히 영토를 헌납하지 않으면 화(禍)가 또한 이를 것입니다!"

　전숙의 좌우에 있는 사람들이 안 된다고 말하자 최인기는 성난 목소리로 말하였다.

　"지금 다른 사람의 손바닥에 있으면서 나라를 천 리나 떠나 있는데, 오직 날개가 있어야만이 날아갈 수 있소."

전숙은 드디어 정책을 결정하고 표문을 올려서 관할하고 있는 13개의 주와 1개의 군(軍)을 헌상하였다. 황제가 건원전(乾元殿)에 나아가 조하를 받는데, 마치 동지와 원단의 의례와 같이 하였다.

전숙이 조현을 마치고 물러나니 장리(將吏)들과 요속(僚屬)들은 비로소 이를 알고 모두 통곡을 하고 말하였다.

"우리의 왕이 돌아가지 않는구나!"

무릇 얻은 현은 86개이고 호구는 55만608호이며 군사는 11만5천36명이었다.[68]

병술일(2일)에 고공랑중(考功郎中)인 범민(范旻, 936~981)을 권지양절제주사(權知兩浙諸州事)로 하였다.

범민이 회남(淮南, 회수 남쪽)으로부터 조정으로 돌아오니[69] 황제가 말하였다.

"강회(江淮)지역에서 연운(輦運, 운송)이 서로 이어지고 있는 것은 경의 공로요."

곧 채용하여 한림학사로 임용하려고 하는데, 노다손이 말하기를 항주는 처음으로 회복되어서 범민이 아니면 다스릴 수가 없다고 하자 황제는 마침내 범민에게 말하였다.

---

68 오월국은 오대십국시기의 십국 가운데 하나이다. 전류가 당나라가 망하는 907년에 세웠으며 도읍은 전당(錢塘, 항주)에 두었고, 강성할 때에는 13개 주를 관장하고 있어서 대략 현재의 절강성과 강서성 동남부와 복건성의 동북부를 지배하였다. 오월국에는 5명의 군주가 있었으며 71년간 지속되다가 말주(末主) 전홍숙[전숙]이 978년에 송에 영토를 헌상하면서 멸망하였다.

69 범민은 개보 9년(976년)에 고부원외랑으로 회남지역의 여러 주와 회북지역은 서주(徐州), 해주(海州), 기주(沂州)의 수륙 전운에 관한 업무를 담당하였다.

"경은 또한 짐을 위하여 가시오. 바로 마땅히 경을 부르겠소."

전씨(錢氏)가 양절(兩浙)[70]을 점거한지 80년이 넘었는데 밖으로 공헌하는 것을 넉넉히 하고 안으로는 사치하고 참월(僭越, 신분을 뛰어 넘는 일)하였으며 땅은 좁고 백성은 많은데, 부렴이 가혹하고 포학하여 닭이나 물고기, 계란, 채소 등 작은 것이라도 모두 수취(收取)하니 한 말, 한 되라도 체납하면 그 죄는 등에 채찍질 당하는데 적으면 수십 대이고, 많은 사람은 500여 대에 이르렀으며, 나라가 없어지기에 이르게 되니 백성들은 그 정치를 고생스럽게 생각하였다.

범민이 바로 그곳에 이르러서 모두 조목조목 상주하여 이것을 면제하여 줄 것을 요청하자 조서를 내려서 그 청을 좇았다.

정해일(3일)에 전숙을 옮겨서 회해국왕(准海國王)으로 책봉하고, 그 아들인 전유준(錢惟濬, 955~991)을 회남(准南)절도사로 삼고 전유치(錢惟治, 949~1014)를 진국(鎭國)절도사로 삼았으며 손자인 전승우(錢承祐)를 태령(泰寧)절도사로 삼고, 최인기를 회남절도부사로 삼았다.

22 무자일(4일)에 양절지역에 있는 여러 주에 조서를 내려서 사면하고, 1년간 요역과 부세를 면제하여 주었다.

23 임인일(18일)에 정난(定難, 陝西 橫山)절도사인 이극예(李克叡, 935~978)가 죽었는데 그 아들 이계균(李繼筠, 957~979)으로 그 직책을 잇게 하였다.

---

70 절동과 절서를 합하여 부른 것이다. 당대에 절강동도와 절강서도를 두었는데 전당강(錢塘江) 이남을 절동(浙東)이라 하고 전당강 이북을 절서(浙西)라고 하였다.

24   요주(遼主)가 번저(藩邸)에 있으면서 마군시중(馬羣侍中)인 니리 (尼哩, 女里)가 마음을 기울여서 받아들였는데, 즉위하기에 이르자 익대(翼戴)한 공로로 누차 관직을 덧붙여서 수태위(守太尉)로 하였다.

북한의 주군이 그가 신임을 받는다는 소식을 듣고 생일이 되면 예물을 드렸다. 니리는 평소에 욕심이 많았으며 같은 반열에 있는 소아포달(蕭阿布達, 阿不底)과 나란히 뇌물을 받는 것으로 소문이 났다.

당시 사람이 전구(氈裘, 모피로 만든 옷)를 가지고 있었는데 시이자(枲耳子)[71]가 붙어 있게 되자 어떤 사람이 놀려서 말하였다.

"혹시 니리와 소아포달이라면 반드시 이를 모두 가져갈 것이다."

전해지면서 웃음거리가 되었으니, 그들의 탐욕스러움은 이와 같았다.

이에 이르러 갑옷 500벌을 숨겨 놓았다는 죄에 걸려들어서 유사에게 위촉하여 조사하고 묻게 하였다.

마침 도적을 추적하여 소사온(蕭思溫)[72]을 살해한 사람을 추적하여 처리하는데 니리와 고훈이 모두 그 모의에 참여하였으므로 계묘일(19일)에 니리에게 사형을 내리고 사람을 파견하여 고훈을 유배된 장소에서 주살하는데, 고훈(高勳, ?~978)의 재산을 소사온의 집에 하사하였다.

니리에게는 다른 장점은 없고 오직 말을 잘 알아보았는데, 일찍이

---

71 이는 창이(蒼耳)라고 하는 것인데 국화과에 속하며 1년생 풀이다. 그 과실을 창이자라고 하는데 거꾸로 매달린 달걀 같으며 가시가 있어서 사람이나 짐승에 붙어서 전파되며 약재에 들어간다.

72 소사온은 요 세종시기의 북부재상이며 부마였으며 거란 소태후인 소작(蕭綽)의 아버지다. 경종이 등극한 뒤에 경종을 옹립한 공로로 상서령 위왕에 책봉되었다가 황제를 좇아 사냥 갔다가 도적에게 살해 된 것이 970년이다.

교외의 들을 가다가 몇 마리의 말 흔적을 보고 그 중에 하나를 가리키면서 말하였다.

"이것이 기이하고 빼어난 것이다."

자기의 말을 가지고 이를 바꾸었는데, 이미 그리하고 난 후에 과연 그러하였다.

25 6월 기미일(6일)에 요주(遼主)가 연류호(沿柳湖)에 갔다.

26 무진일(15일)에 조서를 내렸다.

"지금부터 역마(驛馬)를 타는 사람에게는 모두 은패(銀牌)를 주라."

27 가을 7월 을유일(2일)에 진무(振武)절도사·전전도우후(殿前都虞候)인 백진초(白進超)를 전전부도지휘사(殿前副都指揮使)로 삼았는데, 전전도지휘사(殿前都指揮使)인 양신(楊信)이 병으로 죽은 때문이었다. 양신은 만년에 병으로 벙어리가 되어서 군사를 다스릴 수가 있었다. 백진초는 아무런 특수한 공로가 없었지만 삼가면서 세밀하여 발탁되었다.

28 임진일(9일)에 농서군공(隴西郡公) 이욱(李煜)이 죽었는데 조회를 3일간 철폐하고 태사(太師)를 증직했으며 오왕(吳王)으로 추봉(追封)하였다.

애초에 정언화(鄭彦華)의 아들인 정문보(鄭文寶, 953~1013)가 이욱에게 벼슬하여 교서랑(校書郞)이 되었는데 조정으로 귀부하여서는 다시는 옛 관직을 서용(敍用)하지 않았다.

이욱은 당시에 경호를 받았는데, 정문보는 한 번 만나보고자 하였지만 지키는 사람이 그를 어렵게 할까 염려하여 마침내 도롱이를 입고 연잎 삿갓을 쓰고 어부처럼 되었으며 이미 그렇게 하고야 들어갈 수가 있었다.

이를 이용하여 이욱에게 성주(聖主, 송의 황제 태종)의 관대하고 용서하는 뜻을 가지고 유세하여 의당 삼가는 예절을 가지고 황상을 받들면 다른 염려할 것은 없다고 하였다. 논의하는 사람들은 그의 충성심에 감탄하였다.

29 중원절(中元節)⁷³에 등불을 벌려 놓았는데, 유사에게 조서를 내려서 회해왕(淮海王) 전숙의 집 앞에 등을 진설하고 성악(聲樂, 악대)을 올려 진설하게 하여 그를 총애하였다.

30 정미일(24일)에 여주(盧州, 安徽省 合肥市)의 무위감(無爲監)을 무위군(無爲軍)⁷⁴으로 하였다.

31 경술일(27일)에 명덕문(明德門)을 고쳐서 단봉문(丹鳳門)으로 하였다.

32 요(遼)에서는 태조의 사당에 제사를 지냈다.

---

73 중원절은 7월 보름으로 속칭 귀절(鬼節), 시고(施孤)라고 하고 불교에서는 우란분절(盂蘭盆節)이라고 한다.

74 무위군은 송대 행정구획 가운데 한 군(軍)이다. 송 태종 태평흥국 원년(976년)에 여주를 나누어 무위군을 두었으며 치소는 소현(巢縣) 성구진(城口鎭, 安徽省 無爲縣 無城鎭)이다.

33 황제는 먼저 조서를 내려서 임시로 공거(貢擧)를 철폐했는데, 다시 장옥(場屋, 科場) 사이에 머물고 정체된 사람이 있을까 걱정이 되어 8월에 조서를 내렸다.

"여러 주(州)에서 지난해에 이미 해송(解送)되기로 한 사람은 《삼례(三禮)》·《삼전(三傳)》·학구(學究)[75]를 제외하고는 나란히 가을에 예부(禮部)에 모으라."

34 계축일(1일)에 활주(滑州, 河南省 滑縣)를 지나는 황하가 맑아졌다.

35 병진일(4일)에 양절(兩浙) 지역에 조서를 내려서 회해왕(淮海王) 전숙의 시마(緦麻)[76] 이상의 친지와 관련된 관리들에게 출발하여 모두 궁궐로 오게 하였는데, 무릇 배 1천400척이며 지나는 곳에서는 군사로 이들을 호송하였다.

이에 전숙의 아들 전유치(錢惟治)는 군사와 백성들의 도적(圖籍)·탕름(帑廩)의 관약(管籥, 열쇠)을 모두 받들어서 지항주(知杭州)인 범민(范旻)에게 주고 그 동생인 전유연(錢惟演) 등과 더불어 모두 궁궐로 왔는데 조서를 내려서 내시를 파견하여 근교에서 위로하였다.

임신일(20일)에 장춘전(長春殿)에 마주하여 각기 의대(衣帶)·안마

---

75 과거를 시행하는 과(科)이다.

76 상복을 말한다. 상복은 망자와의 친소관계에 따라서 그 강도가 달리 되는데 시마는 5복(服) 가운데 가장 낮은 상복을 말한다. 상복은 시마(緦麻)로 만들고 복상기간은 석 달이다. 고조, 고조모, 백부 혹은 숙부 내외, 형제와 아직 결혼하지 않은 자매, 외성 가운데 4촌 형제, 장인·장모 등의 경우에 시마복을 입는다.

(鞍馬)·기폐(器幣)를 하사하였다.

36　갑술일(22일)에 여러 신하들이 존호(尊號)를 올려서 응운통천성명문무황제(應運統天聖明文武皇帝)[77]라고 하자 이를 허락하였다.

37　9월 초하루 갑신일에 황제가 강무전(講武殿)에 나아가서 예부의 시험에 합격한 사람들을 복시하였는데 진사과에는 논(論, 논하는 글) 1수(首)를 추가하였다. 이로부터 항상 세 문제를 기준으로 삼았다.

발해(渤海, 山東惠民) 출신 호단(胡旦, 955~1034) 이하 74명을 얻었다. 을유일(2일)에는 제과(諸科) 70명을 얻었는데 나란히 급제를 하사하였다.

처음으로 영춘원(迎春苑)에서 연회를 베풀어 주고, 관직을 준 것이 태평흥국 2년의 제도와 같았다. 예전에는 예부에서는 오직 봄에만 방(榜, 告示)을 붙였는데 이에 이르러서 가을에 시험을 치렀으니 일상적인 예는 아니었다.

38　요의 동경유수(東京留守)인 평왕(平王) 야율융선(耶律隆先)은 총명하고 많은 공부를 하였는데 그는 동경에 살면서 부렴을 적게 하고 형벌을 줄여주며 홀아비와 과부를 구휼하며 자주 현명하고 능력있는 인사를 천거하여 사람들은 대부분 그를 칭찬하였다.

그 아들인 야율진격(耶律陳格, 陳哥)은 발해의 관속과 더불어 그 아

---

77 운수에 순응하여 천하를 통일한 성스럽고 밝은 문무를 겸한 황제라는 칭호이며, 황제를 높여 부르는 방법 가운데 하나이다.

버지를 죽이려고 모의 하고 군사를 들어서 난을 일으키니 요주(遼主)가 명령하여 야율진격을 환열(轘裂, 車裂)하여 이를 조리돌리게 하였다.

39   기해일(16일)에 항주(杭州) 의금군(衣錦軍)을 순화군(順化軍, 浙江省 臨安市)으로 고쳤다.

40   겨울 10월 계축일(1일)에 요에서는 태복경(太僕卿)인 야율해리(耶律諧理, ? ~1026) 등을 파견하여 와서 건명절(乾明節, 태종의 생일)을 축하하였다.

41   경신일(8일)에 거가가 무공군왕(武功郡王) 조덕소(趙德昭, 951~979)의 저택에 행차하였으며 드디어 제왕(齊王)의 저택에도 행차하였다. 제왕에게 은 1만 량, 견(絹) 1만 필을 하사하고 조덕소·조덕방(趙德芳, 959~981)[78]에게 차등이 있었다.

42   사농시승(司農寺丞)인 공의(孔宜, 941~986)가 성자현(星子縣, 江西省 九江市)의 지현(知縣)을 마치고 돌아오면서 지은 글을 바쳤다. 황제가 불러서 접견하고 공자의 세사(世嗣, 世系)를 묻고 우찬선대부로 발탁하고 세습하여 문선공(文宣公)으로 책봉하고 신유일(9일)에 조서를 내려서 그 집안에 조세를 면제해 주었다.

공씨는 성인(聖人)의 후예여서 역대(歷代)로 용조(庸調)[79]를 부과하

---

78 조덕소는 태조 조광윤의 둘째 아들이고, 조덕방은 태조 조광윤의 넷째 아들이다. 따라서 태종에게는 모두 조카이다.

지 않았는데, 주 현덕 연간에 사자를 파견하여 균전(均田)하게 하니 드디어 억지로 편호(編戶)하게 되었으며, 이에 이르러 특별히 명령하여 이를 면제시킨 것이다.

43 황제는 처음으로 즉위하여 좌장고(左藏庫)에 행차하여 그 저축하여 쌓아 놓은 것을 보고 재상에게 말하였다.

"이 금백(金帛)이 산과 같은데 어떻게 써서 다 없어질 수 있겠소! 먼저 돌아가신 황제께서는 매번 노심초사(勞心焦思)하여 비용을 쓰는 것을 염두에 두었는데, 얼마나 그것이 지나친가?"

이에 좌장북고(左藏北庫)를 나누어서 내장고(內藏庫)로 만들어 나란히 강무전 뒤에 있는 봉장고(封椿庫)에 소속시키고, 봉장고를 고쳐서 경복내고(景福內庫)라고 하였다.

황제가 좌우에 있는 사람들에게 말하였다.

"짐이 내고(內庫)를 둔 것은 대개 계산을 담당한 신하가 절약할 수 없을까 염려한 것이며, 다른 시기에 쓸 것에 부족하게 되면 다시 백성들에게 부렴을 할 것이지 끝내 이것으로 좋아하는 것을 제공하지 않을 것이다."

애초에 태조는 별도로 봉장고를 두고 일찍이 비밀리에 가까운 신하들에게 말하였다.

"석씨의 후진(後晉)은 유·계(幽·薊)를 잘라내어 거란(契丹, 遼)에 뇌

---

79 세금에는 조용조(租庸調) 세 종류가 있는데, 조(租)는 바로 전조(田租)로 매년 속 2석을 내게 되어 있고, 용(庸)은 역역(力役)인데, 매년 정부를 위하여 20일간 복역하는 것이며, 조(調)는 호조(戶調)를 말하는 것인데 남정(男丁)이 향토의 산물에 따라서 납부하는 것이다.

물로 주고 한 지방의 사람들은 홀로 경계 밖으로 제한시켰으니, 짐은 아주 이를 근심한다.

이 창고에 저축한 것이 30~50만에 가득차기를 기다렸다가 바로 사신을 파견하여 거란과 약속하고 만약에 우리 땅과 백성들을 돌아오게 할 수만 있다면 이 금백을 다 하여 그 대속(代贖)하는 값으로 충당해야 할 것이다.

만약에 안 된다고 한다면 짐이 장차 묵혀진 재물을 흩어서 용사(勇士)를 모집하여 공격하여 빼앗을 것을 도모하게 할 것이다."

마침 연가(宴駕)[80]하여 결과를 내지 못하였다.

44 요(遼)의 남경유수(南京留守, 요의 남경은 북경)인 연왕(燕王) 한광사(韓匡嗣, 918~983)가 들어와서 권추밀사(權樞密使)[81]가 되었는데, 요주(遼主)는 그의 아들인 한덕양(韓德讓, 941~1011)에게 명령하여 이를 대신하게 하였다.

한덕양을 지략(智略)을 갖고 있었고 공로를 세우고 일을 만들어 하기를 좋아하여 누차 그 아버지를 대신하여 유수(留守)[82]가 되었는데, 요인(遼人)들은 영광으로 생각하였다.

---

80 연가란 황제의 죽음을 완곡하게 표현하는 것이며 이를 안가(晏駕)라고도 하는데, 같은 의미이다.

81 권직(權職)으로 어떤 직책을 임시로 담당하는 경우에 임용하는 방법이며, 이 경우에는 추밀사의 업무를 임시로 담당하는 직책이다.

82 어떤 관직을 정식으로 맡은 사람이 어떤 사정으로 현장을 떠나기 때문에 그 업무를 수행할 수 없을 경우에 현장에 남아서 그 업무를 수행하는 관직을 말한다.

45   11월 을미일(14일)에 친히[83] 태묘(太廟)에 제사를 지냈다. 병신
일(15일)에 남교에서 천지에 합제(合祭)[84]를 지냈다. 단봉루(丹鳳樓)
에 나아가서 크게 사면하고 건원전(乾元殿)에서 옥책(玉冊)에 쓴 존호
(尊號)를 받았다.

나라가 개국한 초기부터 남교에서는 사시(四時)로 제사를 지내고,
그것이 감생제(感生帝)·황지기(皇地祇)·신주(神州)[85]에 이르렀으니,
무릇 7번의 제사였고, 나란히 네 할아버지를 돌아가면서 배향하였다.
황제가 즉위하고 다만 선조(宣祖, 조홍은)·태조(太祖)를 바꾸어 배향하

---

83 송기의 태종시기를 기록하고 있기 때문에 황제, 즉 태종을 생략한 것이다.

84 합제란 여러 제사의 대상을 함께 놓고 제사를 지내는 것이다. 제왕이 세차에
  서 먼 조상을 함께 모아서 조묘(祧廟)에서 제사를 지내는 경우가 있고, 천지
  에 제사를 지낼 때에 따로 지내지 않고 천신(天神)과 지기(地祇)를 함께 제사
  지내는 경우가 있다.

85 감생제란 하늘에 있는 제왕의 부친을 말하는 것이고, 황지기는 지신에 대한
  존칭이며, 신주란 중국을 가리키는 말로 4대 주가 있는데, 동쪽에는 승신주
  (勝神州), 남쪽에는 첨부주(瞻部州), 서쪽에는 우하주(牛賀州), 북쪽에는 구여
  주(瞿盧州)가 있다고 한다.

였다. 이에 천지에 합제를 지내고 처음으로 태조의 승유(升侑)[86]를 받들었다.

46 경자일(19일)에 제왕(齊王)[87]의 저택에 행차하였다.

47 병오일(25일)에 교사(郊祀)를 지낸 것 때문에 안팎의 문무관원들에게 은전(恩典)을 덧붙여 주었다.

48 애초에 합문기후(閤門祗候)인 준의(浚儀, 河南省 開封市) 사람 왕선(王侁)이 영주(靈州, 寧夏 吳忠市)·통원군(通遠軍, 甘肅省 隴西縣)에 사자(使者)로 갔다가 돌아와서 주수(主帥)가 쓰고 있는 아병(牙兵) 대부분이 걸힐(桀黠, 흉악하고 교활함)하여 제압하기 어려워서 세월이 오래 가면 변고가 생길까 염려되니 청컨대 모두 그들을 대신하라고 말하였다.

황제는 이 때문에 왕선을 파견하여 내지(內地)의 졸병을 조발(調發)하여 가서 대신하게 하였다. 수졸(戌卒)들은 대체될 것이라는 소식을 들었는데, 대부분이 남아 있기를 원하자 왕선은 그 가운데 명령을 거역한 사람이 있는지를 살펴보고 참수(斬首)하여 조리를 돌리자 수졸들은 모두 두려워 숨을 죽이니 드디어 거느리고 돌아왔다.

---

86 배향(配享)의 지위를 높이는 것이다.

87 제왕은 조정미(趙廷美, 947~984)를 말하는데, 이는 송 태조 조광윤의 넷째 동생이며, 역시 태종 조광의의 동생이다.

49　삼사(三司)에서 장악하고 있는 여러 안건 가운데 상세(商税)[88]·
주(冑, 甲冑)·국(麴, 누룩)·말염(末鹽)[89]의 네 가지 안건은 아주 번잡하
였다. 12월 병진일(5일)에 각기 추관(推官)[90]을 두고 좌찬성대부인 장
중옹(張仲顒) 등에게 명령하여 이를 나누어 관장하게 하였다. 여러 안
건은 얼마 지나지 않아서 모두 추관을 두거나 혹은 순관(巡官)을 두었
는데, 모두 경조관(京朝官, 京官과 升朝官)으로 충원하였다.

50　황제가 개봉윤으로 있으면서 계(薊) 사람인 송기(宋琪, 917~996)
는 좌보궐(左補闕)로 추관(推官)이 되었는데, 황제가 아주 예우를 더하
여 주었다. 송기는 재상인 조보(趙普)·추밀사인 이숭구(李崇矩, 924~
988)와 잘 지냈으며, 그 집의 문을 드나드는 일이 많으니 황제는 이를
싫어하여 태조에게 말하여 송기를 지농주(知隴州)로 하여다가 낭주(閬
州, 四川省)로 옮겼다.

　황제가 즉위하고 나서 호국절도판관(護國節度判官)으로 있다가 불
리어 궁궐에 왔다. 정우(程羽, 913~984) 등이 먼저 부저(府邸, 태종 조광

88　중국 고대에 상인이 상품을 판 것과 기타 상업행위를 한 것에 대하여 부과하
　　여 징수하는 세금이다.

89　소금의 품종은 아주 여러 가지인데 대체적으로 4가지가 통용되었다. 그 가
　　운데 말염이란 해염(海鹽)을 말하는데, 바닷물을 끓여서 이루어진 것으로 그
　　소금이 가늘고 미세하다.

90　송조(宋朝)에서 삼사는 그 아래에 있는 각부에 한 사람씩을 두어서 각 사건
　　의 공적인 업무를 주관하게 하였는데, 개봉부에 소속으로 좌우청(左右廳)을
　　두고 매 청마다 추관을 각기 한 명씩을 두고서 날짜를 돌아가면서 안건을 심
　　판하였으며 임안부에는 절도추관과 관찰추관을 각 한 명씩 두었으며 여러 주
　　(州)의 막직(幕職) 가운데 역시 절도, 관찰추관을 갖고 있었다.

의의 집)에서부터 올라가서 현요(顯要)하기에 이르렀는데, 송기는 가운데 끼어 있었지만 오래되어도 조발(調發)될 수 없었다. 정사일(6일)에 황제가 불러서 보고 힐책하니 송기는 절하며 사과하고 허물을 후회하며 스스로 새롭게 되기를 청하자 마침내 태자선마(太子洗馬)를 제수하였다.

51　을축일(14일)에 강무대(講武臺)에 나아가서 비선군인(飛仙軍人)[91]이 기석(機石)[92]을 발사하고 연노(連弩)[93]를 발사하는 것을 관람하였다. 황제는 장차 북한(北漢)을 치려고 하여 먼저 무사(武事, 군사적 업무)를 익히게 한 것이다.

52　경오일(19일)에 납제(臘祭)[94]를 드렸는데, 유사가 동수(冬狩, 겨울사냥)의 예(禮)를 준비할 것을 청하니 황제가 이를 좇으면서 좌우에 있

91　특수 훈련된 군인이다. 원문은 비선군인으로 되어 있지만 괄호를 열어 비산군인(飛山軍人)으로 되어 있으며, 뜻으로 보아 산을 나는 듯 달릴 수 있는 군사를 말하는 것이다.

92　투석기(投石機) 혹은 포석기(抛石機)라고 하는 것인데, 고대에 출현한 성을 공격하는 무기로 돌로 된 탄환을 적의 성벽 혹은 성 안으로 쏘아 적의 진영을 파괴하는 무기이다. 여기서는 이 투석기로 돌을 발사하는 훈련을 시행한 것이다.

93　연노란 강력한 활인 노(弩)에서 발전시킨 것으로 멀리 화살을 쏠 수 있는 무기이다. 연노에는 두 종류가 있는데, 하나는 화살을 연속적으로 적을 향하여 발사하는 연발식이고 다른 하나는 동시에 여러 발의 화살을 발사할 수 있는 것이다.

94　오래된 민간 전통 제사문화인데, 12월이 되면 위렵(圍獵, 울타리를 치고 수렵하는 것)하여 잡은 금수를 가지고 희생으로 삼아 조종(祖宗)에 제사를 드린다.

는 사람들에게 말하였다.

"금황(禽荒)[95]에는 경계해야 할 것이 있으니, 짐은 지금 시절에 순응하여 수수(蒐狩)[96]하고자 하니 백성들을 위하여 해로운 것을 없애려는 것이지 감히 즐기려고 생각하는 것은 아니다."

53 갑술일(23일)에 영흥군(永興軍, 陝西省 西安市)은 고쳐서 흥국군(興國軍)으로 하였다.

54 무인일(27일)에 요(遼)에서 소파고제(蕭巴固濟) 등을 파견하여 와서 명년의 원단(元旦)을 축하하였다.

55 당시에 여러 주(州)의 공거인(貢擧人)들이 나란히 모였는데 마침 곧 하동(河東)을 친히 정벌하려고 하여 이를 철폐하였다. 이로부터 매 1년 혹은 2년을 사이에 두고 마침내 공거(貢擧)를 시행하였다.

---

95 수렵에 빠지는 것을 말한다. 《서경》에는 '안으로는 색으로 황폐되고 밖으로는 사냥으로 황폐된다.[內作色荒, 外作禽荒.]'라는 말이 있고, 《국어(國語)》에는 '왕은 말을 달려 수렵을 하지만 사냥으로 황폐에 이르는 일은 없다.[王其且馳騁弋獵, 無至禽荒.]'라는 말이 있어서 수렵하는 재미에 빠지는 것을 경계하였다.

96 수렵을 계절별로 구별하여 부르는 것이다. 봄의 수렵을 수(蒐)라하고 겨울의 수렵을 수(狩)라고 하는데, 그 외에 여름 수렵을 묘(苗)라 하고, 가을 수렵을 선(獮)이라 하여 사계절의 수렵을 구분한다. 이 차이는 봄 사냥에서는 수색하고 사냥하지만 회태(懷胎)한 짐승을 잡지 않고, 여름 사냥은 농사를 망치는 짐승을 사냥하는 것이며 가을 사냥은 금수를 살상하는 야수를 사냥하는 것이고, 겨울 사냥은 구별 없이 모두 사냥할 수 있었다.

56   애초에 진홍진(陳洪進)이 영토를 헌납하면서 황제는 이미 그의
아들인 진문현(陳文顯)을 지천주유후(知泉州留後)로 삼았는데, 논의하
기를 능력 있는 신하를 골라서 주(州, 천주)의 업무를 관계하고 장악하
게 하여 전중승(殿中丞)인 남돈(南頓, 河南 項城市) 사람 교유악(喬維岳,
926~1001)을 기복(起復)⁹⁷시켜서 통판(通判)으로 삼았다.

  교유악이 처음으로 도착하였는데, 마침 초적(草寇) 10여만 명이 와
서 성을 공격하였지만 성 안에는 병사가 겨우 3천 명이어서 형세는 아
주 위급하였다. 감군인 하승구(何承矩, 946~1006)·왕문보(王文寶, ?
~991)가 성을 도륙하고 창고에 불을 지르고 숨으려고 하니 교유악이
항의하며 생각하였다

  "조정에서 일을 맡겨 수원(綏遠)한 곳을 기탁하였는데, 지금 혜택이
아직 널리 퍼지지 않았고, 도적은 이어가며 관계를 맺고 있지만 도리어
성을 도륙하고 창고에 불을 지르려 하니 어찌 조서를 내린 뜻이겠는
가?"

  하승구 등은 이로 인하여 다시 굳게 지켰다.

  마침 양절서남로(兩浙西南路)전운사인 풍익(馮翊) 사람 양극양(楊克
讓, 912~980)이 복주(福州)에서부터 주둔하고 있는 군사를 인솔하고 와
서 구원하니 포위는 마침내 풀어졌다. 감군인 왕계승(王繼昇, 926~989)
이 정예의 병사를 인솔하고 추격하여 그 우두머리를 붙잡고 착고(着
錮)를 채워 궁궐로 보내니 나머지 도적들은 모두 평정되었다. 하승구
는 하계균(何繼筠, 921~971)의 아들이다.

---

97 관리가 부모상을 당하여 그 복상기간이 끝나지 않았는데, 이를 다시 관리로
    기용하는 것을 말한다.

57   이 해 겨울에 요주(遼主)가 금천(金川)에 주둔(駐屯)하였는데 어 잔랑군(御琖郎君)인 야율호도(耶律呼圖, 虎古, ? ~990)가 송을 빙문(聘問)하였다가 돌아와서 요주에게 말하였다.

"송은 반드시 하동을 빼앗을 것이니 마땅히 먼저 이를 대비해야 합니다."

한광사(韓匡嗣, 918~983)가 말하였다.

"어떻게 그것을 아시오?"

야율호도가 말하였다.

"이는 어렵지 않게 압니다. 사방에 있는 호칭을 참월(僭越)[98]하는 나라는 송이 모두 나란히 빼앗았는데, 오직 하동(河東, 북한이 있는 지역)만 아직 떨어지지 않았을 뿐입니다. 지금 송은 군사에 관하여 강론하면서 전쟁을 연습하고 있는데 속뜻은 반드시 한(漢, 북한)에 목표를 두고 있습니다."

한광사가 이를 꾸짖으며 말하였다.

"어찌 이런 일이 있겠소?"

끝내 방비를 두지 아니하였다.

태종 태평흥국 4년(己卯, 979년)[99]

---

98 옛날에 지위가 낮은 사람이 그 위의 명의를 무릅쓰고 사용하거나 혹은 자기 신분이 맞지 않은 기물을 무릅쓰고 사용하는 것을 말하는데, 특히 황제가 사용하는 명칭이나 기물을 무릅쓰고 사용하는 경우를 말한다. 이 경우에는 강남 등 십국이 황제의 명칭과 그 기물을 사용하는 것을 말한다.

99 요의 경종 건형(乾亨) 원년이다.

1   봄, 정월에 황제는 추밀사(樞密使)인 조빈(曹彬)을 불러서 물었다.

"주의 세종과 우리 태조는 모두 친히 태원(太原, 북한)을 정벌하였지만 이길 수 없었는데, 얼마나 성벽이 굳고 완전하기에 가까이 할 수 없었는가?"

조빈이 대답하였다.

"세종(世宗, 후주 세종)시대에는 사초(史超)가 석령관(石嶺關)[100]에서 패배하자 사람들의 마음이 떨리고 두려워하였으니 그러므로 군사가 돌아왔습니다.

태조는 군사를 감초(甘草)들이 나는 땅에 주둔하게 하여 군인들이 대부분 배앓이를 하였으니 이로 인하여 중지하였습니다. 성루(城壘)에 가까이 할 수 없는 것은 아닙니다."

황제가 말하였다.

"내가 지금 군사를 일으키려는데, 경은 어떻다고 생각하시오?"

조빈이 말하였다.

"우리 국가의 갑병은 정예이고 사람들의 마음은 기쁘게 떠받들고 있으니 만약에 조벌(弔伐)[101]한다면 마치 마른 나무를 꺾고 썩은 것을 끄는 것 같을 뿐입니다."

---

100 북한의 도읍인 태원으로 들어가는 길에는 세 개의 관문이 있는데, 모두 교통의 요충지이다. 첫째 관문은 천문관(天門關)이고, 둘째 관문이 석령관(石嶺關)이다. 석령관은 백피관(白皮關) 혹은 석령진(石嶺鎮)으로 불리기도 하는데 양곡현(陽曲縣)의 대우진(大盂鎮)에 있으며 세 번째가 적당관(赤塘關)이다.

101 조벌이란 일종의 정치적인 용어이다. 다른 나라를 군사로 칠 때에 내세우는 이유로 그 나라 백성들이 고생을 하고 있기 때문에 군사력을 가지고 백성들을 괴롭힌 죄를 지은 제왕을 친다고 하는 의미이며, 이는 이 포학한 제왕에게 죽은 사람들을 조문하기 위한 것이라는 뜻으로 사용하는 말이다.

황제는 속으로 드디어 결심하였다.

재상인 설거정 등이 말하였다.

"옛날에 세종이 군사를 일으키자 태원(太原)에서는 거란의 원조에 기대고 성벽을 굳게 하여 싸우지 않아서 군사들이 오래 지치게 하여 돌아왔습니다.

태조가 거란을 안문관(雁門關, 山西省 忻州市 代縣)의 남쪽에서 격파하고 그곳에 사는 백성들을 다 몰아서 하·락(河·洛) 사이에 분포시키었으니 비록 소혈(巢穴)이 아직 있다고 하여도 위험하고 어려운 것이 이미 심합니다.

이를 얻는다고 하여도 땅을 넓히었다고 하기에는 부족하고, 이를 버린다고 하여도 걱정거리가 되기에는 부족하니 원컨대 폐하께서 이를 깊이 고려하십시오."

황제가 말하였다

"오늘날에는 하려는 일은 같지만 형세는 다르고 또한 먼저 돌아가신 황제께서 거란을 깨뜨리고 그 사람들을 옮겨서 그들의 땅을 텅 비게 하였는데, 바로 오늘날을 위한 일이었으니 짐의 계획은 결정하였소."

정해일(7일) 태자중윤인 장계(張洎)·저작랑인 구중정(句中正, 929~1002)을 고려에 사신으로 보내어 북벌하겠다고 알렸다.[102]

---

102 《고려사》 권1에는 "〔戊寅〕三年夏四月 (중략) 宋遣太子中允張洎來聘."이라고 기록되어 있어서 송에서 장계가 사신으로 온 것은 기록되었으나, 같이 온 구중정에 관한 기록이 빠졌고, 그 목적이 북벌하겠다는 것임을 통고한 내용은 없다. 그뿐만 아니라 이 사건이 경종 3년(978년)으로 되어 있어서 《속자치통감》과 다르다. 《송사》 권4 〈태종기〉에도 '丁亥, 命太子中允張洎·著作郎句中正使高麗, 告以北伐.'라고 되어 있어서 《속자치통감》과 내용이 같으므로 《고려사》가 잘못된 것으로 보인다.

상참관(常參官)을 파견하여 나누어 여러 주를 감독하여 군수물자를 태원으로 보내게 하였다.

경인일(10일)에 선휘남원사(宣徽南院使)인 반미(潘美)를 북로도초토제치사(北路都招討制置使)로 삼고 최언진(崔彦進, 922~988)·이한경(李漢瓊, 927~981)·조한(曹翰, 924~992)·유우(劉遇, 920~985)에게 명령하여 각기 그 성의 한쪽 면을 공격하게 하였다.

유우는 차례로 그 서쪽면을 공격하는 일을 담당하였는데, 서쪽면은 바로 북한 주군의 궁성이어서 더욱 험악하였다. 유우는 조한과 지역을 바꾸고자 하였는데 조한이 안 된다고 하였지만 유우는 반드시 이를 바꾸고자 하니 논의는 오래 되어도 결정되지 아니하였다. 황제는 장수들이 협조하지 않을 것을 염려하여 마침내 조한에게 유시하여 말하였다.

"경은 지혜와 용기가 둘도 없는 정도이어서 성의 서쪽면은 경이 아니면 감당할 수 없소."

조한이 비로소 조서를 받들었다.

신묘일(11일)에 운주(雲州)관찰사인 곽진(郭進, 922~979)에게 명령하여 태원석령관도부서(太原石嶺關都部署)로 삼고 서상합문사(西上閤門使)인 전인랑(田仁朗, 930~989)·합문지후공봉관(閤門祗候供奉官)인 유서(劉緒)는 태원성(太原城)의 사면에 있는 호채(壕寨, 참호와 영채)를 순행하면서 공성용 사다리와 충차 그리고 기물들을 열람하고 살피라고 하였다.

2   요주(遼主)가 송의 군사가 태원을 친다는 소식을 듣고 탄식하여 말하였다.

"야율호도는 특히 일을 헤아릴 수 있었는데 짐과 한광사가 생각한 것이 미치지 못하였다."

마침내 대마(玳瑪)인 장수(長壽)를 파견하여 와서 말하였다.

"어떠한 명목으로 한(漢, 북한)을 치는 것이요?"

황제가 말하였다.

"하동(河東, 북한)에서 명령을 거역하였으니 마땅히 죄를 물어야 하는 것이요. 만약에 북조(北朝, 요)가 원조하지 않는다면 화의의 약속은 예전대로일 것이며, 그렇지 않으면 전쟁이 있을 뿐이요."

3   계사일(13일)에 추밀직학사(樞密直學士)인 석희재(石熙載, 928~984)를 첨서원사(簽署院事)[103]로 하였는데, 첨서추밀원사(簽署樞密院事)는 석희재에서부터 시작되었다.

4   반미(潘美) 등에게 장춘전(長春殿)에서 연회를 베풀어 주었는데, 황제가 친히 방략을 주어 그를 파견하였다. 이때에 유창(劉鋹)과 회해왕(淮海王) 전숙(錢俶)·무령(武寧)절도사 진홍진(陳洪進) 등이 모두 더불어 하였는데, 유창이 이어서 말하였다.

"조정의 위령(威靈)이 먼 곳에까지 미치니 사방에 있는 참월한 주군들은 금일 모두 이 자리에 앉아 있으며, 조석 간에 태원(太原)이 평정되면 유계원(劉繼元, ?~992)도 또한 도착할 것이므로 신은 솔선하여 와서 조현하였으니 원컨대 몽둥이를 들고 여러 나라의 항복한 왕의 수장이 되게 해 주십시오."

---

103 첨서란 문건이나 조약, 혹은 증빙서류에 서명하는 것을 말하는데 송대에 와서 관직명으로 바뀌었는데, 첨서(簽書)이다.

황제가 크게 웃고 상으로 하사한 것이 아주 후하였다.

5   정유일(17일)에 하북(河北)전운사인 후척(侯陟, ? ~983)과 섬서북
로(陝西北路)전운사인 뇌덕양(雷德驤, 917~992)이 동·서로전운사의 업
무를 나누어 관장하였다.

6   계묘일(23일)에 새로운 혼천의(渾天儀)¹⁰⁴가 완성되었는데, 사천
감(司天監) 학생인 장사훈(張思訓)이 창안한 것이다. 문명전(文明殿)의
동남쪽에 있는 종고루(鍾鼓樓)에 두고 장사훈을 혼의승(渾儀丞)으로
삼았다. 예전에 만든 것은 일월(日月)과 주야(晝夜)로 운행하는 도수
(度數)를 모두 사람이 움직여 돌렸는데, 새로 만든 것은 저절로 돌아갔
고, 더욱 정치(精緻)하고 교묘(巧妙)하였다.

7   2월 정묘일(18일)에 북한이 요(遼)에 도와주기를 빌자 요에서는
남부재상 야율사(耶律沙, ? ~988)를 도통(都統)으로 삼고 기왕(冀王)인
야율탑이(耶律塔爾)를 감군(監軍)으로 삼아서 원조하러 가게 하였다.
또 남원대왕(南院大王)인 야율색진(耶律色珍)에게 명령하여 거느리는
부대를 가지고 따르게 하였으며 추밀부사인 야율목제(耶律穆濟)가 이
를 감독하였다.

---

104 혼천의는 혼의(渾儀)와 혼상(渾象)을 총칭하는 것이다. 혼의는 천체의 구면
    의 좌표를 측량하는 의기(儀器)이고 혼상은 고대 천상(天象)의 의표(儀表)를
    연출해 보이는 것이다.

8 병진일(7일)에 재상인 심륜(沈倫, 909~987)에게 명령하여 동경유수(東京留守) 겸판개봉부사(兼判開封府事)로 삼고 선휘북원사(宣徽北院使)인 왕인섬(王仁贍, 917~982)을 대내도부서(大內都部署)로 삼고 추밀승지 진종신(陳從信, 912~984)은 그를 돕게 하였다.

황제는 즉위하고서 제왕인 조정미에게 말하였다.

"태원은 내가 반드시 이를 빼앗겠다."

이에 이르러 조정미로 하여금 유무(留務)[105]를 장악하게 하려고 하였는데, 개봉부판관인 여단(呂端, 935~1000)이 조정미에게 말하였다.

"주상께서는 즐풍목우(櫛風沐雨)[106]하면서 조벌(弔伐)을 펼치시는데, 왕께서 계신 곳은 가깝고도 현명하게 보좌해야할 지위에 처해 있으니, 마땅히 인솔하고 호종(扈從)[107]하겠다고 표현해야 하며 유무를 관장하는 것과 같은 일은 마땅히 해야 할 바가 아닙니다."

조정미는 이로 말미암아서 가게 해달라고 청하게 되었는데, 여단은 여여경(呂餘慶, 927~976)의 동생이다.

9 갑자일(15일)에 거가가 경사를 출발하였다. 무진일(19일)에 이어

---

105 어떤 직책을 가진 사람이 다른 곳으로 떠나게 될 때에 현장에 남아서 업무를 대신 처리하는 것을 말한다. 여기서는 황제인 조광의가 직접 전선(戰線)에 가기 때문에 황궁과 수도의 업무를 남아서 처리하는 것을 의미한다.

106 전선에 나가 있으면 제대로 머리를 손질할 수 없고, 목욕을 할 수 없는 상황이 되는데, 바람이 불어 머리카락을 한쪽으로 몰아가는 것은 빗질하는 것으로 생각하고, 비가 오는 것을 맞는 것으로 목욕하는 것으로 여긴다는 말이다.

107 천자가 순행할 때에 좇으면서 경호하는 것을 말한다. 천자를 따라다니는 것이다.

진 곳은 전주(澶州, 河南省 濮陽市)였다. 임하현(臨河縣, 山西 石樓縣)의 주부(主簿)인 송첩(宋捷)이 길옆에서 봉사(封事)[108]를 바쳤는데, 황제가 그 성명을 보고 기뻐하며 말하였다.

"우리 군사가 승리하겠다."[109]

바로 장작감승(將作監丞)으로 삼았다.

기사일(20일)에 이어진 곳은 덕청군(德清軍, 河北 清豐縣 西北)이었다. 행재(行在)전운사인 하남(河南) 사람 유보훈(劉保勳, 925~986)에게 명령하여 구당북면전운사사(句當北面轉運使事)[110]를 겸하게 하였다. 균주(均州, 湖北省)자사인 임명(臨洺, 河北省 永年縣) 사람 해휘(解暉, 912~991)·상식사(尙食使)인 절언윤(折彦贇)를 파견하여 융주(隆州, 山西省)를 공격하게 하였다.

갑술일(25일)에 이어진 곳은 형주(邢州, 河北省 巨鹿縣)였다. 당주(唐州, 河南省 泌陽縣)단련사인 조광실(曹光實, 931~985)을 지위승군사(知威勝軍事)로 하였다. 조광실이 들어와 보고하였다.

"원컨대 한 부대를 들어가지고 예봉으로 분발하여 먼저 올라가게 하여 주십시오."

---

108 봉함하여 올리는 글을 말한다.

109 봉사를 올린 사람의 이름이 송첩(宋捷)이고, 이를 해석하면 송(宋)의 승리라는 뜻이 되므로 이처럼 말한 것이다.

110 구당(勾當)이란 갈고리고 끌어 당겨서 일을 맡는다는 의미인데, 관직을 임용하는 종류의 하나로 구당이라는 방법을 쓴다. 당대에는 황제가 몸이 불편하거나 죽었을 때에 항상 황태자에게 군사와 국가의 업무를 구당(勾當)하게 하였다. 관직의 경우에도 구당직(勾當職)을 주는데, 원래는 '구검충당기직(勾檢充當其職)'이란 말이다. 여기서는 황제가 있는 곳까지의 물자 수송을 책임진 행재전운사에게 북면전운사의 업무를 가져다가 겸직시킨 것이다.

황제가 말하였다.

"물자와 양식에 관한 일은 큰 것이니 또한 충분히 힘을 드러내라."

병자일(27일)에 노주도감(潞州都監)인 진흠조(陳欽祚)를 지위승군(知威勝軍)¹¹¹으로 하였다.＊

---

111 지직(知職)이다.

송기10

송의 기초를 닦은 태종

북한 정벌의 완성

태종지인응운신공성덕예열대명광효황제(太宗至仁應運神功聖德睿烈
大明廣孝皇帝)
태평흥국(太平興國) 4년(병자, 979년)[1]

1   3월 초하루 진주(鎭州, 河北省)에 주필(駐蹕)[2]하였다. 영주(郢州,
湖北省 京山縣)자사 윤훈(尹勳)에게 명령하여 융주(隆州, 山西省)를 공
격하게 하였다. 융주는 북한 사람들이 험악한 지형에 의거하여 성을
쌓고 남쪽의 군대를 막으려고 한 곳이었으니, 그러므로 먼저 군사를
나누어 이를 포위한 것이다.

---

1   이 해는 요 경종 건형(乾亨) 원년이다. 《속자치통감》 권10에는 송 태평흥국 4년
    (기묘) 3월부터 태평흥국 6년(신사) 9월까지 대략 2년여 동안의 사건을 기록하
    였다.

2   황제나 후비가 외출하여 도중에 잠시 머무는 곳 또는 제왕이 나가면서 길을
    열고 길을 청결하게 하며 통행을 금지시키는 것을 말하는 것으로 일반적으로
    제왕이 가고 머무는 것과 관계있는 일을 말한다. 이 경우에는 송 태종이 친정
    에 나서서 일단 머문 것을 말한다.

신사일(2일)에 진주마보도감(鎭州馬步都監)·객성부사(客省副使)인 제정침(齊廷琛)·낙원부사(洛苑副使)인 후미(侯美)에게 명령하여 군사를 나누어 우현(盂縣, 山西省 陽泉市)을 공격하게 하였다.

인진사(引進使)·분주(汾州)방어사인 전흠조(田欽祚)가 석령관(石嶺關, 山西省 中部 陽泉市)에 주둔한 군사를 통솔하면서 도부서(都部署)인 곽진(郭進, 922~979)과 협조하지 아니하여 적(敵)이 도착하였는데 성벽을 닫고 스스로 지키었다. 또 떠나가도 뒤쫓지 아니하고 군수물자를 쌓아 놓고 이익을 찾으려고 하다가 부하에게 소송을 당하였다. 조서를 내려서 그를 국문하게 하자 전흠조는 모두 자복하였다. 계미일(4일)에 책임을 지워 목주(睦州)방어사를 제수하고 여전히 호군(護軍)하게 하였다.

2   병술일(7일)에 요에서는 북원대왕(北院大王)인 야율희달(耶律希達, 奚底)·이실왕(伊實王, 乙室)인 야율살합(耶律薩哈, 撒合) 등에게 명령하여 군사를 가지고 연(燕)지역을 방어하게 하였다.

3   정해일(8일)에 곽진이 서룡문채(西龍門寨)에서 북한의 군사를 깨뜨렸다.

무자일(9일)에 육택사(六宅使)인 후계릉(侯繼隆)에게 명령하여 심주(沁州, 山西 沁源)를 공격하게 하고, 합문지후(閤門祇候)인 왕선(王僎)은 분주(汾州, 山西省)를 공격하게 하였는데, 왕선은 왕선(王侁)의 동생이다.

4   기축일(10일)에 요(遼)에서는 좌천우위(左千牛衛)대장군인 한발

(韓侤)·대동군(大同軍)절도사인 야율선포(耶律善布, 善補)에게 명령하여 본로(本路)의 군사를 가지고 북한을 돕게 하였다.

5　임진일(13일)에 다시 치주(淄州, 山東省 淄博市)자사인 태원(太原) 사람 왕귀(王貴, ? ~1153)에게 명령하여 심주(沁州)를 공격하게 하였다.

6　을미일(16일)에 요(遼)의 야율사(耶律沙, ? ~988) 등이 백마령(白馬嶺, 山西省 陽泉市 盂縣)에 도착하였는데, 앞에는 큰 시내가 가로 막고 있었다. 곽진(郭進, 922~979)의 군사를 만났는데, 야율사는 여러 장수들과 더불어 뒤에 오는 군사들을 기다리고자 하였지만 기왕(冀王)인 야율탑이(耶律塔爾)와 야율목제(耶律穆濟, 抹只)는 이들을 급히 치는 것이 편리하다고 생각하니, 야율사는 그 뜻을 뺏을 수가 없었다.

야율탑이 등이 선봉에게 시내를 건너게 하여 아직 반을 가지 못하였는데 곽진이 기병을 인솔하고 분발하여 쳐서 그들을 크게 패배시켰다.

야율탑이 등과 그 아들인 야율화격(耶律華格, 洼哥)·야율사의 아들인 야율덕림(耶律德琳, 德音)·영곤도민(令袞圖敏, 令穩都敏)·상곤당고(詳袞唐古, 詳穩唐苦)가 모두 진지에서 죽었으며 야율사 등은 거의 나올 수가 없었다. 마침 야율색진(耶律色珍, 斡珍)이 구원병을 가지고 도착하여 만 개의 노(弩)가 일제히 발사되니 송나라의 군사들은 마침내 물러났다. 야율사와 야율목제는 겨우 몸만 죽음을 면하였다.

북한의 주군은 다시 간사(間使, 비밀로 보낸 사자)를 파견하여 납환(蠟丸)[3]을 싸가지고 요(遼)에 가게 하였는데 곽진이 이를 붙잡아서 성 아

3　밀납으로 만든 구형으로 안에 약환(藥丸)을 넣어서 외부로 드러나지 않게 하

래에서 조리를 돌리니 성 안에서는 기세가 비로소 빼앗겼다.

7   지부주(知府州)·한구사(閑廐使)인 절어경(折御卿, 958~995), 감군(監軍)·공봉관(供奉官)인 진양(晉陽, 山西省 太原市) 사람 윤헌(尹憲, 932~994)에게 명령을 내려서 군사를 나누어 남주(嵐州, 山西省 嵐縣)를 공격하게 하였다.

  병신일(17일)에 좌비룡사(左飛龍使)인 사업(史業)이 북한의 응양군(鷹揚軍)을 격파하였다.

  계묘일(24일)에 하동성서면(河東城西面) 전운사인 유보훈(劉保勳, 925~986)을 섬서북로(陝西北路) 전운사로 삼아서 뇌덕양(雷德驤, 917~992)을 대신하게 하였다. 뇌덕양은 심주(沁州, 山西 沁源縣)의 군저(軍儲, 군수물자)를 조발(調發)하면서 기한보다 늦어서 유보훈 등에게 명령하여 이를 겸하여 관장하게 하였다.

8   을사일(26일)에 하주(夏州, 섬서)의 이계균(李繼筠, 957~979)[4]이 거느리는 부속을 인솔하여 북한을 토벌하는 것을 돕게 해달라고 빌었다.

  는 것인데, 이 납환 안에 비밀문서를 넣어서 전하기도 하였다. 이 경우에는 비밀문서를 넣어서 전하려고 한 것이다.

4 이계균은 송 초기 당항족(党項族)의 수령으로 정난(定難)절도사였는데, 이광예(李光睿)의 아들이다. 태평흥국 3년(978년)에 스스로 권지하주사라고 하였는데, 태평흥국 4년(979년)에 송 태종이 북한을 정벌할 때에 은주(銀州)자사 이광원(李光遠), 수주(綏州)자사 이광헌(李光憲)을 파견하여 번·한병을 인솔하고 진지를 늘어놓고 황하를 건너서 태원을 공략할 때 송의 군세(軍勢)를 돕우는데 힘을 보탰다.

9   천주(泉州, 福建省 泉州)에 조서를 내려서 군사를 발동하여 진홍진(陳洪進)의 친속을 호송하여 궁궐로 오게 하였다.

10   여름 4월 초하루, 남주(嵐州)에 있는 행영(行營)[5]이 북한의 군사와 싸워서 그들을 격파하였다. 경술일(2일)에 우현(盂縣, 山西省 陽泉市)이 항복하였다.

11   석희재(石熙載, 928~984)를 추밀부사(樞密副使)로 하였다.

12   북한의 부마도위(駙馬都尉)인 노준(盧俊)이 대주(代州)에서부터 말을 달려서 요에 서장(書狀)을 전달하여 급한 상황을 알렸다. 요인(遼人)들은 패하고 오그라든 나머지 다시 군사를 내어 구원할 수 없었다.

13   덕려륵부(德呼勒部, 敵烈)[6]가 요(遼)에 공물을 바쳤다.

14   임술일(14일)에 거가(車駕)가 진주(鎭州)를 출발하여 태원에 행차하였다.

15   절어경(折御卿, 958~995)이 가람군(岢嵐軍, 山西省 岢嵐縣)에서 이기고 그 군사(軍使)인 절령도(折令圖)를 붙잡았다.

---

5 출정할 때의 군영을 말하거나 군사를 지휘하는 지휘관이 머물면서 일을 처리하는 군영을 가리킨다.
6 요·금(遼·金)시기에 몽골의 동부지역에서 유목하던 종족을 말한다.

16　갑자일(16일)에 해휘(解暉, 912~991) 등이 융주(隆州, 山西省 경계)를 공격하는데, 서두(西頭)공봉관인 원계충(袁繼忠, 938~992)·무기군교(武騎軍校)인 허균(許均)이 먼저 올라가서 이를 함락시켰다.

17　절어경(折御卿)이 남주(嵐州)에서 승리하고 그 헌주(憲州, 山西省 樓煩縣)자사인 곽익(郭翊)을 죽이고 기주(夔州, 四川 重慶市 奉節縣)절도사인 마연충(馬延忠)을 사로잡았다.

18　경오일(22일)에 황제가 태원에 도착하고 분수의 동쪽에 주필(駐蹕)하였다. 신미일(23일)에 성의 서쪽에 행차하여 영루(營壘)의 공격도구를 살펴보고 제장들을 위로하였으며 손수 조서를 써서 북한의 주군에게 항복하도록 유시하였으며 조서를 전하여 성 아래에 이르게 하였는데, 성가퀴를 지키는 사람들이 감히 받지를 못하였다.

임신일(24일)에 밤이 아직 다 가지 아니하였는데, 황제는 성의 서쪽에 행차하여 제장들을 독려하여 성을 공격하였다. 천무군교(天武軍校)인 형사(荊嗣)가 무리를 인솔하고 먼저 올라가서 몇 사람을 칼로 잘랐으나 발에 두 발의 화살이 관통하였고, 손에 포탄을 맞고 두 개의 이빨이 부셔졌다. 황제가 이를 보고 급히 불러 내려오게 하여 금포(錦袍)와 은대(銀帶)를 하사하였다. 형사는 형한유(荊罕儒) 형의 손자이다.

이에 앞서서 황제는 제군(諸軍) 가운데서 용사 수백 명을 선발하여 검무(劍舞)를 가르쳤는데 모두 공중에 칼을 던질 줄 알았고 그 몸을 솟구치며 좌우에 있는 사람들이 이를 이어받게 하니 보는 사람들은 두려워하지 않는 사람이 없었다.

마침 거란이 사자를 파견하여 공물을 바쳤는데, 편전에서 연회를 베풀어 주면서 이어서 검사(劍士)들을 나오게 하여 이를 보여 주었다. 수백 명이 웃통을 벗고 북을 치며 시끄럽게 하면서 칼을 휘두르며 들어오면서 뛰고 던지는 것이 이어졌는데 그 미묘함이 다 표출되니 사자는 감히 똑바로 쳐다보지 못하였다.

이에 이르러 성을 순시하면서 반드시 검사들로 하여금 춤을 추면서 앞에서 인도하게 하였는데, 각기 그 기량을 드러내자 성 위에 있는 사람들은 이를 바라보면서 간담이 깨졌다.

황제는 매번 갑주(甲冑)를 두르고 시석(矢石, 화살과 돌)을 무릅쓰면서 융려(戎旅, 군사)를 지휘하였는데, 좌우에 있던 사람들이 간하자 말하였다.

"장사들이 다투어 봉적(鋒鏑, 칼끝과 화살촉) 아래에서 목숨을 바치는데 짐이 어찌 차마 앉아서 보겠는가?"

제군(諸軍)이 이 소식을 듣고, 사람마다 그 용기를 백배하여 모두 죽음을 무릅쓰고 먼저 올라가니 무릇 활을 당기는 병사가 수십만이었으며, 승여(乘輿)의 앞에는 진(陣)을 늘어놓았는데, 준갑(蹲甲)[7]하고서 교대로 활을 쏘니 화살은 태원성 위에 고슴도치 털처럼 모였다. 산 사람을 붙잡았는데 말하기를 북한의 주군은 성 안에서 발사하는 화살을 10전(錢)으로 화살 하나를 바꾸는데 무릇 100여만을 얻어서 이를 모아서 저축하였다고 하였다. 황제가 웃으면서 말하였다.

"이 화살은 나를 위해 저축한 것이다."

성이 항복하기에 이르자 이를 모두 얻었다.

---

7 갑옷과 방패를 한 곳에 모아놓는다는 말로 적의 화살을 막는 방법이다.

19   전흠조(田欽祚)가 석령관(石嶺關)에 있으면서 방자하여 간사한
이익을 얻으려고 여러 가지 불법적인 일을 하여 곽진(郭進, 922~979)이
누차 말을 하니 전흠조는 이를 서운해 하였다. 곽진은 무인(武人)이어
서 강하고 매섭고 전쟁에서의 공로도 높았지만 전흠조가 자주 능멸하
고 모욕을 가하니 곽진은 감내할 수가 없었다. 계유일(25일)에 드디어
목을 매어 죽으니 전흠조는 갑자기 중풍으로 어찔해져서 그리 된 것으
로 보고하였다.

황제는 애도하고 애석해 하기를 오래 하고 우대하는 조서를 내려서
안국(安國)절도사를 증직하였다. 좌우에 있는 사람들은 모두 알았지만
감히 말하는 사람이 없었다.

기주(冀州, 河北省 衡水市)자사 우사진(牛思進)에게 명령하여 석령관
부서(石嶺關部署)로 삼았다. 우사진은 여력(膂力, 완력)을 가지고 있었
는데, 일찍이 강한 활을 귀에 걸고 손으로 이를 끝까지 당겼으며, 벽을
지고 서서 두 역사(力士)가 그의 유두(乳頭)를 끌어도 움직이지 않았으
니 군대 안에서는 모두가 경이로워했다.

20   갑술일(26일)에 여러 영채(營寨)에 행차하였다.

을해일(27일)에 연성(連城, 이어져 있는 성)에 행차하여서 성을 공격하
는 여러 동옥(洞屋)[8]을 살펴보았다. 이때에 이한경(李漢瓊, 927~981)이
무리를 인솔하고 먼저 올라가니 화살이 그의 머리에 집중되었는데 또

---

8   동자(洞子)라고도 하는데 일종의 전쟁도구이다. 동옥의 모양이 작은 집 같은
데 아래에 바퀴를 네 개 달아놓았으며 작은 집의 밖은 철가죽으로 덮어서 사
병들을 안전하게 보호하는데 사용하였다.

손가락에 맞아서 상처가 심하였지만 오히려 힘껏 빠르게 싸우니 황제가 재촉하여 불러서 악전(幄殿)[9]으로 오게 하고 그 상처를 보고 좋은 약을 발라 주었다.

황제는 친히 동옥에 들어가서 사졸들을 위로하였더니 이한경이 눈물을 흘리며 말하였다.

"시석이 동옥으로 주입되어 마치 비가 오는 것 같은데, 폐하께서 어찌 만승의 높은 분으로서 친히 여기에 왕림하셨습니까? 만약에 듣지 않으신다면 신이 청컨대 먼저 죽겠습니다."

마침내 중지하였다.

정축일(29일)에 연성루(連城樓)에 행차하였다.

5월 초하루 기묘일에 성의 서남쪽 귀퉁이에 행차하였는데, 밤중에 제장들을 독려하여 급히 공격하게 하였으며 동틀 무렵에 양마성을 함락시켰다.

북한의 선휘사(宣徽使)인 범초(范超)가 와서 항복하였는데 성을 공격하는 사람들은 그가 나와서 싸우는 것으로 의심하고 그를 잡아서 바치고 독(纛)[10] 아래에서 목을 베었다. 이미 그렇게 하였는데, 북한에서는 범초의 처자를 다 죽이고 그들의 목을 효수(梟首)하고 성 밖으로 던졌다.

21   북한의 대주(代州, 山西省)자사 유계문(劉繼文)과 노준(盧俊)이 요

---

9 휘장으로 만들어진 전각으로 여기서는 태종이 머무는 곳을 말한다.

10 고대에 새의 깃털로 만든 무구 혹은 제왕의 수레 위에 꽂았던 장식물이다. 옛날에 군대 혹은 의장대에서 사용하는 큰 기로 새의 깃털을 꼭대기에 꽂았다.

(遼)로 도망하였다.

22 신사일(3일)에 성의 서북쪽 귀퉁이에 행차하였다. 북한의 마보군(馬步軍)도지휘사인 곽만초(郭萬超)가 와서 항복하였다.

임오일(4일)에 황제가 성의 남쪽에 행차하여 제장들에게 말하였다.

"내일은 중오일(重午日)[11]이니 마땅히 성 안에서 식사를 해야 할 것이다."

드디어 스스로 조서를 초(草)하여 북한의 주군에게 하사하였다. 밤중에 물시계가 1각(刻)에 오르자 성 위에 푸르고 흰 구름이 있었는데, 마치 사람 모양 같았다.

계미일(5일)에 성의 남쪽에 행차하여서 제장을 독려하여 급히 공격하니 병사들이 분발하여 화를 낸 듯 다투어 성에 올랐는데 막을 수가 없었다. 황제는 그 성을 도륙할까 두려워하여 이어서 무리를 지휘하여 조금 물러나게 하였다.

성 안에 있는 사람들은 오히려 굳게 지키려고 하였지만 좌복야(左僕射)로 치사한 마봉(馬峰, ? ~984)이 병으로 집에서 누워 있다가 들 것에 들려서 들어가서 북한의 주군을 만나고 눈물을 흘리면서 흥하고 망하는 이치를 갖추어 말하였다.

밤중에 물시계는 10각(刻)인데 북한의 주군이 마침내 객성사(客省使)인 이훈(李勳)을 파견하여 표문을 올리고 정성스런 선물을 보냈다. 황제는 기뻐하면서 바로 통사사인(通事舍人)인 설문보(薛文寶)에게 명

---

11 5월 5일 단오일이다. 오(午)는 오(五)와 통하므로 5가 거듭한 날이므로 5월 5일이다.

령하여 조서를 싸들고 성에 들어가서 어루만지고 타이르게 했다. 밤의 물시계가 아직 다 하지 않았는데, 성의 북쪽에 행차하여 성대(城臺)에서 따르는 신하들에게 연회를 베풀고 그들의 항복을 받았다.

갑신일(6일) 새벽에 유계원(劉繼元, ?~992)이 그의 평장사(平章事)인 이운(李惲) 등을 인솔하고 흰 옷에 사모(紗帽)를 쓰고 대(臺) 아래에서 죄받기를 기다렸는데, 조서를 내려서 그를 풀어주고 불러서 대(臺)에 오르게 하고 위문하였다. 유계원이 머리를 조아리며 말하였다.

"신은 거가가 친히 왕림하였다는 소식을 듣고 바로 몸을 묶어 명령에 귀의하려고 하였는데, 대개 망명한 사람[12]들이 죽을까 두려워하며 신에게 겁을 주어 항복할 수 없었을 뿐입니다."

황제는 망명한 사람들을 적어 오게 하여 모두 그들을 목 베었다. 회해국왕(淮海國王) 전숙(錢俶)을 돌아보며 말하였다.

"경은 한 지역을 보존하여 나에게 귀부할 수 있었고, 칼날에 피를 묻히지 않기에 이르렀으니 깊이 아름답다 할 것이요."

북한[13]이 평정되니 무릇 얻은 것은 주(州)가 10개, 군(軍)이 한 개, 현(縣)이 41개, 호구는 3만5천220호였으며 군사는 3만 명이었다. 〔지도참고〕

---

12 송에서 죄를 짓고 북한으로 도망온 사람들을 말한다.

13 북한(北漢, 951~979)은 오대십국 가운데 하나로 산서성 북부·섬서성·하북성의 일부를 차지하였던 십국 가운데 하나였다. 951년에 후한(後漢)이 곽위에게 찬탈되고 주(周, 후주)가 서자, 후한 고조 유지원의 동생이며 진양(晉陽)에 진수하던 하동절도사 유숭이 태원에서 계위하였는데, 역사에서는 이를 북한이라고 한다. 북한은 후주(後周)와 대결하면서 요(遼)에게 책봉해 주기를 청하면서 스스로 질황제(侄皇帝)라고 하였다. 그러나 병역(兵役)이 자주 일어나고 부담은 무거웠으며 인구는 당대(唐代)에 비하여 8분의 1로 줄었다가 결국 송에게 멸망한다.

❖ 송 태종의 북한 정벌도

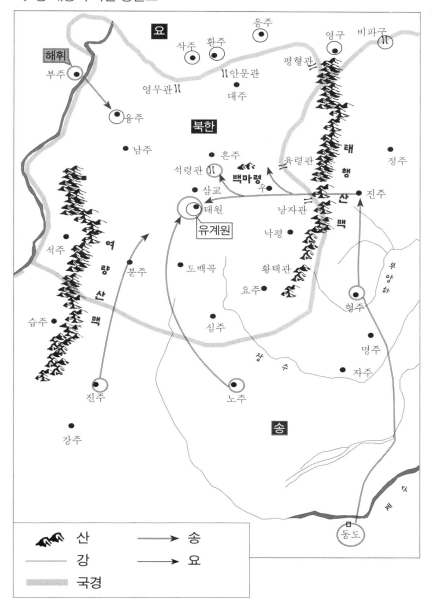

유보훈(劉保勳, 925~986)에게 명령하여 지태원부(知太原府)로 하였다.

을유일(7일)에 하동(河東) 관내에서 일상적인 사면에서 용서되지 않은 죄를 지은 사람들을 사면하고 여러 주현(州縣)의 위서(僞署)[14]된 직관(職官) 등은 나란히 예전대로 하게 하였다.

인호(人戶, 民戶)의 양세(兩稅)는 특별히 2년간 요역을 면제해 주고, 왕사(王師, 제왕의 군사, 송의 군사)가 미치지 아니한 곳에는 1년을 면제하게 해 주었으며 상참관(常參官)[15] 8명에게 나누어 명령하여 흔주(忻州, 山西省 中北部)·대주(代州, 山西省 東北部) 등의 주(州)의 지주(知州)로 하였다.

23 　태원에 있는 옛날 성을 허물어 버리고 고쳐서 평진현(平晉縣)으로 하였으며, 유차현(榆次縣)을 병주(幷州)라고 하였다. 승·도(僧·道)와 백성들 가운데 부호를 서경(西京, 낙양)으로 옮겼다.

24 　기축일(11일)에 유계원(劉繼元, ?~992)을 우위(右衛)상장군으로 삼아서 팽성군공(彭城郡公)에 책봉하였다. 또 그 신하인 이운(李惲, 917~988)을 전중감(殿中監)으로 삼고 마봉(馬峰)을 소부감(少府監)으로 삼았고, 곽만초(郭萬超)를 자주(磁州, 河北省 磁縣)단련사로 삼고 이

---

14 북한(北漢)에서 관리로 임명한 것은 송의 입장에서는 인정할 수 없으므로 이를 가짜로 임명된 관직이라는 의미로 위(僞)라는 말을 앞에 붙인 것이다.

15 상참관이란 조회를 여는 날 황제를 알현하는 고급관원을 말하는데, 당대(唐代)에는 5품 이상의 중서·문하 두 성(省)의 공봉관(供奉官)과 감찰어사·원외랑·태상박사였으며, 송대에 와서는 신종(神宗) 때에 이르러서야 이를 고쳤다.

훈(李勳)을 우위(右衛)장군으로 삼았으며 나머지 사람에게도 관직을 주었는데 차별이 있었다.[16]

　신묘일(13일)에 유계원과 그의 관속들에게 연회를 베풀어 주었다. 유계원이 그의 궁(宮)에 있던 기생 1백여 명을 헌상하니 황제는 공을 세운 장교(將校)들에게 나누어 하사하였다.

---

16 북한을 평정하고 난 다음에 북한의 군주와 그 관원들에게 북송의 관직을 준 것이다.

25 을미일(17일)에 병주(幷州, 山西 太原)에 새로운 성을 쌓았다.

26 유계원의 시마(緦麻)[17] 이상 되는 친척을 호송하여 궁궐에 오게 하였다.

27 병신일(18일)에 태원성의 북쪽에 행차하여 사하문루(沙河門樓)에 나아갔다. 사자를 파견하여 부별(部別)로 나누어 거주하는 백성을 새로운 병주(幷州)로 옮기고 그들의 여사(廬舍)에 모두 불 질렀는데 백성들은 늙거나 젊거나 성문(城門)으로 달려갔으나 이르지 못하여[18] 죽은

---

17 시마란 사람이 죽었을 때에 친척 가운데 세마포로 된 상복을 입는 사람을 말한다. 망자(亡者)와의 친소관계에 따라서 상복의 종류와 그 상복을 입는 기간이 각기 다른데, 세마포로 된 상복을 입는 사람은 상복을 입는 사람 가운데 가장 먼 친척이며 복상기간은 3개월이다. 시마인 사람은 고조부모(高祖父母), 증백숙조부모(曾伯叔祖父母), 백숙부모(伯叔父母), 형제(兄弟)와 출가하지 않은 자매(姊妹) 그리고 성이 다른 사람으로는 4촌 형제와 장인·장모이다.

18 사람들이 성문으로 다 빠져 나가기 전에 급히 불을 지르는 바람에 많은 사람이 죽은 것이다.

사람이 아주 많았다.

28 정유일(19일)에 행궁(行宮)을 평진사(平晉寺)[19]로 하고 황제는
《평진기(平晉記)》를 지어서 절 안에 새겼다.

29 융주(隆州, 山西省)를 없애고[20] 그 성을 허물었다.

30 경자일(22일)에 태원을 출발하여 정미일(29일)에 진주(鎭州, 河北
省)에 도착하였다.

애초에 태원을 포위하고 공격한 것이 여러 달 계속되자 군량이 또한
다하고 군사들도 지치고 고단하였다. 유계원이 항복하자 사람들마다
상 받기를 바라는 마음을 갖고 있었는데, 황제는 장차 끝내는 요(遼)를
치고 유·계(幽·薊, 幽州와 薊州)를 빼앗고자 하였다.

제장들도 모두 가기를 원하지 않았지만[21] 그러나 감히 말하는 사람
이 없었다. 전전도우후(殿前都虞候)인 최한(崔翰, 928~992)만이 홀로
상주하여 말하였다.

"이 한 번의 일은 다시 거병하는 것이 받아들여지지 않으니 이번의
파죽지세(破竹之勢)를 타고서 이를 빼앗는 것이 아주 쉬우며 시기란

---

19 태종이 북한을 정벌하면서 가서 머물던 곳을 절로 만든 것이며, 그 이름을 평
   진사로 한 것이다. 여기서 진(晉) 태원의 옛 이름이고 보통 진양(晉陽)으로 불
   렸으므로 진양을 평정한 절이라는 의미가 된다.

20 행정구역에서 융주라는 명칭을 없앤 것이다.

21 요(遼)를 정벌하는 전쟁에 출정하기를 싫어했다는 뜻이다.

잃을 수 없는 것입니다."

황제는 기뻐하여 바로 추밀사(樞密使)인 조빈(曹彬)에게 명령하여
둔병(屯兵)을 움직여 발동하는 문제를 논의하게 하였다. 당시에 수레
에는 부적(簿籍)²²을 싣고 있어서 길에서 막히고 체류되자 병방리(兵
房吏)²³인 장질(張質, 944~1017)이 가만히 부서를 계산하고 헤아려서
군마를 나누었는데, 부적을 얻어서 이를 비교해 보니 하나라도 차이가
나거나 잘못 된 것이 없었다.

31 6월 경신일(13일)에 거가는 북방 정벌에 나서서 진주를 출발하였
다. 호종(扈從)하는 6군(軍) 가운데 즉시 도착하지 않는 사람이 있자 황
제는 화를 내고 법으로 조치하고자 했다. 마보군도군두(馬步軍都軍頭)
인 조연부(趙延溥, 938~987)가 급히 나아가서 말하였다.

"폐하께서 변방으로 순행하시면서 본래 거란(契丹)을 걱정거리로
삼으시고, 지금 적(敵)이 아직 다 진멸(殄滅)되지 아니하였는데, 장사
(將士)들을 주살하여 견책하고서 만약에 후에 도모하려는 것을 거론한
다면 누가 폐하를 위하여 힘을 다할 것입니까?"

황제가 기쁘게 이를 받아들였다.

병인일(19일)에 금대둔(金臺頓)²⁴에 다다랐는데, 요(遼)와의 경계지

22 부적이란 이름을 기록한 책과 사건을 기록한 장부를 말하는데 등기하거나 호
구장부, 군대의 명책장부 등 관부문서를 통칭하는 것이다.

23 송대에 상서성에는 상서령, 좌우복야, 좌우승, 좌우시랑중과 원외랑을 각기
한 명씩 두고 10개의 방(房)으로 나누었는데 이방, 호방, 예방, 병방, 형방, 공
방이라 하였고, 각기 명칭에 따라서 육조(六曹)의 여러 관청이 올리는 업무를
보았다. 따라서 병방리란 병방에 속한 관리인 것이다.

대였다. 정묘일(20일)에 황제가 몸소 갑주(甲胄)를 두르고 병사를 인솔하고 기구관(岐溝關)에 다다랐는데, 요의 동역주(東易州)자사인 유우(劉禹)가 주를 가지고 항복하였으며 군사 1천 명을 남겨두어 이를 지키게 하였다. 동역주는 바로 기구관이다.

요(遼)의 북원대왕(北院大王)인 야율희달(耶律希達), 통군사(統軍使)인 소탁고(蕭托古, 討古, 託果), 이실왕(伊實王)인 야율살합(耶律薩哈)이 사하(沙河)에서 맞아 싸웠다. 동서반(東西班)지휘사인 형수(衡水, 河北省 東南部) 사람인 부잠(傅潛)·준의(浚儀, 河南省 開封市) 사람인 공수정(孔守正, 939?~1004?)이 먼저 도착하여 이를 쳤는데, 후방에 있던 군대가 계속 도착하여 야율희달의 군대를 크게 패배시키고 5백여 명을 산채로 사로잡았다.

무진일(21일)에 황제는 탁주에 다다랐는데, 판관(判官)인 유원덕(劉原德, 厚德)이 성을 가지고 항복하였다. 경오일(23일)에 요(遼)의 남경(南京, 북경)이 있는 성의 남쪽에 다다라서 보광사(寶光寺)에 주필(駐蹕)하였다.

요(遼)의 남원대왕(南院大王)인 야율색진(耶律色珍)은 남군(南軍, 남쪽의 군대, 즉 송의 군대)이 예리한 것을 걱정하였는데 야율희달이 새로이 패배하여 남군이 〔요를〕 쉽게 여기게 되자 그들의 청색 깃발을 가져다가 득승구(得勝口, 山西省 大同市)에 진을 치고 적(敵)을 유인하였다.

황제는 군사를 지휘하여 이를 쳤는데 병사들은 모두 북을 울리며 용감하게 싸워서 1천여 급을 목 베었다. 야율색진이 그 후방을 습격하니

---

24 이를 금대역(金臺驛)이라고도 하는데 북송시대의 진주(鎭州)와 유주(幽州) 사이에 있는 중요한 주둔지이며 하북성 보정시(保定市)의 동쪽 관문 밖에 있다.

송의 군사는 비로소 물러났다. 야율색진이 청사하(淸沙河)의 북쪽에 진을 치고 남경을 성원하였다.

발해(渤海)의 우두머리인 달란한(達蘭罕, 撻攋漢)이 부족을 인솔하고 와서 항복하였는데, 달란(達蘭)을 발해(渤海)도지휘사로 삼았다.

32 임신일(25일)에 제장을 부서로 나누어 성을 공격하였는데, 정국(定國)절도사인 송악(宋渥)은 그 남쪽을 공격하였고, 하양(河陽)절도사인 최언진(崔彦進, 922~988)은 그 북쪽을 공격하였으며 창신(彰信)절도사인 유우(劉遇, 920~985)는 그 동쪽을 공격하고, 정아(定牙)절도사인 맹현철(孟玄喆, 937~991)은 그 서쪽을 공격하였다. 선휘남원사(宣徽南院使)인 반미(潘美)에게 명령하여 지유주행부사(知幽州行府事)로 하였다.

요(遼)의 남경권유수(南京權留守)인 한덕양(韓德讓, 941~1011)은 두려움이 심하였지만 지삼사사(知三司事)인 유홍(劉弘)과 더불어 성에 올라가서 밤낮으로 수어(守禦)하였으나 성 밖에서는 항복하라고 부르고 협박하는 것이 아주 급하자 사람들은 두 마음을 품었다. 마침 적리도(迪里都, 鐵林都)도지휘사인 이찰륵찬(李扎勒燦, 盧存)이 나와서 항복하니 성 안에서는 더욱 두려워하였다.

요(遼)의 어잔랑군(御盞郎君)인 야율학고(耶律學古)가 남경이 포위되었다는 소식을 듣고 급히 이를 구하였는데, 포위한 군사가 바야흐로 엄하여 마침내 땅에 굴을 파고 나아가서 한덕양 등과 함께 기계를 가지런히 하고 불안한 것을 안정시키며 적당하게 대비하고 막으니 투지(鬪志)가 조금도 해이되지 아니하였다.

송의 군사 3백여 명이 밤을 타서 성에 올라갔는데, 야율학고는 싸워서 이를 물리치고 더욱 지키는 방비를 가지런히 하면서 돕는 군사가 오기를 기다렸다.

33　병술일[25]에 전중승(殿中丞)인 양공(楊恭)에게 명령하여 지탁주 (知涿州)로 하고 유원덕을 우찬선대부(右贊善大夫)·통판주사(通判州事)로 하였다. 을해일(28일)에 팔작부사(八作副使)인 기연랑(祁延朗)에게 명령하여 지동역주(知東易州)로 하였다.

34　정축일(30일)에 요주(遼主)는 비로소 남경이 포위된 것을 알고 남경재상인 야율사(耶律沙)에게 명령하여 이를 구원하게 하고 사자를 파견하여 소탁과(蕭托果, 討古, 託古)들을 책망하며 말하였다.

"경 등은 정찰하는 일을 엄히 하지 않았고, 군사를 사용하는 것이 법도가 없어서 적(敵)을 만나자 바로 패배 하였으니 어찌 장수라 하겠는가!"

특리곤(特里袞, 惕隱)[26]인 야율휴격(耶律休格, 休哥, ? ~998)은 일이 급한 것을 알고 스스로 가서 원조하게 해달라고 청하니 요주는 마침내

25　태종 태평흥국 4년(979년) 6월 초하루가 무신일이므로 6월 중에는 병술일이 없다.《자치통감장편》에는 갑술일로 되어 있으며 이날은 27일이므로 병술은 갑술의 잘못으로 보인다.

26　척은은 요(遼)의 관직 이름이다. 거란족이 거란 귀족의 정교(政敎)사무를 처리하는 관직의 명칭에서 기원한다. 이 말은 돌궐어의 특근(特勤, tegin 혹은 狄銀)에서 나온 것이며 특근은 돌궐 가한의 동생이나 혹은 아들을 부르는 것인데, 거란에 와서는 친족을 관장하는 관리라는 뜻으로 바뀌었다. 일반적으로 황족, 그 황족 가운데 가장 가까운 인물이 이 관직을 담당하였다. 야율옥질(耶律屋質)이 이 관직을 담당하여 요(遼) 세종과 야율이호(耶律李胡)의 황위를 둔 다툼을 조정하였다.

❖ 요의 남경(북경) 부근에서의 송·요 대결도

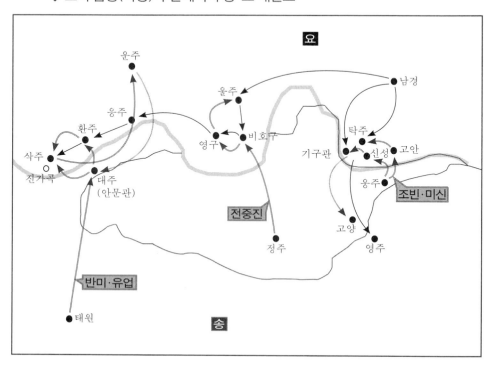

요

운주

울주

남경

응주

영구

비호구

탁주

환주

기구관

신성

고안

삭주

웅주

진가곡

대주
(안문관)

조빈·미신

전중진

고양

정주

영주

반미·유업

태원

송

국경 ━━→ 송

강 ━━→ 요

야율휴격으로 야율희달(耶律希達)을 대신하게 하고 오원(五院)[27]의 군사를 거느리고 나란히 출발하게 하였다.〔지도참고〕

35　가을, 7월 경진일(3일)에 요(遼)의 건웅(建雄)절도사인 유연소(劉延素)가 와서 항복하였다. 임오일(5일)에 요의 계주(薊州)의 지주(知州)인 유수은(劉守恩)이 항복하였다.

36　황제는 매일 제장들이 성을 공격하는 것을 독려하였지만 장사들은 대부분이 게을렀다. 계주(桂州)관찰사인 조한(曹翰)·조주(洮州, 甘肅省 臨潭縣)관찰사인 미신(米信, 926~992)이 성의 동남쪽 귀퉁이에 주둔하였는데, 군사들이 땅을 굴착하다가 해(蟹, 게)를 얻자, 조한이 제장들에게 말하였다.

　"게란 물에 사는 물건인데 육지에 살다니 그 사는 곳을 잃은 것이다. 또한 발이 많으니 적(敵)의 구원병이 곧 도착할 상(象, 상징)이다. 또 해(蟹)라는 것은 해(解, 해산)라고 풀 수 있고,[28] 그러니 군사를 돌릴 것이다."
〔지도참고〕

---

27 오원은 요(遼) 태조가 첩랄부(疊刺部)를 이용하여 선양을 받고서 이 본부를 나누어 오원(五院)과 육원(六院)을 두어 황족을 통어하였다. 따라서 이는 황제의 직할 군사라고 할 수 있다.

28 게가 잡힌 것을 가지고 장차 벌어질 일을 글자 풀이로 점친 것이다. 한자로 게는 해(蟹)이고 이 해는 해산한다는 해(解)와 발음이 같으므로 군사를 해산하라는 의미로 해석한 것이다. 따라서 이 게의 등장은 군사를 해산하라는 의미를 전달하려는 것이라고 해석한 것이다.

❖ 송·요의 고량하 전투도

	산
	강
	국경
→	송
→	요

삭주
환주
웅주
안문관
영무관
구주산맥
웅주
오대산맥
운중산맥
삼교
태원
송 태종
여량산맥
태악산맥

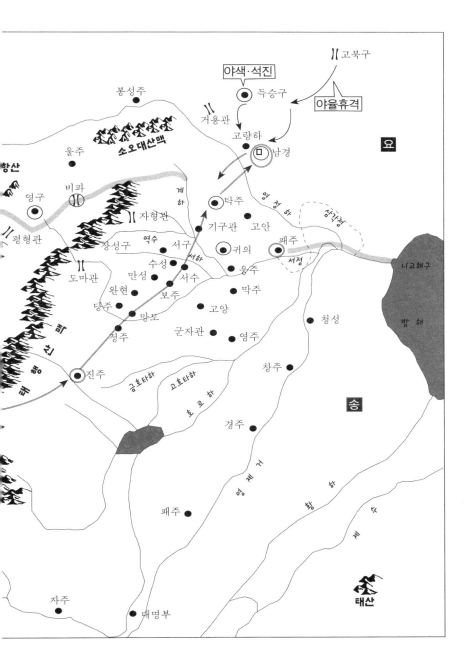

37 계미일(6일)에 요(遼)의 야율사가 원병을 가지고 도착하여 고량하(高粱河)²⁹에서 싸웠는데, 송의 군사가 이를 치자 야율사는 패배하여 달아났다. 마침 초저녁에 야율휴격이 샛길에서부터 말을 달려 도착하였는데 사람마다 두 개의 횃불을 가지고 있어서 송의 군사는 그들의 많고 적음을 추측하지 못하여 두려운 기색을 가졌다.

야율휴격은 야율색진(耶律色珍)과 군사를 합하여 좌우익(左右翼)으로 나누어 분발하여 쳤는데, 야율휴격은 세 곳의 상처를 입었지만 싸움에서는 더욱 힘을 더 하였다. 야율학고(耶律學古)가 원조하는 군사가 크게 모였다는 소식을 듣고 문을 열고 진(陣)을 늘어놓고는 사방에서 북을 울리고 사는 백성들이 크게 소리를 지르게 하니 소리는 천지를 진동시켰으며 야율휴격은 이 기세를 탔다.

송의 군사는 크게 패배하여 황제는 나귀가 끄는 수레를 타고 남쪽으로 달아났다. 야율휴격은 상처가 심하여 말을 탈 수가 없었지만 가볍게 무장한 수레를 타고 뒤쫓아서 탁주(涿州, 河北省 保定市)에 이르렀는데 병장(兵仗)·부인(符印)·군량(糧餽)·화폐(貨幣)를 얻은 것이 계산할 수 없었다.〔지도참고〕

38 병술일(9일)에 황제는 금대역(金臺驛, 保州)에 다다랐고, 내공봉관인 진정(眞定, 하북성 진정) 사람 염승한(閻承翰, 947~1014)이 말을 달려서 주문을 올렸는데 돌아오던 군사가 크게 무너졌다고 하여 전전도

---

29 고량하는 고량수라고도 하며 금대에 오면 고량하(高良河)라고 하였는데 평지천(平地泉, 紫竹園湖)에서 발원하여 영정하(永定河) 계통의 한 작은 지류이다. 고량하는 북경성의 심장부를 관통하고 있다.

❖ 기구관 전투

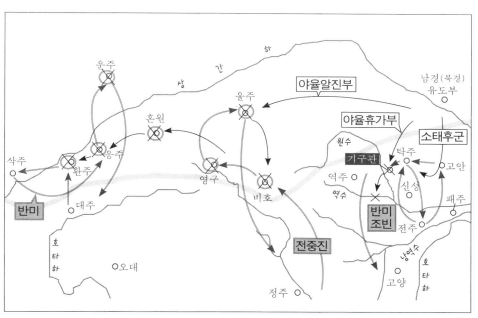

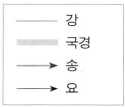

	강
	국경
→	송
→	요

우후(殿前都虞候)인 최한(崔翰)에게 가서 그들을 위무하라고 하자 무리들은 드디어 안정되었다.

39 무자일(11일)에 정주(定州, 河北 保定市)에 다다랐다.

40 정난군유후(定難軍留後)인 이계균(李繼筠, 957~979)이 죽자 그의 동생인 이계봉(李繼捧, ? ~1004)이 지위를 이어받았다.

41 경일일(13일)에 최한과 정무(定武)절도사인 맹원철(孟玄喆, 937~991)에게 명령하여 정주(定州)에 남아서 주둔하게 하고 창덕(彰德)절도사인 이한경(李漢瓊, 927~981)은 진주(鎭州)에 주둔하며 하양(河陽)절도사 최언진(崔彦進, 922~988) 등은 관남(關南)에 주둔하게 하고 편리한 대로 일을 처리하게 하였다.

황제는 제장들에게 말하였다.

"거란은 반드시 와서 변경을 침략할 것이니 마땅히 군사를 매복시켰다가 그들을 협격하면 대첩할 수 있다."

42 신축일(24일)에 요주(遼主)는 한덕양 등이 사람들의 마음을 편안히 하며 성지(城池)를 막았으므로 조서를 내려 포상하고 장려하였다. 한덕양을 요흥군(遼興軍)절도사로 삼고 야율학고는 보정(保靜)절도사를 요수(遙授)하고 남경마보군도지휘사로 삼았다.[30] 야율사 등은 함

---

30 요수란 관직을 주면서 반드시 현지에 갈 필요 없이 멀리서 그 업무를 관장하게 하는 관직 수여 방법이다. 이 경우에는 야율학고에게 보정절도사를 제수

께 고량하에서 공로를 세웠으므로 그가 군대를 패배시킨 죄를 풀어 주었다.

43 요주(遼主)는 변경에서 군사를 사용하기 때문에 전의 남원대왕(南院大王)[31]인 야율탑이(耶律塔爾)를 불러서 정사에 관하여 물었다. 야율탑이는 턱수염과 구레나룻이 세었지만 정력은 오히려 강건하여 요주가 그를 후하게 예우하였다. 멀지 않아서 병으로 죽었는데 나이는 79세였다. 야율탑이는 바로 부민대왕(富民大王)이라고 불리는 사람이며 요(遼)나라 사람들이 오래도록 그를 생각하였다.

44 수중서령·서경류수인 석수신이 정벌전쟁에 종군하였는데, 규율을 잃으니, 8월 임자일(5일)에 책임을 지워서 숭신(崇信)절도사 겸 중서령으로 제수하였다. 갑인일(7일)에 창신(彰信)절도사 유우(劉遇, 920~985)는 벼슬이 깎여서 숙주(宿州, 安徽省 宿州市)관찰사가 되었다.〔지도참고〕

45 북한의 장수인 유계업(劉繼業, 923~986)은 평소에 날래고 용감하

─────────

하면서 임지에 가지 않고 남경에 있으면서 그곳을 관리하게 하고, 남경마보군 도지휘사의 업무는 현장인 남경에서 수행하도록 한 조치였다.

31 요의 관직명이다. 북면관계에 속하며 거란의 육원부의 병마를 관장한다. 요 태조가 거란의 질자부(迭刺部)를 나누어 오원부와 육원부로 하고 각기 이리근(夷離堇)을 두었는데 요 태종 회동 원년(938년)에 양원부의 이리근을 두 명의 대왕원으로 하여 북대왕원과 남대왕원으로 하였으며 남대왕원이란 관서의 장관을 남원대왕이라 하였다.

❖ 송·요 제1차 유주전쟁

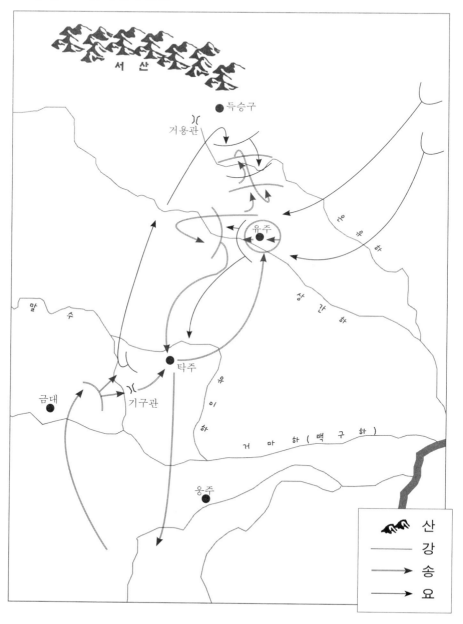

였는데 유계원이 항복하기에 이르자 유계업은 오히려 성을 점거하고 고생스럽게 싸웠다. 황제는 그를 산채로 오게 하고자 하여 유계원으로 하여금 그를 부르게 하자 유계업은 마침내 북면(北面)[32]하고 두 번 절하고 크게 통곡하고 갑옷을 벗고 와서 알현하였다.

황제는 기뻐하며 그를 위무하는 것이 아주 후하였으며 성(姓)을 회복시켜서 양씨(楊氏)[33]로 하고 단지 이름을 업(業)으로 하면서 영군위(領軍衛)대장군을 제수하였다. 정사일(10일)에 양업(楊業, 923~986)을 정주(鄭州, 河南省 中部)방어사로 하였다.

46　계해일(16일)에 반미에게 명령하여 하동(河東)의 삼교구(三交口, 태원)에 주둔하라 하였다.

47　애초에 무공군왕(武功郡王)인 조덕소(趙德昭, 951~979, 송 태조 조광윤의 둘째 아들)가 유주(幽州, 北京 中部)로 정벌 전에 종군하였는데 군대 안에서 일찍이 밤중에 놀라는 일이 있었고 황제가 있는 곳을 모르자 혹 제왕(帝王)으로 세우고자 모의하는 사람이 있었지만 마침 황제가 있는 곳을 알아서 마침내 중지하였다.

황제는 그 일을 조금 듣고 기뻐하지 않았다. 돌아오기에 이르자 북방 정벌에서 승리하지 못하여 오래도록 태원 정벌에 대한 상을 시행하

32　북면이란 북쪽을 향하는 것을 말하며 이는 신하의 위치이다.

33　양업의 처음 이름은 양중귀(楊重貴)이었는데, 북한을 위하여 30년간 힘을 다하여 북한의 왕성인 유(劉)씨를 하사 받아 이름을 유계업으로 하였었다. 북한이 송에게 멸망하자 송 태종이 원래의 성을 회복하여 쓰도록 한 것이다.

지 아니하였다. 논의하는 사람들은 모두 안 된다고 말하니 이에 조덕소가 틈을 타고 들어가 말하자 황제는 크게 화를 내고 말하였다.

"네가 스스로 되기를 기다렸다가[34] 상을 주어도 늦지 않는다."

조덕소는 황공하여 궁으로 돌아와서 좌우에 있는 사람들에게 말하였다.

"칼을 차고 있느냐?"

좌우에 있는 사람들은 궁중에는 감히 칼을 차지 않는다고 말하였다. 조덕소는 이어서 차주합(茶酒閤)으로 들어가서 창문을 걸어 잠그고 과일을 깎는 칼을 가져다가 스스로 목을 베었다. 황제가 이 소식을 듣고 놀라서 후회하면서 가서 그 시체를 안고 크게 통곡하며 말하였다.

"바보 같은 녀석아, 어찌 이 지경에 이르렀느냐!"

추가하여 위왕(魏王)으로 책봉하고 시호를 의(懿)라고 하였는데 아들이 다섯 명이었다.

48   이달에 조서를 내려서 태청루(太淸樓)[35]를 짓게 하였다.

---

34 유주로 정요(征遼)전쟁에 나갔을 때에 전투 중에 한동안 송 태종이 어디 있는지를 몰랐으며, 이때에 황제가 없으면 안 되기 때문에 태조 조광윤의 둘째 아들인 조덕소를 황제로 세우려고 하였던 일이 있었고, 태종은 이를 기억하면서 조덕소에게 '네가 황제가 되고 싶어 하니 황제가 되기를 기다렸다가 상을 주라'고 한 것이었다. 이는 다른 말로는 네가 황제가 되려고 한다는 말이기도 하였고 곧 반역한다는 의미이기도 하다.

35 북송 황궁인 숭정전의 서북쪽에 있는데 영양문 안에 있는 후원(後苑) 속에 있다. 태청루는 황궁 안에서 가장 중요한 장서처(藏書處)이며 네 개의 서고에는 경, 사, 자, 집, 천문, 도화를 소장하였으며 그 도서들은 삼관(三館)에 소장한 것을 초록한 책이었다.

49 9월 을유일(9일)에 내의고사(內衣庫使)인 장소경(張紹勛)·남작방부사(南作坊副使)인 이신우(李神祐, 951~1016) 등에게 명령하여 군사를 인솔하고 정주(定州)에 주둔하게 하였다.

50 경일일(14일)에 호부랑중(戶部郎中)인 후척(侯陟, ? ~983)을 간의대부(諫議大夫)로 삼아서 권어사중승(權御史中丞)으로 하였는데, 권중승(權中丞)은 이로부터 시작되었다.[36]

51 병오일(30일)에 요(遼)의 남경유수(南京留守)인 연왕(燕王) 한광사(韓匡嗣)와 야율사(耶律沙)·야율휴격(耶律休格)이 남쪽으로 쳐 내려와서 연(燕)을 포위하였던 전쟁을 보복하니 진주도검할(鎭州都鈐轄)·운주관찰사(雲州觀察使)인 유정한(劉廷翰, 923~992)이 무리를 인솔하고 이를 막았다.

먼저 서하(徐河, 河北 徐水縣)에 진을 치자 최언진(崔彦進, 922~988)이 군사를 숨겨서 흑로제(黑蘆隄)의 북쪽으로 나갔는데 장성(長城)의 입구에 닿아 있어서 함매(銜枚)[37]하고서 적(敵)의 뒤를 밟았고, 이한경(李漢瓊, 927~981)과 최한(崔翰, 928~992)도 역시 군사를 거느리고 이어서 도착하였다.

이보다 먼저 황제는 진지에 관한 그림을 여러 장수들에게 주고 나누어 여덟 개의 진을 만들게 하였다. 군대가 만성(滿城, 河北省 保定市)에

---

36 권직(權職)은 관직을 임용하는 방법 가운데 하나로 임시의 성격을 갖는다.

37 고대에 군대가 행군할 때에 소리가 나는 것을 막기 위하여 입에 나무막대기를 물게 하는 것을 말한다.

다다랐는데, 요(遼)의 군사가 크게 도착하자 우룡무(右龍武)장군인 조연진(趙延進, 927~999)이 높은 곳에 올라가서 그들을 바라보았더니 동쪽에서 서쪽으로 들에 펼쳐져 그 끝이 보이지 않았다. 조한 등은 바야흐로 작전도에 의거하여 진지를 늘어놓아 진과 진 사이의 거리는 각기 100보였지만 병사들은 의심하고 두려워하여 대략 싸울 생각이 없었다. 〔지도참고〕

조연진이 조한 등에게 말하였다.

"주상께서 우리들에게 변방의 일을 위임하셨고, 대개 적을 이기기를 기대할 뿐이요. 지금 적의 기병(騎兵)이 이와 같으나 우리 군대는 별처럼 포진하였으니 그 형세가 매달리고 떨어져서 저들이 만약에 우리를 타게 된다면 장차 어떻게 헤쳐 나가겠습니까? 합쳐서 이들을 쳐서 승리를 결정지을 수 있는 것만 같지 못합니다. 명령을 어겨서 승리를 얻는다면 나라를 욕되게 하는 것보다 낫지 않겠습니까?"

조한 등이 말하였다.

"만약에 승리하지 못한다면 이를 어찌할 것이요?"

조연진이 말하였다.

"만약에 죽고 실패한다면 저 조연진이 홀로 그 책임을 감당하겠습니다."

조한 등은 오히려 조서에서 가리킨 뜻을 멋대로 고치는 것을 의심하였는데, 진주감군(鎭州監軍)·육택사(六宅使)인 이계륭(李繼隆, 950~1005)이 말하였다.

"군사는 변화에 적응하는 것을 귀히 여기는 것인데 어찌 미리 정할 수 있겠습니까! 조서를 위반한 죄는 저 이계륭이 홀로 감당하겠습니다."

조한 등은 마음으로 비로소 결정하니 이에 고쳐서 두 개의 진을 만들어 앞뒤로 서로 부응하게 하였다.

먼저 사람을 파견하여 거짓으로 항복하기로 약속하였는데 한광사(韓匡嗣, 918~983)가 이를 믿었다. 야율휴격이 말하였다.

"저들은 가지런하고 날카로운데 반드시 굴복하려하지 않을 것이요. 이는 우리를 유혹하려는 것일 뿐이니 의당 병사들을 엄격하게 하여서 기다려야 합니다."

한광사는 듣지 않았다.

잠시 후에 송의 군사들이 북을 치며 시끄럽게 하였는데, 먼지가 일어나 하늘까지 닿으니 한광사는 갑작스럽게 할 바를 알지 못하고 드디어 패함이 누적되어 군사가 궤멸되자 모두 서산으로 달아났으며 골짜기 속으로 떨어져서 묻혔다.

달아나는 것을 뒤쫓아 수성(遂城, 河北省 武强縣)에 이르렀는데 참수한 것이 1만 여급이고 말 1천여 필을 얻었고, 산채로 그 장수 세 명을 사로잡았고, 늙고 젊은 사람 3만 호를 포로로 하였으며, 병기와 군장이 아주 많았다.

한광사는 기고(旗鼓)를 버리고 숨어서 돌아갔으며 나머지 무리는 역주(易州, 河北省 易縣)로 달았는데, 야율휴격만이 홀로 군사를 정돈하여 싸우면서 천천히 이끌고 돌아갔다.

요주(遼主)는 한광사에게 화가 나서 다섯 가지 죄를 헤아리면 말하였다.

"무리들을 어기고 깊이 들어 간 것이 첫 번째요. 행군하는 대오를 가지런히 하지 않은 것이 두 번째이며, 군사를 버리고 쥐처럼 숨은 것이 세 번째이고, 정탐하고 망보는 것에서 기회를 잃은 것이 네 번째이며,

❖ 송·요의 1차 만성전

🏔	산
——	강
▰▰	국경
⟶	송
⟶	요

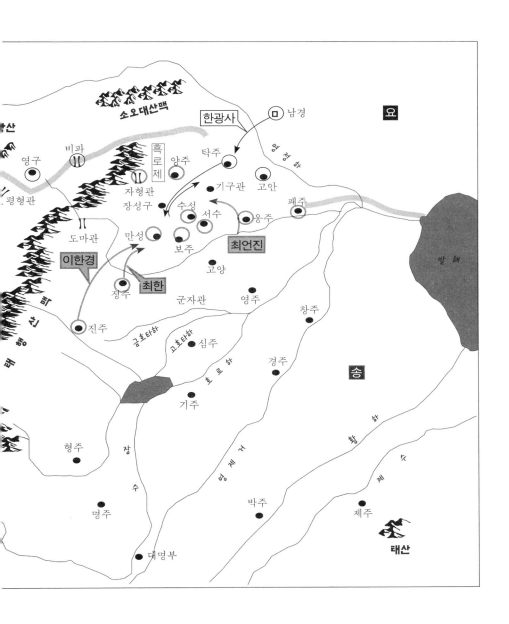

기고(旗鼓)를 내버린 것이 다섯 번째이다."

바로 그를 주살하게 하였다.

황후[38]가 힘써 구원하여 죽음을 면할 수 있었다. 야율휴격에게 남면하는 수병(戌兵)을 총괄하게 하였다.

겨울 10월 경오일(24일)에 진주에서의 승전한 소식이 보고되니 황제는 수조(手詔)[39]로 그들을 포상하였다.

---

38 요의 경종 야율현은 몸이 약하고 병이 많았는데, 황후(蕭綽, 953~1009, 어렸을 때의 자는 燕燕이고 원래의 성은 拔黎氏)인 소작이 요의 정치군사의 참여자가 되었다.

39 제왕이 친히 손으로 쓴 조서를 말하는데, 조서란 황제가 반포한 명령이다. 수조는 일반적인 문서와 다르기 때문에 그 의의는 비범한 것이다. 그러나 후에는 제왕의 조서는 항상 다른 사람이 대신 썼으며 이에 따라서 어필수조라는 말이 나왔고, 그러므로 수조의 진귀성은 떨어졌다.

실패한 월남 정벌

52 을해일(29일)에 제왕 조정미는 진왕(秦王)으로 올려 책봉되었고, 재상 설거정에게는 사공(司空)이 덧붙여졌으며 심륜(沈倫)에게는 복야(僕射)가 덧붙여지고, 노다손은 병부상서를 겸직하였고, 추밀사 조빈은 시중(侍中)을 겸직하였으며, 문무관원으로 태원(太原)을 평정하는 데 참여한 사람은 모두 관질(官秩)을 올려 주었지만 차이가 있었으며 처음으로 상을 주는 전례(典禮)를 시행하였다.

53 11월 무인일(2일)에 요주(遼主)는 야율휴격 등과 공로를 세운 장교들에게 연회를 베풀고 상을 주었다.

54 요(遼)의 남원추밀사(南院樞密使) 겸정사령(兼政事令)인 곽습(郭襲)이 요주가 자주 수렵을 하자 편지를 올려서 간하여 말하였다.

"옛날에 당 고조는 수렵을 좋아하였는데, 소세장(蘇世長, ? ~627?)이 100일을 채우지 말라고 말하자 아직 충분히 즐겁지는 아니하였지만 고조는 그날로 철폐하였으니 역사에서는 그것을 아름답다고 칭찬합니다.

엎드려 생각하건대 성조(聖祖)께서 창업하시느라고 고생하시며 밤낮으로 게으르지 못하였습니다. 목종(穆宗, 耶律璟, 931~969)께서는 끝이 없는 욕심을 즐기시고 국사를 돌보지 아니하여 천하 사람들이 걱정하고 원망하였습니다.

폐하께서 통수(統帥)를 이어받으시니 해내에서 합하여 중흥(中興)의 정치를 바라고 있는데 10여 년 동안에 정벌이 아직 끝나지 않고 상처가 아직 다 회복되지 않았으니, 바로 마땅히 두려움을 가지고 닦으며 살펴서 영원한 도모를 품어야 할 것입니다. 이에 듣건대 마음 내키는 대로 수렵을 하시는 것이 지난날보다 심하다하니 만약에 함궐(銜橛)[40]하는 걱정거리가 생긴다면 후회하여도 장치 어찌 따라잡겠습니까!

하물며 남쪽에는 강한 적이 있어서 틈을 살피면서 움직이고 있으니 이를 듣고 마음이 생기는 일이 없을 수 있겠습니까? 엎드려 원하건대 수렵하고 술 마시는 즐거움을 절약하시고, 사직과 생령을 위하여 계책을 세우십시오.”

요주가 이를 훌륭하고 좋다고 하였지만 채용할 수는 없었다.

55 황제는 양업(楊業, 923~986)이 변방의 업무에 익숙하다하여 계사일(17일)에 지대주(知代州) 겸삼교주박병마부서(兼三交駐泊兵馬部署)[41]로 삼았다.

---

40 수레와 말이 기울어져서 엎어지는 위험을 가리키는 말로 의외의 사건이 발생하는 것을 비유하여 이르는 말이다.

41 삼교(三交)는 산서성(山西) 흔현(忻縣)에서 서쪽으로 60리 지점에 있는데 정락(静樂)이나 남현(嵐縣)으로 가려면 반드시 거쳐야 할 교통의 요지이다. 이곳에 주둔하거나 정박하는 군사의 책임자이다.

56 신축일(25일)은 동짓날이다. 요(遼)에서는 기원을 고쳐서 건형(乾亨)이라 하고 크게 사면하였다.

57 애초에 서남이(西南夷)는 조공을 바치지 아니하였는데, 형부랑중인 허중선(許仲宣, 929~990)이 서천(西川)전운사가 되자 친히 대도하(大渡河)[42]에 가서 순종하는 것과 거역하는 것을 가지고 유시하니 이인(夷人)들이 모두 인솔하며 복종하였다.

그 자리에 있은 지 3년이 넘었는데 마침 허중선이 강남에서 군사를 지휘할 적에 관부의 돈을 건몰(乾没, 돈을 집어 삼키는 것)하였다는 말이 있어서 이달에 불러 돌아오게 하고, 어사대에 명령하여 재무에 관한 장부를 다 찾아내어서 대조하게 하여 1년이 넘어서 끝났는데, 끝내 속이거나 숨긴 것이 없자 마침내 허중선을 영남(嶺南)전운사로 삼았다.

허중선은 마음속으로 계산이 있었는데, 강남에서 군대를 사용하려면 군대 안에서 필요하여 찾을 것이 아주 여러 가지일 것이었지만, 모두 미리 저축하여 빠진 것이 없었다. 조빈이 괴이하게 생각하였었는데, 일찍이 밤중에 성을 공격하려 하자 도기(陶器, 질그릇) 수만 개를 가져다가 성을 공격하는 병졸들에게 나누어 주어 불을 켜서 스스로 비추게 하면서, 허중선은 이미 미리 예측하고 갖다 놓았고 그 숫자대로 그들에

---

42 말수(沫水)라고도 불리며 민강(岷江)의 최대 지류로 사천성(四川省) 중서부(中西部)에 위치하는데, 청해성(青海省) 옥수장족(玉樹藏族)자치주 경내에 있는 파안객랍산(巴顏喀拉山) 남쪽 기슭에서 발원하여 남쪽으로 향하다가 사천성(四川省)으로 들어가서 아패장족강족(阿垻藏族羌族)자치주, 감자장족(甘孜藏族)자치주, 아안시(雅安市), 양산이족(凉山彝族)자치주, 낙산시(樂山市)를 경유하여 흐른다.

게 주었다. 그의 재간이 이와 같았다.

58   12월 을묘일(10일)에 요의 남경(南京, 북경)유수·연왕인 한광사는 진왕(秦王)으로 강등되어 책봉되었고 진창군(晉昌軍)절도사로 요수(遙授)하였다. 임술일(17일)에 상경(上京, 內蒙古 赤峰市)유수인 촉왕(蜀王) 야율도은(耶律道隱)을 남경유수로 옮겼다. 야율도은은 호령하는 것이 엄숙하여서, 비록 강장(彊場, 변방)에는 많은 걱정거리가 있지만 백성들은 편안한 직업을 얻었으니 조금 있다가 형왕(荊王)으로 책봉되었다.

59   이 해 겨울에 요주(遼主)가 남경에 주재(駐在)하고서 재상인 실방(室昉, 920~994)에게 명령하여 국사(國史)를 감수하게 하였다.

태평흥국 5년(경진, 980년)[43]

1   정월 초하루 병자일에 요(遼)에서는 황제의 아들인 야율융서(耶律隆緖, 972~1031)를 책봉하여 양왕(梁王)으로 하고 야율융경(耶律隆慶, 973~1016)을 항왕(恒王)으로 하였다. 야율융서는 어려서부터 서한(書翰)을 좋아하여 10세에는 시(詩)를 지을 수 있었으니 요주(遼主)는 위촉(委囑)하려는 뜻을 품었다.

---

43 요 경종 건형 2년이다.

2   경진일(5일)에 조서를 내려서 하동지역에 있는 여러 주에 널리 위로하였다.

3   황제는 이미 태원을 평정하고서 범양(范陽, 保定 이북 北京 이남)을 평정하고 분진(汾晉, 山西省 太原地區)·연계(燕薊, 북경)의 말 무릇 4만2천 필을 얻었다. 임오일(7일)에 경양문(景陽門) 밖에 천사감(天駟監)[44]을 두었는데, 좌우에 각기 두 곳이었으며 좌·우비룡사(左·右飛龍使)를 좌·우천구사(左·右天廐使)로 하고 한구사(閑廐使)를 숭의사(崇儀使)로 하였다. 내구(內廐)에 말을 충분히 채우고 나서 비로소 나누어 여러 주에서 기르게 하였다.

4   정해일(12일)에 요의 특리곤(特里袞)인 야율휴격(耶律休格, ? ~ 998)을 북원대왕(北院大王)으로 삼고 전추밀사인 야율현적(耶律賢適, 928~980)을 서평군왕(西平郡王)으로 책봉하였다.

5   경인일(15일)에 예부시랑(禮部侍郎)인 심주(深州, 河北省 中部) 출신의 정우(程羽, 913~984)를 문명전학사(文明殿學士)로 삼고, 반(班)[45]의 위치는 추밀부사 아래로 하였다. 문명전학사는 바로 단명전학사(端明殿學士)인데, 전각의 이름은 일찍 고쳐졌지만 직명이 고쳐진 것은 정우부터 시작되었다.

---

44 송대의 관서(官署) 명으로 군목사에 속하였으며 좌우로 나누어 관마를 기르는 일을 관장하여 군사용 혹은 기타 용도를 대비하였다.

45 조회에 참석했을 때에 차지하는 자리의 순서를 말한다.

6   계묘일(28일)에 우위장군(右衛將軍)인 사규(史珪)에게 명령하여 위지현(尉氏縣, 河南省 開封市)의 새로운 하도(河道) 90리를 개착하게 하였다.

7   2월 병오일(2일)에 경서(京西)전운사인 정능(程能)이 말씀을 올렸다.

"여러 도(道)와 주부(州府)의 백성들로 요역(徭役)하는 일을 하는 사람들은 대부분 고르지 못하니 바라건대, 제로(諸路)의 전운사들에게 명령을 내려 보내어 9등급으로 하게 하고 위로 4등급 호구는 재산의 경중(輕重)을 헤아려서 요역을 제공하고 아래 4등급의 호구[46]는 나란히 면제하게 하십시오."

조서를 내려서 전운사로 하여금 몸소 친히 자세히 정하게 하고 다시는 관리를 차견(差遣)하지 않았다.

8   무신일(4일)에 남변주(南辨州, 광동성)를 고쳐서 화주(化州)라고 하였다.

9   무진일(24일)에 요주(遼主)가 청하(淸河, 遼寧省 鐵嶺市)에 갔다.

10   3월 정해일(14일)에 요의 서남면초토부사인 야율왕륙(耶律旺陸,

---

46 9등급으로 나누는데, 위로 4등급을 제하면 나머지는 5등급이 되는데, 여기서는 4등급이라고 말하였으므로 나머지 한 등급에 관한 조치는 빠지는 셈이 된다. 그런데《자치통감장편》에는 아래로 5등급이라고 하였으므로 논리상 여기에서의 4등급이란 5등급의 잘못으로 보아야 한다.

王六)·태위인 화격(華格, 化哥)이 사람을 파견하여 당항(党項)의 포로를 헌상하였다.

11   무자일(15일)에 좌림문위(左臨門衛)상장군인 유창(劉鋹, 942~980)이 죽자 태사(太師)를 증직하고 남월왕(南越王)으로 추가 책봉하였다.

12   계사일(20일)에 양업(楊業, 923~986)이 요의 군사를 안문(雁門, 山西省 忻州市)에서 패배시키고 그의 부마시중(駙馬侍中)인 소다라(蕭多囉, 咄李)를 죽이고 도지휘사인 이중회(李重誨, 946~1013)를 붙잡았다.

13   윤달(윤3월) 갑인일(11일)에 권지공거(權知貢擧)인 정우(程羽, 913~984) 등이 상주한 진사에 합격한 사람들에게 복시(覆試)를 치러서 동산(銅山, 四川省 德陽市) 사람인 소이간(蘇易簡, 958~996) 등 119명을 얻었고 또 제과(諸科)의 533명을 얻었다. 나란히 갑을(甲乙)로 차례를 나누어 연회를 베풀어 주었는데, 비로소 직사관(直史館)에서 자리에 배석하는 제도가 생겼다.
　진사의 제1등은 장작감승(將作監丞), 번군(藩郡)의 통판(通判)으로 제수하였으며, 다음으로는 대리평사(大理評事), 제령(諸令, 현령), 녹사(錄事, 녹사참군)를 제수하였으며, 제과 합격자는 초등직사관(初等職事官)과 판·사·부·위(判·司·簿·尉)[47]의 업무를 맡도록 제수하였

---

47 판(判)은 군순판관(軍巡判官)이고, 사(司)는 사리(司理)참군·사호(司戶)참군·사법(司法)참군이며, 부(簿)는 주부(主簿)이고, 위(尉)는 현위이다.

다. 유창언(劉昌言, 942~999)·안명원(顔明遠)·장관(張觀)·악사(樂史, 930~1007) 등 4명은 모두 현임관(現任官)으로 진사에 천거되었는데 황제는 과제(科第)⁴⁸에 참여하지 아니한 것을 애석하게 생각하여 특별히 가까운 번진(藩鎭)의 장서기(掌書記)를 제수하였다.

14　신미일(28일)에 귀의군(歸義軍)절도사인 조원충(曹元忠, ?~980)이 죽었는데, 그 아들인 조연록(曹延祿, ?~1002)이 스스로 유후를 자칭하고 사자를 파견하여 공물을 바쳤다. 여름 4월 정축일(5일)에 조원충에게 돈황군왕(燉煌郡王)을 증직하고 조연록에게 귀의절도사를 제수하였다.

15　공봉관(供奉官)인 노습(盧襲)이 교주(交州)⁴⁹에 사신으로 갔다. 이때에 정련(丁璉, Đinh Liễn, ?~979)과 그의 아버지인 정부령(丁部領)⁵⁰이 모두 죽었는데 정련의 동생인 정준(丁璿)은 아직 어렸지만 절도행군사마(節度行軍司馬)·권영군부사(權領軍府事)를 이어서 칭하였다.

　대장인 여환(黎桓, Le Hoan, 941~1005)이 권력을 제멋대로 부리어 정

---

48 과제란 과별(科別)로 고시에 의거하여 그 등급을 정하는 것을 말한다.

49 현재의 월남북부와 중부, 그리고 중국의 광서와 광동을 포괄하는 지역이다.

50 원래의 이름은 정선황(丁先皇, Đinh Tiên Hoàng, 924~979)이다. 그는 월남의 정 왕조(丁 王朝)를 만든 사람으로 재위기간은 968년부터 979년까지이다. 그의 휘(諱)가 정부령(丁部領, Đinh Bộ Lĩnh)이다. 일설에 의하면 정환(丁桓, Đinh Hoàn)이라고 한다. 그는 12명의 사군의 난을 평정하고 월남역사에서 첫 번째의 통일왕조인 정조(丁朝)를 건설하고 국호를 대구월(大瞿越)이라 하고 연호는 태평(太平)이라고 하였다. 그러나 979년에 1차 궁정정변에서 환관인 두석(杜釋)에게 피살되었으며 정조는 이에 따라서 여조(黎朝)로 대체 되었다.

준을 협박하여 별채에 옮겨 놓고 온 종족을 금고하고 대신하여 그 무리들을 총괄하였다.

16   양양현(襄陽縣, 湖北省)의 백성인 장거원(張巨源)은 5세대가 함께 살았지만 안으로 따로 밥을 짓지 아니하였는데, 무자일(16일)에 조서를 내려서 그 집안을 표양하였다. 장거원은 일찍이 형명(刑名)에 관한 책을 익혔기에 특별히 하사하여 명법(明法)에 급제한 것으로 하였다.

17   요주(遼主)가 연자성(燕子城, 河北省 張北)에서 피서를 하였다.

18   애초에 유계원(劉繼元)이 항복하자 황제는 전전도우후(殿前都虞候)·무태(武泰)절도사인 최한(崔翰)에게 명령하여 먼저 들어가서 위로하고 유시하게 하면서 이어서 금지하기를 포로로 하거나 노략한 물건을 성 밖으로 내올 수 없게 하였다.
    당시에 진왕(秦王)인 조정미(趙廷美)는 수십 명의 기장(騎將)을 가지고 금령을 무릅쓰고 성을 나오자 최한이 꾸짖어 이를 중지시켰다. 조정미는 원망하여 드디어 황제에게 참소하였다. 임진일(20일)에 최한을 파직시켜서 함덕(感德)절도사로 삼았다.

19   조서를 내려서 분하(汾河)를 막아 놓은 진사(晉祠)[51]가 있는 곳에

---

51 진사는 산서성 태원시 진원구 진사진에 있으며 원래의 이름은 진왕사(晉王祠)이며 처음의 이름은 당숙우사(唐叔虞祠)였는데 이는 진국의 개국제후인 당숙우(唐叔虞, 후에 진왕으로 추봉됨)와 그 모후인 강후(姜后)를 기념하기 위하여 세운 것이다.

서 물을 태원으로 대어 그 옛날 성을 무너지게 하였다.

20　이달에 처음으로 예현택(禮賢宅)을 전숙(錢俶)에게 하사하니 전숙은 백금 3백 근을 헌상하여 감사하였다.

21　유사(有司, 담당관)에게 명령을 내려서 품관(品官)⁵²들의 속벌령(贖罰令)⁵³을 정하게 하였다.

22　5월 정묘일(25일)에 단공루(端拱樓)⁵⁴를 지었다.

23　이달에 요(遼)에서는 커다란 우레가 쳤는데, 번갯불이 건릉(乾陵)⁵⁵에 있는 소나무를 태웠다.

---

52 송대의 관직은 1품부터 9품까지 있으며 각기 정(正)과 종(從)이 있어서 모두 18개의 단계였다. 관직은 각기 그 업무를 담당하는 품급이 있었는데, 예컨대, 정1품이 맡는 직책은 상서령·중서령·시중·태사·태부·태보·소사·소부·소보 등이다.

53 죄를 지었는데, 속죄금을 내고 그 죄를 사면 받는 규정을 말한다.

54 단공(端拱)은 송 태종이 사용한 연호로 988년부터 989년까지 2년간 사용하였으며, 송 태종이 사용한 연호로는 세 번째이다. 이 뜻은 군왕이 장엄하게 조정에 나아가고 청렴한 정치를 한다는 의미를 지니고 있다. 그러나 이 누각은 이 연호를 사용하기 전에 세운 것으로 볼 수 있다.

55 이는 요(遼)의 건릉으로 요의 경종(景宗) 야율현(耶律賢)과 그 황후인 소작(蕭綽)을 합장한 능원이며, 요령성 북진시(北鎭市) 신립촌(新立村)에 있는 낙타산(駱駝山)에 있다.

24 6월 기해일(28일)에 강주(江州, 江蘇省)의 백록동주(白鹿洞主)인 명기(明起)를 채주(蔡州, 河南省) 포신현(褒信縣)의 주부(主簿)로 삼았다. 백록동은 여산의 남쪽에 있는데 항상 생도가 수백 명이 모였다.

강남국의 후주(後主)시절에 좋은 전지(田地) 수십(數十)을 나누어 주고 해마다 그 조(租)를 가져다가 그에게 늠급(廩給, 봉록)하였으며, 태학에서 경전에 능통한 사람을 뽑아서 다른 관직을 주고 동(洞, 백록동)의 업무를 관장하게 하였으며, 매일 여러 학생들과 더불어 강론을 하였다.

이에 이르러 명기가 그의 전지를 관부에 납입하겠다고 건의하였으니, 그러므로 그에게 작명(爵命, 封爵受職)을 한 것이다. 백록동은 이로부터 점차 폐허가 되었다.

25 요(遼)의 송왕(宋王)인 야율희곤(耶律喜袞, 喜隱)이 다시 모반을 하여서 조주(祖州, 內蒙古 巴林左旗 西南 石房子村)에 갇혔다.

26 태상박사(太常博士)인 후인보(侯仁寶, ? ~981)는 후익(侯益, 886~965)의 아들인데 낙양에 거주하면서 큰 집과 좋은 전지를 가지고 우유자적(優游自適)하면서 관리의 일을 가까이하려고 하지 않았다. 그의 처는 조보의 누이 동생인데, 후인보가 서경(西京)에 있는 분사(分司)의 직책을 얻었다.

노다손(盧多遜)이 조보와 틈이 생겨서 조보가 파직되자 이어서 황제에게 말하여 후인보를 지옹주(知邕州, 옹주는 廣西 壯族自治區 南寧市 南)로 하였는데, 무릇 9년간 대신할 사람을 얻지 못하였다.

후인보는 이에 따라서 영외(嶺外)[56]에서 죽을 것을 두려워하여 마침내 상소문을 올려서 말하였다.

"교주(交州, 월남)의 주수(主帥)가 해를 입었고,[57] 나라가 어지러워서 빼앗을 수 있으니 원컨대 전거(傳車)를 타고 가서 대궐에서 마주하고 아뢰고 싶습니다."

황제는 크게 기뻐하여 역참(驛站)을 달려서 그를 불러 오라고 명령하였다. 노다손이 말하기를 먼저 후인보를 부르면 반드시 그가 모의하는 것이 누설될 것이니 후인보에게 비만(飛輓)[58]의 책임을 지워서 그 일을 경영하며 헤아리게 하는 것만 같지 못하다고 하자, 황제는 그럴 것이라고 여겼다.

가을, 7월 정미일(6일)에 후인보를 교주로수륙(交州路水陸, 교주는 越南 北部와 中部, 그리고 廣東 雷州半島와 廣西 南部 지역)전운사로 하고 난주단련사(蘭州團練使)인 손전흥(孫全興) 등을 옹주로병마도부서(邕州路兵馬都部署)로 하고 녕주(寧州)자사인 유징(劉澄) 등을 염주로병마부서(廉州路兵馬部署)로 하고 물과 육지로 나란히 나아가서 그를 토벌하게 하였다.

---

56 영외란 중국 남부로 가는 오령(五嶺) 넘어 그 밖을 말하는 것으로 이 당시에는 아주 개척되지 않은 지역으로 여겼는데, 지옹주인 후인보가 있는 옹주는 광서 남녕시를 비롯한 그 일대를 말하는 것이므로 영외인 것이다.

57 월남의 정조(丁朝)에서 일어난 정련의 피살 사건을 말한다.

58 비추만속(飛芻輓粟)을 줄여서 쓴 말이다. 안사고는 꼴을 운반하여 나르는데, 아주 빨리 가기 때문에 비추라고 하였다고 설명하였다. 만(輓)이란 수레나 배를 끄는 것이고 비(飛)란 빠른 것을 형용하는 것이며, 추(芻)란 꼴이고, 속(粟)은 양식을 가리키는 말이다.

27   기사일(28일)에 제주(濟州)에서 말하기를 금향현(金鄕縣, 山東省
濟寧市)에 사는 백성인 이연(李延)의 집안은 당(唐) 무덕(武德) 연간 초
부터 같이 살았는데, 오늘에 이르기까지 근 4백 년이며 대대로 여막(廬
幕)을 짓고 분묘(墳墓)를 지킨다고 하자 조서를 내려서 그 집안을 정려
(旌閭)하고 곡식과 비단을 하사하였다.

28   무오일(17일)에 요(遼)의 야율왕륙(耶律旺陸) 등이 다시 당항(党
項)의 부로(浮虜)들을 헌상하였다.

29   8월 갑술일(4일)에 선휘북원사(宣徽北院使)·판삼사(判三司)인 왕
인섬(王仁贍, 917~982)이 비밀리에 주문을 올렸다.
    "근신과 친척, 고향사람들이 대부분 가깝고 믿는 사람들을 파견하여
진·농(秦·隴)지역에서 죽목(竹木)을 매매하며 거대한 뗏목을 만들어서
경사(京師)에 들여오는데 지나오는 관문과 나루에서 교제(矯制)[59]하
여 계산을 면제 받습니다. 이미 도착하고 나서는 일을 맡은 사람과 두
텁게 결탁하여 모두 관부에서 이를 사니 배로 그 값을 챙깁니다."
    황제는 화가 나서 삼사부사(三司副使)인 범민(范旻, 936~981)·호부
(戶部)판관인 두재(杜載)·개봉부(開封府)판관인 여단(呂端, 935~1000)
을 관리[60]에게 부촉(付囑)하였다. 범민·두재가 갖추어 자복하기를 윗
분을 속이고 죽목을 사서 관부(官府)에 넣었다고 하고 여단은 진왕부

---

59 제(制)란 황제의 명령으로 이를 가탁(假托)하는 것을 말한다. 황제의 명령이
   라고 거짓으로 속이는 것을 말한다.

60 형리(刑吏)를 말한다. 조사하게 한 것이다.

(秦王府)의 가까운 관리인 교련(喬璉)을 위하여 일을 집행하는 사람에게 청탁하였다고 하였다.

기축일(19일)에 범민을 방주(房州, 湖北省)로, 두재는 귀주(歸州, 湖北省 秭貴縣)로, 여단은 상주(商州, 陝西省 商洛市)로 좌천시켜서 모두 사호참군(司戶參軍)으로 삼았다. 이어서 조서를 내렸다.

"지금부터 문무직의 관리는 쉽게 삼사공서(三司公署)에 들어갈 수 없으며 서찰을 가지고 왕래하며 공적인 일을 청탁할 수 없다."

대요 정벌전을 중지하고 물러난 송 태종

30   무술일(28일)에 전숙(錢俶)의 집에 행차하여 그 병을 살펴보고 후하게 하사하였다.

31   9월 갑진일(4일)에 사관(史館)에서 《태조실록(太祖實錄)》 50권(卷, 현재 失傳)을 올렸다.

32   유사에게 조서를 내려서 백관에게 두루 알리게 하였다.
"무릇 조회를 만나게 되면 모두가 공손하고 경건하기를 힘쓰고 매번 내전에서 기거하는 날에는 바로 반드시 축적(跛踖)[61]하여 문으로 달려가는데 의태(意態)를 점잖게 하며 늘어서면서 조금이라도 단정하고 삼가지 않으면 바로 마땅히 탄핵하는 상주를 올리라."

33   겨울, 10월 초하루 신미일에 요주는 무사(巫師)에게 명령하여 천

---

61 공경스러우면서도 편안하지 않은 모양을 말하는데, 여기서는 빨리빨리 움직이라는 뜻이다.

지(天地)와 병신(兵神)에게 제사를 지내라고 하였다. 신사일(11일)에 곧 남침(南侵)하려고 하여 기고(旗鼓)에 제사를 지냈다. 계미일(13일)에 요주가 남경(南京, 북경)에 다다랐다.

34 황제가 장차 북변을 순행하려고 하였다. 기축일(19일)에 조서를 내렸다.

"경사(京師)에서 웅주(雄州, 河北省 雄縣)에까지 백성들을 징발하여 도로를 닦고 장애물을 제거하라."

35 경인일(20일)에 요주(遼主)가 고안(固安, 河北省 中部)에 다다랐다. 기해일(29일)에는 스스로 군사를 거느리고 와교관(瓦橋關, 河北省 雄縣 城의 西南쪽)을 포위하였다. 11월 초하루 경자일에 남쪽의 군사들이 밤중에 요(遼)의 군영을 습격하니 요의 절도사인 소간(蕭幹, ?~986)·상곤(詳袞)[62]인 야율혁덕(耶律赫德, 痕德)이 싸워서 이를 물리쳤다.

36 여환(黎桓, 980~1005)이 아교(牙校, 하급무관)를 파견하여 방물을 싸 가지고 와서 진공(進貢)하고 이어서 정선(丁璿, 974~1001)[63]을 위

---

62 요(遼)의 관직명으로 여러 관부를 감독하고 다스리는 장관이다.

63 정선(丁璿, Đinh Toàn, 974~1001)은 월남 정조(丁朝)의 2대 황제인데 진중금(陳仲金)의 《월남사략(越南史略)》에서는 그 이름을 정수(丁穗, Đinh Tuệ)라고 하였으며 후세에는 정폐제(丁廢帝, Đinh Phế Đế)라고 부른다. 정선은 정부령(丁部領)의 둘째 아들로 978년에 위왕(衛王)에 책봉되었으며, 979년 11월에 궁정시위인 두석(杜釋)이 정부령과 그의 장자인 정련(丁璉)을 살해하였다. 그

하여 표문을 올렸는데, 스스로 말하기를 "장리들과 군민들의 요청을 따라서 이미 군부(軍府)의 업무를 권령(權領)[64]하고 있으니 빌건대, 조정에서 진짜 명령을 내려주십시오."라고 하였다. 당시에 손전흥(孫全興) 등은 군사를 내면서 이미 시간을 넘겼는데, 황제는 그 뜻이 단지 군사를 늦추고 싶다는 것으로 살피고 묵혀두고 회보하지 않았다.

37 임인일(3일)에 요(遼)의 북원대왕(北院大王)인 야율휴격(耶律休格)이 와교(瓦橋)의 동쪽에서 송의 군사를 방어하는데 수비하는 장수인 장사(張師)가 포위를 뚫고 나오자 요주(遼主)는 친히 전투를 독려하니 야율휴격이 말에 뛰어 올라서 진(陣)으로 들어가서 장사의 목을 베었고 나머지 무리들은 피미(披靡)[65]하여 물러서서 성으로 들어갔다.

무신일(9일)에 남쪽의 군사들이 물의 남쪽에 진을 치고 싸우려 하자 요주는 야율휴격의 말에만 홀로 황색을 입히어 적이 알아보게 하였다가 재빨리 검은 갑옷에 흰말로 바꾸도록 명령하였다.

야율휴격이 드디어 정예의 기병을 인솔하고 물을 건너서 분발하여 치니 남쪽의 군대는 크게 패배하였고, 뒤쫓아서 막주(莫州)에 이르렀

리고 완복(阮匐)과 여환(黎桓)이 정선을 옹립하여 황제로 하고, 십도장군(十道將軍)인 여환이 섭정하고 실권을 장악하니 정선은 사실상 괴뢰(傀儡)황제였다. 완복과 정전(丁佃)이 여환의 전횡에 반대하여 군사를 일으켰는데, 여환이 완복과 정전을 진압한 뒤에 980년에 여환이 황제에 즉위하여 여조(黎朝)가 탄생하였고, 정선은 위왕(衛王)으로 책봉되었다.

64 권(權)은 임시라는 뜻이고 영(領)은 업무를 관장한다는 말이므로 임시로 어떤 직책을 관장하는 것을 말한다.

65 무성한 나무나 풀이 바람에 휩쓸려 쓰러지는 것을 말하며, 남의 권위와 위력에 눌려 굴복하는 것을 말한다.

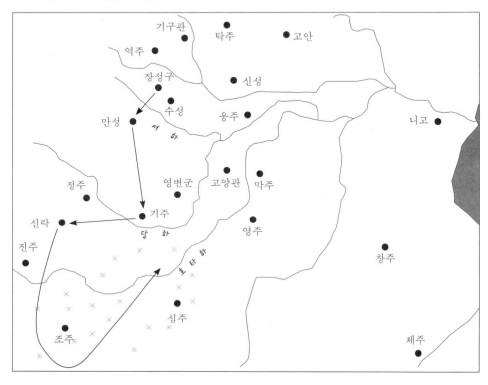

는데 가로 누운 시체가 들에 널려 있었고 산채로 몇 명의 장수를 잡아
가지고 돌아왔다.

요주는 어마(御馬, 황제의 말)와 금잔(金盞, 금으로 된 술잔)을 가지고
그를 위로하고 말하였다.

"경의 용감함은 명성을 뛰어넘는데, 만약에 사람들마다 경과 같다면
어찌 이기지 못할까 걱정하겠는가?"〔지도참고〕

38 병오일(7일)에 진왕(秦王)인 조정미(趙廷美)를 동경유수(東京留
守)로 삼고, 선휘북원사(宣徽北院使)인 왕인섬(王仁贍, 917~982)을 대
내도부서(大內都部署)로 삼았으며, 추밀승지(樞密承旨)인 진종신(陳從
信, 912~984)에게 그를 돕게 하였다.

기유일(10일)에 조서를 내려서 북변을 순시하겠다고 하였다. 임자일
(13일)에 경사를 출발하였고, 계축일(14일)에는 장원현(長垣縣, 河南省)
에 다다랐다.

관남(關南)⁶⁶지역에서 말하기를 거란의 1만여 무리를 크게 격파하
여 참수한 것이 3천여 급이라 하자, 바로 하양(河陽)절도사인 최언진
(崔彦進, 922~988)을 관남병마도부서(關南兵馬都部署)로 하였다. 〔지도
참고〕

병진일(17일)에 요주가 군사를 이끌고 돌아갔다.

---

66 오대 후주 현덕 6년(959년)에 거란으로부터 와교관(瓦橋關), 익진관(益津關),
어구관(淤口關)의 세 관(關)과 영주와 막주를 수복하였는데, 송대에는 이 세
관의 이남을 관남이라고 불렀다. 지금에는 하북성(河北省) 백양정(白洋淀)의
동쪽에 있는 대청하(大淸河) 유역이남에서 하간현(河間縣)에 이르는 일대를
말한다.

❖ 송·요의 2차 와교관 작전도

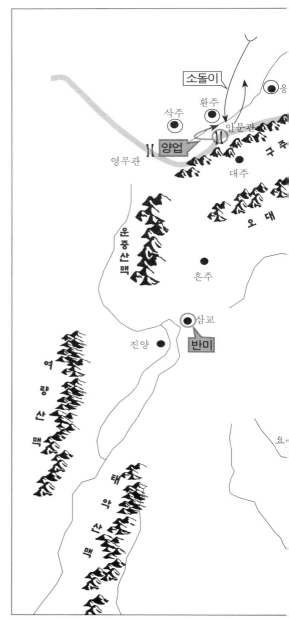

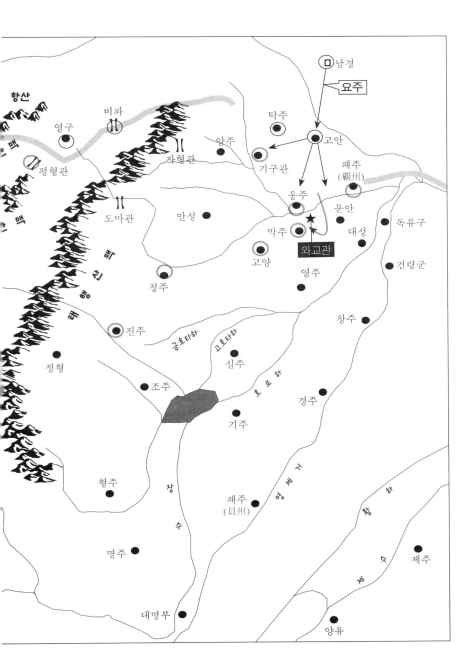

항산
맥

영구

비파

평형관

맥

탁주

양주

자형관

도마관

만성

막주

고양

정주

태행산맥

진주

금호타하

정형

조주

심주

고호타하

호로하

기주

형주

장수

패주
(貝州)

영제거

명주

대명부

요주

남경

고안

기구관

패주
(覇州)

웅주

와교관

문안

대성

독류구

건령군

영주

창주

경주

황수

계수

제주

양유

무오일(19일)에 대명부(大名府)에 주필(駐蹕)하였다.

39 개보(開寶, 태조 조광윤의 연호) 말년에 우보궐(右補闕)인 두칭(竇
偁, 924~982)을 개봉부(開封府)판관으로 삼았는데, 추관(推官)인 가완
(賈琬)과 더불어 같이 황제를 모시었다. 가완은 먼저 뜻을 알아서 뜻하
는 것에 맞추었는데, 두칭은 항상 이를 질시하였다.

황제와 제왕(諸王)이 연사(宴射)⁶⁷를 하는데 가완이 황제 옆에서 모
시면서 덕이 아름답다고 칭찬하였지만 말씨가 대부분 속이고 허망하
자 두칭이 그를 꾸짖어 말하였다.

"가씨(賈氏) 녀석이 교언영색(巧言令色)⁶⁸하면서, 어찌 마음에 부끄
럽지 않은가?"

앉아 있던 사람들이 모두 얼굴색이 변하였고, 황제 역시 이 때문에
즐겁지 아니하여 이로 인하여 모임을 그만 두고 태조(太祖)에게 말하
여 두칭을 내보내어 창의(彰義)절도판관으로 하였다.

이에 이르러 황제는 두칭을 보려고 생각하여 재촉하여 불러서 행재
소에 이르게 하였다. 계해일(20일)에 두칭을 비부랑중(比部郎中)⁶⁹으
로 삼았다.

---

67 고대 사례(射禮) 가운데 하나로, 여러 사람이 모여서 술을 마시면서 활 쏘는
   행사를 말한다.
68 《논어》〈학이편〉에 나오는 말로 원래의 말은 '巧言令色鮮矣仁'인데 '화려하
   고 교묘한 말을 하며 얼굴에 평화롭고 기뻐하는 모습을 띄는 사람으로 인
   (仁)한 마음을 갖는 사람은 아주 드물다.'라는 뜻이다. 따라서 이는 겉치장 하
   는 사람을 나무라는 말이다.
69 비부는 송대 형부(刑部)의 삼사(三司) 가운데 하나이다.

이때에 바야흐로 북정(北征)을 논의하였는데, 두칭은 이어서 반대하는 상소를 하여 환도(還都)하기를 요청하며 병사들을 휴식시키고 말을 기르며 서서히 후일을 도모하라고 하니 황제는 그 말을 기뻐하였다. 대명부(大名府)에서부터 도착하기에 이르자 두칭을 추밀직학사(樞密直學士)로 하였는데, 두칭은 두의(竇儀, 914~966)의 동생이었다.

40　을축일(26일)에 요주(遼主)가 남경에 도착하였다. 12월 초하루 경오일에 야율휴격(耶律休格)에게 벼슬을 주어 유열(裕悅)[70]로 하고 군사들에게 크게 향연(饗宴)을 베풀었다.

41　갑술일(5일)에 황제가 근교에서 사냥을 하고 이어서 열병(閱兵)을 하면서 금군의 장교와 위사들에게 유고(襦袴, 短衣와 바지를 말하는 것으로 보통 의복을 말함)를 하사하였다. 당시에 몰래 사냥하는 것을 금지하였는데 어떤 위사가 노루를 붙잡으니, 명령을 위반하여 사형으로 판결되었다.

황제가 말하였다.

"내가 만약에 그를 죽이면 후세에 반드시 나는 짐승을 중히 여기고 사람의 목숨을 가벼이 여겼다고 여길 것이다."

그의 죄를 풀어 주었다.

42　정축일(8일)에 양업(楊業, 923~986)을 영운주(領雲州) 관찰사로써 지대주사(知代州事)로 하였다. 양업은 안문(雁門)에서의 전역(戰役)이

70　요(遼)의 관직으로 서열로는 백관의 위에 있으며 지위는 삼공에 맞먹는다.

있은 다음부터 요인(遼人)들이 그를 두려워하게 되어 매번 멀리서 양
업의 깃발을 바라보게 되면 바로 군사를 이끌고 떠났다.

　주장(主將)으로 변방에 주둔하고 있는 사람들은 대부분 이를 질시하
여 혹은 몰래 비방(誹謗)하는 편지를 올리면서 배척하여 그의 단점을
말하였지만 황제는 모두 묻지 않고 그 상주문을 봉함하여 양업에게 보
냈다.

43　황제는 요(遼)의 군사가 물러감으로 인하여 드디어 나아가 유주
(幽州)를 공격하고자 하였다. 무인일(9일)에 유우(劉遇, 920~985)를 유
주서로행영호채병마부서(幽州西路行營壕寨兵馬部署)[71]에 충임하고
전흠조(田欽祚)를 도감(都監)으로 삼고 조한(曹翰)을 유주동로행영호
채병마부서(幽州東路行營壕寨兵馬部署)에 충임하고 조연부(趙延溥)를
도감으로 삼았다.

　다시 재상에게 명령하여 한림학사인 이방(李昉, 925~996)·호몽(扈
蒙, 915~986) 등에게 이 일의 가부(可否)를 묻게 하였는데, 이방 등은
날래고 힘센 말을 기르고 저축을 널리 쌓아놓기를 청하면서 이를 1년
간 느긋하게 연기하고 군사를 사용하여도 늦지 않다고 하였다. 황제는
깊이 그 말을 받아들이고 바로 조서를 내려서 남쪽으로 돌아갔다.

---

71 '유주서로행영호채병마부서'이라는 관직은 정규적이고 지속적으로 존재하는
　것은 아니고, 임시로 상황에 따라서 업무범위를 관직명에 밝힌 관직이다. 이
　관직에서 '유주서로'는 지역을 지칭하는 것이고, 행영은 군사가 이동하여 만
　든 군영을 뜻하는 것이며, 호채란 참호나 영채(營寨)를 지칭하는 것이며, 병마
　부서란 병마(兵馬)를 지휘하는 책임자라는 말이다. 그러므로 관직명을 보면
　그 업무범위를 알 수 있는 것인데, 다른 경우에도 마찬가지이다.

44   조한(曹輪, 924~992)이 관장하는 부서(部署)에 명령하여 웅주(雄州軍)·패주군(霸州軍)·평융군(平戎軍)·파로군(破虜軍)·건령군(乾寧軍) 등에 있는 성지(城池)를 수리하게 하여 남하(南河)를 개착(開鑿)하니, 웅주(雄州, 河北省 雄縣)에서부터 막주(莫州, 河北省 任丘市)에 이르게 하여 조운(漕運)이 소통하게 하였으며 큰 제방을 쌓아서 수세(水勢)를 막게 하였다.

  역부(役夫) 수만 명을 동원하여 북방 경계 지역에서 나무를 잘라 공급하여 사용하였다. 이보다 먼저 요인(遼人)이 남침하면 반드시 후연(堠烟, 봉화)을 들어 올리게 하였는데, 조한은 사람을 나누어 파견하여 경계 지역에서 연기를 올리게 하니 적은 복병이 있는 것으로 의심하고 바로 군사를 이끌고 떠나서 감히 요새 가까이에 접근하지 않았다.

  커다란 나무 수만 개를 얻어서 끌고 지고 오니 그 용도를 크게 해결하였다. 몇십 일만에 공사는 끝났고, 불러서 영주(潁州, 安徽省 阜陽市)로 돌아가게 하였다.

45   경진일(11일)에 거가(車駕)가 대명(大名)을 출발하여 을유일(16일)에 경사에 도착하였다.

  논의하는 사람들은 모두 의당 조속히 유계(幽薊, 북경)를 빼앗아야 한다고 말하였는데, 좌습유(左拾遺)·직사관(直史館)인 장제현(張齊賢, 943~1014)이 상소문을 올려서 말하였다.

  "성인(聖人)이 일을 드러내면서는 움직이는 데는 만전(萬全)을 기해야 하는데 백 번 싸워도 백 번 이기더라도 싸우지 않고 이기는 것만 같지 아니합니다. 옛날부터 강장(疆場)[72]의 어려움이란 모두 융적(戎狄)으로 말미암은 것은 아니고 역시 변방에 있는 관리가 시끄럽게 하여 이를 불러 온 것입니다.

만약에 연변(緣邊)에 있는 여러 영채(營寨)에서 어루만지고 통어(統御)하는데 적당한 사람을 얻어서 다만 험한 보루와 깊은 해자를 만들게 하고 힘을 쌓고 정예한 병사를 기르게 하면서 편안하게 스스로 거처하게 해야 합니다. 이와 같이 한다면 변방(邊方)은 편안하고 운송하는 것은 줄어들어 하북(河北)에 사는 백성들은 휴식을 얻습니다.

그런 다음에 농사에 힘써서 곡식을 쌓아두어 변방에서 쓸 것을 충실하게 하면 적들의 마음도 진실로 이로운 것을 선택하고 해로운 것을 파하는 것이니, 어찌 죽을 땅에다가 이를 투입하여 노략질하겠습니까?

신이 듣건대 육합(六合)[73]을 집으로 삼는 사람은 천하를 마음에 둔다고 하는데 어찌 단지 척촌(尺寸, 한 자나 한 치 정도의 적은 것)의 땅을 다투려고 하여 세력이 강한지 약한지를 가지고 각축(角逐)할 뿐이겠습니까!

이러한 연고로 성인은 근본적인 것을 먼저하고 지엽적인 것을 뒤로 하며 안을 편안하게 하여서 밖을 기르며 안이 편안해 지게 하여 근본은 굳게 하면 멀리 있는 사람이 옷깃을 여미며 이를 것입니다.

엎드려 바라건대 통유(通儒)[74]를 살펴 뽑으셔서 길을 나누어 양절(兩浙)·강남(江南)·형호(荊湖)·서천(西川)·영남(嶺南)·하동(河東)을 방문하게 하시고 허위 명령[강남국 명령]으로 날로 부렴(賦斂)이 가혹하고 무거웠던 것은 이를 고쳐서 바르게 하시고, 여러 주(州)에서 백성

---

72 전장(戰場)이나 국계(國界) 혹은 전계(田界)를 말하는 것으로 여기서는 변방 지역을 지칭하는 것이다.

73 동서남북상하를 말하는 것으로 온 천하를 가리키는 말이다.

74 학식이 많아서 무엇에든지 능통한 유학자를 말한다.

들에게 불편한 것이 있다면 장리(長吏)들에게 위임하여 주문으로 보고하게 하여 천하로 하여금 모두 폐하의 어지심을 알게 하고 폐하의 은혜를 느끼게 한다면 거란은 먹는다고 하기에도 부족할 것이고 연·계(燕·薊)는 빼앗는다고 할 거리가 되지 않습니다."

46　이보다 먼저 요(遼)에서는 산출되는 것 가운데 구리가 많아서 처음으로 전폐(錢幣)를 만들었다. 태종(太宗, 耶律德光)이 오야태사(五冶太師)를 두고 사방의 철전(鐵錢)을 총괄하게 하였더니 석씨(石氏)의 후진(後晉)에서 또한 연변에 쌓아 놓은 전(錢)을 헌납하여 군비를 충실하게 하였었다. 이 해에 요주(遼主)는 구전(舊錢)은 사용하기에는 부족하다 하여 비로소 건령신전(乾寧新錢)을 주조하였다.

태평흥국 6년(신사, 981년)[75]

1　봄, 정월 계묘일(4일)에 보새군(保塞軍)을 보주(保州, 河北省 滿城縣)로 하고 양문구채(梁門口寨)를 정융군(靜戎軍, 하북성)으로 하였다.

2　을사일(6일)에 조서를 내렸다.
　"제로(諸路)의 전운사(轉運使) 아래에 속한 속주(屬州)의 현령(縣令)과 장리(長吏)들은 현임(現任) 판·사·부·위(判·司·簿·尉)[76] 가운데 청

---

75 요의 경종 건형 3년이다.

76 판(判)은 순군판관(巡軍判官)이고 사(司)는 사리참군(司理參軍)·사호참군(司

렴하고 유능한 사람을 선택하여 이름을 갖추어 보고하는 데, 마땅히 순차적으로 불러서 마주해 보고 지현(知縣)의 임무를 수여할 것이다."

3   신해일(12일)에 역주(易州, 河北省 保定市)에서 요(遼)의 군사 수천 명을 격파하였다.

4   이달에 팔작사(八作使)인 학수준(郝守濬) 등을 파견하여 나누어 하도(河道)를 순행하게 하자, 요(遼)의 경계까지 가서, 모두 이를 소통하도록 이끌었다. 또 청원(淸苑)의 경계에서 서하(徐河)·계거하(雞距河)를 50리 개착하여 백하(白河)로 들어가게 하니 이로부터는 관남지역으로의 조운(漕運)이 모두 소통되고 해결 되었다.

5   2월 계사일(25일)에 조서를 내려서 말하였다.
"경조관(京朝官)으로 밖에서 업무를 처리하는 사람에게는 모두 어전인지(御前印紙)[77]를 지급하고 치적을 쓰게 하라. 그러나 주사(主司)가 우열을 분명히 밝힐 수 없게 다만 자세하고 소소한 일을 그 사이에 섞어 두는 것은 짐이 이를 자세하게 찾으려는 뜻에 부응하기 위한 것이 아니다.
지금부터 일상적인 업무에서 최우수자가 아니라면 공적을 이루었다

戶參軍)·사법참군(司法參軍)이며, 부(簿)는 주부(主簿)이고, 위(尉)는 현위(縣尉)를 말한다.

77 인지(印紙)란 송나라 시대의 제도로 외임관원이 부임할 때에 조정에서 인장이 찍힌 각종 기록책을 발급하고 관원은 여기에 적어 넣는 것으로 정치적 업적을 살피는 근거가 되어 인지역자(印紙歷子)라고도 한다.

고 쓸 수 없으며 그 열등한 자와 범법한 사람은 숨겨둘 수 없다."

6   병자일(8일)에 요주(遼主)가 동쪽으로 돌아갔다가 기축일(21일)에 다시 남경으로 갔다.

7   정유일(29일)에 여러 신하들에게 명령하여 거상(居喪, 부모상을 당하여 복상 중에 있는 사람) 중에 조서를 받아 기복(起復)[78]한 사람은 반드시 졸곡(卒哭)[79]하고나서 조알(朝謁)하며 그 봉록(俸祿)과 요전(料錢)[80]은 조서가 내린 날부터 지급하게 하였다.

8   3월 기유일(12일)에 산남서도(山南西道)절도사·동평장사(同平章事)인 조덕방(趙德芳, 959~981, 송 태조 조광윤의 넷째 아들)이 죽었는데 나이는 23살이었으며 중서령을 증직하고 추가로 기왕(岐王)에 책봉하고 시호를 강혜(康惠)라고 하였다.

---

78 부모상을 당하면 3년 상을 치루기 전에는 관직에 나아갈 수 없으나, 특별한 경우에 복상기간 중에 다시 관직에 나오게 하는 것을 말한다.

79 졸곡제(卒哭祭)를 말하는 것으로 상례의 의식 가운데 하나이다. 부모가 죽어서 빈소(殯所)에 이르면 곡(哭)하는 소리가 끊이지 않게 하며 빈소에 이른 다음에는 부모에 대한 생각이 미치면 바로 곡하는데 이것은 '때 없이 하는 곡'이다. 그리고 졸곡제는 '때 없이 하는 곡'을 그친다는 제례인 것이다. 이후로는 아침저녁으로 각기 한 차례씩 곡하며 전(奠)을 올리는데, 이것을 '때맞추어 하는 곡'이라고 한다.

80 당·송시대 직관의 봉록 가운데에는 관봉(官俸) 외에 별도로 양식 혹은 이를 바꿀 수 있는 전(錢)을 주는데, 이를 요전이라고 한다.

9   계축일(16일)에 조서를 내렸다.

"제로(諸路)의 전운사들은 부하관리를 살펴서 피연(罷軟)[81]하여 책임을 감당하지 못하거나 게으로고 나태하여 업무를 가까지 하지 않으며, 물건에 혼탁한 짓을 하여 백성들을 시끄럽게 하는 자를 파면하고, 그 일의 상황을 조목조목 보고하면 마땅히 사자를 파견하여 조사할 것이다. 그리고 청렴결백하여 스스로 지키고 업무를 처리하면서 가혹하지 않은 사람도 역시 이름을 적어서 보고하면 반드시 특별한 상을 줄 것이다."

10   교주(交州, 월남 북부, 광동성)행영에서 말하기를 적군(賊軍)을 백등강(白藤江)[82]의 입구에서 격파하고 참수한 것이 1천여 급이라고 하였다. 이때에 후인보(候仁寶, ? ~981)가 전군(前軍)을 인솔하고 먼저 떠났는데 손전홍(孫全興) 등은 군사를 화보(花步)에 주둔시키고 70일을 지내며 유징(劉澄)을 기다렸다.

후인보가 누차 그들을 재촉하였는데도 가지 아니하고 유징이 도착하자 군사를 나란히 하여 수로로 다라촌(多羅村)에 도착하였으나 도적을 만나지 아니하자 다시 멋대로 화보로 돌아왔다. 도적은 거짓 항복하면서 후인보를 유혹하였는데, 후인보는 이를 믿었다가 드디어 해를 입었다.

---

81 늙고 병들어 일을 책임질 수 없는 것이다.

82 백등강(白藤江, Sông Bạch Đằng)은 월남 북부에 있는 강으로 해방시(海防市, Thành phố Hải Phòng) 경내에서 하룡만(下龍灣, Vịnh Hạ Long)으로 들어 간다.

당시에 제군(諸軍)이 염장(炎瘴, 열로 인한 병)을 무릅쓰게 되니 사람들 가운데는 죽은 사람이 많았는데, 전운사인 허중선(許仲宣, 929~990)은 말을 달려 후인보가 싸우다 죽었다고 주문을 올리고 또한 회군하게 해달라고 빌었는데, 회보를 기다리지 아니하고 바로 군사를 나누어 제주(諸州)에 주둔시키고 창고를 열어서 상을 내려주고 그들에게 의약을 공급하며 사람들에게 말하였다.

"만약에 회보를 기다린다면 이 수만 명은 모두 광야에 쌓인 시체일 것이다."

마침내 장주문을 올려서 스스로를 탄핵하였다.

조서를 내려서 이를 가납하고 바로 유징 등을 조사하였다. 마침 왕선(王僎)은 병들어 죽었고, 유징과 가식(賈湜)은 나란히 옹주(邕州, 廣西 南寧市)의 저자에서 죽였으며, 손전흥을 불러서 복주(伏誅)하였다. 후인보에게 공부시랑(工部侍郎)을 증직하고 그 두 아들에게 관직을 주었다.

11 요(遼)에서는 진왕(秦王)인 한광사(韓匡嗣)를 서남면초토사(西南面招討使)로 삼았다.

12 여름 4월에 조서를 내렸다.

"제주(諸州)에서 일어난 큰 옥사(獄事)는 장리(長吏)들이 직접 처리하지 아니하여 서리가 옆에서 연고를 가지고 간사하게 하여 체포하고 증좌를 찾으니 지연되어 해를 넘겨도 옥사는 다 갖추어지지 않는다. 지금부터 장리들은 매 5일에 한 번씩 죄수를 심리하여 사실이 파악된 것은 즉시 이를 결정하라."

황제는 천하의 옥사(獄事)가 정체(停滯)되는 일이 없게 하고자 하여 셋으로 제한하는 제도를 세웠는데 큰 사건은 40일, 중간쯤 되는 사건은 30일, 작은 사건은 10일로 하고 추적하여 체포할 필요가 없이 쉽게 결정할 수 있는 것은 3일을 넘는 일이 없게 하였다.

또 조서를 내렸다.

"죄수는 마땅히 심문하여야 하지만 관속들을 모아서 함께 묻고 서리에게 위탁하여 고문하여 결정하지 말라."

13 신미일(4일)에 태평흥국사(太平興國寺)에 행차하여 비 오기를 기도하였다.

14 호주(湖州, 浙江省)의 비단 짜는 일을 철폐하고 여공 58명을 풀어주었다.

15 5월 계축일(17일)에 내시성(內侍省) 세장(細仗)[83] 가운데서 먼저 황의(黃衣)를 입었던 사람은 나란히 벽색(碧色, 푸른색)을 입고 이부(吏部)에서 황의를 입을 후보자는 고쳐서 흰옷을 입은 후보자로 하게 하였다.

16 요(遼)에서는 야율희곤(耶律喜袞)이 이미 갇혔는데, 병오일(10일)

---

83 의장(儀仗)의 명칭이다. 황제가 나아가서 순회하거나 혹은 조회할 때에 사용되는 것으로 남북조시대에 제·양(齊·梁)에서 시작하여 송대까지 사용한 제도로 시위(侍衛) 가운데는 세장이 있으며 궁위(宮衛)에는 세장대(細仗隊)가 있었는데 당·송대에 와서 이 제도는 더욱 갖추어졌다.

에 요의 상경한군(上京漢軍)이 반란을 일으켜서 겁탈하여 야율희곤을 세우려고 하였지만 조주(祖州, 內蒙古 巴林左旗 西南 石房子村)의 성이 견고하여 들어갈 수가 없자 그 아들인 야율유례수(耶律留禮壽)를 세웠다. 상경유수인 제실(除室)이 그들을 붙잡으니 야율유례수는 돌아오자 바로 복주(伏誅)되었다. 한 해가 넘어서야 비로소 야율희곤에게 죽음을 내렸다.

17 기미일(23일)에 비가 내리니, 죽을죄를 지은 사람을 감형하고, 유형(流刑) 이하의 죄수는 이를 풀어 주었다.

18 6월 갑술일(9일)에 사공평장사(司空平章事)인 설거정(薛居正, 912~981)이 죽으니 태위·중서령을 증직하고 시호를 문혜(文惠)라고 하였다. 설거정은 성품이 관대하고 간편하였으며 가혹하게 살피는 것을 좋아하지 않았다.

정치에 참여하면서부터 재상에 이르게 된 것이 무릇 18년이었는데 은혜를 입고 대우를 받은 것이 처음부터 끝까지 바뀌지 않았다. 단사(丹沙)[84]를 복용하였기 때문에 독(毒)을 만났으며 바야흐로 사건을 상주하려고 하다가 병이 생기자 가마를 타고 돌아갔고 드디어 죽었다.

설거정은 아들이 없고 양자인 설유길(薛惟吉, 955~996)은 평소에 좋

---

84 단사는 바로 주사(朱砂)인데, 일종의 진한 홍색(紅色)의 광물질로 맛은 달고, 조금 찬데 독을 갖고 있다. 옛날에는 단약(丹藥)을 제조하는 원재료의 하나로 오장(五藏)의 여러 가지 병과 정신을 기르고 혼백(魂魄)을 편안히 하여 기운을 돋우고 눈을 밝게 하며 악귀를 쫓는다고 하였다.

은 행실이 없었는데 이에 황제는 그 상례(喪禮)에 임석하여 눈물을 흘렸다. 그 처가 나와서 그 영구 옆에서 절하니 황제는 여러 차례 위무(慰撫)하고 이어서 물었다.

"불초(不肖)한 아들은 어디 있소? 자못 그 절도(節度)를 고쳤소?"

설유길이 영구 옆에서 부복하였다가 놀라고 두려워서 감히 일어나지 못하였는데 이로부터 옛날 태도를 다 고치고 조금씩 서사(書史)를 섭렵하고 현사(賢士)들을 가까이 하였다.

황제는 그가 닦고 경계한다는 것을 알고 자주 큰 번진(藩鎭)을 위임하였는데, 이르는 곳에서 잘 다스렸다고 칭찬하여 누차 승진하여 좌천우위(左千牛衛)대장군이 되었다.

어머니의 상사(喪事)를 당하자 고사(故事)대로 졸곡(卒哭)하고 마땅히 기복(起復)하여야 하나 설유길은 그 제도를 끝내게 해달라고[85] 간구(懇求)하였지만 우대하는 조서를 내려서 허락하지 않으니 당시에 그를 특이하다고 평론하였다.

19 가을 7월 병오일(11일)에 황제는 장차 크게 거병하여 요(遼)를 치려고 하여 사자를 파견하여 발해왕(渤海王)[86]에게 조서를 하사하고

---

85 3년상을 지키게 해달라는 뜻이다.

86 대조영이 세운 발해는 926년에 멸망하였으므로 여기서 말하는 발해왕은 있을 수가 없다. 다만 태평흥국 4년에 발해의 후예 가운데 대란하(大鸞河)가 소교(小校)인 이훈(李勳) 등 16명과 부족 300명의 기병을 인솔하고 송에 귀부하여 대란하는 발해도지휘사(渤海都指揮使)가 되었다. 6년에 오사성(烏舍城) 부투부(浮渝府, 扶餘府) 발해염부왕(渤海琰府王)에게 조서를 내렸는데 이를 말하는 것이다.

군사를 발동하여 호응하게 하면서 요(遼)를 멸망시키는 날 유·계(幽·薊)의 영역은 다시 중조(中朝)로 귀납하겠지만 삭막(朔漠, 북방 사막지대) 밖의 것은 모두 주겠다고 하였다. 그러나 발해는 끝내 도착하지 않았다.

20   9월 초하루 을미일에 일식이 있었다.

21   임인일(8일)에 좌습유(左拾遺)·직사관(直史館)인 가주(嘉州, 四川省 樂山市) 사람 전석(田錫, 940~1004)을 하북남로전운부사(河北南路轉運副使)로 삼았다.

노다손(盧多遜, 934~985)이 정치를 오로지 하면서부터 여러 신하들의 장주문과 표문은 먼저 노다손에게 품신하지 않으면 유사(有司)가 감히 전달하지 아니하였다.[87] 또 간관(諫官)이 장주문(章奏文)을 올리면 반드시 합문리(閤門吏)로 하여금 반드시 격식(格式)에 맞는 서장(書狀)에 의거하게 하였는데, '감히 망령되이 이로움과 편리함을 진술하지 못하였지만 바라건대 은혜와 광영을 주십시오.'라고 하게 하였다.

전석은 노다손에게 편지를 남겨서 서장을 면제해 달라고 하자[88] 노다손이 기뻐하지 아니하여 마침내 그를 내보낸 것이다.

전석은 이 때문에 들어가서 인사를 하면서 곧바로 봉사(封事)[89]를

---

87 노다손의 서명이 없으면 황제에게 전달하지 아니하였다는 말이다.

88 노다손의 서명이 없이 황제에게 직접 전하게 해달라는 뜻이다.

89 밀봉된 장주문을 말한다. 고대에 신하가 편지를 올려서 일을 아뢰면서 그 내용이 밖으로 누설되는 것을 막으려고 조낭(皂囊, 검은 주머니)에 넣어 봉함하

올려서 군사와 국가의 중요한 기무(機務)의 하나와 조정의 커다란 본질적인 것 4가지를 말하였다. 대략적인 말이다.

"상을 주는 것이 때를 넘기면 안 되는 것은 국가의 법령 대전(大典)입니다. 전년에 왕사(王師, 왕의 군대)가 가벼이 정벌을 하여 태원(太原)에서 이기고 평정하였는데, 아직 군공(軍功)에 상을 주지 아니하여 지금까지 2년입니다.

청컨대 교인(郊禋)·경적(耕籍)의 예[90]를 이용하여 진(晉)을 평정한 공로를 논의하여 그들에게 상을 주십시오. 무신들을 타고 어거하시는 데는 이보다 중요한 것은 없으니 이것이 중요한 기무입니다.

교주(交州)는 장해(瘴海)의 땅[91]으로 이를 얻는 것은 돌밭을 얻는 것과 같습니다. 원컨대 폐하께서 군대를 주둔시켜서 재물을 소비하지 마시기를 원하니 이것은 크게 본질적인 것 가운데 첫 번째의 것입니다.

근래에 간관들이 직책을 철폐하였으니 급사중(給事中)은 감히 봉박(封駁)[92]을 하지 않고, 습유(拾遺)·보궐(補闕)들 역시 직언을 올리지 않고, 기거랑(起居郎)·사인(舍人)들은 폐계(陛階, 황제가 있는 대전에 올라가는 계단)에 올라가서 말씀하시는 것과 움직이시는 것을 기록[93]할

였다. 따라서 비록 재상이라도 이를 중간에서 볼 수 없도록 한 것이다.

90 교인은 고대의 제왕이 연기를 올리면서 천지에 제사를 지내는 큰 의식을 말하고 경적은 고대에 매년 봄에 천자와 제후가 거행하는 의식으로 친히 밭을 갈아 제사를 지낼 곡식을 심으며 농사를 권고하는 의식을 말한다.

91 풍토병이 있으며 바다로 이어진 땅을 말하는데. 쓸데없는 땅이다.

92 황제가 조령을 내렸으나 이것은 마땅하지 않으면 박정(駁正)의 책임을 진 간관이 이 장주의 잘못을 지적하며 다시 황제에게 돌려보내는 것을 말한다.

93 제왕의 일거수일투족을 다 기록하기 위하여 제왕의 옆에는 이를 기록하는 사

수 없으며 어사(御史)는 탄핵하는 주문을 할 수 없고, 중서사인(中書舍人)에게 아직 일찍이 정사(政事)를 묻지 않습니다.

신은 속으로 각기 저축한 바가 있으니 고문(顧問)을 기대하고자 합니다. 바라건대 청연(淸燕)할 때를 이용하여 불러서 묻고 찾으시고 정성을 다 할 수 있게 하여 그릇과 능력을 살펴보십시오.

또 집현원(集賢院)에는 비록 서적이 있지만 직관(職官)이 없고, 비서성에는 비록 직관은 있지만 도적(圖籍)이 없습니다. 원컨대 폐하께서 재주 있는 사람을 선택하여 이를 맡기시어 각기 그 국면(局面)을 관장하게 하시는데 이것이 커다란 본질적인 것의 두 번째입니다.

조정에서는 서원(西苑)을 열고 어지(御池)를 넓혔지만 상서성(尚書省)에는 청사(廳事, 廳舍)가 없고, 낭조(郎曹)에는 본국(本局)이 없으며 9시(寺)·3감(監)은 천가(天街)[94]에 있는 2개의 복도에 우거(寓居)하며 예부(禮部)에서 선비를 시험하는데 혹은 무성왕묘(武成王廟)[95]로 가니 이것이 어찌 태평시대의 제도이겠습니까?

바라건대 별도로 성시(省寺, 3성 9시, 즉 관청을 말함)를 만드시고 직관(職官)들을 채용하여 늘어놓기를 바라니 이것이 커다란 본질적인 것의

관이 있어서 말과 행동을 기록하도록 되어 있다. 좌사(左史)는 말하는 것을 우사(右史)는 움직이는 것을 기록하였다.

94 천가는 2가지 뜻을 가졌는데, 하나는 성관명(星官名)이고 다른 하나는 황제가 있는 도읍의 중심축이 되는 선을 말한다. 여기서는 후자로 경사의 중심이 되는 거리를 말하는 것이다.

95 무성왕묘는 무묘(武廟)라고 줄여 부르기도 하는데, 예전에는 태공묘(太公廟)라고 하였으며, 여상(呂尚)에게 제사 드리는 사당이며 당 현종 때에 세워졌다가 명대에 와서 폐지되었다.

세 번째입니다.

매번 가로에서 죄수들이 철로 만든 형틀을 짊어지고 있는 것을 보는데,[96] 느끼지도 않는 사이에 스스로 놀라게 되니 융성하고 평화로운 시기에 장차 형법을 그만두고 사용하지 않으며 법에 없는 것은 이를 제거해도 좋을 것입니다. 이것이 커다란 본질적인 것의 네 번째입니다."

황제는 그 말한 것을 가상하게 생각하고 조서를 내려서 포상하는 유시(諭示)를 하고 이어서 전(錢) 50만을 하사하였다.

어떤 사람이 전석에게 말하기를 지금에는 의당 조금은 도회(韜晦)하여 참소하고 시기하는 것을 멀리해야 한다고 하니, 전석이 말하였다.

"군왕을 섬기는 정성은 오직 다하지 못할까를 두려워할 뿐이고 또한 하늘이 그 성품(性品)을 심어 주었으니 어찌 한 차례 상을 받는 것으로 빼앗길 수 있겠는가!"

하북에 도착하여 다시 역전(驛傳)을 통하여 변방의 업무에 관하여 말하였는데, 대략이다.

"지금 북쪽 변방에는 우역(郵驛)이 시끄러운데, 대개 변방에 책임을 지고 있는 사람들이 양이나 말 같은 작은 이익을 보고 승리라고 하고 체포하거나 목을 베는 정도의 작은 승리를 공적이라 하며, 말썽을 일으켜서 융적(戎狄)을 불러들이는 것은 실로 이로 말미암아서 시작됩니다.

엎드려 바라건대 장수들에게 경계(儆戒)하여 삼가 굳게 막아 지키고 포로와 약탈한 것을 돌려보내어 호시가 통하도록 허락하시어서 하

---

96 형법에는 이러한 규정이 없었는데, 집행 과정에서 이러한 조치를 취하였던 것이다.

삭(河朔)의 백성들로 하여금 농업에 힘쓸 수 있게 하시면 5년이 지나지
않아서 10년 사용할 저축을 쌓을 수 있을 것입니다.”

또 말하였다.

“국가에서 연(燕)지역을 도모하려 한 이후로 전투가 이어져서 풀어
지지 않으니 재물과 비용이 없어지지 않을 수 없으며 신하들은 근심하
지 않을 수 없습니다. 원컨대 폐하께서 깊이 생각하시어서 취할 것인지
버릴 것인지를 결정하시어 허송하는 날이 오래 지속되지 않게 하십시
오.”

22 병오일(12일)에 경조관차견원(京朝官差遣院)을 설치하였다. 옛
날제도에는 경조관(京朝官)은 이부(吏部)에 소속하였는데, 건륭(建隆,
960~963) 연간 이래로 모두 중서성에서 나왔다.

이에 이르러 조서를 내려서 경조관은 양성(兩省, 중서성과 문하성)·
어사대(御史臺)에서 제수하는데, 소경감(少卿監)[97] 이하 봉사(奉使)로
밖에서 종정(從政)하다가 대신할 사람을 받고 돌아 온 사람은 나란히
중서사인 개봉 사람인 곽지(郭贄, 935~1010) 등으로 하여금 공로와 업
적을 조사하고 재주와 그릇을 품평하여서 중서성에서 내려 보낸 것에
궐원이 생기면 유사한 능력 있는 사람을 의정(擬定)하고 이끌어서 응
대(應對)하게 하여 이를 수여하는 데 이를 차견원(差遣院)이라고 하였
다.

---

97 경은 9시의 장관급이고, 그 부장관급이 소경이고 감은 5감의 장관급이다.
   9시는 태상·광록·위위·종정·태복·대리·홍려·사농·태부시이고, 5감은 국
   자·소부·장작·도수·군기감이다.

23 태자태보(太子太保)인 조보는 봉조청(奉朝請)⁹⁸으로 여러 해 동안 있게 되자 노다손이 더욱 그를 헐뜯으니 고민스럽고 기쁘지 않았으며 뜻을 얻지 못하였다. 조보의 아들인 조승종(趙承宗)이 연국(燕國)장공주⁹⁹의 딸을 맞았다.

조승종은 지담주(知潭州)로 있으면서 조서를 받고 궁궐로 돌아와서 성혼(成婚)의 예를 치르고 아직 한 달을 넘지 않았는데, 노다손이 보내어 귀임(歸任)하도록 말하자 조보는 이로 말미암아서 분노하였다.

마침 여경사(如京使)¹⁰⁰인 대명(大名) 사람 시우석(柴禹錫, 943~1004) 등이 진왕(秦王) 조정미(趙廷美)가 교만하고 방자한데 장차 음모하여 몰래 발동할 것이라고 보고하자 황제는 조보를 불러서 물었고 조보는 추축(樞軸, 국가의 기밀을 다루는 중추기관)을 준비하여 간사한 변고를 살피기를 원한다고 말하고 물러나서 다시 밀주(密奏)를 올렸다.

"신은 개국하였던 옛날 신하로 권력을 가지고 총애 받는 사람들에게 막힌 바가 되었습니다."

이어서 소헌(昭憲)태후의 고명(顧命)과 먼저 번 조정에서 스스로 하소연했던 일을 갖추어 말하였다.

---

98 한산한 고관에게 우대하여 주는 직책으로 예전에 봄에 조현하는 것을 조(朝)라 하고 가을에 조현하는 것을 청(請)하였던 데서 나온 말이며, 바로 조회에 참가하는 자격을 준 것이다.

99 연국장공주(? ~973)는 송(宋) 선조(宣祖) 조홍은(趙弘殷)의 딸로 그 어머니는 소헌(昭憲)태후 두씨(杜氏)이며 송 태조의 동복(同腹) 여동생이며 송 태종 조광의와도 남매 관계이다.

100 관직명이다. 당 현종은 어사로 태창출납사(太倉出納使)에 충임하였는데 오대에 이를 여경사로 고쳤으며 직무는 창감독(倉監督)이었고, 송대에도 이를 이어서 무신으로 돌려서 이 관직을 주었다.

황제는 궁중에서 조보가 전에 올렸던 장주문(章奏文)을 찾아보고 아울러 금궤(金匱)를 열어서 세서(誓書)[101]를 얻고서 드디어 크게 감동하고 깨달아서 바로 조승종을 경사에 남게 하고 조보를 불러서 말하였다.

"사람이 누가 과실이 없겠소만 짐은 50이 되기를 기다리지 않고[102] 이미 49년의 잘못을 다 알았소."

신해일(17일)에 조보를 사도겸시중(司徒兼侍中)으로 삼았다.

황제가 처음으로 즉위하면서 조정미(趙廷美)를 개봉윤으로 하였고, 조덕소(趙德昭)·조덕공(趙德恭, 962~1006, 조정미의 장남)을 나란히 황제의 아들로 불렀으며, 밖으로 논의하면서 모두 황제는 장차 순차대로 자리를 전할 것이라고 하였다. 조덕소는 부득이 죽었고, 조덕방도 이어서 요절하자 조정미는 비로소 스스로 편안하지 아니하였다.

다른 날에 황제는 일찍이 나라를 전하려는 뜻을 가지고 조보에게 물었더니 조보가 말하였다.

"태조가 이미 잘못하였는데, 폐하께서 어찌 두 번 잘못하는 것을 허용하시겠습니까?"

조보가 다시 들어가서 재상이 되니 조정미는 드디어 죄를 얻었다.

---

101 역사에서는 금궤(金匱)의 맹약으로 알려져 있다. 송 태조 조광윤의 어머니인 황태후 두씨(杜氏)가 죽을 때에 조보를 불러들이고, 조광윤에게 유언을 남겼는데, 그것은 어린 군주가 등장하면 왕조가 망한다는 말을 하면서 조광윤의 뒤를 이어서 현 태종인 조광의에게 황제의 자리를 전하고 이렇게 형제로 전해지다가 다음에 조광윤의 아들인 조덕소에게 전하라고 하였다. 이 유언에 조보가 그 말미에 서명하여서 금궤에 넣어 두었던 것이다.

102 공자의 말 가운데 40에 불혹(不惑)이고 50에는 지천명(知天命)이라고 한 것을 이용하여 한 말이다. 이 해에 송 태종 조광의의 나이는 42세였다.

무릇 조정미가 죄를 얻은 것은 조보가 한 짓이다.

24 이날 추밀부사(樞密副使)·형부시랑(刑部侍郎)인 낙양 사람 석희재(石熙載, 928~984)를 호부상서로 하여 추밀사(樞密使)에 충임하였는데, 문자정관(文資正官)을 추밀사에 충임한 것은 석희재에서 부터 시작되었다.

25 임자일(18일)에 진왕인 조정미가 반열(班列)의 위치를 조보의 아래에 서기를 비니, 이를 좇았다.

26 조서를 내렸다.
"안팎의 문관과 무관은 나란히 편지를 올려서 직언할 수 있다."

27 병진일(22일)에 지역주(知易州)인 백계윤(白繼贇)이 요(遼)의 군사를 평새채(平塞寨, 河北易縣 平塞寨)에서 패배시켰다. ✱

❖ 황제계보도

조홍은(趙弘殷)
송 태조 조광윤의 아버지

북송

① 태조 조광윤
(太祖 趙匡胤)

② 태종 조광의
(太宗 趙光義)

조덕소(趙德昭)　　조덕방(趙德芳)

③ 진종 조항
(眞宗 趙恒)

조원분(趙元汾)

조유길(趙惟吉)　　조유헌(趙惟憲)

④ 인종 조정
(仁宗 趙禎)

조윤양(趙允讓)

조수도(趙守度)　　조종욱(趙從郁)

⑤ 영종 조서
(英宗 趙曙)

조세괄(趙世括)　　조세장(趙世章)

⑥ 신종 조욱
(神宗 趙頊)

조령가(趙令稼)　　조령회(趙令譮)

⑦ 철종 조후
(哲宗 趙煦)

⑧ 휘종 조길
(徽宗 趙佶)

조자석(趙子奭)　　조자칭(趙子偁)

⑨ 흠종 조환
(欽宗 趙桓)
이상 북송

⑩ 고종 조구
(高宗 趙構)
이하 남송

남송

조백건(趙伯件)

⑪ 효종 조신
(孝宗 趙昚)

조사아(趙師雅)

⑫ 광종 조돈
(光宗 趙惇)

조희로(趙希瓐)

⑬ 녕종 조확
(寧宗 趙擴)

⑭ 이종 조윤
(理宗 趙昀)

조여예(趙與芮)

⑮ 도종 조기
(度宗 趙禥)

⑰ 단종 조하
(端宗 趙昰)

⑯ 공제 조현
(恭帝 趙㬎)

⑱ 제 조병
(帝 趙昺)

요

① 태조 야율아보기
(太祖 耶律阿保機)

동단왕 야율탁윤
(東丹王 耶律託允)

② 태종 야율광덕
(太宗 耶律德光)

③ 세종 야율올욕
(世宗 耶律兀欲) 漢名: 阮

④ 목종 야율올율
(穆宗 耶律兀律·述律) 漢名: 璟

⑤ 경종 야율현
(景宗 耶律賢)

⑥ 성종 야율융서
(醒鐘 耶律隆緖)

⑦ 흥종 야율종진
(興宗 耶律宗眞)

⑧ 도종 야율홍기
(道宗 耶律洪基)

소회태자 야율준
(昭懷太子 耶律濬)

⑨ 천조제 야율연희
(天祚帝 耶律延禧)

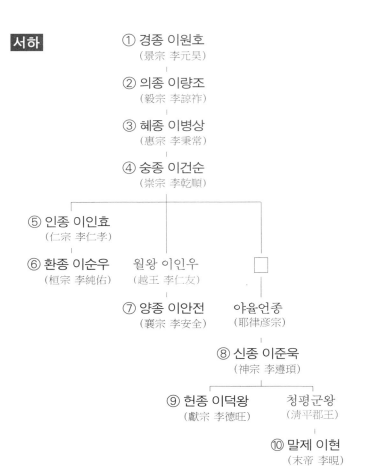

서하

① 경종 이원호
(景宗 李元昊)

② 의종 이량조
(毅宗 李諒祚)

③ 혜종 이병상
(惠宗 李秉常)

④ 숭종 이건순
(崇宗 李乾順)

⑤ 인종 이인효
(仁宗 李仁孝)

⑥ 환종 이순우
(桓宗 李純佑)

월왕 이인우
(越王 李仁友)

⑦ 양종 이안전
(襄宗 李安全)

야율언종
(耶律彦宗)

⑧ 신종 이준욱
(神宗 李遵頊)

⑨ 헌종 이덕왕
(獻宗 李德旺)

청평군왕
(清平郡王)

⑩ 말제 이현
(末帝 李晛)

원문

續資治通鑑　卷006

【宋紀六】
屠維大荒落七月，盡重光協洽九月，凡二年有奇.

❖ 太祖啓運立極英武睿文神德聖功至明大孝皇帝開寶
　二年(遼保寧元年, 己巳, 969)

1　　秋，七月，丙寅，以天雄軍節度使符彥卿爲鳳翔節度使.
彥卿鎭大名十餘年，委任於牙校劉思遇. 思遇貪而黠，軍府久
不治，於是始議擇官代之.

2　　戊辰，詔："自今祀天地用太牢，餘當用牛者，代以羊
豕."

3　　靈武節度使馮繼業殺兄，代父領鎭，頗驕恣，戎人不
附；又撫士卒少恩，部下多携貳；繼業慮其爲變，請擧族內
徙. 八月，庚辰，以繼業爲靜難節度使.

4 以棣州防禦使何繼筠領建武節度使,判棣州.

5 己亥,戶部員外郎・知制誥王祐,權知大名府.辭日,帝謂之曰:"大名,卿之故鄉,古人所謂晝錦者也."

6 西京留守向拱,專務飲樂,政府不治,羣盜白日殺人於市.帝聞之,怒,庚子,徙拱爲安遠節度使.

7 九月,丁未,以左武衛大將軍長社焦繼勳知西京留守,諭之曰:"無復效向拱也!"繼勳視事月餘,都下清肅.

8 朝議擇可使代馮繼業者,時考功郎中段思恭知泗州,帝以思恭常有功眉州,乃召赴闕,命知靈州,先詔之曰:"馮繼業言靈州非蕃帥主之,戎人不服,雖衛・霍名將,必見逐矣.意謂非我,他人不能治也.汝能治之乎?"思恭曰:"謹奉詔."帝壯之,又謂曰:"唐李靖・郭子儀,皆出儒生,立大功,豈我朝獨無人邪!"厚賜遣之,仍以途涉諸戎,令別賷金帛以遺之.思恭既視事,矯繼業之失,悉心綏撫,夷落安靜,周訪利病,多所條奏,甚得吏民之情.

9 庚申,以合州濃洄鎮爲廣安軍.

10 遼涿州刺史許周瓊來降,以爲右羽林將軍,仍領涿州刺史.

11　是月, 初令民典買田土者, 輸錢印契.

12　冬, 十月, 丁亥, 詔曰:"昔西漢求吏民之明經術者, 令與計偕, 縣次續食, 蓋優賢之道也. 國家歲開貢部, 敷求俊乂, 四方之士, 無遠弗届, 而經途遐阻, 資用或缺, 朕甚愍焉!自今西川·山南·荆湖等道擧人, 往來給券."

13　辛卯, 詔歸·峽州并直隷京師.

14　相·趙·深三州丁夫死太原城下者三百三十四人, 詔復其家三年.

15　戊戌, 遼右千牛衛將軍王甲以豐州來降, 即命其子廷美爲豐州衙內指揮使.

16　己亥, 帝燕藩臣於後苑, 酒酣, 從容謂之曰:"卿等皆國家宿舊, 久臨劇鎭, 王事鞅掌, 非朕所以優賢之意也."前鳳翔節度使兼中書令王彦超喻帝指, 即前奏曰:"臣本無勳勞, 以冒榮寵. 今已衰朽, 骸骨歸丘園, 臣之願也."前安遠節度使兼中書令武行德, 前護國節度使郭從義, 前定國節度使白重贊, 前保大節度使楊廷璋, 競自陳攻戰阀閲及履歷艱苦,

帝曰：“此異代事，何足論也！”庚子，以行德爲太子太傅，
從義爲左金吾衛上將軍，彥超爲右金吾衛上將軍，重贊爲左
千牛衛上將軍，廷璋爲右千牛衛上將軍．時節度與燕者，皆罷
鎮改官．

17　太子太傅王溥，遷太子太師．

18　初，丁德裕・王玨・張瑛同領兵屯西川，德裕頗自專
恣，以兵馬都監張延通黨於瑛，嗛之．及歸闕，德裕誣奏延通
言涉指斥及不法事，仍指瑛爲黨．癸卯，帝御後殿引問，延通
抗對復不遜，即日棄市，瑛・玨并杖配．

19　遼錫里・裕嚕等十六族來歸，授官有差．

20　是月，遼主如裹潭．

21　十一月，甲辰朔，遼主行柴冊禮，祠木葉山，駐鶴谷．

22　乙巳，遼北院樞密使蕭恩温封魏王，北院大王烏珍加裕
悅．

23　庚申，回鶻・於闐皆遣使來貢方物．回鶻使者道由靈州，
交易於市，知州段思恭遣吏市碙（硇）砂，吏與使者爭直忿

競，思恭釋吏不問，械繫使者，數日，始貸之. 使者歸，訴
於其國，回鶻汗遣使賫牒詣 靈州，詢械繫之由；思恭自知理
屈，不敢報. 自是數年，回鶻不復入貢.

24 戊辰，詔中書舍人李昉・兵部員外郎・知制誥盧多遜分
直學士院. 直學士院，自昉及多遜始也.
　先是堂吏以事至翰林，拜於堂下，學士略離席勞揖，事已
即退，未嘗與坐. 昉前在翰林猶然，及是有白事者，遂拜堂
上，更展敘中外，無復曩日之禮，昉愕然. 詢於同列，則云如
此承襲數年矣，莫詰其故也. 禮部尚書楊昭儉喜譏訾，因揚言
昉謁堂吏，常獲其刺字云.

25 是月，南唐主校獵於青龍山，還，至大理寺，親錄囚，
多所原宥. 中書侍郎韓熙載劾奏：“獄多由有司，囹圄之中，
非車駕所宜至. 請有司罰內帑錢三百萬充軍儲.”

26 十二月，乙酉，以房州防禦使王彥升爲原州防禦使. 彥升
善擊劍，軍中目曰王劍兒. 性殘忍，在原州凡五年，戎人有犯
漢法者，彥升不加刑，召僚屬飲宴，引所犯戎人於前，手摔
其耳嚼之，下以巵酒，戎人流血被體，股慄不敢動. 前後啗其
耳者數百，戎人畏懼，不敢犯塞.

27 戊戌，以辛文悅知房州事. 帝初從文悅肄業，及即位，召

見，授太子中允，判太府寺. 周鄭王時在房州，帝謂文悅長者，故有是命.

28　丁德裕奏西川轉運使，禮部郎中李鉉嘗醉酒指斥，帝驛召鉉，下御史獄鞫之. 因言德裕在蜀中屢以事請求，多拒之，皆有狀. 帝悟德裕之妄，止坐鉉酒失. 己亥，責鉉爲左贊善大夫.

29　右贊善大夫王昭文，以監大盈倉，其子與倉吏爲姦，配隸汝州.

30　鳳翔節度使符彥卿，被病輿赴西京，上言病亟，詔許就醫洛陽. 假滿百日，受俸如故，爲御史所糾. 帝以彥卿姻舊，釋之，但罷其節度.

31　遼以韓匡嗣爲上京留守，用藩邸舊恩也. 頃之，封燕王. 匡嗣令其子德讓人侍，遼主以爲謹飭，加授東頭供奉官，補樞密院通事.

❖ 太祖啓運立極英武睿文神德聖功至明大孝皇帝開寶三年(遼保寧二年. 庚午，970)

1 　春，正月，丁未，遼主如潢河.

2 　癸丑，廢海州東海監復爲縣.

3 　辛酉，詔：“諸州官吏審察民有孝弟彰聞·德行純茂者，
滿五千戶聽舉一人；或有奇材異行，不限此數. 所舉得實加
賞，不如詔者罪之.”

4 　鎮寧軍節度張令鐸之罷軍職也，帝令皇弟光美取令鐸女
爲夫人. 及令鐸自鎮來朝，被病，帝親問之，賜賚甚厚. 己
巳，令鐸卒，贈侍中. 令鐸性仁恕，嘗語人曰：“我從軍三十
餘年，大小四十餘戰，多摧堅陷敵，然克捷之后，未嘗妄殺
一人也.”及其卒，人多惜之.

5 　遼韓知範自太原歸，言晉陽多梗，而劉繼元無輔. 南院
樞密使高勳亦言於遼主曰：“我與晉陽父子之國，歲嘗遣使
來覲，非其大臣即其子弟，先帝以一怒而盡拘其使，甚無謂
也.”遼主乃盡索北漢使者十六人，厚禮而遣之，仍命劉繼文
爲保義節度使，李弼爲樞密使，俾輔繼元. 繼文等久留遼，復
受其命，歸秉國政，左右皆譖毀之，北漢主乃出繼文爲代州
刺史，弼爲憲州刺史. 遼主聞之，下詔責北漢主曰：“朕以爾
國連喪二主，僻處一隅，期於再安，必資共治. 繼文汝之令
弟，李弼爾之舊臣，一則有同氣之親，一則有耆年之故，遂

行并命，俾效純誠，庶幾辑寧，保成歡好. 而席未暇暖，身已棄捐，將順之心，於我何有！”北漢主得書，惶恐謝過，然繼文卒不召還.

6　二月，壬申朔，以萬州梁山縣爲軍.

7　己卯，雄州刺史侯仁矩卒. 帝特遣中使護喪，官給葬事. 仁矩子延廣，亦有勇略，仁矩在雄州日，方飲宴，遼數千騎入城，居民驚擾，延廣引親信數騎馳出，射殺部長一人，斬首數級，悉禽其餘黨. 仁矩喜，拊其背曰：“興吾門者必汝也！”事聞，詔賜錦袍‧銀帶.

8　北漢主以禮部侍郎李惲爲司空‧同平章事，鴻臚卿劉繼顒爲太師兼中書令，領成德軍節度，三司使高仲曦爲樞密使，奄人衛德貴爲大內都點檢，孌人範超爲侍衛親軍都虞候. 超及德貴充分掌機務，惲等備位而已. 惲，陽武人，嗜酒耽弈，不恤政事. 北漢主多內寵，繼顒數獻簪珥，北漢主彌重信之.

9　三月，壬寅朔，詔：“禮部貢院閱進士諸科，十五舉以上曾經終場者以名聞.”甲辰，得司馬浦等六十三人. 庚戌，得取十五舉未經終場者四十三人，并賜出身. 仍詔自今勿得爲例.

10　忠武軍節度使宋偓市邸店於所部，帝聞之，不悅，戊申，徙爲靜難節度使.

11　己酉，以忠正節度使王審琦爲忠武節度使.
　審琦鎭壽春凡八年，歲得租課，量入爲用，未嘗有所誅求，民頗安之. 所部邑令以罪停其錄事史，幕僚白令不先諮府，請按之，審琦曰：“五代以來，諸侯强橫，令宰不得專縣事. 今天下治平，我忝守藩維，而部內宰能斥去黠吏，誠可賞也，何按之有！”

12　辛亥，以處士酸棗王昭素爲國子博士，致仕.
　昭素少篤學，有志行，帝聞其名，召見便殿. 時年已七十餘，帝問曰：“何以不仕？”昭素謝不能. 令講《乾卦》，至“九五飛龍在天”，斂容曰：“此爻正當陛下今日之事.”引援證據，因示風諫微旨. 帝甚悅，問以治世養身之術，昭素曰：“治世莫若愛民，養身莫若寡欲.”帝愛其語，書於屏風間. 留月餘，數求歸，故有是命. 年八十九，卒於家.

13　夏，四月，辛未朔，日有食之.

14　乙亥，以內客省使丁德裕權知潞州，時昭義節度使李繼勳徙爲天雄節度使故也.

15 　己卯，詔三司：“諸路兩稅折科物，非土地所宜者，勿得抑配.”

16 　是月，遼主如東京，致奠於讓國皇帝及世宗廟.

17 　初，蕭思溫以尚主，爲羣牧林牙，在軍中齷齪修邊幅，僚佐皆知其無將帥才. 後爲將，果無功，事穆宗，無所匡輔，士論不與. 至是以后戚蒙寵，居顯要，尋加尚書令，諸勳戚皆不平. 五月，從遼主獵閭山，乙卯，盜殺思溫於盤道嶺.

18 　六月，遼主還上京.

19 　汴水決寧陵縣，發丁夫塞之，又塞汴口以殺水勢.

20 　秋，七月，壬寅，詔：“民訴水旱災傷者，夏不得過四月，秋不得過七月.”

21 　壬子，詔曰：“吏員猥多，難以求治；俸禄鮮薄，未可責廉. 與其冗員而重費，不若省官而益俸. 西川管內州縣官，宜以口數爲率，差減其員，舊俸月增給五千. 天下州縣官宜依西川例省減員數.”

22 　遼以耶律賢適爲北院樞密使. 賢適嘗侍遼主於藩邸，穆宗暴虐，遼主與韓匡嗣‧尼哩游，言涉譏刺，賢適勸以早宜疏絕，由是得免穆宗猜忌，賢適之力也．遼主初立，多疑諸王或萌非望，陰以賢適爲腹心，故有是命．

23　丙寅，南唐中書侍郎韓熙載卒．

初，南唐主以熙載盡忠能直言，欲用爲相，而熙載任情棄禮，妓妾縱恣，南唐主以此難之．俄被劾，左遷右庶子，分司南都．熙載盡斥諸妓，單車就道，且上表求哀．南唐主喜，留之，尋復其位．已而諸妓稍稍復還，南唐主曰："吾亦無如之何矣！"及卒，南唐主嘆曰："吾終不能得熙載爲相也！"乃手書贈熙載平章事．熙載家無餘財，棺椁衣衾，皆南唐主賜之．

24　八月，庚寅，以隰州刺史李謙溥爲濟州團練使．

謙溥在隰州十年，敵人不敢犯其境．有招收將劉進者，勇力絕人，謙溥撫之甚厚，常往來境上，以少擊衆．北漢人患之，爲蠟丸書以間進，佯遺其書道中，晉州節度使趙贊得之，以聞，帝令械進送闕下．謙溥召詰其事，進伏於庭，請死，謙溥曰："我以舉宗四十口保汝矣．"即上言："進爲北漢人所惡，此乃反間也．"奏至，帝悟，遽釋之，賜以禁軍都校戎帳服具；進感激，願擊賊自效．

25　帝嘗命有司爲洺州防禦使郭進治第，凡庭堂悉用甋瓦．有司言：“惟親王‧公主始得用此．”帝怒曰：“郭進控扼西山逾十年，使我無北顧憂，我視進豈減兒女邪！亟往督役，勿妄言！”帝寵異將帥類此，故能得其死力．

26　南唐主復作書諭南漢主鋹歸款中國，遣給事中龔愼儀往使．鋹得書，大怒，遂囚愼儀，驛書答南唐主，甚不遜．南唐主以其書來上，帝始決意伐之．

　九月，己亥朔，以潭州防禦使潘美爲賀州道行營兵馬都部署，朗州團練使鄴人尹崇珂副之，道州刺史王繼勳爲行營馬軍都監，仍遣使發諸州兵赴賀州城下．

27　蕭思温之死，遼主以后故，求盗甚急，辛丑，得國舅蕭哈濟及哈里謀殺思温狀，皆伏誅，流其弟神睹於黃龍州，尋亦誅之．

28　甲辰，詔：“西京‧鳳翔‧雄‧耀等州，周文‧成‧康三王，秦始皇，漢高‧文‧景‧武‧元‧成‧哀七帝，後魏孝文，西魏文帝，後周太祖，唐高祖‧太宗‧中宗‧肅宗‧代宗‧德‧順‧文‧武‧宣‧懿‧僖‧昭諸帝凡二十七陵，嘗被發者，令有司備法服‧常服各一襲，具棺重葬，所在長吏致祭．”

29　潘美等克富州．

先是南漢舊將多以譖死，宗室翦滅殆盡，掌兵惟宦者數輩，城壁·壕隍，俱飾爲宮館·池沼，樓艦·器甲，輒腐敗不治．及師次白霞，賀州刺史陳守忠遣使告急，內外震恐，南漢主遣龔澄樞馳驛往賀州宣慰．時士卒久在邊，多貧乏，聞澄樞至，以爲必加賞賚，而澄樞出空詔撫諭，衆皆解體．宋師前鋒至芳林，澄樞惶懼，乘輕舸遁歸．癸丑，圍賀州．

南漢主召大臣議，皆請以潘崇徹將兵御之．崇徹自罷兵柄，常怏怏，於是辭以目疾．南漢主怒曰：“何須崇徹，伍彥柔獨無方略邪！”遂使彥柔將兵來援．

戊午，宋師聞彥柔至，退二十里，潛以奇兵伏南鄉岸．彥柔夜泊南鄉，遲明，挾彈登岸，據胡床指揮，而伏兵猝起，彥柔衆大亂，死者十七八．禽彥柔，斬之，梟其首以示城中，城中人猶堅守弗下．隨軍轉運使王明言於潘美曰：“援兵將至，當急擊之．”諸將頗猶豫，明乃率所部護送輜重卒百餘人，丁夫數千，畚鍤皆作，堙其塹，直抵城門．城中人大懼，開門以納，遂克賀州．

潘美等聲言順流趨廣州，南漢主憂迫，計無所出，乃加潘崇徹爲內太師·馬步軍都統，領衆三萬屯賀江．會宋師徑趨昭州，崇徹但擁衆自保而已．

冬，十月，辛卯，潘美等破南漢開建寨，殺數千人，禽其將靳暉．昭州刺史田行稠棄城遁，桂州刺史李承珪亦奔還，遂取昭州·桂州．

帝覽桂陽監歲入白金數，謂宰相曰：“山澤之利雖多，頗聞采納不易."十一月,乙巳,詔减舊額三分之一,以寬民力.

30　　初,遼聚六萬騎攻定州,命判四方館事田欽祚領兵三千禦之,帝謂欽祚曰:"彼眾我寡,但背城列陣以待之,敵至即戰,勿與追逐."

欽祚與遼戰於滿城,遼騎小却,乘勝至遂城.欽祚馬中流矢而踣,騎士王超以馬授欽祚,軍復振,自旦至晡,殺傷甚眾,夜,入保遂城,遼人圍之.數日,欽祚度城中糧少,整兵,開南門,突圍一角出;是夕,至保寨,軍中不亡一矢.北邊傳言三千打六萬.

癸亥,奏至,帝喜,謂左右曰:"契丹數入寇邊,我以二十匹絹购一契丹人首,其精兵不過十萬人,止費二百萬絹,則敵盡矣."自是益修邊備.

31　　是月,師克連州,南漢招討使盧收率其眾退保清遠.南漢主聞之,謂左右曰:"昭·桂·連·賀,本屬湖南,今北師取之足矣,其不復南也."

32　　十二月,庚午,翰林學士承旨·戶部尙書陶穀卒,命中使監護葬事,贈右僕射.

穀本姓唐,避晉祖諱,改焉.文翰冠絕一時,自以久次,意希大用.然爲人傾側很媚,初作翰林承旨,力排竇儀,儀以是不得相位.及魏仁浦在中書,穀自言出於魏氏,以舅事仁浦,

每見，輒望塵下拜. 帝素薄之，選置宰輔，未嘗及穀. 穀一日
使其黨因事諷帝，言穀在詞禁，宣力實多，帝笑曰：「我聞學
士草制，皆檢前人舊本稍改易之，此諺所謂依樣畫葫蘆耳，
何宣力之有！」穀因作詩題翰林壁，語頗怨望，帝遂決意不
用.

33　　潘美等長驅至韶州. 南漢都統李承渥領兵十餘萬屯蓬華
峰下，教象爲陣，每象載十數人，皆執兵杖，戰則置陣前以
壯軍威. 美盡索軍中勁弩射之，象奔，蹻乘者皆墜，反踐承渥
軍，軍大敗，承渥僅以身免，遂取韶州，禽其刺史辛延渥及
諫議大夫鄒文遠.

　　延渥間道遣使勸南漢主迎降，觀軍器使李托深沮其議，國
中震恐. 南漢主始命塹東壕爲拒守計，顧諸將無可使者，宮媼
梁鸞眞薦其養子郭崇岳可用，乃以爲招討使，與大將植廷曉
統衆六萬屯馬逕，列柵以抗宋師. 崇岳無謀勇，惟日禱於鬼神
而已.

34　　是冬，南唐南都留守建安林仁肇密表言：「淮南諸州，戍
兵各不過千人，宋朝前年滅蜀，今又取嶺表，往返數千里，
師旅罷敝. 願假臣兵數萬，自壽春北渡，徑據正陽，因思舊
之民，可復江北舊境. 彼縱來援，臣據淮對壘而禦之，勢不
能敵. 兵起之日，請以臣舉兵外叛聞於宋朝. 事成，國家享其
利，敗則族臣家，明陛下無二心.」南唐主懼，不敢從.

初，宜春人盧絳詣 樞密使陳喬獻書，喬異之，擢沿江巡檢，召募亡命，習水戰，屢要吳越兵於海門，獲舟艦數百. 嘗說南唐主曰："吳越，仇讎也，他日必爲北朝鄉導，掎角攻我，當先滅之."南唐主曰："大朝附庸，安敢加兵！"絳曰："臣請詐以宣·歙州叛，陛下聲言討伐，且乞兵於吳越，兵至拒擊，臣躡而攻之，其國必亡."南唐主亦不能用.

是歲，德呼勒部叛，遼主命右伊勒希巴耶律希達討之.

> ❖ 太祖啓運立極英武睿文神德聖功至明大孝皇帝開寶四年(遼保寧三年. 辛未，971)

1　春，正月，戊戌朔，以出師，不視朝.

2　潘美克英·雄二州，南漢都統潘崇徹來降.

3　丙午，令："諸道州縣不得更差攝官，凡有闕員，即具聞，旋與注授；前所差攝官皆罷其職事，以見任官權管."

4　辛亥，通判閬州·殿中侍御史路沖言："本州職役戶，負恃形勢，輸租違期，已別立版簿於通判廳，依限督責，欲望頒爲條制."詔："諸州府并置形勢版簿，令通判專掌其租."

5 　禁河東諸州民徙內郡者私畜兵器.

6 　甲寅，遼耶律希達遣人獻德呼勒部之俘，遼主命賜有功將士.

7 　庚申，遼置登聞院. 遼主以穆宗廢鍾院，窮民冤無所訴，故詔復之，仍命鑄鍾勒詞，著廢置之意.

8 　癸亥，遼兵侵易州，監軍任得義戰却之.

9 　是月，潘美師次瀧頭，南漢主遣使請和，且求緩師. 瀧頭山水險惡，潘美等疑有伏兵，乃挾其使而速度諸險. 甲子，至柵口. 乙丑，至馬逕，屯雙女山，直瞰郭崇岳柵. 游騎數出挑戰，崇岳不從，但堅壁自守而已.

　南漢主取舶船十餘艘，載金寶・妃嬪，欲入海；未及發，宦官樂範與衛兵千餘盜舶船以走. 南漢主懼，乃遣右僕射蕭漼・中書舍人卓惟休奉表詣 軍門乞降，潘美即令部送赴闕. 漼等不反，南漢主益懼，復令崇岳戒嚴. 二月，丁卯朔，又遣其弟禎王保興率國內兵來拒.

　植廷曉謂崇岳曰："北軍乘席卷之勢，其鋒不可當，吾士旅雖衆，然皆傷痍之餘，今不驅策而前，亦坐受其斃矣." 庚午，廷曉乃領前鋒據水而陳，令崇岳殿後，御其奔沖. 既而宋師濟水，廷曉力戰不勝，遂死之，崇岳奔還其柵. 美謂王明曰：“彼編竹木爲柵，若籌火焚之，必擾亂，因而夾擊之，此萬全之策也.”遂分遣丁夫，各持二炬，間道造其柵，及夜，萬炬俱發. 會天大風，煙埃垊起，南漢兵大敗，崇岳死於敵兵，保興逃歸.

龔澄樞・李托與内侍中薛崇譽等謀曰：“北軍之來，利吾國中珍寶耳，今盡焚之，使得空城，必不能久駐，當自還也.”乃縱火焚府庫・宮殿，一夕皆盡.

辛未，師至白田，南漢主素服出降，潘美承制釋之. 遂入廣州，俘其宗室・官屬九十七人，與南漢主皆麋於龍德宮. 保興初匿民間，后乃獲之. 有閹人百餘輩盛服請見，美曰：“是椓人多矣，吾奉詔伐罪，正爲此等.”命悉斬之. 美以露布告捷，己丑，至京師.

庚寅，羣臣稱賀，遂賜宴. 凡得州六十，縣二百十四，戶十七萬二百六十三.

辛卯，赦廣南管内州縣常赦所不原者，僞署官并仍舊，無名賦斂咸蠲除之. 知

10 知制誥盧多遜權知貢舉，奏進士合格者十人.

11 帝以令・尉捕賊，先定日限，其已被批罰者，或遂絶意追捕. 乙未，詔：“自今雖限外獲賊者，令有司備書於籍以除其罰，但不得叙爲勤績. 其累經殿降法當停免者，不用此制.”

12 是月，遼主東狩，以青牛・白馬祭天地.

13 三月，丙申，詔：“嶺南有買人男女爲奴婢轉利者，并放免；僞政有害於民者，除之.”

14 丁未，遼以飛龍使尼哩爲契丹行宮都部署.

15 初，右監門衛將軍趙玭，以罪勒歸私第，不勝忿恚. 一日，伺趙普入朝，於馬前斥普短. 帝聞之，召玭及普面質其事，玭大言詆普販木規利. 先是秦・隴大木，官禁私販，普嘗遣親吏往市屋材，聯巨筏至京師治第，吏因之竊於都下貿易，故玭以爲言. 帝怒，促閤門集百官，將下制逐普，詔問太子太師王溥等：“普當得何罪？”溥附閤門使奏云：“玭誣罔大臣.”帝意頓解，反詰責玭，命武士擒之. 御史鞫於殿庭，普力營救，帝乃寬其罰. 夏，四月，丙寅朔，責汝州牙校.

16 壬申，命潘美・尹崇珂同知廣州，以儋・崖・振・萬安等四州隸瓊州，令廣州擇官分知州事.

17 己卯，遼主祠木葉山，行再生禮. 丙戌，遼主還上京，以韓德讓爲上京皇城使，遙授彰德節度使. 自是德讓日見進用矣.

18　戊子，永興軍節度使・同中書門下二品吳廷祚來朝. 遇疾，帝親臨問，遣中使王繼恩監視之. 庚寅　卒，贈侍中. 繼恩，陝人也.

19　南唐主遣其弟吉王從謙來朝貢.

20　潘美遣使部送劉鋹及其宗黨・官屬獻於京師. 鋹至公安，邸吏龐師進謁，學士黃德昭侍鋹. 鋹因問師進何人，德昭曰："本國人也." 鋹曰："何爲在此？"德昭曰："高皇帝居藩日，歲貢大朝，輜重皆歷荊州，乃令師進置邸於此，造車乘以給餽運耳."鋹嘆曰："我在位十四年，未嘗聞此言，今日始知祖宗山河及大朝境土也."因泣下久之，

　既至，舍玉津園，帝遣參知政事呂餘慶問反覆及焚府庫之罪，鋹歸罪於龔澄樞・李托・薛崇譽. 帝復遣使問澄樞等，皆俛首不對，僞諫議大夫王珪謂托曰："昔在廣州，機務并爾輩所專，火又自內中起，今尙欲推過何人？"遂唾而批其頰，澄樞等乃引伏.

　五月，乙未朔，有司以帛繫鋹及其官屬，先獻太廟・太社. 帝御明德門，遣攝刑部尙書盧多遜宣詔責鋹，鋹對曰；"臣年十六僭僞號，澄樞等皆先臣舊人，每事，臣不得自由，在國時，臣是臣下，澄樞是國主."對訖，伏地待罪. 帝命攝大理卿高繼申引澄樞・托・崇譽，斬於千秋門外，釋鋹罪，并其弟保興及官屬各賜以冠帶・器幣・鞍馬. 尋以保興爲左監門衛

率府率.

　初，議獻俘之禮，朝臣莫能知，乃遣使就問吏部尙書致仕張昭. 昭臥病，口占以授使者，咸服其該博，遂用之.

21　丁酉，以潭州防禦使潘美領山南東道節度使，郎州團練使尹崇珂領保信軍節度使，同知廣州如故.

22　以王明爲秘書少監，領韶州刺史‧廣南諸州轉運使. 大兵南伐，明知轉運使，嶺道險絶，不通舟車，但以丁夫負荷糧數萬，仰給無闕，每下郡邑，必先收其版籍，固守倉庫，頗亦參預軍畫. 帝嘉其功，故擢用焉.

23　初，帝使軍器庫使楚昭輔鉤校左藏庫金帛，數日而畢，條對稱旨，至是授左驍衛大將軍，權判三司.

24　辛丑，宴劉鋹於崇德殿.

25　六月，辛未，命司農少卿李繼芳祭南海. 劉鋹先尊海神爲昭明帝. 廟爲聰正宮，其衣飾以龍鳳，詔削去帝號及宮名，易以一品之服.

26　壬申，初置市舶司於廣州.

27 丙子，詔御史中丞劉温叟・中書舍人李昉重定《開元禮》，以國朝沿革制度附屬之.

28 丁丑，回鶻遣使貢於遼.

29 初，帝征晉陽，命密州防禦使馬仁瑀率衆巡邊，至上穀・漁陽，遼人素聞其名，不敢出，因縱兵大掠而還. 明年，羣盜周弼等起兗州，詔仁瑀掩擊. 仁瑀領帳下十數人入泰山禽弼，盡獲其黨. 庚辰，徙仁瑀爲瀛州防禦使. 仁瑀兄子因醉酒誤殺平民，繫獄當死，民家願以過失傷論，仁瑀曰：“我爲長吏而兄子殺人，此乃恃勢忿橫，非過失也，豈敢以私親而亂國法哉！”遂論如律.

30 壬午，以劉鋹爲右千牛衛大將軍，員外置，封恩赦侯，俸外別給錢五萬，米麥五十斛.

鋹體質豐碩，眉目俱竦. 性絶巧，有口辯，嘗自以珠結鞍勒爲戲龍之狀以獻，帝賞其精妙，給錢百五十萬償其直，因謂左右曰：“鋹好工巧，習以成性，倘能移於治國，豈至滅亡哉！”

鋹在國時，多置酖毒臣下. 一日，從帝幸講武池，從官未集，鋹先至，詔賜卮酒，鋹疑之，奉杯泣曰：“臣承祖父基業，違拒朝廷，勞王師致討，罪固當誅. 陛下既待臣以不死，願爲大梁布衣，觀太平之盛，未敢飲此酒.”帝笑曰：“朕推心

置人腹，安有此事！”命取鋠酒自飲之，別酌以賜鋠，鋠大
慚，頓首謝.

31　是月，嵐州破北漢兵於古台村.

32　河決鄭州原武縣，汴水決宋州穀熟縣.

33　帝既平廣南，欲行報謝之禮，秋，七月，甲午朔，詔以
冬至有事於南郊.

34　乙未，御史中丞劉温叟卒.
　温叟爲中丞十二年，屢求解職，帝難其代，終不許. 及被
病，帝知其貧，遣中使就賜器幣.
　温叟性重厚方正，好古執禮，事繼母以孝聞，父名岳，非
侍宴，終身不聽樂.
　開封尹光義聞其清介，嘗遣府吏賫錢五百千遺之，温叟不
敢却，貯廳事西舍中，令府吏封識乃去. 明年，重午，復送黍
角・紈扇，所遣吏即前送錢者，視西舍封識宛然，還，以告.
光義曰：“我餽猶不受，況他人乎！”乃命輦歸府中. 他日，
光義侍宴，論當世名節士，具道温叟辭錢事，帝嘆賞久之.
　温叟既卒，帝難其繼，曰：“必得和厚如温叟者乃可.”乃命
太子賓客邊光範兼判御史臺事，居半歲，始眞爲中丞.

35　辛丑，遼以耶律賢適爲西北路兵馬都部署. 賢適忠介膚敏，推誠待人，雖燕息不忘政治，故百司庶職罔敢媮惰，累年滯獄悉決之.

36　丙申，詔：“廣南諸州受民租皆用省斗，每一石外別輸二升爲雀鼠耗.”先是劉鋹私置大量，重斂於民，凡輸一石乃爲一石八斗. 轉運使王明上言，故革之.

37　内侍養子多爭財起訟，戊午，詔：“自今年滿三十無養父者，始聽養子，仍以其名上宣徽院，違者抵死.”

38　建武節度使・判棣州何繼筠來朝，癸亥，卒於京師. 帝親臨其喪，流涕謂左右曰：“繼筠捍邊有功，朕不早授藩鎮者，慮其數奇耳. 今領旌鉞未幾，果至淪没，豈不哀哉！”即命中使護喪事，令以生平所佩劍及甲冑同葬.
　繼筠深沈有智略，與士卒同甘苦，得其死力，居北邊前後二十年，善揣知敵情，屢以少擊衆，遼人畏伏，多畫象祠之.

39　平晉軍使攻北漢孟園・樂義二寨，破之.

40　汴水決宋州宋城縣.

41　八月，甲戌，遼主如秋山.

42 甲申，羣臣奉表請加尊號曰興化成功，至再，訖不允.

43 辛卯，遼主祭皇兄吼墓. 吼，世宗之長子，早薨，墓號太子院，至是追冊爲皇太子，謚莊聖.

44 先是遼世宗爲察克所弑，遼主時年四歲，或以氈裹之，匿於積薪下，得免. 后養於永興宮，爲保傅者皆有恩. 九月，乙巳，遼主賜傅父・保母等戶口牛羊有差. 又以潛邸給使者爲塔瑪部，置官主之.

45 壬子，遼主如歸化州. 甲寅，如南京. 移上京留守韓匡嗣於南京，即以其子德讓代爲東京留守.＊

續資治通鑑　卷007

【宋紀七】

起重光協洽(辛未)十月，盡閼逢閹茂(甲戌)八月，凡二年
有奇.

❖ 太祖啓運立極英武睿文神德聖功至明大孝皇帝開寶
　四年(遼保寧三年. 辛未 , 971)

1　冬 , 十月 , 癸亥朔 , 日有食之.

2　己巳 , 詔："僞作黃金者棄市."

3　遼以黑 · 白羊祭神.

4　庚午 , 太子洗馬王元吉棄市 , 坐知英州月餘多受贓私故
也.

5　知邕州範旻奏劉鋹時白配民物十數事 , 辛巳 , 悉命除之.

邕州俗尙淫祀，被病者不敢治療，但益殺雞豚，徼福於淫昏之鬼. 旻下令禁止，出俸錢，市藥物，親爲和合，民有病則給之，獲愈者千計.

會南漢所置知州鄧存忠劫土人二萬衆，攻圍州城七十餘日，旻屢出與戰，矢集於胸，猶力疾督戰，賊遂小却. 旻創甚，乃堅壁固守，遣使間道求援於廣州，前後十五輩始得達. 援兵至，圍解. 旻疾未平，詔令肩輿歸闕，所過儆丁夫，官給其直. 旻，質之子也.

6　甲申，詔："兩京·諸道，自十月後犯强竊盜，不得預郊祀赦；所在長吏，當告諭下民，無令冒法." 自後將郊祀，必申明此詔.

7　右補闕梁周翰上疏言："陛下再郊上帝，必覃赦宥. 臣以天下至大，其間有慶澤所未及，節文所未該者，宜推而廣之. 方今賦入至多，加以科斂之物，名品非一，調發供輸，不無重困. 且西蜀·淮南·荊·潭·桂·廣之地，皆已爲王土，陛下誠能以三方所得之利，減諸道租賦之人，則庶乎德澤均而民力寬矣." 帝嘉納之.

周翰嘗監綾錦院，杖錦工過差，爲所訴. 帝怒甚，召周翰切責，將亦杖之，周翰自言："臣負天下才名，受杖不雅." 帝乃止.

帝初識周翰父彥溫於軍中，以周翰有文辭，欲用爲知制

誥，天平節度使石守信入朝，帝語及之．守信與彥温善，微露
其言，周翰遽上表謝，帝不喜，其命遂寢．

8　　癸未，北漢遣使貢於遼．

9　　丙戌，詔："嶺南諸州，劉鋹日煩苛賦斂，并除之．民爲
兵者釋其籍，流亡者招誘復業．"

10　　吐谷渾貢於遼．

11　　十一月，癸巳朔，南唐主遣其弟鄭王從善來朝貢．於是始
去唐號，改印文爲"江南國主印"，賜詔乞呼名，從之．
　先是國主以銀五萬兩遺宰相趙普，普告於帝，帝曰："此
不可不受，但以書答謝，少略其使者可也．"普叩頭辭讓，帝
曰："大國之體，不可自爲削弱，當使之勿測．"乃從善入覲，
常賚外，密賚白金如遺普之數．江南君臣聞之，皆震駭，服帝
偉度．
　他日，帝因出，忽幸普第．時吳越王俶方遣使遺普書及海物
十瓶列廡下，會車駕卒至，普亟出迎，弗及屏也．帝顧問何
物，普以實對，帝曰："海物必佳．"即命啓之，皆滿貯瓜子金
也．普惶恐，頓首謝曰："臣實未嘗發書，若如此，當奏聞而
却之．"帝笑曰："但受之無害，彼謂國家事皆由汝書生耳．"

12 丙申，吳越王俶遣其子鎮海・鎮東節度使惟濬來貢.

13 庚子，遼以臚朐河歸附戶分隸敦睦・積慶・永興三宮.

14 庚戌，詔曰："取才之道，蓋非一端. 近諸道攝官，悉令罷去，又慮荐更民政或著吏能者雷同遐棄，良可惜也！宜悉令有司按其歷任，經三攝無曠敗，即以名聞；受偽署者不在此限."

15 河決澶州，東滙於鄆・濮，壞民田. 帝怒官吏不時上言，遣使按鞫. 庚戌，通判・司封郎中博興姚恕坐棄市，知州・左驍衛大將軍杜審肇免歸私第.
　恕初爲開封府判官，謁宰相趙普，會普宴客，閽者不即通，恕怒而去. 普亟使人謝焉，恕遂去不顧，普由是憾恕. 及帝爲審肇擇佐貳，普即請用恕，居澶州二年，竟坐法誅，投其屍於河.

16 戊午，親享太廟，始用綉衣・鹵簿.

17 己未，合祭天地於南郊，大赦，蠲開寶元年以前逋租.

18 壬戌，命潁州團練使曹翰塞澶州決河，濮州刺史安守忠副之.

19　　初，帝擇孟昶親軍習兵馬者百餘輩爲川班內殿直，廩賜優給，與御馬直等．至是郊禮畢行賞，帝以御馬直扈從，特命增給錢人五千．而川班內殿直不得如例，乃相率擊登聞鼓陳乞．帝怒，遣中使諭曰：“朕之所與，即爲恩澤，又安有例哉！”命斬其妄訴者四十餘人，餘悉配隸許州，遂廢其班．

　　時內臣有左飛龍使李承進者，逮事後唐．帝問曰：“莊宗以英武定中原，享國不久，何也？”承進曰：“莊宗好畋獵，務姑息將士，每出次近郊，禁兵衛卒必控馬首，告兒郎輩寒冷，望與救接，莊宗即隨其所欲給之．蓋威不行，常賚無節也．”帝撫髀嘆曰：“二十年夾河戰爭得天下，不能用軍法約束此輩，縱其無厭之求，以茲臨御，誠爲兒戲．朕今撫養士卒，固不吝惜爵賞；若犯吾法，惟有劍耳！”

20　　十二月，癸酉，遼以青牛・白馬祭天地．

21　　己丑，遼皇子隆緒生．

22　　是冬，遼主駐金川．

23　　江南以湯悅爲司空，判三司・尚書都省．主

1 春，正月，丁酉，禁鐵鑄浮圖與佛象及人物之無用者，
慮愚民毀農器以徼福也.

2 前鄆州盧縣尉鄢陵許永，年七十有五，詣匭言：“父瓊年
九十九，長兄年八十一，次兄年七十九. 乞近地一官以就養.”
庚子，召見瓊於便殿，問以近事，瓊歷歷能記；因厚賜之，
即授永鄢陵縣令.

3 壬寅，吏部尚書致仕陳國公張昭卒. 戒其子曰：“吾事數
朝，無功德及人，勿請諡及立碑，以重吾過也.”

4 北漢攻方山‧雅爾兩寨，擊却之.

5 乙巳，罷襄州歲貢魚.

6 二月，丙子，詔沿河十七州各置河堤判官一員.

7 庚寅，以端明殿學士‧兵部侍郎劉熙古守本官‧參知政
事.

8　　帝既平廣南，漸欲經理江南，因鄭王從善入貢，遂留之.
國主大懼，是月，始損制度，下令稱敎，改中書‧門下省爲
左‧右內史府，尙書省爲司會府，其餘官稱，多所更定，宮
殿悉除去鴟吻.

9　　閏月，壬辰，權和貢舉扈蒙奏合格進士安守亮等十一
人，諸科十七人. 帝召對於講武殿，始下詔放榜，新制也.

10　　癸巳，以江南進奉使李從善爲泰寧節度使，賜第京師. 國
主雖外示畏服，修藩臣之禮，而內實繕甲兵，陰爲戰守計. 帝
使從善致書風國主入朝，國主不從，但增歲貢而已.
　南都留守兼侍中林仁肇有威名，中朝忌之，潛‧使人畫仁
肇像，懸之別室，引江南使者觀之，問何人，使者曰：“林
仁肇也.”曰：“仁肇將來降，先持此爲信.”又指空館曰：“將
以此賜仁肇.”國主不知其間，鴆殺仁肇. 陳喬嘆曰：“國勢如
此，而殺忠臣，吾不知所稅駕矣！”

11　　初，平嶺南，命太子中允周仁浚知瓊州，以儋‧崖‧
振‧萬安屬焉. 帝謂宰相曰：“遐荒烟瘴，不必別命正官，且
令仁浚擇僞官，因其俗治之.”辛卯，仁浚列上駱崇璨等四
人，帝曰：“各授檢校官，俾知州事，徐觀其效可也.”

12　　戊申，遼齊王諤薩噶薨. 三月，庚申朔，追册爲皇太叔.

13　先是，嶺南民有逋賦者，或縣吏代輸，或於兼并之家假貸，則皆納其妻子以質．甲申，知容州毋守素表其事，詔所在嚴禁之．

14　夏，四月，庚寅朔，遼追封蕭思温爲楚國王．

15　帝按嶺南圖籍，州縣多而戶口少，命知廣州潘美及轉運使王明度其地里，并省以便民，於是前後所廢州十六，縣四十九．

16　丙午，遣使檢視水災田．

17　隰州團練使兼沿邊都巡檢周勳，築壘界上，爲北漢人所襲破，戊午，責勳爲義州刺史．

18　五月，丙寅，詔："廢嶺南道媚川都，選其少壯者爲靜江軍，老弱者聽自便，仍禁民不得以采珠爲業．"
　先是，劉鋹於海門鎮募兵能采珠者二千人，號"媚川都"．凡采珠，必繫石於足，腰絙而没焉，深或至五百尺，溺死者甚衆．鋹所居棟宇，皆飾以玳瑁珠翠，窮極侈靡．及爲宋師所焚．潘美等於煨燼中得所餘諸珍寶以獻，且言采珠危苦之狀，帝亟命小黃門持示宰相，速降詔罷之．

19　辛未，河大決澶州濮陰縣．壬申，命潁州團練使曹翰往塞之．翰辭於便殿，帝謂曰：「霖雨不止，又聞河決．朕信宿以來，焚香禱天，若天災流行，願在朕躬，勿施於民．」翰頓首拜曰：「昔宋景公諸侯耳，一發善言，災星退舍．今陛下憂及兆民，懇禱如是，固宜上格天心，必不爲災也．」

癸酉，帝又謂宰相曰：「霖雨不止，朕日夜焦勞，得非時政有闕邪？」趙普對曰：「陛下臨御以來，憂勤庶務，有弊必去，聞善必行，至於苦雨爲災，乃是臣等失職．」帝曰：「掖庭幽閉者眾，昨令遍籍后宮，凡三百八十餘人，因告諭，願歸其家者，具以情言，得百名，悉厚賜遣之矣．」普等稱萬歲．

20　河決大名府朝城縣，河南·北諸州皆大水．

21　陝州民范義超，周顯德中以私怨殺同里常古眞家十二人，古眞年少，脫走得免，至是禽義超，訴於官．有司引赦當原，帝曰：「豈有殺一家十二人而可以赦論乎？」命斬之．

22　六月，戊子朔，徙崖州於振州，遂廢振州．

23　庚寅，河決陽武縣，汴水決鄭州·宋州．

24　丁酉，詔：「沿河民田有爲水害者，有司具聞，除租．」

25   戊申，發諸州兵士及丁夫凡五萬人塞決河，命曹翰護
其役．未幾，河所決皆塞．是月，下詔曰：“近者澶·濮等數
州，霖雨荐降，洪河爲患，朕以屢經決溢，重困黎元，每閱
前書，詳究經瀆．至若夏后所載，但言導河至海，隨山濬川，
未嘗聞力制湍流，廣營高岸．自戰國專利，堙塞故道，小以妨
大，私而害公，九河之制遂堕，歷代之患弗弭．凡搢紳多士，
草澤之倫，有素習河渠之書，深明疏導之策者，并許詣闕上
書，附驛條奏，朕當親覽，用其所長．”
　時東魯逸人田告，著《纂禹元經》十二篇，帝聞之，召見，
詢以治水之道，善其對，將授以官．告固辭父年老，求歸奉
養，詔從之．

26   先是女眞攻白沙寨，略官馬三匹，民百二十八口．既而遣
使以馬來貢，詔止之．至是首領復來貢，言已令部落送先所擄
民及馬；詔切責其前寇略之罪而嘉其效順之意，放還貢馬使
者．

27   是夏，遼主駐冰井，觀從臣射柳．秋，七月，如雲州射
柳．

28   戊辰，前保大節度使袁彥卒．

29   甲申，皇女永慶公主出降右衛將軍·駙馬都尉魏咸信．咸

信，仁浦子也. 公主嘗衣貼綉鋪翠襦入宮，帝見之，謂主曰：
"汝當以此與我，自今勿復爲此飾." 主笑曰："此所用翠羽幾
何！" 帝曰："不然，主家服此，宮闈戚里必相效. 京城翠羽
價高，小民逐利，展轉販易，傷生浸廣. 汝生長富貴，當念惜
福，豈可造此惡業之端！" 主慚謝. 又，嘗因侍坐，與皇后同
言曰："官家作天子日久豈不能用黃金裝肩輿，乘以出入？"
帝笑曰："我以四海之富，宮殿悉飾金銀，力亦可辦；但念我
爲百姓守財耳，豈可妄用？古稱以一人治天下，不以天下奉
一人. 苟以自奉養爲意，百姓何仰哉！"

30　　三司言："倉儲月給止及明年二月，請分屯田諸軍，盡率
民船，以資江 · 淮漕運." 帝大怒，召權判三司楚昭輔，切責
之曰："國無九年之蓄曰不足. 爾不素爲計度，今倉儲垂盡，
乃請分屯兵，括率民船，以給餽運，是可卒致乎？且設爾何
用？苟有所闕，必罪爾以謝衆！" 昭輔懼罪，詣 開封府見皇
弟光義，乞於帝前解釋，稍寬其罪，使得盡力，光義許之.
　昭輔出，光義問押牙永城陳從信，對曰："從信嘗游楚 · 泗
間，見糧運停阻者，良由舟人乏食，日歷州縣勘給，故多凝
滯. 若自起發即計日并支，往復皆然，可責其程限. 又，楚 ·
泗間運米入船，至京師輦米入倉，宜宿備運卒，皆令即時出
納. 如此，每運可減數十日. 楚 · 泗至京千里，舊定八十日一
運，一歲三運；今若去淹留之虛日，則歲可增一運矣. 又聞三
司欲籍民船，若不許，則無以責辦. 若盡取用之，則冬中京師

薪炭殆絕. 不若募其船之堅實者, 令運糧, 其損敗者, 任民載
樵薪, 則公私俱濟. 今市中米貴, 官乃定價斗錢七十, 商賈聞
之, 以其不獲利, 無敢載至京師者, 雖富人所儲, 亦隱匿不
糶, 是以米益貴而民將餒殍也." 光義然之, 明日, 具告, 帝
悉從其言. 由是事集, 昭輔亦免責焉.

31　　先是, 大理正內黃李符知歸州, 轉運司制置有不合理
者, 符即上言, 帝嘉之. 秩滿歸闕, 帝以京西諸州錢幣不登,
八月, 癸巳, 命符知京西南面轉運事, 書 "李符到處, 似朕
親行" 八字賜之, 令揭於大旗, 常以自隨. 符前後條奏便宜凡
百餘條, 其四十八事皆施行, 著於令.

32　　丙申, 命同知廣州潘美·尹崇珂并兼嶺南轉運使, 其元
轉運使王明爲副使, 太子中允許九言爲判官. 轉運判官, 自九
言始也.

33　　九月, 丁巳朔, 日有食之.

34　　樞密使李崇矩, 與宰相趙普厚相交結, 以其女妻普子承
宗, 帝聞之, 不喜. 故事, 宰相·樞密使候對長春殿, 同止廬
中, 帝始令分異之.
　　有鄭伸者, 客崇矩門下十年, 崇矩知其險詖無行, 待之漸
薄. 伸怨恨, 擊登聞鼓, 告崇矩受太原人席羲叟黃金, 私托翰

林學士扈蒙與羲叟甲科，引軍器庫使范陽劉審瓊爲證．帝大怒，召審瓊詰問，審瓊具言其誣，帝怒稍解．癸酉，崇矩罷爲鎭國節度使，賜伸同進士出身，酸棗縣主簿．後伸死，其母貧餓，詣崇矩子繼昌乞丐，家人競前訶逐，繼昌獨召見，與白金百兩，時稱繼昌長者．

35　戊寅，徙建寧留後楊重勳爲保靜留後．

36　是月，禁玄象器物・天文・圖讖・七曜曆・太乙・雷公・六壬遁甲等，不得藏於私家，有者并送官．

37　冬，十月，丁亥朔，遼主如南京．

38　戊戌，詔：“邊遠官歲才三周，即與除代，所司專閱其籍，勿使踰時．”
　是月，運江・淮米十萬石至京師，皆汴・蔡兩河公私船所載也．

39　十一月，癸亥，禁釋・道私習天文・地理．

40　己巳，詔：“諸道舉人，自今并於本貫州府取解，不得更稱寄應．”

41　庚辰，命參知政事薛居正・呂餘慶兼淮・湘・嶺・蜀轉運使.

42　詔翰林學士李昉及宗正丞洛陽趙孚等分撰岳瀆幷歷代帝王廟碑，遣使刻石.

43　十二月，甲午，遼詔內外官上封事.

44　是歲，大饑.

45　初，帝問趙普曰：“儒臣有武幹者何人？”普以知彭州・左補闕辛仲甫對. 乃徙仲甫爲西川兵馬都監. 於是召見，面試射，帝曰：“汝見王明乎？朕已用爲刺史. 汝頗忠淳，若公勤不懈，不日亦當爲牧伯也.”仲甫頓首謝.

帝因謂趙普曰：“五代方鎭殘虐，民受其禍，朕今選儒臣幹事者百餘，分治大藩，縱皆貪濁，亦未及武臣一人也.”

既而有司命仲甫檢視民田，帝曰：“此縣令職耳. 即令吏部銓擇官代之.”

仲甫在彭州日，州少種樹，暑無所休，仲甫課民栽柳蔭行路，郡人德之，名爲“補闕柳”.

46　北漢始令民輸贍軍錢，文武官皆減俸，財用不給故也.

❖ 太祖啓運立極英武睿文神德聖功至明大孝皇帝開寶六年（遼保寧五年）

1　春，正月，丙辰朔，置川蜀水陸轉運計度使.

2　甲子，遼特里兗耶律休格伐党項，破之，上其俘獲之數. 休格嘗從北府宰相蕭幹討室韋・烏庫二部有功，至是復以績著.

3　北漢遣使貢於遼.

4　庚午，遼主御五鳳樓觀燈.

5　己卯，以太子洗馬權知蓬州朱昂權知廣安軍. 會渠州妖賊李仙聚衆萬人，劫掠軍界，昂設策禽之，其連結者釋不問，蜀民遂安. 昂，長沙人也.

6　殿直傅廷翰爲棣州兵馬都監，謀叛入遼，知州・右贊善大夫周渭禽之. 二月，丙戌，斬廷翰於京師.

7　丁亥，遼近侍實圖哩誤觸神纛，法當論死，遼主命杖而釋之.

8 丙申，運米二萬石賑曹州饑.

9 是月，高麗王王昭卒，子佃立.

10 三月，乙卯朔，房州言周鄭王殂. 帝素服發哀，輟視朝十日，諡曰恭帝，命還葬慶陵之側，號順陵.

11 遼封皇后之祖爲韓王，并贈其伯父官，皇后用事故也.

12 辛酉，新及第進士雍丘宋准等十人·諸科二十八人詣 講武殿謝，帝以進士武濟川·《三傳》劉睿材質最陋，應對失次，絀去之. 時翰林學士李昉權知貢舉，濟川，昉鄉人也. 帝頗不悅.

會進士徐士廉等擊登聞鼓，訴昉用情，取舍非當. 帝以問翰林學士盧多遜，多遜曰："頗亦聞之." 帝乃令貢院籍終場下第者姓名，得三百六十人，癸酉，召見，擇其一百九十五人并准以下及士廉等各賜紙札，別試詩賦，命殿中侍御史李瑩·左司員外郎侯陟等爲考官. 乙亥，帝御講武殿親閱之，得進士二十六人，士廉與焉，《五經》四人，《開元禮》七人，《三禮》三十八人，《三傳》二十六人，三史三人，學究十八人，明法五人，皆賜及第，又賜准錢二十萬以張宴會. 責昉爲太常少卿，考官右贊善大夫楊可法皆坐責. 由茲殿試爲常式.

13 試朝臣死王事者子陸坦等，賜進士出身.

14 壬午，以敎船池爲講武池，閔河爲惠民河，五丈河爲廣濟河.

15 禁銅錢不得入蕃界及越江海至化外.

16 夏，四月，乙酉，詔：“諸州考試官，令長吏精選僚屬才學公正者充. 知貢舉與考試官同看詳試卷，定其通否，否即駁放，不得優假，虛令終場. 申禁私薦屬舉人；募告者，其賞有差；舉人勒還本貫重役，永不得入科場.

17 辛丑，翰林學士盧多遜等上所修《開寶通禮》二百卷，《義纂》一百卷，並付有司施行.

18 是日，遣盧多遜爲江南生辰國信使. 多遜至江南，得其臣主歡心. 及還，艤舟宣化口，使人白國主曰：“朝廷重修天下圖經，史館獨缺江東諸州，願各求一本以歸.”國主亟令繕寫與之. 於是江南十九州形勢，屯戌遠近，戶口多寡，多遜盡得之. 歸，即言江南衰弱可取狀. 帝嘉其謀，始有意大用.

19 戊申，詔參知政事薛居正監修梁‧後唐‧晉‧漢‧周《五代史》.

20　知制誥王祐等上重定《神農本草》二十卷，帝制序，摹印頒天下.

21　先是江南饑，詔諭江南國主，借船漕湖南米麥以賑之. 辛亥，國主遣使修貢謝恩.

22　命錢文敏知瀘州，召見，帝謂曰：“瀘州近蠻獠，尤宜撫綏. 聞知州郭思齊·監軍郭重進擅斂不法，卿爲朕鞫之，苟有一毫侵民，朕必不赦.”

23　五月，癸丑，帝知堂吏擅中權，多爲姦贓，欲更用士人，而有司所選終不及數，遂召舊任者劉重華等四人，面如戒厲，令復故，歲滿無過，與上縣令；稍有愆咎，重置其罰.

24　樞密副使沈義倫，居第卑陋，處之宴如. 時貴要多冒禁，市巨木秦·隴間以營私宅，及李守信受詔市木，以盜官錢敗，皆自啓於帝前. 義倫亦嘗市木爲母營佛舍，因奏其事. 帝笑謂義倫曰：“爾非踰矩者.” 知居第尚不葺，因遣中使按圖督工匠五百人爲治之. 義倫私告使者，願得制度狹小. 使者以聞，帝亦不違其志.

25　庚申，參知政事劉熙古以戶部尚書致仕.

26　　己巳，交州刺史丁璉遣使入貢，詔以璉爲靜海軍節度使·安南都護·交趾郡王.

27　　癸亥，遼裕悅耶律烏珍卒. 烏珍簡靜有器識，遇事造次，處之從容，人莫能測. 初，魯呼與世宗爭國，賴烏珍排解其間，面數魯呼罪，遂解兵. 及察克弒世宗，烏珍保護穆宗得免難. 歷事累朝，屢著勞績，遼國倚爲重臣，卒，年五十七，遼主痛悼，輟朝三日.

28　　辛未，女眞侵遼邊，殺遼都監達里迭等，驅掠邊民牛馬而去.

29　　初，京城左右軍巡院典司按鞫，開封府舊選牙校分掌其職，帝哀矜庶獄，始詔改任士人.

30　　六月，庚寅，女眞使其宰相朝於遼.

31　　辛卯，閱試在京百司吏七百餘人於便殿，勒歸農者四百人.

32　　初，蜀民所輸兩稅，皆以匹帛充折，其後市價愈高，而官所收止依舊例. 帝慮其傷民，詔："西川諸州，凡以匹帛折稅，并准市價."

33 先是知商州奚嶼，希宰相意，奏司戶參軍雷德驤爲文謗訕朝廷，械繫德驤，具狀以聞．帝貸其罪，削籍徙靈武．德驤子有鄰，意趙普實擠排之，日夜求所以報普者，於是舉發普堂後官胡贊‧李可度受賕事，詞連祕書丞王洞及前攝上蔡主簿劉偉‧偉兄前進士侁幷宗正丞趙孚．帝怒，悉下御史獄鞫實，始有疑普意矣．壬寅，詔參知政事呂餘慶‧薛居正升都堂，與宰相同議政事．癸卯，偉坐棄市，孚等幷決杖除名，贊‧可度仍籍没其家財．以有鄰爲祕書省正字，厚賜之．有鄰自是累上疏告人陰事，俄病死．

趙普之爲政也專，廷臣多疾之．帝初聽趙玭之訴，欲逐普，既而止．盧多遜在翰林，因召對，數毀短普，且言普嘗以隙地私易尙食蔬圃廣第宅，營邸店奪民利．帝訪諸李昉，昉曰：「臣職司書詔，普所爲，臣不得而知也．」帝默然．自李崇矩罷，帝於普稍有間；及趙孚等抵罪，普恩益替．庚戌，復召薛居正‧呂餘慶與普知印押班奏事，以分其權．

34 易州刺史賀惟忠卒．惟忠性剛果，洞曉兵法．在易州，葺治亭障，撫士卒能得其心，所向無敵，十餘年無北寇，邊民賴之．及卒，帝甚嗟悼，即錄其子昭度爲供奉官．

35 先是諸道州府任牙校爲馬步都虞候及判官，斷獄多失其中．秋，七月，壬子朔，詔罷之，改馬步院爲司寇院，以新及第進士‧《九經》‧《五經》及選人資叙相當者爲司寇參軍．

36　中書擬左補闕辛仲甫爲淮南轉運使，帝不許. 乙亥，選授三司戶部判官，賜錢百萬. 有榷酤主吏武希璉等二十餘輩，逋歲課三十餘萬緡，連年械繫，竭資産不能償，餓死者數人，榜督不已，仲甫奏除之，又請百官折俸令估實直.

37　庚辰，遼以保大軍節度使耶律希達爲中臺省左相.

38　是月，遼主駐燕子城.

39　八月，乙酉，罷成都府僞蜀嫁裝稅.

40　草澤王德方上修河利害，辛卯，賜德方同學究出身.

41　甲辰，左僕射兼門下侍郎‧平章事趙普，罷爲河陽三城節度使‧同平章事.

　普獨相凡十年，剛毅果斷，以天下事爲己任. 嘗欲除某人爲某官，帝不用；明日，復奏之，又不用；明日，更奏之. 帝怒，裂其奏投諸地，普顔色自若，徐拾奏歸，補綴，復奏如初. 帝悟，卒可其奏，後果以稱職聞. 又有立功當遷官者，帝素嫌其人，不與. 普力請與之，帝怒曰：“朕不與遷官，將奈何？”普曰：“刑以懲惡，賞以酬功. 刑賞者天下之刑賞，非陛下之刑賞也，豈得以喜怒專之？”帝弗聽，起，普隨之. 帝入宮，普立於宮門，良久不去，帝竟從其請.

一日，大宴，雨驟至，良久不止，帝怒形於色，左右皆震恐. 普因言："外間百姓正望雨，於大宴何損！不過沾濕供帳樂衣耳，百姓得雨，各歡喜作樂，適當其時，乞令樂官就雨中奏技."帝大悅，終宴. 普臨機制變，能回帝意類此.

常設大瓦壺於視事閣中，中外表疏，普意不欲行者，必投之壺中，束縕焚之，其多得謗咎，殆由此也.

普既出鎮，上書自訴云："外人謂臣輕議皇弟開封尹，皇弟忠孝全德，豈有間然；矧昭憲皇太后大漸之際，臣實預聞顧命，知臣者君，願賜昭鑒！"帝手封其書，藏之金匱.

42　九月，吏部侍郎參知政事呂餘慶以疾求解職；丁卯，罷爲尙書左丞. 餘慶爲帝霸府元僚，趙普・李處耘皆先進用，餘慶恬然不以介意. 處耘獲罪時，餘慶知江陵，還朝，帝委曲問處耘事，餘慶以理解釋. 及普忤旨，左右爭傾之，餘慶獨爲明辨，帝意稍解. 時稱長者.

43　己巳，封皇弟開封尹光義爲晉王. 以山南西道節度使光美爲永興節度使兼侍中，皇子貴州防禦使德昭爲山南西道節度使・同平章事；吏部侍郎・參知政事薛居正爲門下侍郎，樞密副使・戶部侍郎沈義倫爲中書侍郎，并平章事；翰林學士・兵部員外郎・知制誥盧多遜爲中書舍人・參知政事；左驍衛大將軍判三司楚昭輔爲樞密副使.

壬申，詔晉王光義班宰相上.

44　江南內史舍人潘佑嘗言於國主曰：“富國之本，在厚農桑.”因請復井田之法，深抑兼并，有買貧者田，皆令歸之. 又依《周禮》造牛籍，使盡闢曠土以種桑，薦衛尉卿李平判司農寺. 國主素慕古治，悉從之. 平急於成功，施設無漸，人不以爲便，國主亦中悔，罷之. 時國勢日削，用事者充位無所爲，佑憤切，上疏極論時政，歷詆大臣將相，詞甚激訐，而獨薦平，請以判司會府事，羣議益不平. 佑七疏不止，且請歸田廬，國主命佑專修國史，悉罷他職.

　冬，十月，壬午，佑復上疏曰：“臣乃者繼上表章，凡數萬言，詞窮理盡，忠邪洞分. 陛下力蔽姦邪，曲容諂僞，遂使家國惵惵，如日將暮. 古有桀・紂・孫皓，破國亡家，孽自己作，尙爲千古所笑. 今陛下取則姦回，敗亂國家，是陛下爲君，不及桀・紂・孫皓遠矣. 臣不能與姦臣雜處，事亡國之主，願賜誅戮以謝中外.”國主大怒.

　佑故好老・莊，平少爲道士，習其說，佑與之善. 國主疑佑之狂誖，由平激之，忌者因中以淫祀鬼神事，乃先收平下大理獄，後收佑. 佑卽自殺，母及妻子徙饒州，平亦縊死獄中. 國主尋謂左右曰：“吾誅佑，不獲已也.”明年，皆宥其家. 廩給之. 佑初與張洎爲忘形交，其後俱爲中書舍人，稍相持. 佑嘗答洎書云：“堂堂乎張也，難與并爲仁矣！”佑之死，洎頗有力焉. 洎時爲淸暉殿學士，殿在苑中，國主不欲洎遠離左右，故授此職. 洎與太子太傅徐遼・太子太保徐游別居澄心堂密畫，中旨多自澄心堂出，游從子元楀等出入宣行之，中書·密院，乃同散地.

45　甲申，葬周恭帝，不視朝.

46　丁酉，以除名人雷德驤爲秘書丞，分判御史臺三院事.

47　遼主如南京.

48　初，左藏庫使元城田仁朗，爲宦官所譖，帝怒，立召仁朗面詰之，至殿門，命去冠帶. 仁朗神色不撓，從容言曰：“臣嘗爲鳳州路壕寨都監，伐木除道，從大軍破蜀，秋毫無所犯，陛下固知之. 今主藏禁中，豈復爲姦利以自汚？” 帝怒解，止停其官，乙巳，起爲榷易使.

49　十一月，辛亥朔，遼始獲弑穆宗之逆黨近侍霄格·華格·錫袞等，俱伏誅. 遼主緩於討賊，議者少之.

50　甲子，武寧軍節度使高繼沖卒. 繼沖鎭彭門十餘年，有惠政，民請留葬，帝不許.

51　十二月，戊戌，北漢將改元，遣使禀命於遼.

52　遼主如歸化州.

53　少府監致仕盧億，有高識，惡其子多遜所爲，嘗曰：“趙普，元勳也，而小子毀之，禍必及我．我得早死，不及見其敗，幸矣."庚子，億以憂卒．丙午，多遜起復．

54　女眞遣使貢馬．

55　命參知政事盧多遜·知制誥扈蒙·張澹以見行《長定循資格》及泛降制書，攷正違異，削去重復，補其闕漏，爲《長定格》三卷，《循資格》一卷，《制敕》一卷，《起請條》一卷；書成，上之，頒爲永式．自是銓注益有倫矣．

56　始行《開寶通禮》．

57　北漢成德節度使·太師兼中書令劉繼顒，自以沙門位兼將相，頗爲時論所薄，數上表求罷，不許．是歲，繼容卒，追封定王．

初，北漢主爲大內都巡檢，孝和帝以其幼弱，命劉繼欽副之，委以禁衛．北漢主立，繼欽畏猜忌，謝病，請罷．北漢主曰："繼欽但事先帝，豈肯爲我盡力邪！"乃黜居交城，俾奉園寢，尋遣人殺之．由是舊臣多以譖見殺，人心携貳，所招吐谷渾軍皆不附．

1 　春, 正月, 甲戌, 賑揚·楚等州饑.

2 　癸未, 遼主如南京.

3 　是月, 北漢改元廣運.

4 　二月, 庚辰朔, 日有食之.

5 　帝初臨御, 欲周知外事, 令軍校史珪博訪, 珪廉得數
事, 白於帝, 按驗皆實, 由是信之, 累遷馬軍都軍頭, 領毅
州刺史, 漸肆威福.
　時德州刺史郭貴權知邢州, 國子監丞梁夢升知德州. 貴之
族人親吏, 在德州頗爲姦利, 夢升以法繩之. 貴素與珪善,
遣親信至都, 以其事告珪, 圖去夢升, 珪悉記於紙, 將伺便
言之. 甲申, 帝從容言:"邇來中外所任, 皆得其人."珪曰:
"今之文臣, 不必皆善."乃搜懷中所記以進, 曰:"只如梁夢
升權知德州, 欺蔑刺史郭貴, 幾至於死."帝曰:"此必刺史所
爲不法. 夢升眞淸强吏也."取所記紙, 召一黃門令齎付中書
曰:"即以夢升爲贊善大夫."既行, 又召還, 曰:"與左贊善
大夫, 仍知德州."珪乃不敢言.

6　王辰，慶州刺史姚內斌卒，遣中使護喪歸葬洛陽．內斌在慶州踰十年，邊人畏伏，目爲姚大蟲，言其虓勇如虎也．

7　癸巳，権場使田仁朗權知慶州．

8　三月，遣使如遼，遼使涿州刺史耶律昌珠加侍中來聘，議和．

9　夏，四月，丙午，命左補闕南皮賈黃中檢視廣南民田．黃中廉直平恕，遠人便之．還，奏利害十數事，皆稱旨．

10　遼喜袞自改封宋王，得志而驕，遼主召之，不時至，怒，鞭之，由是憤怨謀亂，爲閣門使酌古之子海里所告，喜袞坐廢．酌古加檢校太尉兼御史大夫，海里遙授隴州防禦使．

11　五月，戊申朔，殿中侍御史李瑩坐受江南饋遺，責授左贊善大夫．

12　監察御史劉蟠，受詔於廬·舒等州巡茶．蟠乘羸馬，僞稱商人，抵民家求市，民家不疑，出茶與之，即禽置於法．壬戌，命蟠同知淮南諸州轉運事．

13　江南國主天性友愛，以弟從善被留，悲戀不已，歲時宴

會皆罷，爲《卻登高文》以見意．於是遣常州刺史陸昭符入貢，
奉手疏求從善歸國；帝不許，出其疏示從善，慰撫之．六月，
甲申，以從善掌書記江直木爲司門員外郎‧通判袞州，僚佐
悉推恩．又封從善母凌氏爲吳國太夫人．

　陸昭符在江南，與張洎有隙，帝雅知之，因從容謂昭符
曰：「爾國弄權者結喉小兒張洎，何不入使？爾歸，可諭令一
來，朕欲觀之．」昭符懼，遂不敢歸．

14　　秋，七月，庚申，遼主獵於平地松林．

15　　盧多遜既還，江南國主知帝有南伐意，遣使願受封冊，
帝不許，於是復遣閤門使梁迴使焉．迴從容問國主曰：「朝廷
今冬有柴燎之禮，國主盍來助祭！」國主唯唯不答．迴歸，帝
始決意伐之．

16　　初，江南人樊若水，舉進士不中第，上書言事，不報，
遂謀北歸．先釣魚采石江上，用小舫載絲繩維於南岸，而疾棹
抵北岸，以度江之廣狹，凡數十往反而得丈尺之數，遂詣闕
自言有策可取江南．帝令送學士院試，賜及第，授舒州團練推
官．若水啓帝，以老母及親屬皆在江南，恐爲李煜所害，願迎
至治所．帝即詔國主護送，國主聽命，戊辰，詔若水爲贊善大
夫，且遣使詣 荊‧湖，如若水之策，造大艦及黃黑龍船數千
艘．

17   己巳，彰德節度使韓重贇卒．重贇在相州，日課部民采木造佛寺，人皆苦之．

18   遼軍器庫副使石重榮·東頭供奉官劉琮來降．八月，丙子朔，以重榮爲茶酒庫副使，琮爲西頭供奉官．

19   先是吳越王俶遣元帥府判官黃夷簡入貢，帝謂之曰："汝歸語元帥，當訓練兵甲，江南倔强不朝，我將發師討之．元帥當助我，無惑人言．"

帝又命有司造大第於薰風門外，連亘數坊，棟宇宏麗，儲峙什物，無不悉具，乃召吳越進奉使錢文贄謂之曰："朕數年前令學士承旨陶穀草詔，比於越南建離宮，今賜名禮賢宅，以待李煜及汝主先來朝者賜之．"且以詔草示文贄，遂遣文贄賜俶羊馬，諭旨於俶．

戊寅，俶遣其行軍司馬孫承祐入貢．丁亥，辭歸，上厚賜俶器幣，且密告以師期．承祐俶妃之兄，以妃故，貴近用事，專其國政，時謂之"孫總監"，言其無所不領轄也．

20   甲午，忠武節度使·同平章事·琅琊郡王王審琦卒，謚正懿．＊

續資治通鑑　卷008

【宋紀八】

起閼逢閹茂九月，盡柔兆困敦十一月，凡二年有奇.

❖ 太祖啓運立極英武睿文神德聖功至明大孝皇帝開寶
七年（遼保寧六年）

1　　九月，癸亥，命潁州團練使曹翰領兵先赴荊南，丙寅，
復命宣徽南院使曹彬・侍衛馬軍都虞候洛陽李漢瓊・判四方
館事田欽祚同領兵繼之.

帝已分遣諸將，而未有出師之名，欲先遣使召李煜入朝，
擇羣臣可遣者，以左拾遺・知制誥開封李穆使江南. 穆至，
諭旨，國主將從之，光政使・門下侍郎陳喬曰：“臣與陛下同
受元宗顧命，今往，必見留，其若社稷何！臣雖死，無以見
元宗於九泉矣！” 張洎亦勸國主無入朝，國主遂稱疾固辭，
且言：“謹事大國者，蓋望全濟之恩. 今若此，有死而已.” 穆
曰：“朝與否，國主自處之. 然朝廷兵甲精銳，物力雄富，恐

不易當其鋒，宜熟計之，無貽後悔！" 使還，具言其狀，帝以爲所諭要切，江南亦謂穆言不欺.

是日，又命山南東道節度使潘美‧侍衛步軍都虞候劉遇‧東上閤門使梁迥等同領兵赴荊南.

2 冬，十月，乙亥朔，遼主還上京.

3 甲申，帝幸迎春苑，登汴堤，發戰艦東下；丙戌，幸東水門，發戰櫂東下.

4 江南國主復遣其弟江國公從鎰‧水部郎中龔愼修重幣入貢，且買宴，帝皆留之，不報.

5 曹彬與諸將入辭，帝謂彬曰："南方之事，一以委卿，切勿暴掠生民；務廣威信，使自歸順，不須急擊也." 且以匣劍授彬曰："副將而下，不用命者斬之." 潘美等皆失色. 自王全斌平蜀多殺人，帝每恨之，彬性仁厚，故專任焉.

6 丁酉，以吳越王俶爲升州東南面行營招撫制置使，仍賜戰馬二百匹，遣客省使丁德裕以禁兵步騎千人爲俶前鋒，且監其軍.

7 乙亥，曹彬等自蘄陽過江，破峽口寨，殺守卒八百人，生禽二百七十人，獲池州牙校王仁震・王宴・錢興等三人.

甲辰，以曹彬爲升州西南面行營馬步軍戰櫂都部署，潘美爲都監，曹翰爲先鋒都指揮使.

初，宋師直趨池州，緣江屯戌皆謂每歲朝廷所遣巡兵，皆閉壁自守，遣使奉牛酒來犒師；尋覺異於他日，池州守將戈彥遂棄城走. 閏月，己酉，曹彬等入池州.

先是帝遣八作使郝守濬率丁匠自荊南以大艦載巨竹絙，并下朗州所造黃黑龍船於采石磯，跨江爲浮梁，先試於石牌口. 既成，命前汝州防禦使靈丘陸萬友往守之.

丁巳，曹彬等及江南兵戰於銅陵，敗之，獲戰艦二百餘艘，生禽八百餘人.

8　庚申，知制誥・史館修撰扈蒙上言：“昔唐文宗每開延英召大臣論事，必命起居郎・舍人執筆螭坳以紀時政，故《文宗實錄》最爲詳備. 至後唐明宗，亦命端明殿學士及樞密直學士輪修《日曆》送史館. 近朝以來，此事都廢，每季雖有內殿《日曆》，樞密院錄送史館，然所記者，不過臣下對見辭謝而已，帝王言動，莫得而書. 緣宰相以漏泄爲虞，無因肯說；史官以疏遠自隔，何由得聞！望自今，凡有裁制之事，優恤之恩，發自宸衷，可書簡策者，并委宰臣及參知政事每月輪知抄錄，以備史官撰集.” 詔從之，命盧多遜專其職.

9　壬戌，曹彬等至當涂，雄遠軍判官婺源魏羽以城降宋. 宋師先拔蕪湖，又克當涂，遂屯采石磯.

10　　甲子，監修國史薛居正等上所修《五代史》百五十卷. 明
日，帝謂宰相曰：“昨觀新史，見梁太祖暴亂醜穢之迹乃至如
此，宜其旋被賊虐也.”

11　　丁卯，曹彬等敗江南二萬餘眾於采石，生禽馬步軍副部
署楊收·兵馬都監孫震等，又獲戰馬三百餘匹. 初，江南無戰
馬，朝廷每歲賜百匹，至是驅爲先鋒以拒宋師. 既獲之，驗其
印記，皆朝廷所賜者.

12　　十一月，癸未，選泰寧節度使李從善麾下及江南水軍凡
一千三百餘人爲禁旋，號曰歸聖.

13　　詔移石牌鎮浮梁於采石磯，繫纜三日而成，不差尺寸，
大兵過之，如履平地. 初爲浮梁，國主聞之，以語張洎，洎對
曰：“載籍以來，無有此事，此必不成.” 國主曰：“吾亦謂此
兒戲耳.” 於是遣鎮海節度使鄭彥華督水軍萬人，天德都虞候
杜眞領步軍萬人，同禦宋師. 將行，國主戒之曰：“兩軍水陸
相濟，無不捷矣.”

14　　戊子，吳越王俶遣使修貢，謝招撫制置之命也. 并上江南
國主所遺書，其略云：“今日無我，明日豈有君！明天子一旦

易地酬勳，王亦大梁一布衣耳."

15　遼沙門昭敏，左道惑人，遼主寵之，以爲三京諸道僧尼都總管，加兼侍中.

16　己丑，知漢陽軍李恕敗江南鄂州水軍三千餘人，獲戰艦四十餘艘.

17　甲午，曹彬等敗江南兵於新寨，獲戰艦三十艘. 鄭彥華‧杜眞與宋師遇，眞以所部先戰，彥華擁兵不救，眞衆大敗.

18　遼涿州刺史耶律琮致書於權知雄州孫全興，其略云："兩朝初無纖隙，若交馳一介之使，顯布二君之心，用息疲民，長爲鄰國，不亦休哉！" 辛丑，全興以琮書來上，帝命全興答書，許修好.

19　十二月，金陵始戒嚴，下令去開寶之號，公私記籍但稱甲戌歲. 益募民爲兵，民以財及粟獻者官爵之.

20　丁未，漢陽兵馬監押寧光祚敗鄂州水軍於江北岸.

21　吳越王俶率兵圍常州.

22 　己酉，曹彬敗江南軍於白鷺洲.

23 　癸亥，吳越兵拔利城寨.

24 　丙寅，曹彬等破江南兵於新林港口.

25 　庚午，北漢攻晉州，守臣武守琦敗之於洪洞.

26 　辛未，吳越王俶敗江南兵於常州北境.

❖ 太祖啓運立極英武睿文神德聖功至明大孝皇帝開寶
八年（遼保寧七年）

1 　春，正月，丙子，權知池州樊若水敗江南兵四千人於州
界.

2 　壬寅，遼望祀木葉山.

3 　初，曹彬等師未出，帝命王明爲黃州刺史，密授方略. 明
既視事，亟修葺城壘，訓練士卒. 至是以明爲池州至岳州江路
巡檢戰櫂都部署. 辛巳，明遣兵馬都監武守謙等渡江，敗江南
兵於武昌，拔樊山寨.

4　是日，行營左廂戰櫂都監田欽祚敗江南兵於溧水．江南都統李雄謂諸子曰：「吾必死於國難，爾曹勉之！」父子八人皆没於陣．

5　乙酉，帝御長春殿，謂宰相曰：「古之爲君者，鮮能無過，朕常夙夜畏懼，防非窒欲，庶幾以德化人之義．如唐太宗受人諫疏，直詆其失，曾不愧恥；豈若不爲之，而使天下無間言哉！爲臣者或不終名節，陷於不義，蓋忠信之薄而獲福亦鮮，斯可戒矣．」

6　庚寅，曹彬等進攻金陵，行營馬軍都指揮使李漢瓊率所部渡淮南，取巨艦，實以葭葦，順風縱火，攻其水寨，拔之．初次秦淮，江南兵水陸十餘萬，背城而陣，時舟楫未具，潘美率所部先濟，大兵隨之，江南兵大敗．江南復出兵，將溯流奪采石浮梁，美旋擊破之．

7　癸巳，命京西轉運使李符益調荆湖軍食赴金陵城下．

8　二月，權知潭州朱洞遣兵馬都監石曦敗江南兵於袁州西界．

9　癸丑，曹彬等敗江南兵於白鷺洲，乙卯，拔升州關城，守陴者皆遁入其城內．

10　癸亥，北漢遣雁門節度使劉繼文貢方物於遼．

11　甲子，知揚州侯陟敗江南兵於宣化鎮．

12　丙寅，遼以青牛・白馬祭天地．

13　丁卯，以知制誥王祐權知貢舉，知制誥扈蒙・左補闕梁
周翰・秘書丞雷德驤并權同知貢舉．權同知貢舉始此．
　戊辰，帝御講武殿，覆試王祐等所奏合格舉人王式等，因
語之曰：“向者登科名級，多爲勢家所取，塞孤貧之路．今朕
躬親臨試，以可否進退，盡革前弊矣．” 式等皆頓首謝．於
是內出詩題試之，得進士王嗣宗以下三十人，諸科紀自成等
三十四人．嗣宗，汾州人也．江南進士林松・雷說，試不中
格，以其間道來歸，并賜《三傳》出身．

14　是月，江南知貢舉・戶部員外郎伍喬放進士張確等三十
人．自保大十年開貢舉，訖於是歲，凡十七榜．

15　三月，尙食供膳，有虱緣食器旁，帝性寬仁多恕，謂左
右曰：“勿令掌膳者知．” 帝嘗讀《堯典》，嘆曰：“堯・舜之
世，四凶之罪，止從投竄，何近代憲綱之密邪！” 蓋有意於
措刑也．故自二年至今，詔所貸死罪凡四千一百八人．

16　乙亥，權知盧州邢琪領兵渡江，至宣州界，攻拔義安寨.

17　王午，遼耶律蘇薩獻党項俘，分賜羣臣.

18　庚寅，曹彬等敗江南兵於江中.

19　遼使克卜茂固舒蘇來聘，詔閣門副使郝崇信至境上迓之.
及至，館於都亭驛. 己亥，入見，宴於長春殿，賜衣器有差.

20　王寅，遣中使王繼恩領兵數千人赴江南.

21　夏，四月，教坊使衛德仁，以老乞外官，且援同光故事
求領郡，帝曰：“用伶人爲刺史，此莊宗失政，豈可效之！”
宰相擬上州司馬，帝曰：“上佐乃士人所處，資望甚優，亦不
可輕授. 此輩但當於樂部遷轉耳.” 乃命爲太常寺大樂署令.

22　乙巳，王明敗江南兵於江州.

23　己酉，遼主祀木葉山；辛亥，射柳祈雨. 遼主如頻蹕淀清
暑.

24　癸丑，吳越兵圍常州，刺史禹萬成拒守，大將金成禮劫
萬成，以其城降.

25 吳越初發兵，丞相沈虎子諫曰："江南，國之屏蔽，奈何自撤其屏蔽乎？"不聽，遂罷虎子政事，命通儒學士錢塘崔仁冀代之．

26 壬戌，幸都亭驛，臨汴，觀飛江兵乘刀魚船習水戰．

27 曹彬等敗江南兵於秦淮北．

28 五月，壬申朔，以吳越國王錢俶守太師·尚書令，益食邑．

29 甲申，吳越王俶言江陰·寧遠軍及沿江諸寨皆降．

30 丁酉，王明破江南兵於武昌．

31 辛丑，河決澶州郭龍村．

32 初，陳喬·張洎爲江南國主謀，請所在堅壁以老宋師．宋師入其境，國主弗憂也，日於後苑引僧道誦經·講《易》，不恤政事，軍書告急，皆莫得通，師傅城下累月，國主猶不知．時宿將皆前死，神衛統軍都指揮使皇甫繼勳者，暉之子也，年尚少，國主委以兵柄．繼勳素貴驕，初無效死意，但欲國主速降而口不敢發，每與眾云："北軍強勁，誰能敵之！"聞兵敗，則喜見顔色，曰："吾固知其不勝也."偏裨有募敢死士欲夜出營邀戰者，繼勳鞭其背而拘之，由是衆情憤怒. 是月，國主自出巡城，見宋師列柵城外，旌旗滿野，知爲左右所蔽，始驚懼，乃收繼勳付獄，殺之，軍士爭臠割其肉，頃刻都盡. 繼勳既誅，凡兵機處分皆自澄心堂宣出，實泊等專之也. 於是遣使召神衛軍都虞候朱全贇以上江兵入援. 全贇擁十萬衆屯湖口，諸將請乘江漲速下，全贇曰："我今前進，敵人必反據我后. 戰而捷，可也；不捷，糧道且絶，奈何？"乃以書召南都留守柴克貞使代鎮湖口，克貞以病遷延不行，全贇亦不敢進，國主累促之，全贇不從.

33　詔以嶺表之俗，疾不呼醫，自皇化攸及，始知方藥；商人齎生藥度嶺者勿算.

34　六月，辛亥，河決頓丘.

35　辛酉，前鳳翔節度使・太師兼中書令魏王符彦卿卒，輟三日朝，官給葬事.

36　甲子，彗出柳，長四丈，晨見東方，西南指，凡八十三日乃滅.

37　丁卯，曹彬等敗江南兵於城下.

38 秋，七月，辛未朔，日有食之.

39 初，江南捷書累至，邸吏督李從鎰入賀，潘愼修以爲“國
且亡，當待罪，何賀也？”自是羣臣稱慶，從鎰即奉表請罪.
帝嘉其得禮，遣中使慰撫，供帳牢餼，悉從優給. 壬午，復命
李穆送從鎰還國，手詔促國主來降，且令諸將緩攻以待之.

40 遼黃龍府衛將燕頗殺都監嫿瑚以叛，遣敞史耶律曷里必
討之.

41 左司員外郎權知揚州侯陟，受賕不法，爲部下所訟，追
赴京師. 陟素善參知政事盧多遜，私遣人求哀. 時金陵未拔，
帝以南土卑濕，秋暑，軍多疫，議令曹彬等退屯廣陵，休士
馬爲後圖，多遜爭不能得. 會陟新從廣陵來，多遜敎令上急
變言江南事. 陟時被病，帝令皇城卒掖入見，即大言：“江南
平在旦夕，陛下奈何欲罷兵？願急取之. 臣若誤陛下，願夷
三族.”帝屏左右，召升殿問狀，遂寢前議，赦陟罪不治. 八
月，甲辰，復以陟判吏部流內銓.

42 癸亥，丁德裕言敗江南軍於潤州城下.

43 九月，壬申，帝狩近郊，逐兔，馬躓，墜地，因引佩刀
刺馬，殺之，既而悔之曰：“吾爲天下主，輕事畋獵，又何罪

馬哉！"自是遂不復獵.

44　遼耶律曷里必敗燕頗於治河，遣其弟安搏追之. 燕頗走保
兀惹城，安搏乃還，以其餘黨千餘戶城通州.

45　初，江南聞有宋師，國主以京口要害，擢素所親任侍衛
都虞候劉澄爲潤州留後，臨行，謂曰："卿未合離孤，孤亦難
與卿別，但此行非卿不可."澄泣涕辭歸，盡輦金玉以往，謂
人曰："此皆前後所賜，今當散此以圖勳業."國主聞之喜. 及
吳越兵初至，營壘未成，左右請出兵掩之，澄不肯. 國主尋命
凌波都虞候盧絳引所部舟師八千來援，時澄已通降款，徐謂
絳曰："間者言都城受圍日久，若都城不守，守此何爲！"絳
亦知城終陷，遂潰圍而出. 戊寅，澄帥將吏開門請降，潤州
平.

46　李從鎰至江南諭帝旨，國主欲出降，陳喬‧張洎以爲城
守甚固，北軍旦夕當自退，國主乃止. 李穆還，帝復命諸將進
兵.

　及潤州平，外圍愈急，始謀遣使入貢，求緩兵. 道士周惟
簡，常以冠褐侍講周易，累官至虞部郎中致仕，於是張洎薦
惟簡，復召爲給事中，與修文館學士承旨徐鉉同使京師. 時國
主方督朱全贇舉湖口兵入援，謂鉉曰："汝既行，即當止上江
援兵."鉉曰："臣此行未必有濟，城中所恃者援兵耳，奈何止

之？”國主曰：“方求和而復召兵，汝豈不危？”鉉曰：“當置臣於度外耳.”國主泣下，又親寫十數紙題寫奏目，令惟簡乘間求哀，欲謝政養病.

冬，十月，己亥，曹彬等遣使送鉉及惟簡赴闕. 鉉居江南，以名臣自負，其來也，欲以口舌馳說存其國. 於是大臣亦先白帝，言鉉博學有才辯，宜有以待之，帝笑曰：“第去，非爾所知也.”既而鉉入朝，仰而大言曰：“李煜無罪，陛下師出無名.”帝徐召升殿，使畢其說. 鉉曰：“煜事陛下，如子事父，未有過失，奈何見伐？”其說累數百言. 帝曰：“爾謂父子爲兩家，可乎？”鉉不能對. 惟簡尋以奏目進，帝覽之，謂曰：“爾主所言，我亦不曉也.”帝雖不爲緩兵，然所以待鉉等，皆如未舉兵時. 壬寅，鉉等辭歸江南.

47　辛亥，詔：“郡國令佐察民有孝弟力田·奇才異行或文武可用者，遣詣闕.

48　丁巳，遣使修洛陽宮室，帝始謀西幸也.

49　江南國復遣使貢銀五萬兩·絹五萬匹，乞緩師.

50　朱全贇自湖口以衆援金陵，號十五萬，縛木爲筏，長百餘丈，戰艦大者容千人，將斷采石浮梁，會江水涸，戰艦不能驟進. 王明屯獨樹口，遣其子馳騎入奏，帝密遣使令明於洲

浦間多立長木若帆檣之狀以疑之. 己未, 全贇獨乘大航, 高十
餘重, 上建大將旗幡. 至皖口, 行營步軍都指揮使劉遇揮兵急
攻之, 全贇以火油縱燒, 遇軍不能支. 俄而北風, 反焰自焚,
其眾不戰自潰, 全贇惶駭, 赴火死. 禽其戰櫂都虞候王暉等,
獲兵仗數萬. 金陵獨恃此援, 由是孤城愈危蹙矣.

51　　監察御史劉蟠, 性清介寡合, 頗任數設詐以卜人主之遇.
蟠時領染院, 乙丑, 駕臨幸, 蟠伺帝將至, 輒衣短後衣, 芒
屬持梃以督役, 頭蓬不治, 遽出迎謁, 帝以爲能勤其官, 賜
錢二十萬.

52　　遼主還自頻躍淀, 是月, 釣魚於土河.

53　　十一月, 徐鉉及周惟簡還江南, 未幾, 國主復遣入奏,
辛未, 對於便殿. 鉉言: "李煜以被病未任朝謁, 非敢拒詔
也, 乞緩兵以全一邦之命." 其言甚切至. 帝與反覆數四, 鉉
聲氣愈厲, 帝怒, 因按劍謂鉉曰: "不須多言! 江南亦有何
罪, 但天下一家, 臥榻之側, 豈容他人鼾睡乎!" 鉉惶恐而
退, 帝復詰責惟簡, 惟簡甚懼, 乃言: "臣本居山野, 非有仕
進意, 李煜強遣臣來耳. 臣素聞終南山多靈藥, 他日願得棲
隱." 帝憐而許之, 仍各厚賜遣還.

54　　庚辰, 王明言敗江南兵於湖口.

55　先是曹彬等列三寨攻城，潘美居其北，以圖上．帝視之，指北寨謂使者曰：“此宜深溝自固，江南人必以夜來寇．亟語曹彬等，并力速成之，不然，將爲所乘矣．”賜使者食，且召樞密使楚昭輔草詔，令徙置戰櫂，使者食已即行．彬等承命，自督丁夫掘塹，塹成．丙戌，江南果夜出兵五千襲北寨，人持一炬，鼓噪而進．彬等縱其至，乃徐擊之，皆殲焉，又獲其將帥佩符印者凡十數人．

56　金陵被圍，自春徂冬，居民樵采路絶．曹彬終欲降之，累遣人告國主曰：“城必破矣，宜早爲之所．”國主約先令其子清源郡公仲寓入朝，既而久不出．彬日遣人督之，且曰：“郎君不須遠適，若到寨，即四面罷攻矣．”國主終惑左右之言，但報云：“仲寓趣裝未辦．”彬又遣告曰：“稍遲，即無及矣！”國主不聽．

先是帝數遣使者諭彬以勿傷城中人，若猶困鬬，李煜一門，切無加害．於是彬忽稱疾不視事，諸將皆來問疾，彬曰：“余疾非藥石所愈，願諸公共爲信誓，破城日不妄殺一人，則彬之疾愈矣．”諸將許諾，乃相與焚香爲誓．翌日，彬即稱愈．

乙未，金陵城破，將軍咼彦·馬誠信及弟承俊帥壯士巷戰死．勤政殿學士豫章鍾蒨，朝服坐於家，亂兵至，舉族就死不去．

初，陳喬·張洎同建不降之議，事急，又相要同死．然洎實無死志，於是携妻子及橐裝入止宮中，引喬同見國主．喬曰：

"臣負陛下，願加顯戮．若中朝有所詰責，請以臣爲辭．"國
主曰："氣數已盡，卿死無益也．"喬曰："縱不殺臣，何面目
見士人乎！"遂自經死．洎曰："臣與喬共掌樞務，國亡當俱
死；又念陛下入朝，誰與陛下辨明此事！所以不死者，將有
待也．"

彬整軍成列，至其宮城，國主乃奉表納降，與其羣臣迎拜
於門．先見潘美，設拜，美答之；次拜彬，彬使人語之曰：
"介冑在身，拜不敢答．"即選精卒千人守其門外，今曰："有
欲入者，一切拒之．"始，國主積薪宮中，約盡室赴火死，及
見彬，彬慰安之，且諭以"歸朝俸賜有數，當厚自齎裝，既
爲有司所籍，一物不可復得矣．"因復遣煜入宮，惟意所欲取．
梁迴・田欽祚等諫曰："倘有不虞，咎將誰執？"彬笑而不答．
迴等爭不已，彬曰："煜素無斷，今已降，必不能自引決，
可亡慮也．"又遣兵百人爲輦載輜重．煜方憤嘆國亡，無意蓄
財，頗以黃金分賜近臣．彬既入金陵，申嚴禁暴之令，士大夫
保全者甚衆，仍大搜於軍，無得匿人妻子．倉廩府庫，委轉運
使許仲宣按籍檢視，彬一不問，師旋，惟圖籍・衣衾而已．

57 　十二月，己亥朔，江南捷書至，凡得州十九，軍三，縣
一百有八，戶六十五萬五千六十有五，羣臣皆稱賀．帝泣謂左
右曰："宇縣分割，民受其禍，攻城之際，必有橫罹鋒刃者，
此實可哀也．"即詔出米十萬石賑城中飢民．

辛丑，赦江南管內州縣常赦所不原者，僞署文武官吏見羣

務者幷仍其舊.

令太子洗馬河東呂龜祥詣 金陵，籍李煜所藏圖書送闕下.

58　己未，以恩赦侯劉鋹爲左監門衛上將軍，改封彭城郡公.

59　遼大丞相高勳・契丹行宮都部署尼哩席寵放恣，及遼主
之姨母・保母勢薰灼一時，納賂請謁，門若賈區. 北院樞密使
耶律賢適患之，言於遼主，不報. 賢適請以疾辭職，不許，令
鑄手印行事.

60　戶部員外郎知制誥王祐判門下省，與判吏部流內銓侯陟
不協，陟所注擬，祐多駁正，陟訴於盧多遜. 多遜初爲學士，
陰傾宰相趙普，累諷祐助己，祐不聽，多遜不悅. 癸亥，祐坐
陟事黜爲鎭國行軍司馬.

61　先是帝嘗召吳越進奏使任知果，令諭旨於其王俶曰："元
帥克毘陵有大功，俟平江南，可暫來與朕相見，以慰延想，
即當復還，不久留也. 朕三執圭幣以見上帝，豈食言乎！"崔
仁冀亦告俶曰："上英武，所向無敵，天下事勢可知. 保族全
民，策之上也."俶深然之.

62　甲子，遼遣耶律烏鎭來賀正旦；亦遣使報之.

63 　丁卯，吳越王俶請以長春節朝覲，許之.

1 　春，正月，辛未，曹彬遣翰林副使郭守文奉露布，以江
南國主李煜及其子弟·官屬等四十五人來獻. 帝御明德門受
獻，煜等素服待罪，詔幷釋之，各賜冠帶·器幣·鞍勒·馬
有差. 時有司議獻俘禮如劉鋹，帝曰"煜嘗奉正朔，非鋹比
也."寢露布不宣. 煜初以拒命，頗懷憂恚，守文謂煜曰："國
家止務恢疆土，致太平，豈復有後至之責邪！"煜乃安.

　徐鉉從煜至京師，帝責以不早勸煜歸朝，聲色俱厲. 鉉對
曰："臣爲江南大臣. 國滅，罪固當死，不當問其他."帝曰：
"忠臣也，事我當如李氏."賜坐，慰撫之. 又責張洎曰："汝敎
李煜不降，使至今日."因出其圍城中召援兵蠟書. 洎頓首請
死，曰："書實臣所爲. 犬吠非其主，此其一耳，他尚多. 今
得死，臣之分也."辭色不變. 帝初欲殺洎，及是奇之，曰：
"卿大有膽，朕不罪卿. 今事我，無替昔日之忠也."

2 　乙亥，以李煜爲右千牛衛上將軍，封違命侯，其子弟宗
屬悉授官. 丙子，以煜司空·知左右內史湯悅爲太子少詹事，
左內史侍郎徐鉉爲太子率更令，右內史舍人張洎爲太子中

允，餘授官有差.

3　庚辰，詔幸西京，將以四月有事於南郊.

4　壬午，濟州團練使李謙溥卒.

5　癸未，命翰林學士李昉閱諸道所解孝弟力田及有文武材幹者四百七十八人於禮部貢院，所業皆無可采，而濮州所薦居其半. 帝召問於講武殿，率不如詔，猶自言習武，試以騎射，則皆隕越顛沛. 帝曰："止可隸兵籍耳." 衆皆號泣求免. 乃悉罷之，劾官司濫擧之罪.

6　二月，己亥，羣臣再奉表請加尊號曰一統太平，帝曰："燕·晉未復，可謂一統太平乎？" 不許. 羣臣請易以立極居尊，許之.

7　庚戌，以宣徽南院使·義成節度使曹彬爲樞密使·領忠武節度. 樞密領節度自彬始. 山南東道節度使潘美爲宣徽北院使. 節度領宣徽自美始. 李漢瓊·劉遇·田欽祚·梁迥·李繼隆，並晉秩有差，賞江南之功也.
　彬歸自江南，詣閤門進榜子云："奉敕差往江南句當公事回." 時人嘉其不伐. 彬之行，帝許彬以使相爲賞，及還，語彬曰："使相品位極矣，且徐之，更爲我取太原." 因賜錢五十

萬. 彬至家，見布錢滿室，嘆曰：“人生何必使相，好官不過
多得錢耳！”

8　　己未，吳越國王俶及其子鎮海‧鎮東節度使惟濬等入見
崇德殿，宴長春殿. 先是車駕幸禮賢宅視供帳之具，及至，即
詔俶居之，寵賚甚厚，俶所貢奉亦增倍於前.

9　　帝初即位，召供備庫副使魏丕謂之曰：“作坊久積弊，其
爲我整理之！”即授作坊副使. 丕在職盡力，居八年，乃遷正
使；帝連歲征討修創，器械皆精辦. 三月，己巳，以丕領代州
刺史，仍兼作坊.

10　　庚午，命吳越王俶劍履上殿，詔書不名. 辛未，以俶妻賢
德順穆夫人孫氏爲吳越國王妃. 宰相謂異姓諸侯王無封妃之
典，帝曰：“行自我朝，表異恩也.”帝數召俶及其子惟演射苑
中，時諸王預坐，俶拜，輒令內侍掖起. 又嘗令俶與晉王等叙
兄弟禮，俶伏地叩頭固辭，乃止.
　　帝將西幸，俶請扈從，不許，乃留惟濬侍，遣俶歸國. 宴講
武殿，謂俶曰：“南北風土異宜，漸暑，宜早發.”俶泣請三歲
一朝，帝曰：“川塗迂遠，俟有詔乃來也.”臨行，賜一黃複，
封識甚固，戒俶曰：“途中宜密觀.”及啓之，則皆羣臣請留俶
章疏也，俶益感懼. 既歸，每視事功臣堂，一日，命徙坐於東
偏，謂左右曰：“西北者，神京在焉，天威不違顏咫尺，敢寧

居乎！"益以乘輿服玩爲獻，制作精巧. 每修貢，必列於庭，
焚香而後遣之.

11　遼遣五使廉問四方鰥寡孤獨及貧乏失職者賑之.

12　丙子，車駕發京師；丁卯，次鄭州. 庚辰，帝謁安陵，奠
獻號慟，左右皆泣. 既而登闕臺，西北向發鳴鏑，指其所曰：
"我後當葬此."賜河南府民今年田租之半，復奉陵戶一年.
　辛未，帝至西京，見洛陽宮室壯麗，甚悅，召知河南府·
右武衛上將軍焦繼勳面獎之，加彰德軍節度使.

13　以王全斌爲武寧節度，謂之曰："朕以江左未平，慮征南
諸將不遵紀律，故抑卿數年，爲朕立法. 今已克金陵，還卿節
鉞."仍厚賜之.

14　夏，四月，庚子，合祭天地於南郊. 時雨彌月不止，及其
始霽. 禮成，都民垂白者相謂曰："我輩少經亂離，不圖今日
復見太平天子！"有泣下者. 是日，御五鳳樓，大赦.
　壬寅，大宴，賜賚有差.

15　帝生於洛陽，樂其土風，嘗有遷都之意. 始議西幸，起
居郎李符陳八難，帝不從. 既畢祀事，尚欲留居之，羣臣莫
敢諫. 鐵騎左右廂都指揮使李懷忠乘間言曰："東京有汴渠之

漕，歲致江・淮米數百萬斛，都下兵數十萬人咸仰給焉．陛下居此，將安取之？且府庫重兵，皆在大梁，根本安固已久，不可動搖．"帝亦弗從．晉王又從容言遷都非便，帝曰："遷河南未已，久當遷長安．"王叩頭切諫，帝曰："吾將西遷者，非他，欲據山河之險而去冗兵，循周・漢故事以安天下也．"王又言"在德不在險"，帝不答．王出，帝顧左右曰："晉王之言固善，然不出百年，天下民力殫矣！"

16   甲辰，始下詔東歸．

17   丙午，駕發洛陽宮；辛亥，至東京．

18   初，李煜既降，曹彬令煜作書諭江南諸城守，皆相繼歸順，獨江州軍校胡則與牙將宋德明，殺刺史，據城不降．詔先鋒都指揮使曹翰爲招安巡檢使，率兵討焉．江州城險固，翰攻之不克，自冬訖夏，死者甚衆．丁巳，始拔之．時則病甚，臥床上，翰執縛，責其拒命，對曰："犬吠非其主，公何怪焉！"翰腰斬之，并殺德明，遂屠其城，死者數萬人，所略金帛以億萬計．

19   是月，遣田守奇如遼賀生辰．

20   己未，著令："自今旬假不視事，百官休沐．"

21 　帝以晉王所居，地勢高仰，水不能及，六月，庚子，步
自左掖門，至其第，遣工爲大輪，激金水注第中，且數臨
視，促成其役．王性仁孝，尹京十五年，庶務修擧．帝數幸其
府，恩禮甚厚．嘗病殆，不知人，帝亟往問，親爲灼艾，王覺
痛，帝亦取艾自灸，自辰至酉，至汗洽蘇息，帝乃還．又嘗宴
宮中，王醉，不能乘馬，帝起，送至殿階，親掖之．王帳下
士蒙城高瓊左手執鐙以出，帝顧見，因賜瓊等控鶴官衣帶及
器帛，勉令盡心．間謂近臣曰：“晉王龍行虎步，必爲太平天
子，福德非吾所及也．”

22 　武寧節度使王全斌卒．全斌輕財重士，不求顯赫之譽，寬
而容衆，軍旅樂爲之用．其黜居山郡幾十年，怡然自得，識者
多之．及卒，贈中書令．

23 　遼南京留守秦王高勳，怙寵而驕，嘗以南京郊內多隙
地，請疏畦種稻．遼主欲從之，林牙耶律昆宣言於朝曰：“高
勳此奏有異志，果令種稻，引水爲畦，設以京叛，官兵何自
而入？”遼主疑之，不果．會寧王質睦之妻私造鴆毒，勳亦以
毒藥餽駙馬都尉蕭默哩，事覺，秋，七月，丙寅朔，質睦奪
爵，貶烏庫部，勳除名流銅州．

24 　八月，乙未朔，吳越國王進射火箭軍士．

25　丁未，命侍衛馬軍指揮使党進爲河東道行營馬步軍都部署，宣徽北院使潘美爲都監·虎捷右廂都指揮使楊光美爲都虞候，暨牛思進·米文義率兵分五道伐北漢．丙辰，師入太原．又命忻·代行營都監郭進等分攻忻·代·汾·沁·遼·石等州．

26　是月，女眞侵遼貴德州東境．

27　九月，甲子，党進敗北漢兵於太原城下，北漢主求救於遼，遼主遣南府宰相耶律沙·冀王塔爾救之．

28　辛未，女眞襲遼州五寨，剽掠而去．

29　冬，十月，帝不豫．壬子，命內侍王繼恩就建隆觀設黃籙醮．是夕，帝召晉王入對，夜分乃退．

癸丑，帝崩於萬歲殿．時夜四鼓，皇后使王繼恩出，召貴州防禦使德芳．繼恩以太祖傳國晉王之志素定，乃不詣 德芳，徑趨開封府召晉王．見左押衙滎澤程德元坐於府門，叩門，與俱入見王，且召之．王大驚，猶豫不行，曰：“吾當與家人議之．”久不出．繼恩促之曰：“事久，將爲他人有矣．”時大雪，遂與王雪中步至宮．繼恩止王於直廬，曰：“王姑待此，繼恩當先入言之．”德元曰：“便應直前，何待之有！”乃與王俱進至寢殿．后聞繼恩至，問曰：“德芳來邪？”繼恩曰：“晉王至矣."后見王,愕然,遽呼官家,曰:"吾母子之命,皆托於官家."王泣曰:"共保富貴,勿憂也!"

甲寅,晉王即皇帝位,羣臣謁見萬歲殿之東楹,號慟殞絕.

乙卯,大赦天下,常赦所不原者咸除之.詔:"令緣邊禁戢戍卒,毋得侵撓外境.羣臣有所論列,并許實封以聞,須面奏者,閤門使即時引對."

30　庚申,以皇弟永興節度使兼侍中廷美為開封尹兼中書令,封齊王;皇子山南西道節度使·同平章事德昭為永興節度使兼侍中,封武功郡王;貴州防禦使德芳為山南西道節度使,同平章事.宰相薛居正加左僕射,沈倫加右僕射,即義倫也;參知政事盧多遜為中書侍郎·平章事,樞密使曹彬加同平章事,樞密副使楚昭輔為樞密使.

31　十一月,甲子,追冊故尹氏為淑德皇后,越國夫人符氏為懿德皇后.尹氏,崇珂之女兄,帝微時所娶也.

32　丁卯,詔齊王廷美·武功郡王德昭位在宰相上.

33　庚午,以齊州防禦使李漢超為雲州觀察使,判齊州,仍護關南屯兵;洺州防禦使郭進領應州觀察使,判刑州,兼西山巡檢如故.

時瀛州防禦使馬仁瑀監霸州軍,擅發麾下兵入邊境略奪,

由是與漢超交惡. 帝恐生邊釁 , 即遣使齎金帛賜漢超及仁瑀 ,
令置酒講解 , 尋徙仁瑀知遼州.

34　詔:"諸道轉運使各察舉部內知州‧通判‧監臨物務京朝
官以三科第其能否 , 政績尤異者爲上 , 恪居官次‧職務粗治
者爲中 , 臨事弛慢‧所涖無狀者爲下 , 歲終以聞."

35　以供奉官薛惟吉爲右千牛衛將軍 , 沈繼宗及鄉貢進士盧
雍并爲水部員外郎. 雍 , 多遜子也 , 起家授官 , 即與繼宗同.
多遜時方寵幸 , 帝特命之 , 非舊典云.

36　遼遣郎君旺陸等使宋弔慰.

37　是月 , 封劉鋹衛國公 , 李煜隴西郡公. ✽

續資治通鑑 卷009

【宋紀九】

起柔兆困敦十二月，盡屠維單閼二月，凡二年有奇.

帝諱炅，初名匡义，改賜光義，即位二年改今諱，太祖同母弟也. 晉天福四年十月甲辰，生於浚儀官舍，是夜，赤光上騰如火. 及長，龍準龍顏，望之儼如也. 性嗜學，工文業，多藝能. 仕周至供奉官都知，太祖即位，以爲殿前都虞候，領睦州防禦使，尋領恭寧軍節度使，加同平章事，行開封尹，再加兼中書令，封晉王.

❖ 太宗至仁應運神功聖德睿烈大明廣孝皇帝太平興國元年（遼保寧八年. 丙子，九七六年）

1　　十二月，甲寅，帝御乾元殿受朝，樂懸而不作，大赦，改元. 命太祖子及齊王廷美子並稱皇子，王‧石‧魏氏三公主並稱皇女.

2　　丁巳，以樞密直學士‧左正諫大夫賈琬爲三司副使. 三司置副使自此始.

3   戊午，遼遣蕭巴固濟來聘.

4   先是川‧峽分路置轉運使，峽鹽悉趨荊南，四川民乏
食，太祖遣使劾兩路轉運使罪，帝卽位，皆釋之. 於是命西川
轉運使申文緯遙兼峽路，轉運副使韓可玭兼西川路，使鹽筴
流通也.

5   遼詔南京復禮部貢院.

6   是月，詔罷河東之師，宣徽南院使潘美，侍衛馬軍都指
揮使党進，皆自行營歸闕.

7   是歲，高麗人金行成始入學於國子監.

❖ 太宗至仁應運神功聖德睿烈大明廣孝皇帝太平興國
   二年（遼保寧九年）

1   春，正月，壬戌，以大行在殯，不視朝.

2   丙寅，命禮部員外郎賈黃中‧左補闕程能‧左贊善大夫

馮瓚分掌左藏三庫. 先是貨錢與金帛同掌，歲久，儲蓄盈羡，
始命分之. 黃中尋出知昇州. 嘗按行府廨，見一室局鐍甚固，
命發鐍視之，得金寶數十櫃，計其價值數百萬，乃李氏宮閣
中遺物，未著於籍，即表上之. 帝曰："非黃中廉恪，則亡國
之寶將污法而害人矣." 賜錢二十萬.

3　　詔："中外臣僚無得與民爭利."

4　　女眞遣使貢於遼.

5　　帝初即位，以疆宇至遠，吏員益衆，思廣振淹滯以資其
闕，顧謂侍臣曰："朕欲博求俊乂於科場中，非敢望拔十得
五；止得一二，亦可爲致治之具矣."

　先是諸道所發貢士凡五千三百餘人，命太子中允・直舍人
院張洎・右補闕石熙載試進士，左贊善大夫侯陶等試諸科，
戶部郎中侯陟監之. 熙載，洛陽人也.

　於是禮部上所試合格人名. 戊辰，帝御講武殿，內出詩賦題
覆試進士，命翰林學士李昉・呂蒙正其優劣爲三等，得河南
呂蒙正以下一百九人. 庚午，覆試諸科，得二百七人，賜及
第. 又詔禮部閱貢籍，得十五舉以上進士及諸科一百八十四
人，並賜出身.《九經》七人不中格，帝憐其老，特賜同《三傳》
出身. 凡五百人，皆先賜綠袍鞾笏，錫宴開寶寺，帝自爲詩二
章賜之. 第一等・第二等進士並《九經》授將作監丞・大理評

事·通判諸州，同出身進士及諸科並送吏部免選，優等注擬.
寵章殊異，前代所未有也. 薛居正等言取人太多，用人多驟，
帝意方欲興文敎，抑武事，弗聽. 及蒙正等辭，召令升殿，諭
之曰：“到治所，事有不便於民者，疾置以聞.”仍賜裝錢，人
二十萬.

太祖之幸西京也，洛陽人張齊賢獻十策，太祖召見便坐，
問之，齊賢以手畫地條陳. 太祖善其四策，齊賢堅執其餘皆
善，太祖怒，令衛士曳出. 及還，語帝曰：“我幸西京，惟得
一張齊賢，我不欲遂官爵之，汝異時可收以自輔也.”於是齊
賢舉進士，帝欲置之高等，而有司第其名在數十人後. 帝不
悅，乃召進士盡第二等及《九經》凡一百三十人，悉與超除，
蓋爲齊賢故也.

6　　吳越國王俶遣其子溫州刺史惟演來修貢，賀登極.

7　　乙亥，賜鄉貢進士孔士基同本科出身，褒先聖後也.

8　　己卯，吳越國王妃孫氏薨，詔給事中程羽爲弔祭使.

9　　庚辰，詔易禁軍舊號，鐵騎曰日騎，控鶴曰天武，龍騎
曰龍衛，虎捷曰神衛.

10　江南舊用鐵錢，於民不便. 二月，壬辰朔，轉運使樊若水

請置監於昇‧鄂‧饒等州，大鑄銅錢，凡山之出銅者悉禁民采取，以給官鑄．廢鐵錢，悉鑄爲農器，以給江北流民之歸附者，且除銅錢渡江之禁，詔從其請，民甚便之．

11　癸巳，命戶部員外郎兼侍御史知雜事雷德驤提點開封府．

12　甲午，建鄂州永興縣爲永興軍．

13　遼遣使來賀卽位及正旦．

14　牛衛上將軍李煜自言其貧．乙未，詔賜錢三百萬．煜雖貧，張洎頗丐索之，煜以白金頮面器與洎，洎意猶不足．

15　北漢胡桃寨指揮使史溫等來降．

16　己亥，吳越王俶以山陵有期，遣使來修賵禮．

17　庚子，帝改名炅，詔："除已改州縣‧職官及人名外，舊名二字不須廻避．"

18　丙午，始分西川爲東‧西兩路，各置轉運使‧副使．兵部郎中許仲宣爲西路轉運使，考功員外郎滕中正爲東路轉運使．中正，北海人也．

19　初，右監門衛率府副率王繼勳分司西京，强市民家子女以備給使，小不如意，卽殺而食之．以櫬櫝貯殘骨，出棄野外，女僧及鬻棺者，出入其門不絶，居甚苦之，不敢告．帝在藩邸，頗聞其事，及卽位，會有訴者，亟命雷德驤往鞫之．繼勳具服，所殺婢百餘人．乙卯，斬繼勳幷女僧八人於洛陽市．長壽寺僧廣惠常與繼勳同食人肉，帝令先折其脛，然後斬之，民皆稱快．

20　己未，詔劉鋹・李煜，常俸外給以他俸．

21　三月，河陽節度使趙普來朝，乞赴太祖山陵．乙亥，授太子少保，留京師．

22　香藥庫使高唐張遜建議，請置榷場局，大出官庫香藥・寶貨，稍增其價，許商人入金帛買之，歲可得錢三十萬貫，以濟國用，使外國特有所泄．帝從之，一歲中果得錢三十萬貫．

23　戊寅，命翰林學士李昉等編類書爲一千卷，小說爲五百卷．

24　初，節度使得補子弟爲軍中牙校，豪橫奢縱，民間苦之．帝雅知其弊，始卽位，卽詔諸州府籍其名，部送闕下，至者凡百人. 癸未，悉補殿前承旨，以賤職羈縻之.

25　己丑，置威勝軍. 許遼人互市.

26　庚寅，知江州周述言：“廬山白鹿洞學徒常數千人，乞賜
《九經》，使之肄習.” 詔國子監給本，仍傳送之.

27　北漢乞糧於遼. 是月，遼主命以粟二十萬斛助北漢. 先是
遼主使烏珍・塔爾分治南・北院，善課農田，年穀屢稔，故
能經費有餘，恤北漢之匱，北漢賴之.

28　夏，四月，甲寅，遼遣鴻臚少卿耶律敵等來助葬.

29　乙卯，葬英武聖文神德皇帝於永昌陵.

30　賑延州饑.

31　是月，作景福殿.

32　詔恤刑. 自是每歲常舉行之.

33　帝厲精求治，前詔轉運使考案諸州，凡諸職任，第其優
劣；尋復遣使分行諸道廉察官吏. 五月，壬戌，詔罷其罷軟惰

慢者.

34　安遠節度使向拱‧武勝節度使張永德‧橫海節度使張
美‧鎮寧節度使劉廷讓以帝初卽位，並來朝. 癸亥，以拱‧永
德並爲左衛上將軍，美爲左驍衛上將軍，廷讓爲右驍衛上將
軍.

35　丙寅，詔：繼母殺夫前妻子及婦者，同殺人論.

36　庚午，命起居舍人辛仲甫使於遼，右贊善大夫穆被副之.
將至境，聞朝議興師伐北漢，仲甫知北漢倚遼爲援，遲留未
敢進，飛奏俟報，有詔遣行. 既至，遼主問曰：“聞中朝有党
進者，眞驍將，如進之比凡幾人？”仲甫對曰：“名將甚多，
如進鷹犬之材，何可勝數！”遼主欲留之，仲甫曰：“信以成
命，命不可留，有死而已.”遼主知其不可奪，厚禮遣還. 帝
謂左右曰：“仲甫遠使絶域，練達機宜，可謂不辱君命矣.”

37　甲戌，以十月十七日爲乾明節.

38　初，曹翰屠江州，民無噍類，其田宅悉爲江北賈人所
占，詔長吏訪其民之鄉里疏遠親屬給還之. 知州張霽，受賈人
賂，不盡與民，民訴其事. 壬寅，霽決杖流海島.

39　己卯，祔太祖神主於太廟，廟樂曰大定之舞，以孝明皇后王氏配．又以懿德皇后符氏・淑德皇后尹氏祔別廟．

40　己丑，女眞二十一人請受職於遼，遼主授宰相以下諸職有差．

41　六月，乙未，以保安等縣有黑虫夜食桑葉，免其桑稅．

42　遼喜袞召自貶所，適見遼主答北漢主書，詞意卑遜，喜袞曰：“本朝於漢爲祖，書旨如此，恐虧國體．”遼主韙之，丙辰，以爲北面招討使．

43　秋，七月，庚申朔，回鶻貢於遼．

44　癸亥，河決溫縣・滎澤，命客省使任城翟守素塞之．乙丑，河決頓丘及白馬．旋遣左衛大將軍李崇矩按行河勢，繕治河堤，蠲被水田租．

45　丙子，遼遣使助北漢戰馬．

46　閏月，庚寅朔，以陳洪進將入朝，遣翰林使程德元往宿州迎勞之．

47 丁未，以平南軍爲太平州.

48 己酉，遣翰林學士李昉使吳越.

49 初，天雄節度使兼侍中李繼勳，以疾求歸洛陽，許之；復上表乞骸骨，庚戌，授太子太師，致仕. 繼勳以質直稱，性儉嗇，唯奢於奉佛. 與太祖有軍中之舊，故特承寵遇. 後月餘卒，贈中書令，追封隴西郡王，謚莊武.

50 丁巳，有司上諸州所貢閏年圖. 故事，每三年一令天下貢地圖，與版籍皆上尚書省，國初以閏爲限，所以周知山川之險易，戶口之衆寡也.

51 梅山峒蠻首領苞漢陽等劫掠商人，禁之不止，命翟守素發潭州兵往討. 先以詔諭之，漢陽拒命. 八月，癸亥，詔守素進師. 時霖雨彌旬，弓弩解弛，守素令削木爲弩，賊掩至，交射之，賊遂敗；乘勝逐北，盡平其巢穴.

52 丙寅，陳洪進入見於崇德殿，禮遇優渥，賜錢千萬，白金萬兩，絹萬匹.

53 帝初卽位，以少府監高保寅知懷州. 懷州故隸河陽，時趙普爲節度使，保寅素與普有隙，事多爲普所抑，保寅心不能平，手疏乞罷節鎮領支郡之制．乃詔懷州直隸京師，長吏得自奏事．

於是虢州刺史許昌裔訴保平軍節度使杜審進闕失事．詔左拾遺李瀚往察之．瀚因言節鎮領支郡，多俾親吏掌其關市，頗不便於商賈，滯天下之貨，望不令有所統攝，以分方面之權．帝納瀚言，戊辰，詔諸州並直屬京師．天下節鎮，無復有領支郡者矣．

54 九月，辛卯，作崇聖殿．

55 吳越王俶入朝，先遣其子惟濬來貢．壬辰，詔戶部郎中侯陟至泗州迎勞之，及惟濬至，賜賚無算．

56 唐天祐中，兵亂窘乏，始令以八十五錢爲百；後唐天成中，又減五錢；漢乾祐初，復減三錢．宋初，因漢制，其輸官亦用八十或八十五，然諸州私用，猶各隨俗，至有以四十八錢爲百者．丁酉，詔所在悉以七十七錢爲百，每千錢必及四斤半以上．禁江南新小錢，民先有藏蓄者，悉令送官，官據銅給其直，私鑄者棄市．

57 癸卯，關南巡檢‧應州觀察使李漢超卒．帝甚悼之，廢朝，贈太尉‧忠武節度使，遣中使護喪歸葬．

58　帝屬意戎事，每朝罷，親閱禁卒，命築進武臺於城南之楊邨．癸亥，大閱，帝與文武大臣從官等登臺而觀，命天武左厢都指揮使京兆崔翰分布士伍，南北綿亘二十里，建五色旗以號令將卒，節其進退，每按旗指縱，則千乘萬騎，周旋如一，甲兵之盛，近代無比．帝悅，卽以金帶賜翰曰："此朕藩邸時所服者也."

59　容州舊貢珠，太祖平劉鋹，詔廢媚川都及禁民采珠．至是復貢珠百斤，賜負擔者銀帶衣服．

60　丙辰，帝始狩於近郊，作詩賜羣臣，令屬和．

61　國子監主簿郭忠恕，決杖配隸登州禁錮．忠恕縱酒，肆言時政，頗有謗讟，帝怒，故有是謫．忠恕行至臨邑卒．

62　丁巳．吳越王遣使乞呼名，不允．

63　冬，十月，辛酉，命左衛大將軍李崇矩爲邕・貴・潯・橫・欽・寶等州都巡檢使，未幾，徙瓊・崖・儋・萬麾下軍士咸憚於從行，崇矩盡出器皿金帛凡直數百萬，悉分給之，衆乃感悅．時黎賊擾動，崇矩悉至洞穴撫諭，以己財遺其酋長，衆皆懷附．在嶺表及海上四五年，恬然不以炎荒嬰慮．舊涉海者，多艤舟俟風，或旬餘，或彌月；崇矩往來皆一日而渡，未嘗留滯，從者亦皆無恙，人謂崇矩純德之報云.

64 遼遣使來賀乾明節.

65 己巳，羣臣請擧樂，表三上，從之.

66 壬申，女眞遣使貢於遼.

67 是月，初榷酒酤.

68 十一月，丁亥朔，日有食之，旣. 遼司天奏日當食不虧.

69 庚寅，日南至，帝始受朝.

70 甲午，命監察御史李濱・閣門祗候鄭偉爲契丹正旦使.

71 己亥，天平節度使兼中書令石守信罷節度，爲守中書令・西京留守. 守信在西京，好營佛寺，驅督峻急而不給傭直，民甚苦之.

72 馬軍都指揮使党進出爲忠武節度使. 進掌禁衛凡十二年，微巡京師閭巷，有畜奇禽異獸者，進或見，必命左右取放之，罵曰：“買肉不供父母，反飼禽獸乎！”嘗爲杜重威家奴，重威子孫貧賤，進分月奉錢給之，人亦以此稱焉.

73　戊戌，遼以吐谷渾叛入太原者四百餘戶，命招討使喜袞索而還之.

74　癸卯，遼主祠木葉山.

75　十二月，丁巳朔，試諸州所送天文術士隸司天臺，無取者黥配海島.

76　戊辰，遼主獵於近郊，以所獲祭天.

77　癸酉，詔定晉州礬法，私煮及私販易者罪有差.

78　辛巳，高麗國王佃遣其子元輔來貢，賀登極.

79　壬午，遼遣太僕卿特爾格・禮賓副使王英來賀明年正旦.

80　靈州通遠軍界諸蕃族剽略官綱，詔知靈州・通遠軍使董遵誨討之. 遵誨分將出兵，諸蕃族大懼，盡歸所掠，肉袒請罪，遵誨即慰撫之. 自是各謹封界，秋毫不敢犯. 帝命遵誨兼領靈州路巡檢，在通遠軍凡十四年.

81　是冬，北漢邊候言晉・潞・邢・洺・鎮・冀等州皆治戎器及攻城之具，又轉漕芻粟，北漢主甚恐.

❖　太宗至仁應運神功聖德睿烈大明廣孝皇帝太平興國三年（遼保寧十年）

1　春，正月，丙戌朔，不受朝，羣臣詣閤賀.

2　北漢主遣其子續爲質於遼，納重幣以求援.

3　甲午，命絳州浚汾河.

4　京西轉運使程能獻議，請自南陽下向口置堰，回白河水入石塘・沙河，合蔡河，達於京師，以通襄・潭之漕，帝壯其言而聽之. 戊戌，發兵役數萬，分遣使護其役，塹山堙谷，歷博望・羅渠・小祐山，凡百餘里. 踰月，抵方城，地高，水不能至，又增役以致水，然終不可通漕. 會山水暴漲，石堰壞，河竟不克就.

5　辛丑，浚廣濟・惠民河及蔡河，又治黃河隄. 丁未，浚汴口.

6　己酉，命翰林學士李昉等修太祖實錄，直學士院湯悅等修江表事迹.

7　癸丑，遼主如長濼.

初，遼主知翰林學士室昉有理劇才，改南京副留守，決獄平允，人皆便之，累遷工部尙書·樞密副使·參知政事. 至是拜樞密使，兼北府宰相，加同政事門下平章事.

8　建隆初，三館所藏書僅一萬二千餘卷，及平諸國，盡收其圖籍，惟蜀·江南爲多，凡得蜀書一萬三千卷，江南書二萬餘卷，又下詔開獻書之路，於是三館篇帙大備. 帝臨幸三館，惡其湫隘，顧左右曰："此豈可蓄天下圖籍，延四方賢俊邪！"卽詔有司度左升龍門東北，別建三館，其制皆親所規畫，輪奐壯麗，甲於內庭. 二月，丙辰朔，賜名崇文院，盡遷舊館書以實之，正副本凡八萬卷.

9　甲子，罷昌州七井虛額鹽. 有司言昌州歲收虛額鹽萬八千五百餘斤，乃開寶中知州李佩掊斂以希課最，廢諸井薪錢，額外課民糶鹽，民至破產不能償，多流入他郡，而積年之征不可免，詔悉除之.

10　庚午，回鶻貢於遼.

11　辛未，幸崇文院觀書，令親王・宰相檢閱問難．復召劉鋹・李煜縱觀，謂煜曰："聞卿在江南好讀書，此中簡策，多卿舊物，近猶讀書否？"煜頓首謝．因賜飲中堂，盡醉而罷．

12　以吳越王俶將至，癸酉，命四方館使梁迥往淮西迎勞之，旋遣其子鎮海・鎮東節度使惟濬至宋州迎省．

13　三月，乙酉朔，貝州清河民田祚十世同居，詔旌其門閭，復其家．

14　庚寅，遼主致祭於顯陵．

15　癸卯，殿前都虞候・泰寧軍節度使李重勳卒．重勳與太祖同事周祖，謹厚無矯飾，太祖甚重之，故擢委兵柄，始終無易；贈侍中．

16　己酉，吳越王俶入見於崇德殿，寵賚甚厚，卽日，賜宴於長春殿，俶僚佐崔仁冀等皆預坐．

17　以閑廄使・閤門祗候陳從信爲左衛將軍，充樞密院承旨，翰林使程德元爲東上閤門使兼翰林司公事，供奉官大名柴禹錫爲翰林副使，清池弭德超爲酒坊副使，皆以藩邸舊恩也．

18　夏，四月，乙卯朔，召華山道士眞源丁少微至闕.

少微善服氣，年百餘歲，隱居華潼谷中，與同縣陳摶齊名.
然少微專奉科儀，摶嗜酒放曠，雖居室密邇，未嘗往來. 少微
以金丹・巨勝・南芝・元芝等獻，帝留數月，遣還.

19　己巳，女眞遣使貢於遼.

20　己卯，平海節度使陳洪進用幕僚南安劉昌言之計，上表
獻所管漳・泉二州，得縣十四，戶十五萬一千九百七十八，
兵一萬八千七百二十七.

癸未，以陳洪進爲武寧節度使・同平章事. 旋以洪進子文顯
爲通州團練使，仍知泉州；文顗爲滁州刺史，仍知漳州.

五月，乙酉朔，御乾元殿受朝. 詔敕漳・泉管內，給復一
年.

21　初，吳越王俶將入朝，盡輦其府實而行，踰巨萬計. 俶意
求反國，故厚其貢奉以悅朝廷. 宰相盧多遜勸帝逐留俶不遣，
凡三十餘請，不獲命. 會陳洪進納土，俶恐懼，乃籍其國甲兵
獻之，復上表，乞罷所封吳越國及解天下兵馬大元帥之職，
寢書詔不名之制，且求歸本道；不許. 俶不知所爲，崔仁冀
曰：「朝廷意可知矣. 大王不速納土，禍且至！」俶左右爭言
不可，仁冀厲聲曰：「今在人掌握中，去國千里，惟有羽翼能
飛去耳.」俶遂決策，上表獻所管十三州，一軍. 帝御乾元殿

受朝，如冬·正儀. 俶朝退，將吏僚屬始知之，皆慟哭曰：
"吾王不歸矣！"凡得縣八十六，戶五十五萬六百八，兵十一
萬五千三十六.

丙戌，命考功郎中范旻權知兩浙諸州事.

旻初自淮南歸朝，帝謂曰："江淮之間，輦運相繼，卿之功
也."將用爲翰林學士，盧多遜言杭州初復，非旻不可治，帝
乃謂旻曰："卿且爲朕行，卽當召卿矣."錢氏據兩浙逾八十
年，外厚貢獻，內事奢僭，地狹民衆，賦斂苛暴，雞魚卵
菜，纖悉收取，斗升之逋，罪至鞭背，少者數十，多者至
五百餘，訖於國除，民苦其政. 旻卽至，悉條奏，請蠲除之，
詔從其請.

丁亥，徙封錢俶爲淮海國王；以其子惟濬爲淮南節度使，
惟治爲鎮國節度使，孫承祐爲泰寧節度使，崔仁冀爲淮南節
度副使.

22   戊子，詔赦兩浙諸州，給復一年.

23   壬寅，定難節度使李克叡卒，以其子繼筠襲職.

24   遼主之在藩邸也，馬羣侍中尼哩傾心結納，及卽位，以
翼戴功，累加守太尉. 北漢主聞其見信任，遇生日必致禮. 尼
哩素貪，與同列蕭阿布達並以賄聞. 時人有氈裘，爲梟耳子所
著者，或戲曰："或尼哩·蕭阿布達，必盡取之."傳以爲笑，

其貪猥如此. 至是，坐藏甲五百，屬有司按詰. 會追治賊殺蕭思溫者，尼哩及高勳皆預其謀，癸卯，賜尼哩死，遣人誅勳於流所，以勳之產賜思溫家. 尼哩無他長，唯善識馬，嘗行郊野，見數馬迹，指其一曰：“此奇駿也.”以己馬易之，已而果然.

25　六月，己未，遼主如沿柳湖.

26　戊辰，詔：“自今乘驛者皆給銀牌.”

27　秋，七月，乙酉，以振武節度使·殿前都虞候白進超爲殿前副都指揮使，以殿前都指揮使楊信病歿故也. 信晚歲病瘖，而能治軍. 進超無殊功，以謹密見擢.

28　壬辰，隴西郡公李煜薨，輟朝三日，贈太師，追封吳王.
初，鄭彥華之子文寶，仕煜爲校書郎，歸朝，不復叙故官. 煜時在環衛，文寶欲一見，慮守者難之，乃披蓑荷笠爲漁者，既得入，因說煜以聖主寬宥之意，宜謹節奉上，勿爲他慮. 議者嘆其忠焉.

29　中元節張燈，詔有司於淮海王俶第前設燈，上陳聲樂以寵之.

30　丁未，以廬州無爲監爲無爲軍.

31　庚戌，改明德門爲丹鳳門.

32　遼享於太祖廟.

33　帝先詔權罷貢舉，復恐場屋間有留滯者，八月，詔："諸州去年已得解者，除《三禮》·《三傳》·學究外，餘並以秋集禮部."

34　癸丑，滑州黃河清.

35　丙辰，詔兩浙發淮海王俶總麻以上親及所管官吏悉歸闕，凡舟千四百艘，所過以兵護送之. 於是俶子惟治悉奉兵民圖籍·帑廩管籥授知杭州范旻，與其弟惟演等皆赴闕，詔遣內侍勞於近郊. 壬申，對於長春殿，各賜衣帶·鞍馬·器幣.

36　甲戌，羣臣請上尊號曰應運統天聖明文武皇帝，許之.

37　九月，甲申朔，帝御講武殿，覆試禮部合格人，進士加論一首. 自是常以三題爲準. 得渤海胡旦以下七十四人；乙酉，得諸科七十人；並賜及第. 始賜宴於迎春苑，授官如二年之制. 故事，禮部惟春放榜，至是秋試，非常例也.

38　遼東京留守平王隆先，聰明博學，其在東京，薄賦省刑，卹鰥寡，數薦賢能之士，人多稱之．其子陳格，與渤海官屬謀殺其父，舉兵作亂，遼主命轘裂陳格以徇．

39　己亥，改杭州衣錦軍爲順化軍．

40　冬，十月，癸丑，遼遣太僕卿耶律諧理等來賀乾明節．

41　庚申，車駕幸武功郡王德昭邸，遂幸齊王邸．賜齊王銀萬兩，絹萬匹，德昭・德芳有差．

42　司農寺丞孔宜知星子縣回，獻所爲文，帝召見，問以孔子世嗣，擢右贊善大夫，襲封文宣公．辛酉，詔免其家租税．孔氏以聖人後，歷代不預庸調，周顯德中遣使均田，遂抑爲編戶，至是特命免之．

43　帝初卽位，幸左藏庫，視其儲積，語宰相曰：「此金帛如山，用何能盡！先帝每焦心勞慮，以經費爲念，何其過也！」於是分左藏北庫爲內藏庫，並以講武殿後封椿庫屬焉，改封椿庫爲景福內庫．帝謂左右曰：「朕置內庫，蓋慮司計之臣不能節約，異時用度有缺，復賦斂於民，終不以此自供嗜好也．」初，太祖別置封椿庫，嘗密謂近臣曰：「石晉割幽薊以賂契丹，使一方之人獨限外境，朕甚憫之．欲俟斯庫所蓄滿

三五十萬，卽遣使與契丹約，苟能歸我土地民庶，則當盡此
金帛充其贖直．如曰不可，朕將散滯財，募勇士，俾圖攻取
耳．"會宴駕，不果．

44　遼南京留守燕王韓匡嗣入權樞密使，遼主命其子德讓代
之．德讓有智略，喜建功立事，屢代其父爲留守，遼人以爲
榮．

45　十一月，乙未，親享太廟．丙申，合祭天地於南郊．御丹
鳳樓，大赦，受冊尊號於乾元殿．國初以來，南郊四祭及感生
帝・皇地祇・神州，凡七祭，並以四祖迭配．帝卽位，但以宣
祖・太祖更配．於是合祭天地，始奉太祖升侑焉．

46　庚子，幸齊王邸．

47　丙午，以郊祀，中外文武加恩．

48　初，閤門祗候浚儀王侁使靈州・通遠軍，還，言主帥所
用牙兵，率桀黠難制，慮歲久生變，請一切代之，帝因遣侁
調發內地卒往代．戍卒聞當代，多願留，侁察其中有拒命者，
斬以徇，卒皆慴息，遂將以還．

49　三司所掌諸案，以商稅・麴・末鹽四案爲繁劇．十二

月，丙辰，各置推官，命左贊善大夫張仲顒等分領之．諸案尋皆置推官，或置巡官，悉以京朝官充．

50　帝之尹開封也，薊人宋琪，以左補闕爲推官，帝甚加禮遇．琪與宰相趙普‧樞密使李崇矩善，多游其門，帝惡之，白太祖，出琪知隴州，移閬州．帝卽位，由護國節度判官召赴闕．程羽等先自府邸攀附至顯要，琪爲所中，久不得調．丁巳，帝召見，詰責，琪拜謝，請悔過自新，乃授太子洗馬．

51　乙丑，御講武臺，觀飛仙軍人發機石射連弩．帝將伐北漢，先習武事也．

52　庚午，臘，有司請備冬狩之禮，帝從之，謂左右曰：“禽荒有戒；朕今順時蒐狩，爲民除害，非敢以爲樂也．”

53　甲戌，改永興軍爲興國軍．

54　戊寅，遼遣蕭巴固濟等來賀明年正旦．

55　時諸州貢擧人並集，會將親征河東，罷之．自是每間一年或二年乃行貢擧．

56　初，陳洪進納土，帝旣命其子文顯知泉州留後，議擇能臣關掌州事，起復殿中丞南頓喬維岳爲通判．維岳始至，會草寇十餘萬來攻城，城中兵才三千，勢甚危急．監軍何承矩·王文寶欲屠城焚庫而遁，維岳抗議，以爲："朝廷任以綏遠之寄，今惠澤未布，盜賊連結，反欲屠城焚庫，豈詔意哉！"承矩等因復堅守．會兩浙西南路轉運使馮翊楊克讓自福州率屯來救，圍遂解．監軍王繼昇率精兵追擊，禽其魁，械送闕下，餘寇悉平．承矩，繼筠之子也．

57　是冬，遼主駐金川，御殘郎君耶律呼圖從聘宋還，言於遼主曰："宋必取河東，當先爲之備．"韓匡嗣曰："何以知之？"呼圖曰："是不難知也．四方僭號之國，宋皆並取，唯河東未下耳．今宋講武習戰，意必在漢矣．"匡嗣詆之曰："寧有是邪！"卒不設備．

❖　太宗至仁應運神功聖德睿烈大明廣孝皇帝太平興國四年（遼乾亨元年）

1　春，正月，帝召樞密使曹彬問曰："周世宗及我太祖，皆親征太原而不能克，豈城壁堅完，不可近乎？"彬對曰："世宗時，史超敗於石嶺關，人情震恐，故師還．太祖頓兵甘草地中，軍人多被腹疾，因是中止．非城壘不可近也．"帝曰："我今擧兵，卿以爲何如？"彬曰："國家兵甲精銳，人心欣戴，

若行弔伐，如摧枯拉朽耳."帝意遂決. 宰相薛居正等曰："昔
世宗舉兵，太原倚契丹之援，堅壁不戰，以致師老而歸. 及太
祖破契丹於雁門關南，盡驅其人民分布河‧洛之間，雖巢穴
尚存，而危困已甚. 得之不足以闢土，舍之不足以爲患，願陛
下熟慮之！"帝曰："今者事同而勢異，且先帝破契丹，徙其
人而空其地者，正爲今日事也，朕計決矣！"

丁亥，命太子中允張洎‧著作郎句中正使高麗，告以北伐.

遣常參官分督諸州軍儲赴太原.

庚寅，以宣徽南院使潘美爲北路都招討制置使，命崔彥
進‧李漢瓊‧曹翰‧劉遇各攻其城之一面. 遇以次當攻其西
面，而西面直北漢主宮城，尤險惡. 遇欲與翰易地，翰弗可，
遇必欲易之，議久不決. 帝慮將帥不協，乃諭翰曰："卿智勇
無雙，城西面非卿不能當也."翰始奉詔.

辛卯，命雲州觀察使郭進爲太原石嶺關都部署，西上閤門
使田仁朗‧閤門祗候供奉官劉緒按行太原城四面壕寨，閱視
攻城梯衝器用.

2　　遼主聞宋師討太原，嘆曰："呼圖殊能料事，朕與匡嗣慮
不及此！"乃遣玳瑪長壽來言曰："何名而伐漢也？"帝曰：
"河東逆命，所當問罪. 若北朝不援，和約如故；不然，惟有
戰耳！"

3　　癸巳，以樞密直學士石熙載簽署院事. 簽署樞密院事自熙

載始.

4 乙未，宴潘美等於長春殿，帝親授方略以遣之. 時劉鋹及
淮海王俶·武寧節度使陳洪進等皆與，鋹因言："朝廷威靈及
遠，四方僭竊之主，今日盡在坐中，且夕平太原，劉繼元又
至，臣率先來朝，願得執梃爲諸國降王長." 帝大笑，賞賜甚
厚.

5 丁酉，命河北轉運使侯陟與陝西北路轉運使雷德驤分掌
東·西路轉運使事.

6 癸卯，新渾儀成，司天監學生張思訓所創也. 置文明殿東
南之鍾鼓樓，以思訓爲渾儀丞. 舊制，日月晝夜行度，皆人運
轉；新制成於自然，尤精妙焉.

7 二月，丁卯，北漢乞援於遼，遼命南府宰相耶律沙爲都
統，冀王塔爾爲監軍，赴援. 又命南院大王色珍以所部從，樞
密副使穆濟督之.

8 丙辰，命宰相沈倫爲東京留守兼判開封府事，宣徽北院
使王仁贍爲大內都部署，樞密承旨陳從信副之.
　帝初卽位，謂齊王廷美曰："太原我必取之." 至是欲以廷美
掌留務. 開封府判官呂端言於廷美曰："主上櫛風沐雨以申弔

伐，王地處親賢，當表率扈從，若掌留務，非所宜也."廷美
由是請行. 端，餘慶弟也.

9　　甲子，車駕發京師. 戊辰，次澶州. 臨河主簿宋捷道旁獻
封事，帝見其姓名，喜曰："我師捷矣！"卽以爲將作監丞.

　　己巳，次德清軍. 命行在轉運使河南劉保勳兼句當北面轉運
使事. 遣均州刺史臨洺解暉・尙食使折彥贇攻隆州.

　　甲戌，次邢州. 以唐州團練使曹光實知威勝軍事. 光實入
告："願提一旅之衆，奮銳先登."帝曰："資糧事大，亦足宣
力也."

　　丙子，以潞州都監陳欽祚知威勝軍.＊

續資治通鑑 卷010

【宋紀十】

起屠維單閼三月，盡重光大荒落九月，凡二年有奇.

❖ 太宗至仁應運神功聖德睿烈大明廣孝皇帝太平興國
四年（遼乾亨元年）

1　三月，庚辰朔，駐蹕鎭州. 命鄲州刺史尹勳攻隆州. 隆州
爲北漢人依險築城以拒南師者，故先分兵圍之.

辛巳，命鎭州馬步都監・客省副使齊廷琛・洛苑副使侯美
分兵攻盂縣.

引進使・汾州防禦使田欽祚護石嶺關屯軍，與都部署郭進
不協，敵至，閉壁自守，去又不追，蓄軍資以規利，爲部下
所訟，詔鞫之，欽祚具伏. 癸未，責授睦州防禦使，仍護軍.

2　丙戌，遼命北院大王耶律希達・伊實王薩哈等以兵戍燕.

3　丁亥，郭進破北漢兵於西龍門寨.

戊子，命六宅使侯繼隆攻沁州，閤門祇侯王僎攻汾州. 僎，
侁弟也.

4　己丑，遼命左千牛衛大將軍韓侼・大同軍節度使耶律善
布以本路兵援北漢.

5　壬辰，復命淄州刺史太原王貴攻沁州.

6　乙未，遼耶律沙等至白馬嶺，前阻大澗，遇郭進兵，沙
與諸將欲待後軍，冀王塔爾及穆濟以爲急擊之便，沙不能奪.
塔爾等以先鋒渡澗，未半，進率騎奮擊，大敗之. 塔爾等及其
子華格・沙之子德琳・令袞圖敏・詳袞唐古俱殁於陣，沙等
幾不能出，會耶律色珍以救兵至，萬弩齊發，宋師乃退. 沙・
穆濟僅以身免. 北漢主復遣間使齎蠟丸赴遼，進捕得之，徇於
城下，城中氣始奪矣.

7　命知府州・閑廐使折御卿・監軍・供奉官晉陽尹憲分兵
攻嵐州.

丙申，左飛龍使史業破北漢鷹揚軍.

癸卯，河東城西面轉運使劉保勳爲陝西北路轉運使，代雷
德驤也. 德驤調發沁州軍儲後期，詔劾德驤，命保勳等兼領
之.

8 　乙巳，夏州李繼筠乞帥所部助討北漢.

9 　詔泉州發兵護送陳洪進親屬赴闕.

10 　夏，四月，己酉朔，嵐州行營與北漢軍戰，破之. 庚戌，
盂縣降.

11 　以石熙載爲樞密副使.

12 　辛亥，北漢駙馬都尉盧俊，自代州馳狀於遼告急. 遼人敗
衂之餘，不能再發兵救.

13 　辛酉，德呼勒部貢於遼.

14 　壬戌，車駕發鎮州，幸太原.

15 　折御卿克岢嵐軍，獲其軍使折令圖.

16 　甲子，解暉等攻隆州，西頭供奉官袁繼忠・武騎軍校許
均先登，陷之.

17 　己巳，折御卿克嵐州，殺其憲州刺史郭翊，獲夔州節度
使馬延忠.

18　庚午，帝至太原，駐蹕於汾水之東．辛未，幸城西面，按視營壘攻具，慰勞諸將．以手詔諭北漢主使降，傳詔至城下，守陴者不敢受．

　　壬申，夜漏未盡，帝幸城西督諸將攻城．天武軍校荊嗣率衆先登，手刃數人，足貫雙箭，中手砲，折碎二齒，帝見之，亟召下，賜以錦袍銀帶．嗣，罕儒兄孫也．

　　先是帝選諸軍勇士數百人，敎以劍舞，皆能擲劍於空中，躍其身左右承之，見者無不恐懼．會契丹遣使修貢，賜宴便殿，因出劍士示之，數百人袒裼鼓譟，揮刃而入，跳擲承接，曲盡其妙，使者不敢正視．及是巡城，必令舞劍士前導，各呈其技，城上人望之破膽．

　　帝每擐甲冑，犯矢石，指揮戎旅，左右有諫者，帝曰："將士爭效命於鋒鏑之下，朕豈忍坐觀！"諸軍聞之，人百其勇，皆冒死先登，凡控弦之士數十萬，列陣於乘輿前，蹲甲交射，矢集太原城上如蝟毛焉．捕得生口，云北漢主城中市所射之箭，以十錢易一矢，凡得百餘萬，聚而貯之．帝笑曰："此箭爲我蓄也."及城降，盡得之．

19　田欽祚在石嶺關，恣爲姦利諸不法事，郭進屢以爲言，欽祚憾之．進武人，剛烈，戰功高，欽祚數加陵侮，進不能堪，癸酉，遂縊而死，欽祚以卒中風眩聞．帝悼惜良久，優詔贈安國節度使．左右皆知，而無敢言者．命冀州刺史牛思進爲石嶺關部署．思進有膂力，嘗以強弓挂於耳，以手引之令滿；

又，負壁立，二力士撮其乳曳之不動，軍中咸異焉.

20　甲戌，幸諸塞.

乙亥，幸連城，視攻城諸洞. 時李漢瓊率衆先登，矢集其腦，又中指，傷甚，猶力疾戰. 帝促召至幄殿，視其創，傅以良藥. 帝欲親幸洞屋中勞士卒，漢瓊泣曰：「矢石注洞屋如雨，陛下奈何以萬乘之尊親往臨之！若不聽，臣請先死.」乃止.

丁丑，幸西連城樓.

五月，己卯朔，幸城西南隅；夜，督諸將急攻；遲明，陷羊馬城. 北漢宣徽使范超來降，攻城者疑其出戰，禽之以獻，斬於纛下. 既而北漢盡殺超妻子，梟其首，投於城外.

21　北漢代州刺史劉繼文及盧俊奔於遼.

22　辛巳，幸城西北隅. 北漢馬步軍都指揮使郭萬超來降.

壬午，帝幸城南，謂諸將曰：「翼日重午，當食於城中.」遂自草詔賜北漢主. 夜，漏上一刻，城上有蒼白雲如人狀.

癸未，幸城南，督諸將急攻，士奮怒，爭乘城，不可遏. 帝恐屠其城，因麾衆少退. 城中人猶欲固守，左僕射致仕馬峰，以病臥家，昇入見北漢主，流涕備言興亡之理. 夜，漏上十刻，北漢主乃遣客省使李勳上表納款. 帝喜，卽命通事舍人薛文寶齎詔入城撫諭. 夜漏未盡，幸城北，宴從臣於城臺，受其降.

甲申，遲明，劉繼元率其平章事李惲等素服紗帽待罪臺下，詔釋之，召升臺勞問. 繼元叩頭曰：“臣自聞車駕親臨，卽欲束身歸命，蓋亡命者懼死，劫臣不得降耳.” 帝令籍亡命者至，悉斬之. 顧謂淮海國王錢俶曰：“卿能保一方以歸於我，不致血刃，深可嘉也.”

北漢平，凡得州十，軍一，縣四十一，戶三萬五千二百二十，兵三萬.

命劉保勳知太原府.

乙酉，赦河東管內常赦所不原者. 諸州縣僞署職官等，並令仍舊. 人戶兩稅，特與給復二年，王師所不及處，給復一年. 分命常參官八人知忻‧代等州.

23　毀太原舊城，改爲平晉縣；以榆次縣爲並州. 徙僧道及民高資者於西京.

24　己丑，以劉繼元爲右衛上將軍，封彭城郡公. 又以其臣李惲爲殿中監，馬峰爲少府監，郭萬超爲磁州團練使，李勳爲右衛將軍，餘授官有差.

辛卯，宴劉繼元及其官屬. 繼元獻其宮妓百餘人，帝以分賜立功將校.

25　乙未，築並州新城.

26　送劉繼元緦麻以上親赴闕.

27　丙申,幸太原城北,御沙河門樓.遣使分部徙居民於新并州,盡焚其廬舍,民老幼趨城門不及,死者甚衆.

28　丁酉,以行宮爲平晉寺,帝作《平晉記》,刻寺中.

29　廢隆州,毀其城.

30　庚子,發太原;丁未,次鎭州.
初,攻圍太原累月,餽餉且盡,軍士罷乏.劉繼元降,人人有希賞意,而帝將遂伐遼,取幽薊.諸將皆不願行,然無敢言者.殿前都虞候崔翰獨奏曰:"此一事不容再舉,乘此破竹之勢,取之甚易,時不可失也."帝悅,卽命樞密使曹彬議調發屯兵.時車載簿籍,阻留在道,兵房吏張質潛計數部分軍馬,及得簿籍校之,悉無差謬.

31　六月,庚申,車駕北征,發鎭州.扈從六軍有不卽時至者,帝怒,欲置於法.馬步軍都軍頭趙延溥遽進曰:"陛下巡幸邊陲,本以契丹爲患,今敵未殄滅而誅譴將士,若舉後圖,誰爲陛下戮力乎!"帝嘉納之.
丙寅,次金臺頓,遼境也.丁卯,帝躬擐甲冑,率兵次岐溝關,遼之東易州刺史劉禹以州降,留兵千人守之.東易州,卽岐溝關也.

遼北院大王耶律希達，統軍使蕭托古，伊實王薩哈，迎戰於沙河. 東西班指揮使衡水傅潛‥浚儀孔守正先至，擊之，後軍繼至，大敗希達軍，生禽五百餘人.

戊辰，帝次涿州，判官劉原德以城降. 庚午，次遼南京之城南，駐蹕寶光寺.

遼南院大王耶律色珍患南軍之銳，以希達新敗，爲南軍所易也，取其青幟，軍於得勝口以誘敵. 帝麾兵擊之，士皆鼓勇，斬首千餘級. 色珍襲其後，宋師始卻. 色珍軍於清沙河北，爲南京聲援.

渤海帥達蘭罕率部族來降；以達蘭爲渤海都指揮使.

32　壬申，部分諸將攻城，定國節度使宋渥攻其南面，河陽節度使崔彦進攻北面，彰信節度使劉遇攻東面，定牙節度使孟玄喆攻西面. 命宣徽南院使潘美知幽州行府事. 遼南京權留守韓德讓懼甚，與知三司事劉弘登城，日夜守禦，而城外招脅甚急，人懷二心. 會迪里都都指揮使李扎勒燦出降，城中益懼.

遼御盞郎君耶律學古聞南京被圍，急救之，圍師方嚴，乃穴地以進，偕韓德讓等整器械，安反側，隨宜備禦，志不少懈. 宋兵三百餘人乘夜登城，學古戰卻之，益修守備，以待援師.

33 丙戌，命殿中丞楊恭知涿州，以劉原德爲右贊善大夫·
通判州事. 乙亥，命八作副使祁延朗知東易州.

34 丁丑，遼主始知南京之圍，命南京宰相耶律沙救之，遣
使責托果等曰："卿等不嚴偵候，用兵無法，遇敵卽敗，奚以
爲將！"特里袞耶律休格知事邳，自請赴援，遼主乃以休格
代希達，將五院軍並發.

35 秋，七月，庚辰，遼建雄節度使劉延素來降. 壬午，遼薊
州知州劉守恩降.

36 帝日督諸將攻城，而將士多怠. 桂州觀察使曹翰·洮州觀
察使米信屯城之東南隅，軍士掘土得蟹，翰謂諸將曰："蟹，
水物，而陸居，失其所也. 且多足，敵救將至之象. 又，蟹
者，解也，其班師乎！"

37 癸未，遼耶律沙以援師至，戰於高梁河，宋師擊之，沙
敗走. 會薄暮，休格自間道馳至，人持兩炬，宋師不測其多
寡，有懼色. 休格與色珍合軍，分左右翼奮擊，休格被三創，
戰益力. 學古聞援師大集，開門列陣，四面鳴鼓，居民大呼，
聲震天地，休格乘之. 宋師大敗，帝乘驢車南走. 休格創甚，
不能騎，輕車追至涿州，獲兵仗·符印·糧餽·貨幣不可勝
計.

38 丙戌，帝次金臺驛，內供奉官眞定閭承翰馳奏歸師大潰，命殿前都虞候崔翰往撫之，衆遂定.

39 戊子，次定州.

40 定難軍留後李繼筠卒，弟繼捧襲位.

41 庚寅，命崔翰及定武節度使孟玄喆等留屯定州，彰德節度使李漢瓊屯鎭州，河陽節度使崔彥進等屯關南，得以便宜從事. 帝謂諸將曰：「契丹必來侵邊，當會兵設伏夾擊之，可大捷也.」

42 辛丑，遼主以韓德讓等能安人心，捍城池，賜詔褒獎. 以德讓爲遼興軍節度使；耶律學古遙授保靜節度使，爲南京馬步軍都指揮使. 耶律沙等同在高梁河有功，釋其敗軍之罪.

43 遼主以邊境用兵，召前南院大王耶律塔爾，問以政事. 塔爾鬚鬢皤然，精力猶健，遼主厚禮之. 未幾，以病卒，年七十九. 塔爾卽所稱富民大王也，遼人久而思之.

44 守中書令·西京留守石守信，從征失律，八月，壬子，責授崇信節度使兼中書令. 甲寅，彰信節度使劉遇貶宿州觀察使.

45 　北漢將劉繼業，素驍勇，及繼元降，繼業猶據城苦戰，帝欲生致之，令繼元招之，繼業乃北面再拜，大慟，釋甲來見．帝喜，慰撫之甚厚，復姓楊氏，止名業，授領軍衛大將軍．丁巳，以業爲鄭州防禦使．

46 　癸亥，命潘美屯河東三交口．

47 　初，武功郡王德昭從征幽州，軍中嘗夜驚，不知帝所在，或有謀立王者，會知帝處，乃止．帝微聞其事，不悅．及歸，以北征不利，久不行太原之賞．議者皆謂不可，於是德昭乘間入言，帝大怒曰：“待汝自爲之，賞未晚也！”德昭惶恐，還宮，謂左右曰：“帶刀乎？”左右辭以宮中不敢帶．德昭因入茶酒閣，拒戶，取割果刀自刎．帝聞之，驚悔，往抱其屍大哭曰：“痴兒，何至此邪！”追封魏王，諡曰懿．子五人．

48 　是月，詔作太清樓．

49 　九月，乙酉，命內衣庫使張紹勍·南作坊副使李神祐等率兵屯定州．

50 　庚寅，以戶部郎中侯陟爲諫議大夫，權御史中丞．權中丞始此．

51　　丙午，遼南京留守燕王韓匡嗣與耶律沙・耶律休格南伐，以報圍燕之役，鎮州都鈐轄・雲州觀察使劉廷翰帥衆禦之．先陣於徐河，崔彦進潛師出黑蘆隄北，緣長城口，銜枚躡敵後，李漢瓊及崔翰亦領兵繼至．

先是帝以陣圖授諸將，俾分爲八陣．及軍次滿城，遼師大至，右龍武將軍趙延進乘高望之，東西亘野，不見其際，翰等方按圖布陣，陣相去各百步，士衆疑懼，略無鬭志．延進謂翰等曰：“主上委吾等邊事，蓋期於克敵耳．今敵騎若此，而我師星布，其勢懸絶，彼若乘我，將何以濟！不如合而擊之，可以決勝．違令而獲利，不猶愈於辱國乎？”翰等曰：“萬一不捷，則若之何？”延進曰：“倘有喪敗，延進獨當其責．”翰等猶以擅改詔旨爲疑，鎮州監軍・六宅使李繼隆曰：“兵貴適變，安可預定！違詔之罪，繼隆請獨當之．”翰等意始決，於是改爲二陣，前後相副．先遣人詐約降，匡嗣信之．休格曰：“彼衆整而銳，必不肯屈．此誘我耳，宜嚴兵以待．”匡嗣不聽．俄而宋師鼓噪，塵起漲天，匡嗣倉猝不知所爲，遂敗績，潰兵悉走西山，投坑谷中．追奔至遂城，斬首萬餘級，獲馬千餘匹，生禽其將三人，俘老幼三萬戶及兵器軍帳甚衆．匡嗣棄旗鼓遁回，餘衆走易州，獨休格整兵而戰，徐引還．

遼主怒匡嗣，數以五罪曰：“違衆深入，一也；行伍不整，二也；棄師鼠竄，三也；偵候失機，四也；捐棄旗鼓，五也．”即令誅之．皇后力救，得免．以休格總南面戍兵．

冬，十月，庚午，鎮州捷書聞，帝手詔褒之．

52 乙亥，齊王廷美進封秦王，宰相薛居正加司空，沈倫加左僕射，盧多遜兼兵部尙書，樞密使曹彬兼侍中，文武官預平太原者，皆遷秩有差，初行賞功之典也．

53 十一月，戊寅，遼主宴賞休格等及有功將校．

54 遼南院樞密使兼政事令郭襲，以遼主數游獵，上書諫曰：「昔唐高祖好獵，蘇世長言不滿十旬，未足爲樂，高祖卽日罷，史稱其美．伏念聖祖創業艱難，宵旰不懈．穆宗逞無窮之欲，不恤國事，天下愁怨．陛下繼統，海內翕然望中興之治，十餘年間，征伐未已，瘡痍未復，正宜恐懼修省以懷永圖，乃聞恣意游獵，甚於往日，萬一有銜橛之虞，悔將何及！況南有強敵，伺隙而動，聞之得無生心乎！伏願節從禽酣飲之樂，爲社稷生靈計．」遼主嘉善之，而不能用．

55 帝以楊業老於邊事，癸巳，命知代州兼三交駐泊兵馬部署．

56 辛丑，日南至．遼改元乾亨，大赦．

57 初，西南夷不供朝貢，刑部郎中許仲宣爲西川轉運使，親至大渡河，諭以順逆，夷人皆率服．在職逾三歲，會有言仲宣當江表用兵時乾沒官錢者，是月，召還，令御史臺盡索財計簿鉤校，歲餘而畢，卒無欺隱，乃以仲宣爲嶺南轉運使．仲宣有心計，江表用兵，軍中需索百端，皆預儲蓄無闕．曹彬怪之，嘗夜攻城，取陶器數萬事，分給攻城卒，然燈自照，仲宣已預料置，如其數付之．其才幹類此．

58　二月，乙卯，遼南京留守・燕王韓匡嗣，降封秦王，遙授晉昌軍節度使．壬戌，上京留守蜀王道隱，遷南京留守．道隱號令嚴肅，雖疆場多虞而民獲安業，尋進封荊王．

59　是冬，遼主駐南京．命宰相室昉監修國史．

❖　太宗至仁應運神功聖德睿烈大明廣孝皇帝太平興國五年（遼乾亨二年．庚辰，九八零年）

1　春，正月，丙子朔，遼封皇子隆緒爲梁王，隆慶爲恒王．隆緒幼喜書翰，十歲能詩，遼主屬意焉．

2　庚辰，詔宣慰河東諸州．

3　帝旣平太原，還自范陽，得汾晉・燕薊之馬凡四萬二千餘匹．壬午，置天馴監於景陽門外，左右各二，以左・右飛龍使爲左・右天廐使，閑廐使爲崇儀使．內廐馬旣充牣，始分置諸州牧養.

4　　丁亥，遼以特里袞休格爲北院大王，前樞密使賢適封西平郡王.

5　　庚寅，以禮部侍郎深州程羽爲文明殿學士，班樞密副使下. 文明殿學士，卽端明殿學士也，殿名早改，職名之改自羽始.

6　　癸卯，命右衛將軍史珪鑿尉氏新河九十里.

7　　二月，丙午，京西轉運使程能上言："諸道州府民事傜役者多有不均，望下諸路轉運使定爲九等，上四等戶量輕重給役，下四等戶並與免除."詔令轉運使躬親詳定，勿復差官.

8　　戊申，改南辨州曰化州.

9　　戊辰，遼主如清河.

10　　三月，丁亥，遼西南面招討副使耶律旺陸・太尉華格遣人獻党項俘.

11　　戊子，左臨門衛上將軍劉銀卒，贈太師，追封南越王.

12 癸巳，楊業敗遼師於雁門，殺其駙馬侍中蕭多囉，獲都指揮使李重誨.

13 閏月，甲寅，覆試權知貢舉程羽等所奏合格進士，得銅山蘇易簡等百一十九人，又得諸科五百三十三人，並分第甲乙，賜宴，始有直史館陪坐之制. 進士第一等授將作監丞，通判藩郡；次授大理評事，諸令‧錄事；諸科授初等職事及判‧司‧簿‧尉事. 劉昌言‧顏明遠‧張觀‧樂史等四人，皆以見任官舉進士，帝惜科第不與，特授近藩掌書記.

14 辛未，歸義軍節度使曹元忠卒，其子延祿自稱留後，遣使修貢. 夏，四月，丁丑，詔贈元忠燉煌郡王，授延祿歸義節度使.

15 遣供奉官盧襲使交州. 時丁璉及其父部領皆死，璉弟璿尚幼，嗣稱節度行軍司馬‧權領軍府事. 大將黎桓擅權，劫遷璿於別第，舉族禁錮之，代總其衆.

16 襄陽縣民張巨源五世同居，內無異爨；戊子，詔旌表門閭. 巨源嘗習刑名書，特賜明法及第.

17 遼主清暑燕子城.

18　初，劉繼元降，帝令殿前都虞候‧武泰節度使崔翰先入慰諭，仍禁俘略之物無得出城．時秦王廷美以數十騎將冒禁出城，翰呵止之．廷美怨，遂譖於帝．壬辰，翰罷爲感德節度使．

19　詔壅汾河晉祠水灌太原，堕其故城．

20　是月，初以禮賢宅賜錢俶，俶獻白金三百斤爲謝．

21　命有司定品官贖罰之令．

22　五月，丁卯，作端拱樓．

23　是月，遼地大雷，火乾陵松．

24　六月，己亥，以江州白鹿洞主明起爲蔡州襃信縣主簿．白鹿洞在廬山之陽，常聚生徒數百人．江南後主時，割善田數十，歲取其租廩給之；選太學通經者授以他官，俾領洞事，日與諸生講誦．至是，起建議以其田入官，故爵命之．白鹿洞由是漸廢．

25　遼宋王喜袞復謀反，囚於祖州．

26　太常博士侯仁寶，益之子也，居洛陽，有大第良田，優游自適，不欲親吏事. 其妻，趙普妹也，普爲宰相，仁寶得分司西京. 盧多遜與普有隙，普罷相，因白帝以仁寶知邕州，凡九年不得代. 仁寶恐因循死嶺外，乃上疏言："交州主帥被害，國亂可取，願乘傳詣 闕面奏." 帝大喜，命馳驛召之. 多遜言先召仁寶，必洩其謀，不如授仁寶以飛輓之任，令經度其事， 帝以爲然. 秋，七月，丁未，以仁寶爲交州路水陸轉運使，蘭州團練使孫全興等爲邕州路兵馬都部署，寧州刺使劉澄等爲廉州路兵馬部署，水陸並進以討之.

27　己巳，濟州言金鄉縣民李延家，自唐武德初同居，至今近四百年，世世結廬守墳墓；詔旌其門，賜以粟帛.

28　戊午，遼旺陸等復獻党項俘.

29　八月，甲戌，宣徽北院使·判三司王仁贍密奏："近臣·戚里多遣親信市竹木秦·隴間，联巨筏至京師，所過關渡矯制免算；既至，厚結執事者，悉官市之，倍取其直." 帝怒，以三司副使范旻·戶部判官杜載·開封府判官呂端屬吏. 旻·載具伏罔上爲市竹木入官，端爲秦王府親吏喬璉請托執事者. 己丑，貶旻房州，載歸州，端商州，皆爲司戶參軍. 因詔："自今文武職官不得輒入三司公署，及不得以書札往來請托公事."

30　戊戌，幸錢俶第視疾，賜厚．

31　九月，甲辰，史館上《太祖實錄》五十卷．

32　詔有司徧告百官："凡遇朝會，皆務恭虔，每內殿起居日，卽須蹴踖趨門，雍容就列；稍不端謹，便當劾奏．"

33　冬，十月，辛未朔，遼主命巫者祠天地及兵神．辛巳，將南侵，祭旗鼓．癸未，遼主次南京．

34　帝將巡北邊，己丑，詔："自京師至雄州，發民除道修頓．"

35　庚寅，遼主次固安；己亥，自將圍瓦橋關．十一月，庚子朔，南師夜襲遼營，遼節度使蕭幹·詳衮耶律赫德戰却之．

36　黎桓遣牙校齎方物來貢，仍爲丁璿上表，自言徇將吏軍民之請，已權領軍府事，乞朝廷賜以眞命．時孫全興等出師旣逾時，帝察其意止欲緩兵，寢而不報．

37　王寅，遼北院大王休格禦宋師於瓦橋東，守將張師突圍出，遼主親督戰，休格躍馬入陣，斬師，餘衆披靡，退入城．戊申，南師陣於水南，欲戰，遼主以休格馬介獨黃，慮爲敵所識，亟命以玄甲白馬易之．休格遂率精騎渡水奮擊，南師大敗，追至莫州，橫屍徧野，生禽數將以歸．遼主賜以御馬金盞，勞之曰："卿勇過於名，若人人如卿，何憂不克！"

38　丙午，以秦王廷美爲東京留守；宣徽北院使王仁贍爲大內都部署，樞密承旨陳從信副之．

　　己酉，詔巡北邊；壬子，發京師；癸丑，次長垣縣．關南言大破契丹萬餘衆，斬首三千餘級，卽以河陽節度使崔彥進爲關南兵馬都部署．

　　丙辰，遼主引兵還．

　　戊午，駐蹕大名府．

39　開寶末，右補闕竇偁爲開封府判官，與推官賈琬同事帝．賈能先意希旨，偁常疾之．帝與諸王宴射，賈侍帝側，稱贊德美，詞多矯誕，偁叱之曰："賈氏子巧言令色，豈不愧於心哉！"坐皆失色，帝亦爲之不樂，因罷會，白太祖，出偁爲彰義節度判官．至是帝思見偁，促召至行在．癸亥，以偁爲比部郎中．時方議北征，偁因抗疏請還都，休士養馬，徐爲後圖，帝悅其言．及至自大名，以偁爲樞密直學士．偁，儀之弟也．

40　乙丑，遼主至南京．十二月，庚午朔，拜休格爲裕悅，大饗軍士．

41 　甲戌，帝畋近郊，因閱武，賜禁軍校及衛士襦袴．時禁盜獵，有衛士獲麕，違令當死．帝曰：“我若殺之，後世必謂我重獸而輕人命.”釋其罪．

42 　丁丑，以楊業領雲州觀察使，知代州事．業自雁門之役，遼人畏之，每望見業旗，即引去．主將屯邊者多嫉之，或潛上謗書，斥言其短；帝皆不問，封其奏以付業．

43 　帝因遼師退，遂欲進攻幽州．戊寅，以劉遇充幽州西路行營壕寨兵馬部署，田欽祚爲都監；曹翰充幽州東路行營壕寨兵馬部署，趙延溥爲都監．復命宰相問翰林學士李昉・扈蒙等事之可否，昉等請養驍雄，廣積儲，寬諸期歲之間，用師未晚．帝深納其說，即下詔南歸．

44 　命曹翰部署修雄・霸州・平戎・破虜・乾寧等軍城池，開南河，自雄州達莫州，以通漕運，築大堤以捍水勢．調役夫數萬人，於北境伐木以給用．先是遼人南侵，必舉堠烟，翰分遣人舉烟境上，敵疑有伏，即引去，不敢近塞．得巨木數萬，負擔而還，大濟用度．數旬功畢，召歸穎州．

45 　庚辰，車駕發大名；乙酉，至京師．
　議者皆言宜速取幽薊，左拾遺・直史館張齊賢上疏曰：“聖人舉事，動在萬全，百戰百勝，不若不戰而勝．自古疆場之難，非盡由戎狄，亦多邊吏擾而致之. 若緣邊諸寨撫御得人，但使峻壘深溝，畜力養銳，以逸自處，如是則邊鄙寧，輦運減，河北之民獲休息矣. 然後務農積穀以實邊用，敵人之心，固亦擇利避害，安肯投諸死地而爲寇哉！臣聞家六合者以天下爲心，豈止爭尺寸之土，角強弱之勢而已！是故聖人先本而後末，安內以養外；內安本固，則遠人斂衽而至. 伏望審擇通儒，分路采訪兩浙・江南・荊湖・西川・嶺南・河東，凡僞命日賦斂苛重者，改而正之；諸州有不便於民者，委長吏聞奏，使天下皆知陛下之仁，戴陛下之惠，則契丹不足吞，燕薊不足取也！"

46　先是，遼土產多銅，始造錢幣. 太宗置五冶太師以總四方鐵錢，石晉又獻沿邊所積錢以備軍實. 是歲，遼主以舊錢不足於用，始鑄乾寧新錢.

❖ 太宗至仁應運神功聖德睿烈大明廣孝皇帝太平興國六年（遼乾亨三年）

1　春，正月，癸卯，以保塞軍爲保州，梁門口寨爲靜戎軍.

2　乙巳，詔："諸路轉運使下所屬州令長吏，擇見任判・司・簿・尉之清廉明幹者，具以名聞，當以次引對，授知縣之任."

3　　辛亥，易州破遼兵數千人.

4　　是月，遣八作使郝守濬等分行河道，抵遼境，皆疏導之.
又於清苑界開徐河‧雞距河五十里入白河，由是關南之漕悉
通濟焉.

5　　二月，癸巳，詔曰："京朝官釐務於外者，咸給以御前印
紙，令書治迹. 而主司不能彰明臧否，但以細碎之事混淆其
間，非所以副朕詳求之意也. 自今尋常之務，非課最者，不得
書爲勞績；其殿‧犯無有所隱."

6　　丙子，遼主東還；己丑，復如南京.

7　　丁酉，令羣臣居喪被詔起復者，須卒哭朝謁，其俸料自
詔下日給之.

8　　三月，己酉，山南西道節度使‧同平章事德芳薨，年
二十三. 贈中書令，追封岐王，諡康惠.

9　　癸丑，詔："諸路轉運使察部下官吏，有罷輭不勝任‧怠
惰不親事及黷貨擾民者，條其事狀以聞，當遣使按鞫；其清

白自守，幹局不苟，亦以名聞，必加殊獎.”

10　交州行營言破賊軍於白藤江口，斬首千餘級. 時候仁寶率前軍先發，孫全興等頓兵花步七十日，以俟劉澄，仁寶屢促之，不行，及澄至，並軍由水路抵多羅村，不遇賊，復擅還花步. 賊詐降以誘仁寶，仁寶信之，遂爲所害. 時諸軍冒炎瘴，人多死者，轉運使許仲宣馳奏仁寶戰歿，且乞班師；不待報，卽以兵分屯諸州，開庫賞賜，給其醫藥，謂人曰：“若俟報，則此數萬人皆積屍於廣野矣.”乃上章自劾. 詔書嘉納之，就劾澄等. 會王僎病死，澄與賈湜並戮於邕州市. 徵全興下獄，伏誅. 贈仁寶工部侍郎，官其二子.

11　遼以秦王韓匡嗣爲西南面招討使.

12　夏，四月，詔：“諸州大獄，長吏不親決，胥吏旁緣爲姦，逮捕證左，滋蔓踰年而獄未具. 自今長吏每五日一慮囚，情得者卽決之.”帝不欲天下有滯獄，乃建三限之制，大事四十日，中事三十日，小事十日，不須追捕而易決者無過三日. 又詔：“囚當訊掠，則集官屬同問，勿委胥吏榜決.”

13　辛未，幸太平興國寺禱雨.

14　罷湖州織羅，放女工五十八人.

15　五月，癸丑，令內侍省細仗內先衣黃者並衣碧，吏部黃衣選人改爲白衣選人.

16　遼喜袞旣囚，丙午，遼上京漢軍亂，欲劫立喜袞，以祖州城堅不得入，立其子留禮壽.上京留守除室禽之，留禮壽旋伏誅.踰年，始賜喜袞死.

17　己未，雨，降死罪囚，流以下釋之.

18　六月，甲戌，司空平章事薛居正卒，贈太尉・中書令，諡文惠.居正性寬簡，不好苛察.自參政至爲相，凡十八年，恩遇始終不替.因服丹沙遇毒，方奏事，疾作，輿歸，遂卒.
　　居正無子，養子惟吉，素無行，於是帝臨其喪出涕.其妻出拜喪側，帝存撫數四，因問：“不肖子安在？頗改節否？”惟吉伏喪側，驚懼不敢起；自是盡革故態，稍涉獵書史，親賢士.帝知其修飭，數委以大藩，所至稱治，累遷左千牛衛大將軍.遭母喪，故事，卒哭當起復，惟吉懇求終制；優詔不許，時論異之.

19　秋，七月，丙午，帝將大舉伐遼，遣使賜渤海王詔書，令發兵以應，約滅遼之日，幽薊土宇復歸中朝，朔漠之外悉以相與.然渤海竟無至者.

20 九月，乙未朔，日有食之．

21 壬寅，以左拾遺・直史館嘉州田錫爲河北南路轉運副使．自盧多遜專政，羣臣章表，不先稟多遜，則有司不敢通．又，諫官上章，必令閣門吏依式書狀云：“不敢妄陳利便，希望恩榮．”錫貽書多遜，請免書狀，多遜不悅，乃出之．

錫因入辭，直進封事，言軍國要機者一，朝廷大體者四．略曰：“賞不逾時，國之令典．頃歲王師薄伐，克平太原，未賞軍功，逮茲二載．請因郊禋耕籍之禮，議平晉之功而賞之．駕馭戎臣，莫茲爲重，此要機也．交州瘴海之地，得之如獲石田．願陛下無屯兵以費財，此大體之一也．邇來諫官廢職，給事中不敢封駁，遺・補亦不貢直言，起居郎・舍人不得升陛紀言動，御史不能彈奏，中書舍人未嘗訪以政事．臣意其各有所蓄，欲待顧問．望因清燕，召而詢求，俾盡悃誠，以觀器業．又，集賢院雖有書籍而無職官，秘書省雖有職官而無圖籍．願陛下擇才而任之，使各司其局，此大體之二也．朝廷闢西苑，廣御池，而尙書無廳事，郎曹無本局，九寺・三監寓天街之兩廊，禮部試士或就武成王廟，是豈太平之制度邪！望別修省寺，用列職官，此大體之三也．每於衢路見囚荷鐵枷，不覺自駭，隆平之時，將措刑不用，於法所無，去之可矣．此大體之四也．帝嘉其言，降詔褒諭，仍賜錢五十萬．

或謂錫，今宜少晦以遠譖忌，錫曰：“事君之誠，惟恐不竭；且天植其性，豈一賞可奪邪！”

至河北，復驛書言邊事，略曰：“今北鄙驛騷，蓋以居邊任者，規羊馬細利爲捷，矜捕斬小勝爲功，起釁召戎，實由此始．伏願申飭將帥，謹固封守，還所俘掠，許通互市，使河朔之民得務農業，不出五載，可積十年之儲．”又曰：“國家圖燕以來，兵連未解，財用不得不耗，人臣不得不憂．願陛下精思慮，決取舍，無使曠日持久．”

22　丙午，置京朝官差遣院．舊制，京朝官屬吏部，建隆以來皆出中書．至是詔京朝官除兩省・御史臺自少卿監以下奉使從政於外受代而歸者，並令中書舍人開封郭贄等考校勞績，品量材器，以中書所下闕員，類能擬定，引對而授之，謂之差遣院．

23　太子太保趙普奉朝請累年，盧多遜益毀之，鬱鬱不得志．普子承宗，娶燕國長公主女．承宗適知潭州，受詔歸闕成婚禮未踰月，多遜白遣歸任，普由是憤怒．會如京使大名柴禹錫等告秦王廷美驕恣，將有陰謀竊發，帝召問普，普言願備樞軸以察姦變，退，復密奏：“臣開國舊臣，爲權幸所沮．”因備言昭憲顧命及先朝自愬之事．帝於宮中訪得普前所上章，並發金匱得誓書，遂大感悟，卽留承宗京師，召普謂曰：“人誰無過，朕不待五十，已盡知四十九年非矣．”辛亥，以普爲司徒兼侍中．

　　帝之始卽位也，命廷美尹開封，德昭・德恭並稱皇子，外議皆謂帝將以次傳位. 及德昭不得其死，德芳繼夭，廷美始不自安. 他日，帝嘗以傳國意訪之普，普曰："太祖已誤，陛下豈容再誤邪！"普復入相，廷美遂得罪. 凡廷美所以得罪，則普之爲也.

24　是日，以樞密副使·刑部侍郎洛陽石熙載爲戶部尙書，充樞密使，用文資正官充樞密使，自熙載始也.

25　壬子，秦王廷美乞班趙普下，從之.

26　詔："中外文武官並得上書直言."

27　丙辰，知易州白繼贇敗遼兵於平塞寨. ✳